NTOA 25

Andreas Feldtkeller

Identitätssuche des syrischen Urchristentums

NOVUM TESTAMENTUM ET ORBIS ANTIQUUS (NTOA)

Im Auftrag des Biblischen Instituts
der Universität Freiburg Schweiz
herausgegeben von Max Küchler
in Zusammenarbeit mit Gerd Theissen

Zum Autor:

Geboren 1961 in München, mit sechzehn Jahren Preisträger im deutschen Bundeswettbewerb «Jugend forscht» durch eine Arbeit über Prüfungsangst. 1980–86 Studium der Evangelischen Theologie in München, Heidelberg, Tübingen und an der Theologischen Fakultät der Dormitio Abtei in Jerusalem. 1987–89 Vikariat in Schwebheim (Unterfranken), 1992 Promotion in Heidelberg, seitdem Pfarrer der Evangelischen Gemeinde deutscher Sprache Jerusalem mit Sitz in Amman (Jordanien).

NOVUM TESTAMENTUM ET ORBIS ANTIQUUS 25

Andreas Feldtkeller

Identitätssuche des syrischen Urchristentums

Mission, Inkulturation und Pluralität im ältesten Heidenchristentum

UNIVERSITÄTSVERLAG FREIBURG SCHWEIZ
VANDENHOECK & RUPRECHT GÖTTINGEN
1993

Die Deutsche Bibliothek – CIP-Einheitsaufnahme

Feldtkeller, Andreas:
Identitätssuche des syrischen Urchristentums: Mission, Inkulturation und Pluralität
im ältesten Heidenchristentum / Andreas Feldtkeller. – Freiburg, Schweiz: Univ.-
Verl.; Göttingen: Vandenhoeck und Ruprecht, 1993
    (Novum testamentum et orbis antiquus; 25)
    ISBN 3-525-53927-4 (Vandenhoeck & Ruprecht)
    ISBN 3-7278-0872-1 (Univ.-Verl.)
NE: GT

Veröffentlicht mit Unterstützung des Hochschulrates
der Universität Freiburg Schweiz
und der Evangelisch-Lutherischen
Kirche in Bayern

Die Druckvorlagen wurden vom Verfasser
als reprofertige Dokumente zur Verfügung gestellt

© 1993 by Universitätsverlag Freiburg Schweiz
Paulusdruckerei Freiburg Schweiz
ISBN 3-7278-0872-1 (Universitätsverlag)
ISBN 3-525-53927-4 (Vandenhoeck & Ruprecht)

Vorwort

Die vorliegende Untersuchung stellt in völlig neuer Bearbeitung einen Teil der Ergebnisse dar, die ich in meiner Dissertation "Das entstehende Heidenchristentum im religiösen Umfeld Syriens zur Prinzipatszeit" vorgelegt habe und die am 24. April 1992 von der Theologischen Fakultät der Universität Heidelberg angenommen wurden.

Diese Dissertation verband interdisziplinär neutestamentliche Forschungsinhalte mit einer innovativen religionswissenschaftlichen Methode und mit einer Anwendung dieser Methode auch auf außerchristliche religiöse Zusammenhänge im Syrien der Prinzipatszeit.

Für die Veröffentlichung entschloß ich mich, um der besseren Lesbarkeit willen zu trennen, was vorher gemeinsam betrieben zu haben sicher auch die jetzt vorzulegenden Fassungen bereichern wird. Dieses Buch enthält die Ergebnisse, die ich gerne einem neutestamentlich interessierten Leserkreis zugänglich machen möchte. Eine dazu komplementäre religionswissenschaftliche Darstellung hoffe ich in nicht allzu langer Zeit an anderer Stelle veröffentlichen zu können.

Vielen habe ich zu danken, ohne deren Hilfe dieses Buch nicht hätte entstehen können. An erster Stelle nenne ich meinen Doktorvater, Prof. Dr. Gerd Theißen, der mich geduldig über Jahre hinweg beraten hat, ohne einen Aufwand an Zeit zu scheuen und ohne die Entfaltung meiner Gedanken einzuengen.

Prof. Dr. Georg Kretschmar und Prof. Dr. Klaus Berger haben Gutachten zu meinem Forschungsvorhaben geschrieben und in diesem Zusammenhang wertvolle Anregungen gegeben.

Die Neutestamentliche Sozietät der Theologischen Fakultät Heidelberg sowie zwei Seminare bei Prof. Dr. Christoph Burchard und Prof. Dr. Theo Sundermeier gaben mir Gelegenheit, Zwischenberichte zu Teilgebieten vorzutragen. Die Diskussionen darüber ergaben neue wertvolle Hinweise, für die ich allen Teilnehmern, in besonderer Weise aber den genannten Seminarleitern, zu danken habe. Prof. Sundermeier hat mir außerdem in einer sehr persönlichen Weise als Gesprächspartner für die religionswissenschaftliche Methode zur Verfügung gestanden und wurde in dieser Kompetenz von der Fakultät als Zweitgutachter berufen.

Dem Land Baden-Württemberg danke ich dafür, mir durch ein zweijähriges Stipendium die Freiheit dazu gegeben zu haben, meine Forschungen ohne die Last einer Erwerbstätigkeit betreiben zu können.

Für vielfältige Hilfen bei den Korrekturen in verschiedenen Stadien der Arbeit bis hin zur Gestaltung der Druckvorlagen möchte ich meinen Eltern danken. Eine große Hilfe war mir auch mein Freund Dr. Christoph Markschies, der mir aus seiner Sicht als Patristiker eine ausführliche briefliche Rezension der als

IV

Dissertation eingereichten Fassung geschickt hat.

Herrn Prof. Dr. Max Küchler danke ich für die Aufnahme dieser Veröffentlichung in die Reihe "Novum Testamentum et Orbis Antiquus" und dem Landeskirchenrat der Evangelisch-Lutherischen Kirche in Bayern für einen großzügigen Zuschuß zu den Druckkosten.

Meiner Frau und unseren beiden Kindern verdanke ich, daß sie mir über die Jahre der Forschungsarbeit hinweg das seelische Gleichgewicht aufrecht erhalten und mich vor der Einseitigkeit eines nur theoretischen Lebens bewahrt haben.

Die letzten Redaktionsarbeiten an diesem Buch habe ich neben meiner gegenwärtigen Tätigkeit als Pfarrer der Jerusalemer Erlöserkirche mit Sitz in Amman und Zuständigkeit für den Gemeindeteil Jordanien vorgenommen. Ich bitte deshalb um Nachsicht dafür, daß ich von hier aus keine Neuerscheinungen mehr verfolgen konnte und so die eingearbeitete Literatur auf dem Stand vom Frühjahr 1992 geblieben ist. Auch vorher war es mir bei der Weite des Forschungsgebietes immer nur möglich, einen Teil der einschlägigen Literatur zu berücksichtigen.

Als (chronologisch) letztem, aber deswegen nicht geringstem danke ich meinem jetzigen Dienstherrn Propst Karl-Heinz Ronecker für sein großes Verständnis meinen wissenschaftlichen Vorhaben gegenüber. Er hat sehr dazu beigetragen, daß die Veröffentlichung nicht wegen der neuen Lebenssituation auf die lange Bank geschoben werden mußte.

Amman, den 12. November 1992

Inhaltsverzeichnis

Abkürzungsverzeichnis

So weit dort erfaßt, entsprechen die Abkürzungen dem Abkürzungsverzeichnis zur Theologischen Realenzyklopädie (TRE) von S. Schwertner, Berlin/New York 1976.

Darüber hinaus werden folgende Abkürzungen verwendet:

AdvHaer	Adversus haereses
Alex	Alexander sive Pseudomantis
ANRW	Aufstieg und Niedergang der Römischen Welt
AntNymph	De antro nympharum
Apol	Apologia
Astrol	De Astrologia
Autol	An Autolykos
Cels	Contra Celsum
CIS	Corpus Inscriptionum Semiticarum
DeaSyr	De Dea Syria
DeorConc	Deorum Concilium
Dial	Dialogus cum Tryphone Iudaeo
Geogr	Geographica
Hist	Historiae
HistEccl	Historia Ecclesiastica
IGLS	Inscriptions Grecques et Latines de la Syrie,hg. v. J. Jalabert u. a.
Ikarom	Ikaromenipp
LucHom	In Lucam Homiliae
Metam	Metamorphosen
NatHist	Naturalis Historia
NHC	Nag Hammadi Codex
Orat	Oratio
Oratio	Oratio ad Graecos
Pereg	De Peregrini morte
PrEv	Praeparatio Evangelica
Ref	Refutatio omnium haeresium
RES	Répertoire d'épigraphie sémitique
Sacr	De Sacrificiis
Sib	Oracula Sibyllina

Einleitung

1. Zur Thematik

Die Anhänger Jesu verstanden sich am Anfang hauptsächlich als innerjüdische Erneuerungsbewegung. Daß daraus eine Religion für die "Heidenvölker" entstand, ist erst Ergebnis eines langwierigen Prozesses. Dieser Vorgang läßt sich mit einer Geburt vergleichen: etwas Neues hatte im Schoß der jüdischen Mutterreligion zu leben begonnen, zuerst nur lebensfähig inmitten des Mutterleibes. Später ist das Neue unter Schmerzen - für beide Beteiligten - aus der Mutterreligion hervorgegangen und hat sich immer mehr als eigenständige Existenz erwiesen.

Wie ein neugeborenes Kind kam auch das Christentum nicht mit einem fertigen Selbstverständnis auf die Welt. Es mußte sich seine Identität erst suchen in Auseinandersetzung mit der Mutterreligion und mit den übrigen Religionen seiner Umwelt, die ihm durch den Zufall historischer und geographischer Zusammenhänge aufgegeben waren - aber doch unausweichlich, indem die neuen Christen nichtjüdischer Herkunft vorher ein halbes Leben lang diesen Religionen angehört hatten.

"Geburt" und erste Identitätssuche des Heidenchristentums vollzogen sich in der römischen Provinz Syrien. Die wichtigsten Wirkungsorte Jesu - Galiläa und Judäa - gehörten zwar ebenfalls zu dieser Provinz. In unserem Zusammenhang wird es jedoch um die Ausbreitung des Christentums in die mehrheitlich nichtjüdischen Siedlungsgebiete Syriens gehen.

Noch genauer läßt sich der Schauplatz kaum angeben: Die syrische Hauptstadt Antiochia verdient vielleicht an erster Stelle genannt zu werden, wo die neue Gemeinschaft zum ersten Mal mit dem Wort "Christianoi" bezeichnet wurde (Apg 11,26). Der Rang Antiochias ließe sich aber nur entscheiden, wenn wir mehr über die genaue Rolle anderer Städte und Gebiete wüßten - über Caesarea Maritima etwa, die stark heidnisch geprägte Hauptstadt Judäas, wo die Apostelgeschichte von der ersten Bekehrung eines gottesfürchtigen Heiden erzählt (Apg 10), oder über die nördlich an Galiläa angrenzenden Gebiete, d. h. über den Süden von Phönikien und über die Gegend bis hin nach Damaskus, wo Paulus eine von der Torah abgefallene christliche Gruppe in die Schranken weisen wollte (Apg 9).

Da die Apostelgeschichte und der Galaterbrief über die Vorgänge in Antiochia relativ genaue und insgesamt wohl auch zuverlässige Angaben machen, ist der Name dieser Stadt in der neutestamentlichen Forschung seit langem zu einer Art Chiffre für die Vorgänge geworden, die der heidenchristlichen Identitätssuche ihre Dynamik gaben. Bei näherem Hinsehen lassen sich drei Problemkreise unterscheiden, mit denen Antiochia für die Wissenschaft Brennpunkt von Entwicklungen ist, die dem Christentum insgesamt zu unumkehrbaren Vorgaben seines Selbstverständnisses geworden sind:

(a) der Beginn einer *gezielten Heidenmission* (Apg 11,20f),

(b) die angenommene Veränderung des Christentums durch die *Begegnung mit einem "synkretistischen" Hellenismus* und

(c) die Entfaltung *innerchristlicher Pluralität*, wie sie etwa im "antiochenischen Zwischenfall" (Gal 2,11ff) greifbar wird.

Diesen drei Themen werden die drei Kapitel der vorliegenden Untersuchung gewidmet sein. Es handelt sich um Fragenkreise, die bis heute maßgebliche Faktoren christlicher Identitätssuche geblieben sind: heute ist mehr denn je umstritten, ob und in welcher Form Mission (a) für das Christentum essentiell ist. In den jungen Kirchen unserer Zeit stellt das Verhältnis zwischen Christentum und einheimischer religiöser Kultur das entscheidende Identitätsproblem dar - das Problem der Inkulturation (b), und die sich immer weiter vergrößernde Zahl christlicher Konfessionen (c) ist weltweit ein Stachel für christliches Selbstverständnis. So lassen sich die Anfänge christlicher Identitätssuche nicht untersuchen, ohne von der Brisanz heutiger Probleme berührt zu werden.

2. Zur Forschungsgeschichte

Die Forschung des 19. Jahrhunderts nahm zunächst die unter (c) genannte Thematik in den Blick: die Pluralität von Richtungen innerhalb des neutestamentlichen Christentums. 1831 bestritt *Ferdinand Christian Baur* das bis dahin fast selbstverständliche Bild von einem harmonischen Anfang des Christentums mit der These, daß die im Galaterbrief sichtbaren antiochenischen Konflikte am Beginn einer Entwicklung stünden, die sich danach in anderen neutestamentlichen Konflikten zeigt und bis in die Konfessionalität der Gegenwart fortsetzt[1].

Baur interpretierte diesen Vorgang mit der Dialektik Schellings und Hegels[2]. Sein anfänglicher Schüler *Albrecht Ritschl* verwarf diese Interpretation, behielt aber das Interesse für den Gegensatz bei[3] - weiterhin als Modell für den Konfessionskonflikt seiner eigenen Zeit (der Zeit des 1. vatikanischen Konzils).

Durch den Gegenwartsbezug kommt der heidenchristlichen Seite bei Baur und Ritschl eine positive Wertung zu, da sie gegenüber dem Judenchristentum die Weltoffenheit vertritt, die auch für den eigenen Protestantismus beansprucht wird. Bei Ritschls Schüler *Adolf (v.) Harnack* ist 1902 die Wertung und die Zuordnung umgekehrt. Das Heidenchristentum wird durch den abwertenden Begriff "Synkretismus"[4] interpretiert und deshalb lieber mit dem Katholizismus

---

(1) F.Chr.Baur, Die Christuspartei in der korinthischen Gemeinde, der Gegensatz des petrinischen und paulinischen Christentums in der alten Kirche, der Apostel Petrus in Rom, in: Tübinger Zeitschrift für Theologie, 1831 S.114; der Aufsatz ist nachgedruckt in: K.Scholder (Hg.), F.Chr.Baur, Ausgewählte Werke in Einzelausgaben, Bd.1, 1963 S.1-146
(2) Dazu F.W.Graf, Art. Ferdinand Christian Baur (1792-1860), in: H.Fries / G.Kretschmar (Hg.), Klassiker der Theologie Bd.2, 1983, S.105
(3) Dazu K.H.Neufeld, Art. Albrecht B.Ritschl, in: H.Fries / G.Kretschmar (Hg.), 1983 S.209ff
(4) P.Tschackert (Art. "Synkretismus", in: Realencyclopädie für protestantische Theologie und Kirche, ³1907, gibt als Wortbedeutung an: verkehrte Versuche zur Verbindung ungleichartiger und unvereinbarer Lehrelemente". Im Hintergrund stehen die synkretistischen Streitigkeiten in der protestantischen und katholischen Theologie des 17. und 18. Jahrhunderts.

in Verbindung gebracht:

"Das Christentum ist seit der Mitte des 3. Jahrhunderts als synkretistische Religion im vollsten Sinne zu betrachten... Synkretistisch war es von Anfang an auf heidenchristlichem Boden - nicht als pures Evangelium ist es erschienen, sondern mit allem ausgestattet, was die jüdische Religion in ihrer langen Geschichte an sich gezogen hatte, und sofort auf alles das, was dort etwa noch fehlte, eingehend"[1] - "jenen gesamten Synkretismus auch wieder abzustreifen... Damit hat die Reformation den Anfang gemacht"[2].

Viel stärker als mit Harnack wird das wirkungsgeschichtlich entscheidende Stichwort "synkretistisch" mit der "Religionsgeschichtlichen Schule" in Verbindung gebracht. Bei *Hermann Gunkel*[3] findet es sich zwar ein Jahr später[4], dafür aber in einen größeren programmatischen Zusammenhang eingebunden.

Religionsgeschichte bedeutet hier, alle Religion streng geschichtlich zu sehen. Vor allem wurden Altes Testament, zwischentestamentliches Judentum und Neues Testament in ein überlieferungsgeschichtliches Verhältnis zueinander gebracht. Darüber hinaus wurde versucht, das Christentum im Rahmen der hellenistischen und orientalischen Religionsgeschichte zu verstehen[5].

Damit stand das Verhältnis des Christentums zu anderen Religionen auf dem Spiel. Die religionsgeschichtliche Schule ging von der grundsätzlichen Vergleichbarkeit aller Religionen als geschichtlicher Phänomene aus:

"Wir wollen die ganze Geschichte der menschlichen Religion... mit Ehrfurcht betrachten, als die Geschichte davon, wie Gott zu allen Zeiten und an allen Orten zum Geschlechte der Menschen geredet hat"[6]. Das bedeutete einen Rückgriff auf den Ansatz der zeitgenössischen Religionswissenschaft[7]. Als Erbe der Romantik lag dieser Arbeit die Idee zugrunde, daß alle Religionen Ausdruck eines gemeinmenschlichen religiösen Erlebens seien, und daß man dieser Menschheitsreligion durch Rückgang in früheste Zeiten am nächsten käme[8].

Durch die modifizierte Rezeption dieses Grundgedankens verließ die religionsgeschichtliche Schule einen Konsens, den die liberale Theologie bis dahin noch geteilt hatte: Die Absolutheit des Christentums[9].

Die stattdessen vertretene Einbindung in den Zusammenhang mit anderen Religionen wurde an verschiedenen Punkten festgemacht. Hermann Gunkel als

---

(1) A.Harnack, Die Mission und Ausbreitung des Christentums in den ersten drei Jahrhunderten, 1902, S.226f
(2) Harnack, 1902 S.229
(3) H.Gunkel, Zum religionsgeschichtlichen Verständnis des Neuen Testaments, 1903, S.35f; 88;95
(4) Seit der zeitgenössischen Kritik (z.B. P.Tschackert, Art. "Synkretismus", in: Realencyclopädie für protestantische Theologie und Kirche, [3]1907) wird zwar die Anwendung des Synkretismusbegriffs auf das *neutestamentliche* Christentum als Neue an Gunkels These dargestellt. Die oben zitierte Formulierung läßt aber keinen Zweifel daran, daß schon Harnack genau dies gemeint haben muß: Heidenchristentum "von Anfang an" kann nur neutestamentliches Heidenchristentum sein.
(5) Dazu K.Müller, Die religionsgeschichtliche Methode... in: BZ NF 29 (1985), S.166ff
(6) W.Bousset, Die Mission und die sogenannte Religionsgeschichtliche Schule, 1907, S.11.
(7) Bousset, 1913, S.VIII bezieht sich auf F.Cumont, A.Dieterich, J.Geffcken, E.Norden, E.Schwartz, R.Reitzenstein, H.Usener und P.Wendland.
(8) Vgl. J.Waardenburg, Religionen und Religion, 1986, S.42ff und H.-J. Klimkeit, Art. Religionswissenschaft, in: K.Müller/Th.Sundermeier (Hg.), Lexikon missionstheologischer Grundbegriffe, 1987, S.422f
(9) Vgl. E.Troeltsch, Die Absolutheit des Christentums, Lizenzausgabe [2]1985 S.34

Alttestamentler betonte die Einflüsse orientalischer Religionen durch das Judentum hindurch:

"Unsere These ist..., daß das Christentum, aus dem synkretistischen Judentum geboren, starke synkretistische Züge aufweist. Das Urchristentum gleicht einem Strome, der aus zwei grossen Quellflüssen zusammengeflossen ist: der eine ist spezifisch israelitisch, er entspringt im A.T., der andere aber fließt durch das Judentum hindurch von fremden orientalischen Religionen her. Hierzu kommt dann im Abendlande noch der griechische Faktor."[1]

Wilhelm Bousset - darin wichtigster Vertreter der oben unter (b.) genannten These über das antiochenische Christentum - verlegte den Schwerpunkt dorthin, wo das Christentum aus dem Judentum heraustrat in die direkte Begegnung mit heidnischer Religiosität:

"Der große und entscheidende Einschnitt in die Entwickelung des Christentums ist durch seinen Übertritt auf heidenchristliches Gebiet in seinen allerersten Anfängen markiert... Scharf wird sich in der Darstellung der Abstand... zwischen Jerusalem und Antiochia herausheben..."[2]

Bousset folgte jedoch nur sehr eingeschränkt Gunkels Entscheidung, auch das Christentum mit dem Attribut "synkretistisch" zu belegen:

"Es ist doch ein großer und prinzipieller Unterschied zwischen dem religiösen Prozeß der ausgehenden Antike und dem mit dem Evangelium und der Person Jesu neu einsetzenden Prozeß der Bildung des Christentums. Dort haben wir wirklichen Synkretismus, d.h. einen Verwesungsprozeß, bei dem die lebendigen religiösen Einheiten sich auflösen, hier einen Krystallisationsprozeß, d.h. den Vorgang eines schöpferischen Neuwerdens. Es' ist wahr, jener Krystallisationsprozeß ist in den Anfängen allzu stürmisch vor sich gegangen, so daß sich manche Elemente an die Neubildung angehängt haben, diese verunstalteten und niemals recht von ihr amalgamiert sind. Insofern hat man das Recht, von synkretistischen Elementen des Christentums zu reden und auf deren Ausscheidung hinzuarbeiten."[3]

Seit die religionsgeschichtliche Schule den Konsens über die Absolutheit des Christentums verließ, wurde ihr Ansatz immer wieder um der Unvergleichlichkeit der biblischen Offenbarung willen kritisiert. Der erste große Streit wurde in den Jahren 1906/7 zwischen Missionswissenschaftlern und Vertretern der religionsgeschichtlichen Schule ausgetragen.

G. Warneck und *H. v. Walter* warfen der religionsgeschichtlichen Schule vor, die Relativität aller Religionen zu lehren[4], die göttliche Offenbarung zu leugnen[5] und damit Mission unmöglich zu machen. Bousset erwiderte, die religionsgeschichtliche Schule leugne nur "die spezielle Andersartigkeit der Offenbarung Gottes in der Religion alten und neuen Testaments"[3]. Er warf seinerseits Warneck vor, die "erschreckende Behauptung" aufzustellen, "daß alle nichtchristliche Religion überhaupt eigentlich keine Religion sei"[7].

Karl Barth und andere Vertreter der dialektischen Theologie überboten die in der Position Warnecks vorausgesetzte Unterscheidung von wahrer und falscher

---

(1) H.Gunkel, 1903 S.35f
(2) W.Bousset, 1913, S.VI
(3) W.Bousset, 1907 S.7
(4) G.Warneck, Missionsmotiv und Missionsaufgabe nach der modernen religionsgeschichtlichen Schule, 1907, S.6; H.v.Walter, Die Absolutheit des Christentums und die Mission, in Neue kirchliche Zeitschrift 17 (1906), S.826ff
(5) H.v.Walter, 1906 S.827
(6) W.Bousset, 1907 S.7
(7) W.Bousset, 1907 S.13

Religion noch durch ihre Unterscheidung zwischen Offenbarung und Religion: Nicht nur fremde Religionen, sondern alles, was am Christentum "Religion" ist, steht im Gegensatz zur Offenbarung[1].

Dieser Ansatz hat die Arbeit der "Religionsgeschichtlichen Schule" nachhaltig diskreditiert. Bis heute wirkt sich das in einem gebrochenen Verhältnis der neutestamentlichen Wissenschaft zu religionsgeschichtlicher Arbeit aus.

So ist es nur natürlich, daß diese Wissenschaft auch dort kaum an die Thesen der "Religionsgeschichtlichen Schule" anknüpfte, wo sie sich nach dem Zweiten Weltkrieg verstärkt mit der eingangs unter (a) aufgeführten Thematik beschäftigte: Der missionarischen Eigenart des Christentums, mit der eine Bewegung nicht nur hin zu den jüdischen Glaubensgenossen der Jünger Jesu, sondern auch zu den "Heiden" entstand.

Am Anfang des Jahrhunderts hatte Adolf (v.) Harnack in dem schon zitierten Werk die Heiden-mission mit der Entstehung einer neuen Religion gleichgesetzt[2] und mit der Hellenisierung von Gedankengut, das freilich schon von Anfang an dem "freieren griechischen Geist verwandt" gewe-sen sei[3]. So bedeutete Heidenmission für Harnack das Sich-Einlassen des Christentums auf einen Synkretismus, der Jesus noch nicht eigen war. Die Themen der Heidenmission und der Verände-rung des Christentums (a) und (b) waren also bei ihm miteinander verwoben.

Nun, ausgehend von der These *Joachim Jeremias'* (1956), daß Jesus selbst kei-ne Heidenmission intendiert, sondern nur die endzeitliche Herbeiführung der Heidenvölker zur Gemeinschaft mit dem jüdischen Gott erwartet habe[4], dreh-te sich die Diskussion vor allem um Fragen der innerchristlichen Entwicklung hin zur Heidenmission, um den Anteil einzelner frühchristlicher Gruppen an dieser Entwicklung[5] und um die konkrete Ausgestaltung frühchristlicher Mis-sion[6]. Die Untersuchung von *Ferdinand Hahn* über "Das Verständnis der Mis-sion im Neuen Testament" (1963) hat dabei herausgearbeitet, daß Jesus die Spannung zwischen der Priorität Israels und der Universalität seiner eigenen Botschaft nicht entschied, und damit den Grund für innerchristliche Pluralität gelegt hat: "Wird diese Stellung Jesu zu den Heiden gesehen, dann erklärt sich die so merkwürdig verschiedenartige Entwicklung der Mission in der Urge-meinde, sowohl die primäre Ausrichtung auf Israel, sodann die partikularisti-sche Verengung, umgekehrt aber auch das Offensein für die Heiden und eine

---

(1) K.Barth, Kirchliche Dogmatik, Bd.I/2, 1938 S.318ff; vgl. E.Brunner, Geschichte oder Offenbarung, in: ZThK 21 (1925) S.266-278
(2) A.Harnack, 1902 S.39
(3) A.Harnack, 1902 S.45
(4) J.Jeremias, Jesu Verheißung für die Völker, 1956
(5) Ein besonderes Problem stellt dabei die Frage, ob galiläische Gemeinden unabhängig von Jerusalem ein missionarisches Zentrum mit Ausstrahlung nach Südsyrien bildeten: so G.Schille, Anfänge der Kirche, 1966 S.175ff und H.Kasting, Die Anfänge der urchristlichen Mission, 1969 S.90ff. Schille rechnet dabei mit einem nicht-apostolischen Verkündigungs-inhalt, der sich besonders in den Wundergeschichten als "missionarischer Gattung" ausdrückt (Schille, 1966 S.176). Kritisch dazu R.Pesch, Voraussetzungen und Anfänge urchristlicher Mission, in: K.Kertelge (Hg.), Mission im Neuen Testament, QD 93, 1982 S.51ff.
(6) Dazu weitere wichtige Beiträge in: K.Kertelge (Hg.), 1982

eigentliche Missionierung der Völker"[1]. Damit ist eine Verknüpfung zwischen den Problemkreisen (a) und (c) hergestellt. Wie stark die Entscheidung zur Heidenmission eine christliche Identitäts-problematik auslöste und damit auf das Selbstverständnis von Christen zurück-wirkte, hat meines Wissens *Nikolaus Walter* am schärfsten herausgearbeitet[2]. Von seinen Erkenntnissen ausgehend möchte ich in der vorliegenden Unter-suchung *alle drei genannten Problemkreise* für das syrische Heidenchristentum bewußt miteinander verknüpfen.

> Als Arbeitshypothese liegt dem zugrunde: Es ist kein Zufall, daß die früh-christliche Entscheidung für eine gezielte Heidenmission, die Frage nach ei-ner Veränderung des Christentums durch den Kontakt mit Fremdreligionen und die Problematik innerchristlicher Pluralität alle drei einen Brennpunkt in der syrischen Metropole Antiochia haben. Vielmehr besteht ein ursächli-cher Zusammenhang: die Aufnahme ehemaliger "Heiden" in die christliche Heilsgemeinschaft bedeutete eine Verunsicherung für die christliche Grup-penidentität, die schon damals als Gefahr von religiöser Überfremdung er-lebt und diskutiert wurde. Innerchristliche Pluralität ist Ergebnis sowohl der Mission, als auch der Diskussion über ihre Folgen. Mission, Inkulturation und innerchristliche Pluralität sind drei untrennbar miteinander verflochten-de Triebkräfte der christlichen Identitätsproblematik, und zugleich die Fel-der, auf denen eine Identitätsfindung vorangetrieben werden mußte.

Diese These bedeutet einen Rückgriff auf Aussagen der beschriebenen For-schungsgeschichte seit Ferdinand Christian Baur. Ausdrücklich nicht übernom-men wird aber hier die Bewertung, die sich am deutlichsten bei Harnack zeigt, und die bei der "Religionsgeschichtlichen Schule" zumindest implizit mit im Spiel war: Die Gestaltwerdung des Heidenchristentums als Verfall gegenüber dem reinen Evangelium Jesu und als eine Entwicklung, die reformations-bedürftig sei. Ähnlich wie es in der Geburts-Metapher schon angedeutet wur-de, soll die Entstehung des Heidenchristentums vielmehr als ein schmerzhaf-ter, aber notwendiger und fruchtbarer Prozeß der Identitätssuche einer Reli-gion angesehen werden.

Wenn hier die Identität des frühesten Christentums problematisiert wird, an-statt sie selbstverständlich vorauszusetzen, kann damit an das Programm der dreibändigen, von E. P. Sanders u. a. herausgegebenen Sammlung "Jewish and

---

(1) F.Hahn, Das Verständnis der Mission im Neuen Testament, 1963 S.31f
(2) N.Walter, Christusglaube und heidnische Religiosität in paulinischen Gemeinden, in: NTS 25 (1978/79), S.422-442

Christian Self-Definition" angeknüpft werden[1]. Vorbildlich ist daran vor allem die Grundidee. In der Durchführung haben nur wenige der beteiligten Autoren den methodisch innovatorischen Impuls umgesetzt, nach der "Selbst-Definition" einer religiösen Gemeinschaft zu fragen.

3. Zum religionsgeschichtlichen Hintergrund und seiner methodischen Durchdringung

Die religiöse Kultur der römischen Provinz Syrien, in die hinein die ersten heidenchristlichen Missionsbemühungen liefen, war eine pluralistische Kultur. Dies galt schon im Blick auf die ethnische Zusammensetzung der Bevölkerung und auf die Herkunft der hier verehrten Gottheiten. Neben den von alters her ansässigen Aramäern (den späteren Syrern im engen Sinne), Phöniziern, Kanaanäern, Israeliten, Arabern u. a. hatten die wechselnden politischen Einflußsphären der Ägypter, der Hethiter, der Perser und der mesopotamischen Reiche ihre Spuren auch in religiöser Hinsicht hinterlassen. Als die relativ jüngsten Kulturmächte wirkten die Griechen, die erst im 1. Jhdt. v. Chr. ihre politische Souveränität über Syrien verloren hatten und in den Städten das weithin bestimmende Element blieben, sowie die Römer als die gegenwärtigen politischen Machthaber.

Entsprechend bunt ist die Namensliste der in Tempeln auf syrischem Boden verehrten Gottheiten: In Heliopolis-Baalbek und Doliche gab es zwei bedeutende Kultzentren mit den römischen Götternamen Jupiter, Juno, Venus und Merkur. Ab 135 n. Chr. sollte auch Jerusalem eine ähnliche Stellung für die römische Religionspolitik bekommen, wo bis 70 n. Chr. noch der einzig legitime Tempel des jüdischen Gottes gestanden hatte. Hellenistische Kultnamen wie Zeus, Hera, Apollo, Artemis, Dionysos und Tyche herrschten in weiten Teilen Nordsyriens vor, außerdem in der Damaskene, in Phönikien und in den mehrheitlich heidnischen Städten Palästinas. In den Charakterzügen der römisch und griechisch benannten Kulte schimmerten jedoch unverkennbar die alteingesessenen Gottheiten des Landes durch: in den aramäischen Gebieten vor allem das Götterpaar Atar'ata (gräzisiert "Atargatis", auch "die Syrische Göttin" genannt) und Hadad; in Phönikien Triaden aus Vater-, Mutter- und Sohnesgottheiten, die z. B. in Tyros Baalshamin, Astarte und Melqart hießen[2]. In der weit östlich gelegenen Oase Palmyra und in kleineren Heiligtümern des Hauran (südöstlich von Damaskus) trugen Gottheiten aramäischer, phönikischer und arabischer Herkunft noch weitgehend ihre semitischen Namen; das stärkste außersyrische Element in Palmyra war das babylonische mit Namen wie Bel, Nebo und Tammuz. Bel wurde jedoch auch weit westlich in Apameia am Orontes unter diesem Namen verehrt. Die phönikische Stadt Byblos hatte von alters her eine Beziehung zur ägyptischen Religion behalten; in römischer Zeit wurden dort Isis und Osiris verehrt[3], was man kaum auf den Mysterienkult dieser Gottheiten beschränken können. Ganz im Norden Syriens hatte Antiochos I. von Kommagene vor der endgültigen römischen Eroberung die persische Tradition (neben der griechischen) hochgehalten, indem er sein Volk die Gottheiten Ahuramazda, Mithra und Verenthragna verehren ließ[4].

---

(1) Bd.I: The Shaping of Christianity in the Second and Third Centuries, 1980; Bd.II: Aspects of Judaism in the Graeco-Roman Period, 1981; Bd. III Self-Definition in the Graeco Roman World, 1982
(2) H.Seyrig, Les grands dieux de Tyr à l'époque grecque et romaine, in: Syria 40 (1963) S.23f
(3) Plutarch, De Iside et de Osiride 16; Lukian, DeaSyr 7
(4) IGLS 1 Z.53-58

Die Bedeutung von "Mysterienkulten" im römischen Syrien ist lange Zeit überschätzt worden; man hielt Syrien geradezu für eines der Ursprungsländer der Mysterien mit seinen Belegen für Kultnamen wie Adonis, Isis, Osiris, Dionysos (bzw. Bacchus) und Mithras. Jedoch ist allein für Mithras ab 140 n. Chr. ein Mysterienkult an drei Stellen nachweisbar (womit Syrien zu den an Belegen dieses Kultes ärmsten Provinzen gehört)[1], während für all die anderen als Mysteriengottheiten verdächtigen Namen in Syrien zu dieser Zeit nur öffentliche Kulte sicher belegbar sind. Mysterienfeiern scheinen erst spät von Westen her nach Syrien importiert worden zu sein.

Wenn nun die innerchristliche Pluralität in einem Zusammenhang mit Mission und Inkulturation im syrischen Kulturraum steht (wie hier als Arbeitshypothese formuliert wurde), dann legt sich der Gedanke nahe, daß die innerchristliche Pluralität in irgendeiner Weise den Pluralismus der umgebenden Kultur widerspiegelt. Dennoch sollte man sehr vorsichtig damit sein, diesen Gedanken durch Verbindungslinien zwischen bestimmten Kultformen und bestimmten christlichen Strömungen zu präzisieren. Die "Religionsgeschichtliche Schule" und Exegeten der Bultmann-Schule nahmen lange Zeit einen Zusammenhang an zwischen den für Syrien als sehr prägend vermuteten Mysterienkulten und den Veränderungen, die das "Hellenistische (Heiden-)Christentum" in Antiochia erfahren hat[2]. Heute ist dieser These schon allein dadurch die Grundlage entzogen, daß in ganz Syrien zur fraglichen Zeit keine Mysterienkulte nachweisbar sind. So wird man sich besser darauf beschränken, in der Tatsache der religiös pluralistischen Kultur als solcher eine wichtige Voraussetzung dafür zu sehen, daß auch innerhalb des Christentums religiöse Pluralität in einem noch näher zu bestimmenden Maße hingenommen werden konnte.

Zur Erhellung der heidenchristlichen Identitätssuche wird es in hohem Maße darauf ankommen, Verhältnisse zwischen Religionen mit großer Sorgfalt zu beschreiben - und erst einmal beschreibbar zu machen: nicht nur das Verhältnis des Christentums zu seiner Umwelt ist zu bedenken, sondern auch Verhältnisse zwischen den Umwelt-Religionen untereinander und Verhältnisse zwischen verschiedenen christlichen Strömungen. Es wird notwendig sein, Zusammenhänge wesentlich präziser zu erfassen, die man lange Zeit mit dem Stichwort "Synkretismus" meinte umfassend beschrieben zu haben.

Diesem Anliegen kann zugute kommen, daß im Rahmen der religionswissenschaftlichen Diskussion über den "Synkretismus" an begrifflichen Differenzierungen gearbeitet worden ist. Das ausführlichste Raster religionswissenschaftlicher Erklärungskategorien für interreligiöse Verhältnisse bzw. Prozesse rund um den Synkretismusbegriff bietet das Modell von *Ulrich Berner* (1982)[3]. Berner definiert Synkretismus als einen Prozeß, bei dem die Grenzen zwischen Religionen ("religiösen Systemen") bzw. zwischen deren Elementen aufgehoben werden. Daneben beschreibt er andere "Prozesse" (in den meisten Fällen handelt es sich eher um Verhältnisse zwischen Religionen bzw. ihren Elementen als um Prozesse), bei denen diese Grenzen nicht aufgehoben werden.

---

(1) L.M.Hopfe, Mithraism in Syria, in: ANRW II 18,4 (1990) S.2214-2235
(2) Vgl. R.Bultmann, Theologie des Neuen Testaments, [8]1980 S.132f; 142ff; 150f
(3) U.Berner, Untersuchungen zur Verwendung des Synkretismus-Begriffes, 1982

Die Grundidee solcher Differenzierungen bedeutet einen großen Fortschritt des methodischen Instrumentariums auch für die hier vorliegende Thematik. Ich halte es für dringend erforderlich, die religionswissenschaftliche Diskussion um den Synkretismusbegriff in der neutestamentlichen Wissenschaft stärker zu rezipieren, als das bisher geschehen ist.

Gegen die konkrete Ausführung bei Ulrich Berner und anderen Autoren ist jedoch ein prinzipieller Einwand zu erheben: die Rede von interreligiösen "Prozessen" und von "Grenzen" zwischen Religionssystemen bzw. ihren Elementen unterstellt mehr an Eindeutigkeit, als m. E. diesem Forschungsgegenstand angemessen ist. Ein typisches Merkmal von Situationen, in denen die Anwendung des Synkretismusbegriffs in Frage kommt, ist nämlich gerade, daß die Grenze zwischen Systemen *umstritten*, d. h. alles andere als selbstverständlich und auch alles andere als wissenschaftlich objektiv feststellbar ist.

Wenn einer Religionsgemeinschaft im Zuge imperialer Religionspolitik eine wie auch immer geartete Vereinigung mit einem fremden System verordnet wurde, so kann man das natürlich als interreligiösen "Prozeß" bezeichnen. Damit wird aber die Position solcher Religionspolitik zum wissenschaftlich allein maßgeblichen Faktum erhoben. Daß es in solchen Fällen immer Widerstand von Gruppen gab, nach deren Selbstverständnis die betroffenen Religionssysteme weiterhin getrennt blieben, fällt dabei unter den Tisch.

In der römischen Provinz Syrien war der Bau des Jupitertempels von Heliopolis-Baalbek ein eklatanter Fall solcher Religionspolitik: Der heilige Bezirk des örtlichen Baal wurde von den neuen römischen Machthabern für ihr Bauvorhaben okkupiert, und die einheimische Bevölkerung sollte durch beispiellose Gigantomanie dazu bewogen werden, Jupiter als die noch mächtigere Gestalt desselben Hochgottes anzuerkennen, den sie von alters her verehrt hatten. Die Rechnung der kaiserlichen Planer scheint jedoch nicht vollständig aufgegangen zu sein: Mit Friedrich Ragette verstehe ich den direkt neben dem Jupitertempel gebauten zweiten gigantischen Tempel als eine Konkurrenzunternehmung griechisch-syrischer Bauträger, die sich der römischen Religionspolitik nicht fügen wollten. Neben den von Ragette vorgebrachten Argumenten[1] läßt sich diese These durch die Inschriftenstatistik beider Tempelbezirke stützen[2].

Angemessener und wissenschaftlich "objektiver" (was doch wohl nur "unparteiischer" heißen kann) wäre es also, nach einem religionspolitischen Akt dieser Art nicht von aufgehobenen, sondern von umstrittenen Systemgrenzen zu sprechen.

Solche Überlegungen haben in der vorliegenden Untersuchung dazu geführt, auf die Vorstellung objektiv feststellbarer "Prozesse" oder "Verhältnisse" zwischen Religionen ganz zu verzichten. Exakt zu erheben sind nur *Verhältnisbestimmungen zwischen Religionen jeweils aus der subjektiven Perspektive einer bestimmten Religionsgemeinschaft oder Person*[3]. Auch mit unserem eigenen wissenschaftlichen Verhältnisse-Bestimmen zwischen Religionen tun wir nichts qualitativ anderes als die in unseren Quellen zu Wort kommenden Gruppen oder Personen.

---

(1) F.Ragette, Baalbek, 1980 S.43
(2) Siehe dazu ausführlich: A.Feldtkeller, Das entstehende Heidenchristentum im religiösen Umfeld Syriens zur Prinzipatszeit, Dissertation Heidelberg 1991 S.184
(3) Ein ähnlicher Trend zeichnet sich ab in der Arbeitsgruppe "Theologie Interkulturell"; siehe dazu H.P.Siller, Synkretismus. Bestandsaufnahme und Problemanzeigen, in: ders. (Hg.), Suchbewegungen. Synkretismus - kulturelle Identität und kirchliches Bekenntnis, 1991 S.1-17

Wissenschaftlicher Objektivität kann man sich auf diesem Feld nur annähern, indem man jeweils die aus verschiedenen Quellen stammenden Verhältnisbestimmungen zwischen denselben Religionen (bzw. Elementen von Religionen) zueinander in Beziehung setzt und versucht, die Unterschiede dieser Verhältnisbestimmungen ebenso zu erklären wie ihre Zusammenhänge.

Ein wesentlicher Schlüssel für solche Erklärungen liegt in der "Identität" religiöser Menschen und religiöser Gruppen, wie sie hier in der Rede von Identitätsproblematik, Identitätssuche und Identitätsfindung vorausgesetzt ist. Der Soziologe Erving Goffman beschreibt die Identität von Individuen als einen gefährdeten Status, der sowohl durch aktuelle Interaktionsprozesse mit anderen Menschen bestimmt wird, als auch durch die biographische Kontinuität des Individuums. Außerdem muß sich darin die Selbst-Wahrnehmung des Individuums dem Vergleich mit gesellschaftlich gesetzten Normen aussetzen[1].

Diese Definition läßt sich mit nur geringen Modifikationen auf religiöse *Gruppen* übertragen: Auch die Identität einer Gruppe wird bestimmt von der aktuellen Auseinandersetzung mit anderen Gruppen und von der eigenen Vergangenheit. Auch die Identität einer Gruppe steht im Spannungsfeld von Selbstverständnis und den Erwartungen aus der Gesellschaft, deren Teil die Gruppe ist.

Verhältnisbestimmungen zwischen Religionen lassen sich immer verstehen als Strategien zur Absicherung religiöser Identität bzw. zur Wiederherstellung verunsicherter, gefährdeter Identität - entweder von Individuen oder von Gruppen. Der ansonsten unerklärliche Bau eines zweiten Tempels neben dem Jupitertempel von Baalbek aus dem angeführten Beispiel läßt sich verstehen als eine Strategie zur Wiederherstellung von religiöser Gruppenidentität, die durch die römische Religionspolitik verletzt worden war.

Unter solchen Voraussetzungen ist es sinnvoll, Verhältnisbestimmungen zwischen Religionen in erster Linie danach zu klassifizieren, in welcher Weise und für wen sie die Aufgabe der Identitätssicherung erfüllen.

Die für die verschiedenen Perspektiven von Verhältnisbestimmungen entscheidenden Fragen sind zum einen, ob die Verhältnisbestimmung (eher) der Identität eines *Individuums* zugute kommt oder der einer *Gruppe*; zum anderen, ob (eher) die *synchrone* Ebene der aktuellen Interaktion betroffen ist, oder die *diachrone* Ebene von Auseinandersetzung mit der eigenen Geschichte. Aus diesen zwei mal zwei Möglichkeiten ergeben sich insgesamt vier Perspektiven, aus denen Verhältnisse zwischen Religionen bestimmt sein können.

Die Spannung zwischen Selbstwahrnehmung und Fremdbestimmung gibt dagegen kein so weitreichendes Unterscheidungsmerkmal her, denn in jeder Identitätsproblematik sind *beide* Seiten von erheblicher Bedeutung. Jede Verhältnisbestimmung zwischen Religionen hat einen Aspekt der Selbstdarstellung (in der Sprache moderner Systemtheorie würde man sagen: sie ist "selbst-

---

(1) E.Goffman, Stigma, [8]1988 S.9ff und passim; ähnlich auch L.Krappmann, Soziologische Dimensionen der Identität, [5]1978

referentiell"[1]), ohne dabei jemals von der gesamtgesellschaftlichen Norm unabhängig werden zu
können[2]. Dennoch lohnt es sich, bei der Betrachtung konkreter Verhältnisbestimmungen zwischen Religionen auch die Frage im Auge zu behalten, wie weit das Selbstbild und die übergeordnete gesellschaftliche Norm jeweils auseinanderklaffen.

Im Folgenden seien nun die vier Perspektiven vorgestellt und jeweils anhand
von Beispielen aus der nichtchristlichen religiösen Kultur Syriens zur Zeit des
frühen Christentums erläutert. Es handelt sich zugleich um Ausschnitte aus
dem Material, an dem das Modell der vier Perspektiven entwickelt wurde.

1. *Perspektive der Religionsbetrachtung (zugunsten der Identität eines Individuums auf der synchronen Ebene):* Eine Person arbeitet an ihrer eigenen religiösen Identität, indem sie Verhältnisse zwischen Religionen bestimmt
durch Vergleiche, d. h. durch Feststellungen von Ähnlichkeiten und Unterschieden. Meistens werden dabei die Ergebnisse des Vergleichs durch Erklärung weiterverarbeitet. Die eigene Religion kann eines der miteinander
verglichenen Systeme sein, dies muß aber nicht der Fall sein. Hier ist auch,
aber nicht nur, der Ort jeden wissenschaftlichen Religionsvergleichs. In der
vorliegenden Untersuchung wird dies die vorherrschende Perspektive von
Autor und Leser sein, während sie als Perspektive innerhalb des For-
schungsgegenstandes praktisch keine Rolle spielen wird.

Eigentlich waren religionsbetrachtende Verhältnisbestimmungen in der römisch-hellenisti-
schen Zeit sehr üblich, aber das Christentum begann erst spät davon Gebrauch zu machen.
Diese Art von Verhältnisbestimmungen diente vor allem gebildeten Menschen mit einem in-
ternationalen und interreligiösen Erfahrungshorizont dazu, Verunsicherungen aus dem religiösen Pluralismus zu bewältigen. Bei den Autoren aus der Umwelt des frühen Christentums
gab es einige weitgehend verbindliche Erklärungsmodelle für Ähnlichkeiten und Unterschiede zwischen Religionen. Das wirksamste davon war die stoisch beeinflußte Theorie einer gemeinmenschlichen Urreligion, wobei mit Traditionsketten historischer Abhängigkeiten zwischen den einzelnen Nationalreligionen gerechnet wurde[3]. Die größte Nähe zur Urreligion
traute man den Ägyptern, Äthiopiern und Indern zu[4]. Von diesen Völkern aus liefen die angenommenen Traditionslinien in nordwestlicher Richtung bzw. gegen den Urzeigersinn um
das Mittelmeer herum[5], so daß die Völker des syrischen Raumes hinter den Ägyptern, Per-
sern und Mesopotamiern eingereiht waren, aber vor den Griechen und Römern. Die Reihenfolge war deswegen von eminenter Bedeutung, weil sie ein Werturteil beinhaltete: Religionen, die dem Ursprung näher standen, galten als "wahrer"[6] - zur Theorie gehörte eine
pessimistische Erwartung an die Übermittlungswege, so daß in "jüngeren" Religionen mit
fehlerhaften Traditionen zu rechnen war. Unterschiede zwischen einer "jüngeren" und einer

---

(1) Vgl. N.Luhmann, Soziale Systeme, ²1988 S.24ff
(2) Bestenfalls können Verhältnisbestimmungen zwischen Religionen mit der gesellschaftlichen Norm verschmelzen, so wie beispielsweise die christliche Feindschaft dem Islam gegenüber bis heute in den christlich geprägten Kulturen eine weithin wirksame Norm geblieben
ist.
(3) Dazu H.Dörrie, Die Wertung der Barbaren im Urteil der Griechen..., in: Antike und
Universalgeschichte, FS H.E.Stier, 1972 S.159
(4) Z.B. Lukian, DeaSyr 2; Astrol 3ff; Apuleius, Metam XI,5
(5) Vgl. Lukian, DeaSyr 2; 5; Astrol 8; Philon v. Byblos nach Euseb, PrEv I,9,29; I,10,40;
Numenius nach Euseb, PrEv IX,7,1; Tatian, Oratio I,1
(6) P.Pilhofer, Presbyteron Kreitton, 1990; vgl. Theophilos von Antiochia, Autol III,26

"älteren" Religion waren als Abweichung von den Ursprüngen erklärbar[1]. Autoren mit stark griechisch bzw. römisch geprägter Identität konnten sich allerdings der ihnen daraus entstehenden Nachteile erwehren mit der Theorie ihrer zivilisatorischen Überlegenheit gegenüber den "Barbaren"[2]: sie werteten auch fremde Religionsausübung als "barbarisch" ab[3].

2. *Perspektive der religiösen Biographie (zugunsten der Identität eines Individuums auf der diachronen Ebene):* Eine Person, deren Bindung an Religion(en) sich im Laufe ihres Lebens verändert hat, arbeitet an ihrer religiösen Identität durch Verhältnisbestimmung zwischen ihrer gegenwärtigen Religiosität und der Religiosität früherer Lebensphasen. Dies geschieht durch biographische Konstruktionen, welche die eigene Identität über die Veränderung hinweg sichern sollen. Die Typen von Verhältnisbestimmungen aus der Perspektive der religiösen Biographie teilen sich in erster Linie in Konstruktionen von Kontinuität und Konstruktionen von Diskontinuität.

In der Umwelt des frühesten Christentums waren Pilgerreisen die üblichste Form, mit fremden Kulten in Kontakt zu kommen. Lukian beschreibt ausführlich die Vorschriften, die Pilger einzuhalten hatten, wenn sie das erste Mal nach Hierapolis in Nordostsyrien zum Tempel der "Syrischen Göttin" kamen[4]: "Wenn ein Mann erstmals nach Hierapolis kommt, läßt er seinen Kopf und die Augenbrauen scheren. Dann opfert er ein Schaf... Wenn er das alles vollendet hat, bekränzt er seinen Kopf und den der anderen, die (mit ihm) den gleichen Weg gekommen sind. Er nimmt während seiner Reise nur kaltes Wasser zum Waschen und Trinken und schläft auf der blanken Erde. Es wäre nicht gottgefällig, wenn er in ein Bett steigen würde, bevor er seinen Weg beendet hat und wieder bei sich zu Hause angekommen ist. In der Heiligen Stadt wird er von einem Gastfreund aufgenommen, der ihm unbekannt ist. Jede Polis hat nämlich dort festgelegte Gastfreunde, bei denen die aus der Vaterstadt Kommenden aufgenommen werden. Diese (Gastfreunde) werden von den Syrern 'Lehrer' genannt, weil sie (die Erstpilger) in alles einführen..." (Lukian, DeaSyr 55).

An dem Ritual fällt auf, wie sehr es die Erfahrung des Unterwegs-Seins symbolisch verstärkt, indem es charakteristische Unannehmlichkeiten und Begleitumstände von Reisen zu asketischen Vorschriften ausbaut: die Benutzung von nur kaltem Wasser zum Waschen und Trinken, das Schlafen auf der blanken Erde, das Wohnen bei einem unbekannten "Gastfreund". So konnten die durch die Begegnung mit der Syrischen Göttin von Hierapolis ausgelösten Veränderungen in der persönlichen Religiosität durch die Symbolik des Weges aufgefangen werden. Das Ritual endet erst mit dem Heimkommen, wie der Text von Lukian ausdrücklich betont: erst im eigenen Haus und Bett darf die Askese des Schlafens, Trinkens und Waschens aufhören. Darin ist die andere Seite der intendierten religiös-biographischen Veränderung abgebildet: der Rückweg zur angestammten Religion der Heimat ist gerade nicht abgeschnitten, sondern soll gefunden werden. Pilgerschaft bedeutet zusätzliche religiöse Orientierung an einem fremden Kult, aber keinen Bruch mit der angestammten Religion. Deshalb hebt sie den Aspekt der Kontinuität hervor.

Diskontinuität in religiösen Biographien außerhalb des biblischen Traditionsbereichs gab es vor allem beim Beitritt zu philosophischen Bewegungen, die ein gebrochenes Verhältnis zu traditionellen Religionen hatten. Dazu gehörten die Kyniker[5], die als heimatlos wandernde

---

(1) Z.B. Philon v. Byblos nach Euseb, PrEv I,9,26; I,10,39; Lukian, DeaSyr 2
(2) Vgl. zum römischen Selbstbewußtsein gegenüber Juden und Syrern: Cicero, De provinciis consularibus V,10
(3) Z.B. Cicero, De Natura Deorum I,81; III,15; Plutarch, Consolatio ad Apollonium 22, p.113A; Maximus v. Tyros, Orat II,3-9
(4) Offensichtlich sind damit Männer gemeint, die nicht im Einzugsbereich des Kultes aufgewachsen sind, denn für solche beschreibt Lukian ein anderes Einführungsritual (DeaSyr 60).
(5) Vgl. die Orakelkritik bei Oenomaos v. Gadara nach Euseb, PrEv V,19-36; VI,7

Bettelphilosophen lebten. Wie bei den Pilgern von Hierapolis war auch ihre Wanderschaft durch asketische Erschwernisse unterstrichen. Die bei Lukian beschriebenen kynischen Philosophen tragen einen schmutzigen Philosophenmantel, einen Stock in der Hand und einen Reisesack; sie kasteien sich gegenseitig in aller Öffentlichkeit, arbeiten nicht, verzichten auf Hygiene und gehen im Winter barfuß umher[1]. Der wesentliche Unterschied zu den Pilgern besteht darin, daß die kynische Wanderschaft an kein Ziel kommt und keinen Rückweg einschließt. So ist auch die Bindung an die eigene religiöse Vergangenheit abgeschnitten. Die dauernde Wanderschaft symbolisiert Abbruch und Diskontinuität.

3. *Perspektive der Religionsausübung (zugunsten der Identität einer Gruppe auf der synchronen Ebene):* Eine Religionsgemeinschaft regelt ihre Identität, indem sie ihr Verhältnis zu fremden Religionen in ihrer Umwelt bestimmt. Dies geschieht in, mit und unter der Ausübung von Religion überhaupt, nämlich durch dieselben Gegenstände, Handlungen und sprachlichen Zusammenhänge, aus denen das religiöse Symbolsystem als solches besteht. Die beiden Grundtypen von Verhältnisbestimmungen aus der Perspektive der Religionsausübung sind Arrangements und Konflikte.

Eine für das römische Syrien prägende Verhältnisbestimmung aus der Perspektive der Religionsausübung ist die "Interpretatio graeca" bzw. "- romana" orientalischer Kulte[2]: die von den Griechen und Römern in Syrien vorgefundenen Kulte wurden aufgrund von Charakterähnlichkeiten der Gottheiten oder auch nur aufgrund ähnlich klingender Namen durch einen der eigenen Kulte "interpretiert". Dies beruhte auf der oben erwähnten Theorie vom gemeinsamen Ursprung aller Religion, wirkte sich aber nicht nur in den Köpfen der Menschen aus (Perspektive der Religionsbetrachtung), sondern hatte einschneidende Folgen für die Religionsausübung aller Beteiligten: in ein und demselben Tempel fand der Kult statt für eine Gottheit, welche die Griechen mit einem griechischen und die Syrer mit einem aramäischen Namen benannten. Manchmal vereinte das gemeinsam verehrte Kultbild ikonographische Züge von Gottheiten verschiedener Nationalreligionen in sich[3], in anderen Fällen wurde das durch nur eine Tradition geprägte Kultbild von der anderen Bevölkerungsgruppe mitverwendet[4]. Zweisprachige Inschriften mit verschiedenen Götternamen[5] oder einsprachige Inschriften mit Doppelnamen[6] drückten aus, in welchem Maße man sich der Situation bewußt war.

Ein Arrangement durch "Interpretatio" konnte niemals als eine Koexistenz organisiert werden, bei der sich die verschiedenen Kulte nur gerade eben berührten. Sie brachte faktisch eine gegenseitige Durchdringung der Religionssysteme und gegenseitige Einschränkungen der Freiheit zur Religionsausübung mit sich. Bei der Benutzung eines gemeinsamen Tempels hatten letztlich diejenigen das Sagen, die politisch und finanziell am längeren Hebel saßen. Dies waren - wo vorhanden - die Römer, sonst meistens die Griechen. Für Syrer und Phönikier war dies unter anderem deswegen besonders beleidigend, weil ihre Religion nach der weithin anerkannten Theorie historischer Vermittlung von Religionen höheres Alter und größere Wahrheit für sich beanspruchen durfte[7].

---

(1) Lukian, Pereg 15; 17; Ikarom 31
(2) Begriff nach Tacitus, Germania 43; siehe dazu C.Colpe, Art. "Syncretism", in: M.Eliade (Hg.), The Encyclopedia of Religion, Vol. 14, S.224
(3) Vgl. zwei Figuren der arabischen Göttin Allat mit Attributen der Athena bzw. der Atargatis: M.Dunand, Le musée de Soueida, 1934 S.169f
(4) Vgl. Lukian, DeaSyr 31
(5) Z.B. C.Dunant, Le sanctuaire de Baalshamin à Palmyre, Bd. III: Les Inscriptions, 1971 Nr. 45
(6) Z.B. Zeus Marna in Gaza: W.H.Waddington (Hg.), Inscriptions grecques et latines de la Syrie, 1870 Nr. 2412
(7) Siehe oben S.11

Deswegen zogen Arrangements in der Regel Folgekonflikte nach sich - opponierende Verhältnisbestimmungen von übervorteilten Gruppen. Man wird sogar sagen könnten, daß dies unter den paganen Religionen Syriens die typische Struktur von Konflikten schlechthin war. In Tyros stand eine Interpretatio graeca des Stadtgottes Melqart als Herakles in Geltung. Die Shekel-Münzen des hellenistischen Tyros trugen dessen Bild[1]. Im Grunde aber war die einheimische Religion mit dieser Interpretatio schlecht bedient: Herakles war nach dem griechischen Mythos nur ein Halbgott, und damit weit unter der Würde des Melqart. So ist es nur natürlich, daß traditionsbewußte Tyrer nach dem Abklingen der ersten philhellenistischen Begeisterung auf das Arrangement mit einem Folgekonflikt reagierten. Etwas davon spiegelt sich in dem, was Lukian bei seinem Besuch in Tyros über die Identität des Stadtgottes verstanden hat: "... das (Heiligtum) des Herakles in Tyros, nicht des Herakles, den die Griechen besingen, sondern der, von dem ich spreche, ist viel älter und ist ein tyrischer Heros" (DeaSyr 3). Der Bau des zweiten großen Tempels von Heliopolis-Baalbek wurde bereits ähnlich als Folgekonflikt gedeutet: er drückt mutmaßlich die Haltung einer bestimmten, der Inschriftenstatistik nach überwiegend griechischsprachigen[2] Gruppe aus, die sich weigerte, sich noch länger an dem römisch beherrschten Kult im Jupitertempel zu beteiligen.

4. *Perspektive der religiös-kulturellen Selektion (zugunsten der Identität einer Gruppe auf der diachronen Ebene):* Eine Religionsgemeinschaft regelt ihre Identität, indem sie Verhältnisse zwischen ihrer gegenwärtigen Religionsausübung und dem ihr überkommen religiös-kulturellen Erbe bestimmt. Dies geschieht durch Selektion unter den Gegenständen, Handlungen und sprachlichen Zusammenhängen, welche die religiös-kulturelle Tradition zur Verfügung stellt. Dabei kann es sich sowohl um Elemente der eigenen Religion, als auch um Elemente von Fremdreligionen innerhalb der gleichen Kultur handeln. Die Typen von Verhältnisbestimmungen aus der Perspektive der religiös-kulturellen Selektion teilen sich in Übernahmen, Abstoßungen und Adaptionen[3].

Beispiele dafür bietet der verschiedene Umgang mit gegenständlichen Repräsentationen von Gottheiten im Syrischen Kulturraum. Ursprünglich waren große, senkrecht aufgerichtete Steine (Masseben) die in dieser Kultur übliche Form, die Gegenwart von Gottheiten gegenständlich auszudrücken. Dies gilt für die frühisraelitische Religion genauso wie für die phönikische und die aramäische. Teilweise wurde die Beziehung zu der gemeinten Gottheit durch ein Reliefbild verdeutlicht. Erst die griechische Präsenz im syrischen Kulturraum in den letzten vorchristlichen Jahrhunderten brachte die rasche Verdrängung der Masseben durch vollplastische Kultbilder. Dieser Prozeß war zur Zeit des frühen Christentums noch nicht abgeschlossen: Für die ersten nachchristlichen Jahrhunderte sind vereinzelt Masseben bezeugt[4], die anscheinend auch von Griechen hoch geachtet wurden, und über Palmyra weiß man, daß

---

(1) Y.Meshorer, Ancient Jewish Coinage, Bd.II, 1982 S.7

(2) Griechische Sprache schließt zu dieser Zeit phönikische Abstammung nicht aus, sondern macht sie in vielen Fällen wahrscheinlich. Die Sprache zeigte eher die Schichtenzugehörigkeit an als die ethnische Abstammung. Dessen unbeschadet hätte man für den Konflikt in Baalbek mit einem "minor agreement" zwischen Phöniziern, Syrern und Griechen zu rechnen im Gegenüber zu den Römern. Dies entspräche der Konstellation in der Schlacht von Actium (30 v.Chr.), wo Octavian seinen Sieg über Antonius als Sieg der römischen Tradition über den Osten herausstellte. Die Religionspolitik von Octavian-Augustus einschließlich des Baubeginns am Jupitertempel von Baalbek war direkter Ausdruck dieser Selbstdarstellung.

(3) Nach Th.Sundermeier, Synkretismus und Religionsgeschichte, in: H.P.Siller (Hg.), Suchbewegungen... 1991, S.101

(4) Z.B. H.Seyrig, Antiquités Syriennes 82, in: Syria 40 (1963) S.19 und Pl.I; ders., Antiquités Syriennes 83, ebd. S.22 mit Fig.1

dort wahrscheinlich zu Beginn des 3. Jhdt. n. Chr. die Massebe der arabischen Göttin Allat[1] durch die vollplastische Kopie einer griechischen Athena-Statue ersetzt wurde[2]. In diesem Bereich waren also langfristige Vorgänge von Übernahmen und Adaptionen im Gange.

Daneben aber gab es einen beachtlich breiten Strom von Kulten, die auf den Gebrauch von Kultbildern verzichtete oder ihn - wie das Judentum - völlig verwarfen[3]. In der zeitgenössischen Philosophie und Popularphilosophie gab es heftige Auseinandersetzungen über den Gebrauch von Kultbildern, woran Autoren syrischer Herkunft maßgeblich beteiligt waren[4].

Die zu den vier Perspektiven aufgeführten Beispiele geben keinen vollständigen, aber doch einen repräsentativen Einblick in die religiöse Kultur Syriens, auf die das frühe Christentum mit seiner Mission traf. An allen Seiten wurde sichtbar, wie das Zusammenspiel der verschiedenen Nationalreligionen von Konvergenzen, aber auch von Spannungen geprägt war. Die pluralistische Kultur gewährleistete kein störungsfreies und erst recht kein chancengleiches Zusammenleben der Religionen verschiedener Völker. Machtfragen spielten eine wesentliche Rolle, und der Protest dagegen konnte sich oft nur indirekt ausdrücken, um sich nicht politischen Verfolgungen auszusetzen. Dennoch gab es in dieser Kultur niemanden, der die Überzeugungen anderer ausrotten und eine religiös in sich geschlossene Gesellschaft aufrichten konnte. Die orientalischen Religionen mußten zwar zwei Jahrhunderte lang westliche Arroganz ertragen, bis unter den Severianern im 3. Jhdt. n. Chr. ihre Stunde gekommen war, aber sie konnten nicht zur vollständigen Anpassung gezwungen werden. Gerade in den erkennbaren Konflikten bewährt sich diese Gesellschaft als eine pluralistische.

Von Luther H. Martin stammt der Vorschlag, ein solches Ineinander von Konvergenzen und Spannungen mit dem Begriff "hellenistic syncretism" gleichzusetzen: er beschreibt diesen als "systemic relationships of resemblance construed in terms of sympathy and antipathy"[5].

Auch dieser Versuch, den Synkretismusbegriff zu verobjektivieren, ist m. E. nicht glücklich. Die Beschreibung von Martin trifft gut die religiösen Verhältnisse der Epoche, aber einer funktionierenden pluralistischen Kultur gebührt doch mehr Respekt, als daß man sie weiter mit dem sehr belasteten Synkretismus-Begriff belegen sollte, der ihr nun einmal bisher anhaftet. Die in diesem Begriff zumeist unterstellte Leichtfertigkeit bei der Grenzverwischung zwischen Religionen hat es in der römischen Provinz Syrien sicher gegeben, aber

---

(1) Vgl. M.Gawlikowski (Hg.), Recueil d'inscriptions palmyréniennes provenant de fouilles syriennes et polonaises récentes à Palmyre, 1974, Nr. 143
(2) H.J.W.Drijvers, Das Heiligtum der arabischen Göttin Allat..., in: Antike Welt 7/3 (1976), S.34 und Abb. 7a.7b.8
(3) Tacitus, Hist II,78; Lukian, DeaSyr 34; vgl. H.Seyrig, Divinités de Sidon, in: Syria 36 (1959) S.51 Anm.1
(4) Z. B. Maximus v. Tyros, Orat II; Lukian, Zeus tragoidos 8; auch die Notiz in DeaSyr 2 vom bildlosen Kult der Frühzeit ist aufgrund des Axioms "älter = wahrer" als Kultbildkritik aufzufassen. Siehe zu dieser Thematik J.Geffcken, Der Bilderstreit des heidnischen Altertums, in: Archiv für Religionswissenschaft 19 (1916/19) S.286-315
(5) L.H.Martin, Why Cecropian Minerva? in: Numen 30 (1983), S.140

sie war nicht so durchgängig prägend, daß man die ganze Kultur danach benennen sollte. Lieber möchte ich den Synkretismus-Begriff reservieren zur Wiedergabe bestimmter Urteile über Verhältnisbestimmungen zwischen Religionen, wie sie sich auch in christlichen[1] und außerchristlichen Quellen zum römischen Syrien finden. Der Begriff wird bis heute vorwiegend dort verwendet, wo Systemgrenzen umstritten sind: er gibt dem Protest derer Raum, die ihre religiöse Identität durch eine Umarmung von außen her gefährdet sehen. Solchen Protest machten oft auch die Verhältnisse im römischen Syrien nötig, ohne daß damals schon der Synkretismus-Begriff zur Verfügung gestanden hätte.

"Synkretismus" wird hier also geradezu als ein komplementärer Gegenbegriff zu "Identität" gebraucht: Wie "Identität" läßt das Konzept "Synkretismus" sich nicht verobjektivieren, sondern es entsteht aus der Beziehung zwischen Gruppen und/oder Individuen. Es formuliert den Widerspruch gegen eine Verhältnisbestimmung zwischen Religionen, die dem Mund, der Feder oder dem Reißbrett eines anderen entsprungen ist und dabei die eigene Identität gefährdet[2].

4. Zur Auswahl frühchristlicher Quellen

Die Konzentration der vorliegenden Untersuchung auf die römische Provinz Syrien macht es erforderlich, die Relevanz der wichtigsten herangezogenen Quellen für diesen geographischen Raum zu begründen.

Am einfachsten ist die Begründung für das *lukanische Geschichtswerk* und die *Paulusbriefe*, sofern diese Schriften selbst Erzählinhalte in den syrischen Raum lokalisieren.

Von den Stoffen der Apostelgeschichte spielen in Antiochia Apg 11,20-30; 13,1-3; 14,26-15,2; 15,30-40; 18,22f; bei und in Damaskus Apg 9,3-25; in Tyros 21,3-6; in Akko-Ptolemais 21,7f; Phönikien ist außerdem in Apg 11,19; 15,3 genannt; nicht näher bezeichnete syrische Gemeinden begegnen in Apg 15,41. Zu erwähnen sind außerdem mehrheitlich nichtjüdische Städte im palästinischen Teil der Provinz Syrien, nämlich Caesarea Maritima Apg 10,1-8.24-48; 12,20-23; 21,7-14; 23,33-27,2; Joppe 9,36-43; 10,9-23 und Samaria-Sebaste Apg 8,5-25; 15,3. Das Lukasevangelium deutet sein Interesse an Syrien an im Abschnitt Lk 4,23-27.

Paulus hat keinen seiner Briefe in Syrien oder nach Syrien geschrieben. Er wurde aber in Syrien zum Christentum bekehrt und getauft. Die nächsten anderthalb Jahrzehnte (während der 30er und 40er Jahre des 1. Jhdt. n. Chr.) hat er sich vorwiegend in Syrien aufgehalten und dort gewirkt - länger als im ägäischen Raum. Seine Briefe enthalten einige autobiographische Angaben, welche diese frühe Zeit in Syrien betreffen: die Berufung Gal 1,15f; Phil 3,7; 1 Kor 15,8f; den Aufenthalt in Arabien und Damaskus Gal 1,17; die Flucht aus Damaskus 2 Kor 11,32f; das vierzehnjährige Wirken in Syrien und Kilikien Gal 1,21 vgl. 2,1 und den sogenannten Antiochia-Zwischenfall Gal 2,11ff. Über Autobiographisches hinaus bietet Paulus kaum historische Informationen über das syrische Christentum - wohl aber ein Zeugnis für christliche Traditionen aus Syrien: In Gal 1,11.16f.21 betont Paulus zwar, sein Evangelium nicht von Menschen empfangen zu haben. Dabei grenzt er sich jedoch vor allem gegen die Unterstellung ab, er sei von der Jerusalemer Urgemein-

---

(1) Für Beispiele siehe unten S.176
(2) Dazu ausführlich: A.Feldtkeller, Der Synkretismus-Begriff im Rahmen einer Theorie
     von Verhältnisbestimmungen zwischen Religionen, in: EvTh 52 (1992) S.224-245

de abhängig. An anderer Stelle konnte er sich ausdrücklich auf Traditionen berufen, die er empfangen habe (1 Kor 15,3). Seine langjährige Mitarbeit in der Mission der antiochenischen Gemeinde ist auch nicht anders denkbar, als daß Paulus sich dort in gültige Traditionen einbinden
ließ. Außerdem fällt auf, daß von nennenswerten Missionserfolgen des Paulus erst ab der Zeit zu
berichten ist, als er mit Barnabas zusammenarbeitete - wobei der von vielen Exegeten als alte antiochenische Quelle beurteilte Traditionsstrang[1] Barnabas immer vor "Saulus" nennt (Apg 11,30;
12,25; 13,2.7 vgl. 14,12.14). Wird man dann mit der Vermutung zu weit gehen, daß Paulus von
Barnabas gelernt hat, auch wenn er sich später nicht mehr gern daran erinnerte? Barnabas aber
hatte in Antiochia weit eher als Paulus den Status eines Meinungsmachers: die Liste der antiochenischen Propheten und Lehrer Apg 13,1 nennt Barnabas an erster, "Saulus" an letzter Stelle.
So wird man bei dem vorgeprägten Traditionsgut, das Paulus überliefert, zuerst an eine Geltung
in Antiochia zu denken haben, unabhängig davon, ob es sich ursprünglich um Worte Jesu, um
Traditionen der Gemeinden Palästinas oder um syrische Überlieferungen handelte[2].

Für das *Matthäusevangelium* wird die Herkunft aus Syrien in der neutestamentlichen Forschung ziemlich einmütig vertreten:

Die hohe Autorität des Petrus weist nach Syrien[3]. Der in Mt 5,41 genannte Frondienst für Soldaten paßt mit einer Inschrift aus Hama am Orontes zusammen[4]. Die ersten sicheren Gemeinsam-
keiten einer anderen Schrift mit Traditionen des matthäischen Sonderguts finden sich bei Ignatius von Antiochia (IgnSm 1,1; IgnPhld 3,1; IgnPol 1,3)[5]; davor könnte die Didaché das Matthäusevangelium voraussetzen[6]. Dieser Befund wird ergänzt durch Anhaltspunkte für eine genauere
Lokalisierung innerhalb Syriens: Die Wendung "jenseits des Jordan" meint bei Matthäus das
Westjordanland, was sich von einem (nord-) östlichen Standpunkt aus so sagen läßt[7]. Die Lokalisierung nach Antiochia scheidet von daher aus[8]. In die gleiche Richtung weist die Tatsache, daß
das Mittelmeer Matthäus bekannt ist, aber nicht direkt zu seiner Lebenswirklichkeit gehört[9]. Mt
4,24 notiert abweichend von Mk, daß der Ruf Jesu nach "ganz Syrien" gedrungen ist. Wenn Mt an
einer Ausbreitung des Rufes Jesu interessiert war über die Regionen hinaus, die Markus im Blick
hatte, dann ist er kaum südlich des Antilibanon anzusiedeln. Insgesamt wäre damit vor allem an
die Gegend zwischen Emesa, Kyrrhos und Hierapolis zu denken. Für Hierapolis gibt es sogar eine altkirchliche Tradition vom Ort der Steinigung und des Grabes Matthäi[10].

Ähnlich wird für die *Didaché* zumeist eine Entstehung in Syrien als die sinn-
vollste Annahme gelehrt.

Traditions- oder literargeschichtlich sind es in hohem Maße Worte der Logienquelle, wo die Didaché Parallelen zu den kanonischen Evangelien bietet. An markinischem Material findet sich

---

(1) Zuerst A.Harnack, Die Apostelgeschichte, 1908 S.131ff; außerdem z.B. J.Jeremias, Un-
     tersuchungen zum Quellenproblem der Apostelgeschichte, in: ZNW 36 (1937) S.205-221;
     R.Bultmann, Zur Frage nach den Quellen der Apostelgeschichte, in: ders., Exegetica, 1967
     S.412-423; R.Pesch, Die Apostelgeschichte (Apg 1-12), EKK V/1, 1986 S.49f mit jeweils
     unterschiedlicher Abgrenzung der Quelle im Einzelnen.
(2) J.Becker, Paulus. Der Apostel der Völker, 1989 S.108f
(3) H.Köster, Einführung in das Neue Testament, 1980 S.608
(4) G.Theißen, Lokalkolorit und Zeitgeschichte in den Evangelien, 1989 S.263
(5) W.R.Schoedel, Die Briefe des Ignatius von Antiochien, 1990 S.36
(6) G.Theißen, 1989 S.262
(7) H.D.Slingerland, The Transjordanian Origin of St.Matthew's Gospel, in: JSNT 3 (1979)
     S.18-28 begrenzt dieses Argument zu eng auf eine östliche Perspektive; mit Recht auch der
     Nordosten ist einbezogen bei G.Theißen, 1989 S.261f
(8) Gegen J.Zumstein, Antioche sur l'Oronte et l'évangile selon Matthieu, in: Studien zum
     Neuen Testament und seiner Umwelt, Serie A Bd.5 (1980) S.122-138
(9) G.Theißen, 1989 S.263
(10) G.Goossens, Hiérapolis de Syrie, 1943 S.23; 154; 175

nur das, was Mt und Lk mit Material aus Q kombiniert haben[1]. Die Frage nach der möglichen
Kenntnis einer bestimmten schriftlichen Vorlage (Q, Mt oder Lk) ist für die Didaché bisher nicht
befriedigend geklärt, aber die beschriebenen Verwandtschaftsverhältnisse sprechen eher dafür,
daß sie auf räumlicher Nähe zu bestimmten Traditionen beruhen[2] und nicht auf der Unschärfe,
die durch große Entfernung entsteht. Dieser Eindruck verbindet sich damit, daß die Didaché
auch institutionell christliche Apostel und Propheten als Wanderradikale[3] voraussetzt (Did 11,3-
12), wie sie die ursprünglichen Überlieferungsträger für einen großen Teil der jesuanischen Logi-
en waren[4], und wie sie hauptsächlich in Syrien-Palästina auftraten. Von der Entfernung zu Palästina her wäre ein institutionalisiertes Gegenüber von Wanderradikalen und Ortsgemeinden auch
in Ägypten vorstellbar, obwohl es darüber keine Quellen gibt, aber der in Did 7,2 vorausgesetzte
Wassermangel spricht gegen Ägypten[5]. Als Abfassungszeit der Didaché wird das Ende des 1.
Jhdt.[6] oder der Anfang des 2. Jhdt. n. Chr.[7] angegeben.

Für das als NHC II,2 in koptischer Sprache vollständig erhaltene *Thomasevangelium* ist durch Fragmente in den Oxyrhynchus-Papyri IV,654; I,1 und IV,655
eine griechische Fassung mindestens aus dem 2. Jhdt. n. Chr. gesichert[8]. Wegen der weiten Verbreitung des Evangeliums ist von den Textzeugen nicht auf
einen ägyptischen Ursprung zu schließen[9]. Die Namenskombinationen "Judas
Thomas" bzw. "Didymos Judas Thomas" entsprechen einem Gebrauch, der sich
später nur in der ostsyrischen Thomasüberlieferung mit Zentrum in Edessa
findet[10]. Die Tendenz zur sexuellen Askese hat das Thomasevangelium mit
ostsyrischen christlichen Bewegungen (Thomasakten, Aphrahat, Traditionen
des Ephraem Syrus u.a.), aber auch mit den Dositheanern in Samaria und mit
der gnostischen Bewegung des Satornil aus Antiochia gemeinsam. Eine im
Rahmen des Thomasevangeliums alte Tradition erinnert an die Autorität des
Herrenbruders Jakobus in Jerusalem (EvThom 12). Die äußere Form als
Spruchsammlung entspricht der Logienquelle, die nach Palästina gehört[11].

Deshalb ist die Entstehungsgeschichte des Thomasevangeliums zwischen Palästina und Edessa zu lokalisieren, d. h. in den syrischen Raum[12].

Bei zwei weiteren wichtigen Quellen dieser Untersuchung ist ihre Relevanz für
Syrien wesentlich umstrittener, nämlich beim *Markusevangelium* und dem

(1) R.Glover, The Didaché's Quotations and the Synoptic Gospels, in: NTS 5 (1958) S.25ff
(2) So für eine Nähe zur matthäischen Tradition C.N.Jefford, The Sayings of Jesus in the
     Teaching of the Twelve Apostles, 1989 S.18
(3) Ausführlich dazu siehe unten S. 152f
(4) G.Theißen, Wanderradikalismus. Literatursoziologische Aspekte der Überlieferung von
     Worten Jesu im Urchristentum, in: ZThK 70 (1973) S.245-271 = ders., Studien zur Soziolo-
     gie des Urchristentums, ²1983 S.79-105
(5) Ph.Vielhauer, Geschichte der urchristlichen Literatur, ³1981, S.737
(6) H.Köster, 1980 S.593
(7) Ph.Vielhauer, a.a.O.
(8) O.Betz/T.Schramm, Perlenlied und Thomasevangelium, 1985 S.84
(9) So Ph.Vielhauer, 1981 S.621 unter Berufung auf Origenes, LucHom I,2; Hippolyt, Ref
     V,7,20 und Euseb, HistEccl III,25,6
(10) Ph.Vielhauer, a.a.O.
(11) G.Theißen, 1989 S.244
(12) Vgl. B.Blatz, Das koptische Thomasevangelium, in: Hennecke/ Schneemelcher, Neu-
     testamentliche Apokryphen, Bd.I ⁵1987 S.95f

Johannesevangelium.
In diesen Fällen ist die Überlegung wichtig, daß die Frage nach dem konkreten Entstehungsort gar nicht die entscheidende ist: Die meisten - auch außerchristlichen - Autoren der zeitgenössischen griechischsprachigen Welt, über deren Biographie wir überhaupt etwas wissen, haben entweder längere Zeit ein Wanderleben geführt, oder sie haben zumindest ihren Wohnort im Laufe ihres Lebens mehrfach gewechselt. Für christliche Lehrerpersönlichkeiten gilt dies noch einmal verschärft, da sie durch ihren missionarischen Auftrag noch ein stärkeres Motiv für Ortswechsel hatten als die gebildete Schicht außerchristlicher Autoren. Deshalb ist ohne weiteres zuzugeben, daß das Markusevangelium im Laufe seiner nicht sehr ortsfesten Existenz seines Verfassers gut in Rom geschrieben sein kann[1] und das Johannesevangelium in Ephesos[2], wie die kirchliche Tradition jeweils vom Ende des 2. Jhdt.[3] an berichtet. Die Argumente, die sich dafür anführen lassen, sind jedoch vorwiegend rezeptionsgeschichtlich. Die innere Interessenkonstellation der Schriften weist dagegen in beiden Fällen eindeutig in den syrischen Raum[4]. Damit ist nichts über den Entstehungsort gesagt, wohl aber über die Regionen, in denen die Autoren lange Zeit gewirkt haben und deren Christentum ihr Denken und Schreiben geprägt hat.

Beim Markusevangelium weist sogar die Zuschreibung in den syrischen Raum, sofern man sie auf Johannes Markus bezieht (vgl. Apg 12,12.25; 15,37.39 mit den Stationen Jerusalem, Antiochia und Cypern). Die Papias-Notiz über Mk als Dolmetscher des Petrus (nach Euseb, HistEccl III,39,14f) mußte ebenfalls an den vorwiegenden Aufenthalt von Petrus im Osten denken lassen, bevor Clemens von Alexandria daraus die Abfassung in Rom erschloß.

An inneren Kriterien läßt sich feststellen, daß Mk Zugang zu Jesus- und Täuferüberlieferungen hatte, die sich unabhängig von den Kanälen christlicher Mission am Leben erhielten[5]. Große Bedeutung hat die Ausbreitung von Jesus-Gerüchten gegen den Willen Jesu bzw. seiner Gemeinde[6]. Mk selbst markiert redaktionell einen Einzugsbereich solcher Gerüchte, an dessen Rändern Idumäa, Peräa und Syrophönikien liegen (Mk 3,8)[7]. Die Annahme macht wenig Sinn, daß der Evangelist Jesus-Gerüchte außerhalb dieses Bereiches erfahren haben und wider besseres Wissen den Ruf Jesu geschmälert haben sollte[8]. Außerdem läßt Mk Jesus seinerseits in heidnische Gebiete reisen: in die Gegend von Tyros, Sidon, Caesarea Philippi[9] und das Gebiet der Dekapolis. Mk wertet diese Regionen weiter auf, indem er zentrale theologische Aussagen dorthin lokalisiert:

---

(1) M.Hengel, Entstehungszeit und Situation des Markusevangeliums, in: H.Cancik (Hg.), Markus-Philologie, 1984 S.43; Argumente ebd. S.21ff lassen es plausibel erscheinen, daß der Evangelist während des jüdischen Krieges *nicht mehr* im syrisch-palästinischen Raum war.
(2) M.Hengel, The Johannine Question, 1989 S.74 in Kombination mit S.102
(3) Irenäus, AdvHaer III,1,1; Clemens v.Alexandria nach Euseb, HistEccl VI,14,5-7;
(4) An eine mögliche Trennung von Heimatort der Traditionen und Ort der Veröffentlichung denken für das Johannesevangelium z.B. E.Haenchen, Johanneische Probleme, in: ders., Gott und Mensch, 1965 S.112; R.Schnackenburg, Das Johannesevangelium, Teil I ⁵1981 S.134
(5) So Ph.Vielhauer, 1981 S.347; vgl. M.Dibelius, Die Formgeschichte des Evangeliums, ⁶1971 S.97f
(6) G.Theißen, 1989 S.251
(7) Siehe unten S.24
(8) Religiöse Gerüchte drangen durchaus vom Orient bis nach Rom und veranlaßten zu Pilgerreisen in die Gegenrichtung, wie Lukian, Alex 30 zeigt. Wenn Mk von ähnlichem gewußt hätte, wäre es in 3,8 eingetragen.
(9) Paneas (Caesarea Philippi) bildet zwar in rabbinischer Zeit die Nordgrenze des Landes Israel (tShevi 4,4 = yShevi 36c), aber zur Zeit Jesu und des Markus war es heidnisch: es gehörte zu dem ituräischen Gebiet, das erst Augustus schrittweise dem Zenodor v.Chalkis (d.h. der Lokaldynastie im syrophönikischen Landesinneren) abgenommen und dem Herrschaftsbereich Herodes des Großen zugeschlagen hatte, ohne Konsequenzen für die ethnische und religiöse Situation (so Rey-Coquais, Syrie Romaine, in: The Journal of Roman Studies 68 (1978), S.48f).

das Petrusbekenntnis, die erste Leidensankündigung und die Verklärung. So ist unverkennbar, daß der Evangelist ein persönliches Interesse an "Syrophönikien" und den christlichen Gemeinden dort hat. Dagegen wird oft eingewandt, daß gerade die Reisen Jesu in heidnisches Gebiet schlechte Ortskenntnis des Mk verraten würden, was F. G. Lang jedoch durch den Vergleich mit anderen antiken Ortsbeschreibungen widerlegen konnte[1]. Auch die Verwendung des Begriffs "Syrophönikierin" ist kein Argument für einen westliche Standort[2], denn der Gegensatz zu "lybophönikisch" ist für die Belege des 1. und 2. Jhdt. n. Chr. nicht konstitutiv (Lucilius, Fragment 496f; Juvenal, Satiren VIII, 158-162; Plinius d. Ä., NatHist VII,201). "Syrophoenix" ist im Lateinischen ein griechisches Lehnwort, und die Einführung des Begriffs als Provinzname durch den syrerfreundlichen Kaiser Septimius Severus (195 n. Chr.) setzt ca. eine frühere einheimische Namensgebung voraus: Justin spricht ca. 40 Jahre vorher davon, daß Damaskus "jetzt" zu Syrophönikien gerechnet werde, während es doch eigentlich zu Arabien gehört habe (Justin, Dial 78). So spricht nichts prinzipiell dagegen, daß die "Syrophönikierin" bei Mk ältester Beleg für eine solche einheimische Namensgebung ist[3].

Das Johannesevangelium hat ein positives Verhältnis zu Sychar in Samaria (Joh 4,5) und verrät fundierte Kenntnis von dessen Lage. Joh 4,38 reflektiert das Verhältnis zwischen zwei verschiedenen Phasen christlicher Mission in Samaria. So ist von der Hand zu weisen, daß die Samaria-Mission zum Erfahrungshintergrund des Joh gehörte.

Die wichtigsten Träger der johanneischen Tradition sind aber eindeutig keine Samaritaner: Der jüdische Festkalender ist noch in der vorliegenden Form des Evangeliums ein wesentliches Gliederungsmerkmal[4]. Im Lebensraum dieser Traditionen war es das Normale, zu den drei Wallfahrtsfesten im Jahr nach Jerusalem zu ziehen, und es war die Ausnahme, nicht hinaufzuziehen (Joh 7,2ff). Dies wird am ehesten für Juden oder Gottesfürchtige in Galiläa, dem Ostjordanland, an der palästinischen Küste oder in Südsyrien so zutreffen[5]. Damit paßt die Bedeutung zusammen, die Joh der Landschaft Batanäa (nordöstlich des See Genezareth) gibt, denn Rainer Riesner hat überzeugend nachgewiesen, daß diese Gegend mit "Βηθανία jenseits des Jordan" (Joh 1,28) gemeint ist[6]: hier bezeugte Johannes der Täufer die Geistbegabung Jesu, hier traf Jesus mit seinen ersten vier Jüngern zusammen und hier fand er Schutz und Glauben, als er in Judäa verfolgt wurde (Joh 10,40-42).

Klaus Wengst will damit kombinieren, daß die mächtige Position von "den Juden" bei Joh allein im Herrschaftsgebiet des einzigen nach dem jüdischen Krieg noch regierenden Herodäers vorstellbar sei, nämlich im Gebiet Agrippas II., zu dem auch Batanäa gehörte[7]. Außerdem soll die Sonderentwicklung johanneischen Christentums besonders gut in der Abgeschiedenheit dieser Gegend passen[8]. Diese Argumentation wird jedoch nur von der Voraussetzung erzwungen, unter die Wengst selbst seine Bemühung um Lokalisierung des Joh stellt: daß nämlich *ein* Gebiet zu finden sei, auf das *alle* Charakteristika des Evangeliums passen[9]. Diese Voraussetzung ist m.

---

(1) F.G.Lang, "Über Sidon mitten ins Gebiet des Dekapolis". Geographie und Theologie in Markus 7,31, in: ZDPV 94 (1978) S.145-160

(2) Gegen K.Niederwimmer, Johannes Markus und die Frage nach dem Verfasser des zweiten Evangeliums, in: ZNW 58 (1967) S.182 und M.Hengel, 1984 S.45

(3) Ausführliche Darstellung mit weiteren Argumenten bei G.Theißen, 1989 S.246ff; vgl. u.a. H.Kasting, Die Anfänge der urchristlichen Mission, 1969 S.93; C.Breytenbach, Nachfolge und Zukunfterwartung nach Markus, 1984 S.324; K.Berger, Einführung in die Formgeschichte, 1987 S.202

(4) Siehe unten S.68

(5) Vgl. K.Wengst, Bedrängte Gemeinde..., ³1990 S.162; H.Thyen, Art. Johannesevangelium, in: TRE Bd.17 (1988) S.215

(6) R.Riesner, Bethany beyond the Jordan (John 1,28). Topography, Theology and History in the Forth Gospel, TynNTL 1986 S.29-63

(7) K.Wengst, 1990 S.160ff

(8) K.Wengst, 1990 S.178f

(9) K.Wengst, 1990 S.160 vgl. S.162 Anm.21 (dort als Zitat der Zustimmung Rudolph Schnackenburgs)

E. falsch, denn in das Johannesevangelium sind offensichtlich Erfahrungen aus der christlichen Identitätssuche in verschiedenen Gegenden eingeflossen: Samaria und Batanäa wurden bereits genannt, und vermutlich ist die Liste damit noch nicht vollständig. Was die von Wengst angeführte Abgeschiedenheit Batanäas anbelangt, widerspricht dem zum einen, was Wengst selbst über die Bedeutung Batanäas für die Juden im Land Israel ausführt[1], zum anderen ist die Isolation der johanneischen Gemeinden dabei m. E. überschätzt[2]. Das Argument ist deshalb für die Lokalisierung nur begrenzt brauchbar.

Die Erfahrung der "bedrängten Gemeinde" paßt schlecht nach Batanäa, denn sonst hätte Joh diese Gegend nicht so selbstverständlich als Refugium Jesu darstellen können. Die Position von Juden als eine Art "Behörde"[3] setzt keinen jüdischen Landesherrn voraus, sondern war auch in solchen hellenistischen Städten gegeben, wo der jüdischen Volksgemeinschaft Rechtsautonomie eingeräumt worden war. Die in das Evangelium eingegangene Erfahrung von einer erdrückenden jüdischen Umwelt, die geradezu mit "der Welt" verschmilzt[4], ist dort besonders plausibel, wo das Judentum seinerseits von der Umwelt her unter Druck stand und den Druck an die kleine christliche Gruppe weitergab. Dies läßt an die Situation der großen jüdischen Minderheiten in syrischen Städten während oder nach dem jüdischen Krieg denken. In einer solchen Situation mußte es für eine christliche Gemeinschaft besonders schmerzhaft sein, aus dem Schutz der jüdischen Rechtsautonomie ausgeschlossen zu werden (vgl. Joh 16,2).

Als Adressaten der christlichen Botschaft rückt das Johannesevangelium Juden und Samaritaner deutlich in das Blickfeld, während die Ausweitung auf Menschen außerhalb des Volkes Israel nur sehr vorsichtig gerechtfertigt wird: Am deutlichsten geschieht dies in der Auslegung der "Prophezeiung" des Hohepriesters Joh 11,51f, daß Jesus nicht nur für "das Volk" sterben sollte, sondern auch für die verstreuten Kinder Gottes. Erst von daher ist es angebracht, auch bei den Schafen aus der anderen "αὐλη" (Gehöft oder Vorhof des Tempels) Joh 10,16 nicht nur an Samaritaner, sondern auch an "Heiden" zu denken. Solche Andeutungen setzten eine Umwelt voraus, in der es Nichtisraeliten zu missionieren gab, aber sie passen schlecht in eine Stadt wie Ephesos, wo für eine vom Judentum getrennte Gemeinde die Berechtigung von Heidenmission längst keine Frage mehr sein konnte.

Schließlich ist für Lokalisierungsfragen aufschlußreich, daß im Johannesevangelium Beziehungen zu anderen urchristlichen Gruppen jeweils unter der Chiffre eines Jüngernamens diskutiert werden[5]. Vorherrschend sind dabei drei Namen: Petrus, Philippus und Thomas. Für alle drei weist Joh Sondertraditionen auf, die eindeutige Beurteilungen enthalten und aller Wahrscheinlichkeit nach auf zeitgenössische Gruppen zu beziehen sind, die ihre Identität mit Hilfe dieser Namen beschrieben. Ein Petrus- und ein Thomaschristentum war zuerst im syrischen Raum zu suchen, und bei Philippus denkt Joh anscheinend an den Evangelisten[6], dessen Traditionen nach Samaria und in die palästinischen Küstenstädte gehören. Damit ist ein geographischer Rahmen abgesteckt, innerhalb dessen der Erfahrungshintergrund des johanneischen Christentums über die Fixpunkte Samaria und Batanäa hinaus zu suchen ist. Die Möglichkeit einer späteren Ausbreitung nach Ephesos ist damit nicht bestritten, aber Ephesos ist keinesfalls der maßgebliche Lebenshorizont des Joh, sondern der Provinz Syrien kommt dafür die entscheidende Bedeutung zu.

---

(1) K.Wengst, 1990 S.169
(2) Siehe unten S.68
(3) So K.Wengst, 1990 S.63f und öfter
(4) K.Wengst, 1990 S.75
(5) Siehe unten S.193
(6) Siehe unten S.195

Erstes Kapitel

Entscheidung für gezielte Heidenmission

1. Christlicher Anspruch auf die Heidenvölker

Der Missionsbefehl des Matthäus-Evangeliums beansprucht, daß *alle Macht* im Himmel und auf Erden dem auferstandenen Christus gehört, daß *alle Völker* zu seinen Jüngern werden sollen und daß sie gelehrt werden sollen, *alles zu halten*, was Jesus geboten hat. Das alles wird ermöglicht durch eine Gegenwart Christi, die für *alle Tage* bis zum Weltende bestand haben soll[1].

Erstmals in der Religionsgeschichte wird hier ein Anspruch formuliert, der keinen Raum mehr neben sich freiläßt für fremde Religionen. Auf der Basis *dieser* Worte ist zu erwarten, daß eine christliche Verhältnisbestimmung zu Fremdreligionen aus der Perspektive der Religionsausübung[2] nur ein Konflikt sein kann, aus der Perspektive der religiösen Biographie nur eine Konstruktion von Diskontinuität gegenüber einer heidnischen Vergangenheit und aus der Perspektive der religiös-kulturellen Selektion nur eine Abstoßung von heidnischem Erbe. Für ein Arrangement, für biographische Kontinuität oder für die Übernahme fremdreligiöser Ausdrucksformen scheint darin kein Raum zu bleiben, denn jede schiedlich-friedliche Aufteilung von Einflußspären ist ausgeschlossen.

Mit Fremdreligionen sind dabei die heidnischen Kulte der ἔθνη gemeint; das Judentum ist für Matthäus sehr stark in dem enthalten, *was Jesus geboten hat*. Die jüdische Religion ist zwar just mit dem Anspruch des Missionsbefehls auf ihre endzeitliche Erfüllung hin überschritten[3], aber sie wird noch nicht als Fremdreligion empfunden[4].

1.1. Anfänge

Nach dem Konsens der kritischen Exegese am Neuen Testament stand ein ausdrücklicher Missionsbefehl in dieser Form nicht am Anfang des nachöster-

---

(1) D.R.Bauer (The Structure of Matthew's Gospel..., 1988 S.115ff) beschreibt Mt 28,16-20 als "climax" verschiedener Vorstellungen ("notions"), die sich durch das ganze Evangelium ziehen, nämlich die Vorstellung der Autorität Jesu, des Universalismus und des Gott-mit-uns bzw. Jesus-mit-uns.

(2) Zur Erklärung der hier genannten Perspektiven von Verhältnisbestimmungen zwischen Religionen siehe oben S.11

(3) Gegenüber dem ebenfalls sehr umfassenden jüdischen Anspruch in Dan 7,13ff ist neu, daß seine Einlösung nicht als Gottes zukünftige endzeitliche Tat erwartet, sondern der Religionsgemeinschaft für ihr gegenwärtiges missionarisches Handeln aufgetragen wird. Zur Beziehung zwischen Dan 7,13f und Mt 28,16-20: O.Michel, Der Abschluß des Matthäusevangeliums, in: J.Lange (Hg.), Das Matthäusevangelium, 1980 S.126

(4) Siehe unten S.71

lichen Christentums[1]. All die Auseinandersetzungen und Geburtswehen auf dem Weg zum Heidenchristentum, von denen die Apostelgeschichte berichtet, wären auf dem Hintergrund eines eindeutigen und allen Jüngern Jesu bekannten Missionsbefehls nicht verständlich. So drückt die Formulierung des Matthäusevangeliums eher das Selbstverständnis missionierender Gemeinden in Syrien aus, die auf dem Weg ihrer Identitätssuche schon ein gutes Stück vorangegangen waren.

Was aber stand am Anfang? Wie verhielt Jesus selbst sich zu den Heiden? Eine Abwägung der verschiedenen neutestamentlichen Texte in ihrer Kontinuität zum Alten Testament läßt ein relativ hohes Alter vermuten für diejenige Tradition, die ein direktes missionarisches Wirken an Heiden ausschließt: "Geht nicht auf eine Straße der Heiden, und in eine Stadt der Samaritaner geht nicht hinein, geht vielmehr zu den verlorenen Schafen des Hauses Israel"[2]. So steht es im Sondergut desselben Matthäusevangeliums, das am Schluß den allumfassenden Missionsbefehl formuliert (Mt 10,5 vgl. 15,24; 1,21; 7,6).

Allerdings ist es fraglich, ob diese Linie einfach zum Wirken Jesu und zu seiner Lehre hin verlängert werden kann[3]. Es ist gut denkbar, daß Mt 10,5 auf die bereits in Gang befindliche Missionstätigkeit an Samaritanern und Heiden reagierte, und damit gerade nicht am Anfang der Entwicklung stand.

Erwägungen zu den kulturellen Verhältnissen im östlichen Mittelmeerraum einschließlich Palästinas stellen das in der neutestamentlichen Forschung verbreitete Bild von den nur innerjüdischen Anfängen der Jesusbewegung in Frage:

Allen ethnischen Einheiten dieses Kulturraums war es einst selbstverständlich gewesen, daß Volks- bzw. Stammeszugehörigkeit und Religionszugehörigkeit zusammengehören. So kannte die vergleichsweise konservative syrische Oasenstadt Palmyra im 2. Jhdt. n. Chr. eine Zuordnung von vier bedeutenden Kulten mit ihren Heiligtümern zu vier Stämmen der Stadt[4].

Eine starre Gleichung von Volk, Kultur und Religion war aber in der römischen Zeit längst unrealistisch geworden. Die verschiedenen Völker und Stammesverbände des vorderen Orients waren inzwischen kulturell so stark ineinander verwoben, daß keine lebendige religiöse Bewegung die Beschränkung auf ein einziges Volk hätte aufrecht erhalten können.

Ein gutes Beispiel für die Wirkung eines Kultes über Volks- und Stammesgrenzen hinweg ist der um die Mitte des 2. Jahrhunderts n. Chr. neu gegründete Orakelkult des Asklepios-Glykon von

---

(1) Im Anschluß vor allem an J.Jeremias, Jesu Verheißung für die Völker, 1956 S.53. Dieselbe These auch bei A.Harnack, Die Mission und Ausbreitung des Christentums..., 1902 S.28

(2) Vgl. dazu St.H.Brooks, Matthew's Community. The evidence of his special sayings material, 1987 S.50 und S.119

(3) So F.Hahn, Das Verständnis der Mission im Neuen Testament, 1963 S.32f

(4) Z.B. C.Dunant, Le Sanctuaire de Baalshamin à Palmyre, Bd. III: Les inscriptions, 1971 Nr.45; dazu J.-P.Rey-Coquais, Syrie Romaine, in: The Journal of Roman Studies 68 (1978) S.51f.

Abonuteichos im Norden Kleinasiens. Lukian beschreibt die Ausbreitung seiner Einflußsphäre zunächst auf das Ursprungsland Paphlagonien (Lukian, Alex 15). Dann werden Ionien, Kilikien und Galatien (d. h. der Westen, der Süden und die Mitte Kleinasiens) genannt, bevor der Einzugsbereich von Pilgern sich auch auf Italien ausdehnt (ebd. 30). Noch etwas später nennt Lukian das ganze römische Reich (ebd. 36). Eine Notiz in derselben Schrift (Kap. 51) belegt, daß dabei auch Sprachgrenzen überwunden wurden: Das Orakel gab unter anderem in syrischer und keltischer Sprache Auskunft.

Kann und darf nun das jüdische Volk als eine isolierte Insel angesehen werden, wo die Gleichung von Volks-, Kultur- und Religionszugehörigkeit anders als sonst überall noch in Geltung war? Unbestreitbar ist, daß manche Gruppen des Judentums sich um solche Reinheit bemühten: die Aufstandsbewegungen im Vorfeld und während des jüdischen Krieges vor allem, welche die römische Herrschaft abschütteln wollten, welche erstmals nach weit über 100 Jahren wieder Münzen mit hebräischer Aufschrift einführten und vieles dafür taten, eine homogenere jüdische Kultur einschließlich der Reinheit ihrer Religion wiederherzustellen. Die Qumran-Essener mit ihrer abgeschirmten Klosterexistenz in der Wüste sind auf ihre Weise ein Versuch, kultisch reines Judentum abgesondert von einer pluralistischen Umwelt zu leben. Daß auch sie nicht von hellenistischen Kulturgütern frei blieben, ist an dieser Stelle nur am Rand zu vermerken[1].

Die genannten Beispiele zeigen eindrücklich, welchen Aufwandes es bedurft hätte, um eine lebendige religiöse Bewegung unter den kulturellen Bedingungen des 1. Jhdt. n. Chr. auf rein innerjüdischen Bahnen zu halten: Die Anwendung von aktiver Gewalt, oder zumindest passiv die Errichtung deutlicher Mauern - seien sie nun physisch oder spirituell[2].

So dürfen die Hinweise der Evangelien auf gewisse Vorbehalte Jesu und seiner Jünger den Heiden gegenüber nicht als Beweis dafür genommen werden, daß ihnen die Selbstbeschränkung auf eine nur innerjüdische Umkehrbewegung auch tatsächlich *gelang*. Dafür hätte Jesus die Ausbreitung seiner Bewegung auf Nichtjuden mit irgendwelchen Mitteln struktureller oder physischer Gewalt *verhindern* müssen. Für die Annahme, daß Jesus dies getan hätte, lassen sich im Neuen Testament wohl kaum stichhaltige Belege finden.

In Lukians Darstellung davon, wie der Orakelkult des Asklepios-Glykon immer weitere Kreise zog, tritt ein wichtiges Medium hervor, das den Erfolg des Kultes gewährleistete: Das Gerücht (Alex 15; 30 vgl. Pereg 39). Verglichen damit erscheint auch der Bericht des Markusevangeliums sehr wirklichkeitsnah, der eine Ausbreitung des Wirkungskreises Jesu über eben dasselbe Medium schildert: Durch Jesu Tätigkeit in Kapernaum verbreitete sich ein Gerücht in ganz Galiläa (1,28); durch sein Wirken in ganz Galiläa (1,39) wird neben Judäa, Jerusalem, Idumäa und Peräa auch die Gegend von Tyros und Sidon erfaßt (3,8),

---

(1) Vgl. M.Hengel/Chr.Markschies, The Hellenization of Judaea in the First Century after Christ, 1989 S.48

(2) Vgl. dazu J.Jeremias, Jerusalem zur Zeit Jesu, ³1962, S.304-394

so daß die sich um Jesus versammelnde Volksmenge eine Mischung aus torah-treuen Juden, jüdischen Am Ha-Arez, judaisierten Nachbarvölkern und syro-phönikischen "Heiden" bildet. Dem Rechnung tragend, verschiebt sich der Ort von Jesu öffentlicher Heilungs- und Predigttätigkeit unauffällig von den Synagogen (1,21.39; 3,1) an den See (2,13; 3,7; 4,1).

Das Markusevangelium unterscheidet dabei deutlich zwischen der von Jesus vertretenen bzw. autorisierten (vgl. Mk 13,10; 14,9) Botschaft einerseits und Gerüchten über Jesu Wunder andererseits, die ausdrücklich nicht von Jesus legitimiert sind, deren Ausbreitung sich aber auch nicht durch ein Verbot (das Wundergeheimnis[1] Mk 1,44f; 5,43; 7,33.36; 8,26) verhindern ließ[2].

So sind die Gerüchte laut Markus zwar nicht etwas, was Jesus bewirken wollte, aber sie dienten faktisch der Ausbreitung seiner Wirksamkeit[3]. So kann man sie als "nicht-intentionale" Mission bezeichnen im Gegensatz zur "intentionalen" Mission durch eine gezielt dafür eingesetzte Botschaft.

Die Darstellung der nicht-intentionalen Wirkung Jesu auf Heiden bei Markus muß freilich unter dem Vorbehalt gesehen werden, daß sie weitgehend redaktionell ist: Mk 3,7-12 gehört zu den sogenannten Summarien, mit denen die Evangelisten die Erzählungen aus ihrem Traditionsmaterial verallgemeinerten und sie in einen neuen situativen Rahmen einbetteten. Wenn Markus selbst sich die Wirkung von Gerüchten über Jesus aus einem Abstand von ungefähr 40 Jahren heraus so vorgestellt hat, läßt dies zunächst nur auf seine eigenen Erfahrungen mit nicht-intentionaler Mission schließen.

Dennoch spricht einiges dafür, daß die markinische Darstellung auch für die Zeit Jesu wirklichkeitsnah ist. Das kulturgeschichtliche Argument dafür wurde schon angeführt: in einer pluralistischen Kultur gab es immer unbeabsichtigte Ausstrahlungen lebendiger religiöser Bewegungen. Daran kann sich zwischen der Zeit Jesu, der Zeit des Markus und der Zeit des Alexander von Abonuteichos nichts Entscheidendes verändert haben. Hinzu kommt noch ein überlieferungsgeschichtliches Argument, das Gerd Theißen herausgearbeitet hat[4]: die von Markus genannten Gerüchte über Jesu Wundertätigkeit kennen wir nicht nur aus dem relativ blassen Summarium, das über deren Charakter keine genaueren Informationen hergibt, sondern sie sind identisch mit dem Grundbestand zumindest eines Teils der von Markus verarbeiteten Wundergeschichten. Die Notizen jeweils am Ende von Wundergeschichten über Jesu Schweigegebot und über die Verbreitung der Erzählung dem zum Trotz sind Aussagen über die Kanäle, aus denen Markus die Wundergeschichten bezogen hat: Es handelt sich um Volksüberlieferungen, nicht primär um das Erzählgut der christlichen Gemeinden. Im Gegensatz zu Gemeindeüberlieferungen aber läßt sich für Volksüberlieferungen keine Situation nach Jesu Tod mehr denken, die den ersten Anstoß für die Entstehung solcher Wundertraditionen über Jesus hätte geben können. Anzunehmen ist nur, daß schon vorhandene Jesus-

---

(1) So U.Luz, Das Geheimnismotiv und die markinische Christologie, in: ZNW 56 (1965), S.17 in Unterscheidung vom "Messiasgeheimnis"
(2) Dazu G.Theißen, Lokalkolorit und Zeitgeschichte in den Evangelien, 1989 S.251
(3) Vgl. dazu die sehr positive Wertung des Gerüchtes in der koreanischen Minjung-Theologie: B.M.Ahn, Draußen vor dem Tor, 1986 S.107ff
(4) G.Theißen, Lokalkolorit und Zeitgeschichte..., 1989 S.103ff

Gerüchte dazu einluden, neue hinzuzufügen. Demnach müssen einige der Gerüchte tatsächlich durch Jesu eigenes Auftreten ausgelöst worden sein.

So gibt es unter den verschiedenen neutestamentlichen Traditionen zum Zugang der Heiden in das Christentum hier im Markusevangelium also eine Stimme, die sehr gut mit der kulturellen *Realität* im Wirkungsraum Jesu zusammenpaßt. Die andere, am Beispiel von Mt 10,5 vorgeführte Tradition (nämlich die Selbstbeschränkung als innerjüdische Bewegung) dürfte dem gegenüber eher als *ideal* aufzufassen sein: sie paßt in ein jüdisch-pharisäisches Selbstverständnis, das mit Sicherheit viele der frühesten Anhänger Jesu geteilt haben[1], das aber unter den Bedingungen einer freieren und lebensnäheren Torah-Auslegung kaum realisierbar gewesen ist. Für Jesus selbst läßt es sich aufgrund der widersprüchlichen Quellenlage nicht mehr schlüssig beurteilen: War er sich darüber im Klaren, daß seine Lehre und sein Handeln sich vor den Heiden keinen Moment lang verbergen ließ (vgl. Mt 5,14), oder hing er als Jude doch noch ein ganzes Stück weit einem Ideal jüdischer Selbstabgrenzung an?

Beide Möglichkeiten können sich nur auf Belege stützen, deren im Neuen Testament vorliegende Textgestalt die Tatsache einer Heidenmission längst voraussetzt. Sie stehen für christliche Interessenlagen, die noch mehrere Jahrzehnte nach Jesu Kreuzigung aktuell waren. Dies spricht aber nicht dagegen, daß vermutlich doch beide die Anfänge der Jesusbewegung zurückreichen.

Als gesichert muß gelten, was diese beiden Traditionen miteinander gemeinsam haben, und was die Darstellung der Apostelgeschichte für die Zeit nach Ostern fortführt: Jesus hat *keine intentionale Heidenmission* betrieben, und seine Jünger zunächst auch nicht.

Die Diskussion um eine von Galiläa ausgehende, von der Ostererfahrung unberührte Heidenmission, wie Gottfried Schille[2] sie sich im Anschluß an Ernst Lohmeyer[3] vorgestellt hat, ging deshalb von einer falschen Alternative aus: zwischen der Hypothese einer unabhängigen galiläischen Heidenmission und der Annahme, daß die Jesusbewegung vor Ostern und auf absehbare Zeit auch nach Ostern eine rein innerjüdische Erscheinung geblieben sei, gibt es eine dritte Möglichkeit: das Phänomen einer Wirkungsgeschichte Jesu unter den Heiden ohne intentionale Mission, das eine vom christlichen Osterkerygma verschiedene Überlieferung hervorgebracht hat.

Wenn man damit nun also sehr ernsthaft rechnen muß, so hat dies beträchtliche Folgen für die Frage nach heidenchristlicher Identitätssuche: Jesus wurde zuerst unbeabsichtigt den "Heiden" zum Thema. Dabei fehlte auch das wenige an vorgegebener christlicher Identität, was man im urchristlichen Osterkerygma immerhin noch voraussetzen darf. Gerüchte über einen Wundertäter im

---

(1) Siehe unten S.67
(2) G.Schille, Anfänge der Kirche. Erwägungen zur apostolischen Frühgeschichte, 1966; ders., Die urchristliche Wundertradition, 1967
(3) E.Lohmeyer, Galiläa und Jerusalem, 1936

jüdisch-syrischen Grenzland verselbständigten sich, und es war zunächst dem Zufall überlassen, ob sie jemals wieder mit einer anderen, weiterführenden Bedeutungszuweisung für dasselbe Geschehen zusammentreffen würden.

1.2. Das Argument einer heilsgeschichtlichen Nötigung

Mit den Wirkungen dieses Geschehens war der Evangelist Markus 40 Jahre später konfrontiert: Die Existenz von Wundergeschichten über Jesus war eine Realität, die sich zum Teil der Kontrolle christlicher Gemeinden entzog. Markus bemühte sich darum, diese Wundergeschichten in die christliche Tradition zu integrieren[1], aber seine Erfahrungen mit den Volksüberlieferungen seiner Zeit waren nicht rundum positiv. Schließlich mußte Mk sich ja mit dem Motiv des "Wundergeheimnisses" von solchen Gerüchten abgrenzen und sie als nicht autoritativ herausstellen.

In der markinischen Darstellung von Jesu Wirken unter den Heiden bleibt eine seltsame Spannung: Mk zeigt kein eigenes Interesse an der These, Jesus habe sich anfangs nur an Juden gewandt und ein entsprechendes Sendungsbewußtsein gehabt[2]. Für die Heilungstätigkeit ist jedenfalls deutlich, daß schon Mk 3,10 (innerhalb des besprochenen Summariums) die Heilung von Heiden meinen muß. Einwände gegen eine "Zuständigkeit" Jesu für die auf das Gerücht hin angereisten Phönikier werden an dieser Stelle nicht vorgebracht. Was jedoch die Lehre anbelangt, ist die Darstellung schon auffällig zurückhaltend: Von einer Lehre Jesu an Heiden spricht Mk nirgends ausdrücklich. Nur zwischen den Zeilen ließe sich darüber spekulieren, daß Jesus auch seine Lehre (explizit in Mk 2,13 und 4,2) von den Synagogen an den See verlegt hat, wo sich die vom Gerücht angelockten Heiden unter die Volksmenge mischten.

Vollends im Gegensatz zur unproblematischen Heilung von Heiden in Mk 3,10 steht, daß der markinische Jesus in der Perikope von der Syrophönikierin genau das auf Israel beschränkte Sendungsbewußtsein vertritt (Mk 7,27), von dem vorher nicht die Rede war. Erst durch die Selbstunterordnung der Syrophönikierin wird Jesus überwunden, von der Beschränkung auf Juden abzuweichen.

Dieser Wortwechsel stammt aus vormarkinischer Tradition[3]; wie Theißen gezeigt hat, entspricht er dem Selbstverständnis nordgaliläischer Juden[4]. Für das redaktionelle Selbstverständnis des Markus-Evangelisten ist er unpassend, weil Jesus nicht nur in Mk 3,10, sondern noch deutlicher in der Erzählung vom besessenen Gerasener längst von dem Prinzip der Beschränkung auf Israel abgewichen ist: der Besessene wurde nicht nur ohne einen Einwand Jesu von seinen Dämonen befreit, sondern sogar gegen die ausdrückliche Bitte der Dämonen, die aus seinem Mund sprachen (Mk 5,7). Der Befehl zum Ausfahren (Mk 5,8) war Jesu eigene Initiative. So kann auch die einleitende Notiz zur "Syrophönikierin", daß Jesus in Tyros verborgen bleiben wollte (Mk 7,24),

---

(1) G.Theißen, 1989 S.297
(2) Dazu F.Hahn, Das Verständnis der Mission im Neuen Testament, 1963 S.96: "Obwohl Jesus bis einschließlich c.4 im galiläischen Bereich bleibt, ist von Anfang an der Horizont erweitert und gezeigt, daß seine Botschaft die Heiden ebenso erreicht wie die Juden".
(3) Z.Kato, Die Völkermission im Markusevangelium, 1986 S.86
(4) G.Theißen, 1989 S.83

nicht als Indiz dafür gewertet werden, daß der Evangelist die heilsgeschichtliche Sicht von 7,27 teilt[1]. Der Zusammenhang des Evangeliums erweist seine Absicht deutlich als eine andere: Markus kennt den Anspruch auf eine Selbstbeschränkung des Christentums als innerjüdische Bewegung und er kann diesen Anspruch nicht übergehen. Offensichtlich handelt es sich um ein in seiner christlichen Umgebung noch sehr wirksames Dogma. Markus aber ist daran interessiert, diesen Anspruch heilsgeschichtlich zu widerlegen: Jesus selbst *konnte* den Heiden nicht verborgen bleiben, auch wenn er es wollte[2]. Mit dieser Darstellung rechtfertigt Markus für seine eigene Zeit, daß auch die nachösterlichen Christen Jesus nicht vor den Heiden verbergen sollen. Die Adressatengruppe der Predigt- und Heilungtätigkeit ist nicht von Jesus oder den christlichen Gemeinden willentlich festgelegt worden, sondern die Öffnung für Menschen jeder Volks- und Religionszugehörigkeit ist ihnen von den Fakten aufgezwungen worden. Die Geschichte von der Syrophönikierin erzählt eine solche Nötigung sehr schön nach. Diese Darstellung paßt genau als Gegenargument an die Adresse derer, die wie Mt 10,5 eine Beschränkung der christlichen Mission auf das Volk Israel vertraten: Es wird der Vorwurf abgewehrt, christliche Gemeinden hätten sich eigenmächtig über die geltenden Beschränkungen der von Gott erwählten Heilsgemeinschaft hinweggesetzt.

In diesem Zusammenhang ist bemerkenswert, daß der übergeordnete Zusammenhang zur Erzählung von der Syrophönikierin, nämlich das ganze Kapitel Mk 7, eine mit der Erzählung von der Bekehrung des gottesfürchtigen Centurio Cornelius (Apg 10) in überzufälliger Weise parallele Struktur aufweist: Einer Reflexion über die Reinheit und Unreinheit von Speisen (Mk 7,1-23; Apg 10,9-17) folgt jeweils eine Reise ins mehrheitlich heidnische Gebiet (Mk 7,24; Apg 10,23f) und die Annahme von heidnischen Menschen gegen den erklärten Willen Jesu (Mk 7,27) bzw. des Petrus (Apg 10,28f im Zusammenhang mit V.14). Das spricht einerseits dafür, daß Lukas den Abschnitt Mk 6,45 - 8,26 trotz seiner Auslassung durchaus gekannt hat, aber sich den Argumentationsgang für seine Darstellung vom Beginn der nachösterlichen Heidenmission aufsparen wollte[3].

Darüber hinaus erlaubt die Verwandschaft der beiden Textkomplexe und ihrer Argumentationsfiguren Rückschlüsse auf den historischen Hintergrund beider Perikopen: Die auf Apg 10 folgende Rechtfertigung des Petrus in Jerusalem (Apg 11,1-18) zeigt eine nachösterliche Situation mit genau der Diskussionslage, die in Mk 7 als Hintergrund vorauszusetzen ist. Wie der Petrus der Apostelgeschichte vor den "Aposteln und Brüdern" in Jerusalem, so argumentiert auch der Evangelist Markus vor uns nicht näher bekannten Kritikern mit dem Argument einer heilsgeschichtlichen Nötigung, um die christliche Zuwendung

---

(1) Gegen Z.Kato, 1986 S.87
(2) So auch Z.Kato, a.a.O. und S.89, der genannten Bewertung untergeordnet.
(3) Forschungsüberblick zu diesem Problem bei J.A.Fitzmyer, The Gospel According to Luke. Introduction, Translation and Notes, Bd.I 1981 S.770f

zu Heiden zu rechtfertigen.

Wenn nun aber Mk 7 in diesem Sinne als Spiegel nachösterlicher Verhältnisse aufzufassen ist, so wird daraus ersichtlich, daß die *Notwendigkeit* einer Argumentation mit der heilsgeschichtlichen Nötigung nicht so schnell der Vergangenheit angehörte, wie Apg 10f dies will: Nach der Darstellung des Lukas führte der Bericht des Petrus von der Bekehrung des Cornelius auf Anhieb unter den torahfrommen Judenchristen in Jerusalem zu der einhelligen Meinung, daß Gott selbst die Mission an Heiden gewollt hat. Dieses Ereignis muß Lukas sich nach der relativen Chronologie der Apostelgeschichte noch in den dreißiger Jahren des 1. Jhdt. n. Chr. vorgestellt haben, denn von den direkt folgenden Szenen spielt die erste (Apg 11,19ff) anscheinend vor 41 n. Chr[1]., die zweite (Apg 12,1-17) zur Regierungszeit des Herodes Agrippa I über Judäa (ab 41 n. Chr.), dessen Tod (44 n. Chr.) dann auch in Apg 12,21-23 erzählt wird. Der Evangelist Markus *persönlich* aber argumentiert durch die Komposition seines Stoffs in Mk 7 noch genau so, wie Petrus nach der Darstellung des Lukas vor den Judenchristen in Jerusalem argumentiert hat - über dreißig Jahre später als die von Lukas vorausgesetzte Situation. Dies läßt darauf schließen, daß es zur Zeit des Markus immer noch dieselben Reserven gegen die christliche Zuwendung zu den Heiden gab, die nach Lukas längst überwunden hätten sein müssen. Das Argument der Gegner war gemäß der Parallelstruktur von Mk 7 und Apg 10 immer noch dasselbe: die Begegnung mit Heiden macht kultisch unrein, sie gefährdet deshalb judenchristliche Identität.

In seiner Auseinandersetzung mit dieser Gegenposition ergänzt Markus die Erzählfolge von verschiedenen Heilungen an Heiden (Mk 3; 5; 7) durch seine Zusammenstellung der beiden Speisungsgeschichten Mk 6,30-44 und 8,1-10.

Die Speisung der 5000 steht redaktionell im Zusammenhang mit der Aussendung der Zwölf[2] und mit anderen Perikopen, die in jüdischem Gebiet spielen (Synagogenvorsteher Jairus; Nazareth). Durch das alttestamentliche Motiv der "Schafe, die keinen Hirten haben" (Anspielung an Num 27,15-17 und Ez 34,5.23) ist eine Identifikation der 5000 mit Israel hergestellt[3]. Die Einteilung der Menge in Gruppen von 100 und 50 entspricht der Lagerordnung Israels aus der Wüstenzeit (vgl. Ex 18,25)[4]. Die Speisung der 4000 dagegen ist ohne Notiz über einen Ortswechsel durch "in jenen Tagen" an die große Reise Jesu durch heidnisches Gebiet angeschlossen, bildet also deren Abschluß (In Mk 8,11 befindet Jesus sich wieder auf jüdischem Gebiet)[5]. Der Ausdruck "ἀπο μακροθεν" (8,3) kommt ähnlich im Schwindel der Gibeoniten vor (Jos 9,6 LXX) und ist damit ein Typos für Nichtjuden, die sich in die Heilsgemeinschaft integrieren lassen[6].

---

(1) Wenn die in Apg 11,28 geweissagte Hungersnot laut dem Schluß des Verses zur Zeit des Kaisers Claudius (41-54 n.Chr.) eintrat, so scheint Lukas damit zu meinen, daß die Weissagung und damit auch die Gründung der gemischten Gemeinde von Antiochia vor dem Regierungsantritt von Claudius stattfand.

(2) Allerdings hat Mk keine eigene Aussage darüber, daß sich die Aussendung der Jünger an Israel richtet; so K.Stock, Theologie der Mission bei Markus, in: K.Kertelge (Hg.), Mission im Neuen Testament, 1982 S.140

(3) P.Chr.Böttger, Der König der Juden - das Heil für die Völker, 1981 S.52

(4) G.Friedrich, Die beiden Erzählungen von der Speisung..., in: ThZ 20 (1964), S.17

(5) Z.Kato, 1986 S.92

(6) F.W.Danker, Mark VIII,3, in: JBL 82 (1963), S.216

Eigentlicher Höhepunkt und vorläufiger Abschluß dessen, was Jesus laut Markus seinen Jüngern für ihre Zuwendung zu den Heiden mitgegeben hat, ist die Deutung der beiden Speisungswunder in Mk 8,14-21. Markus verschlüsselt diese Botschaft, hält aber doch das Rätsel für seine Leser lösbar: V.19-21 lenken die Aufmerksamkeit ausdrücklich auf die Zahlen der übriggebliebenen Körbe, nämlich zwölf bzw. sieben[1]. *Sie* sind es, was Markus als Schlüssel zum Verständnis hervorgehoben wissen will[2]. Es ist deshalb abwegig, eine symbolische Bedeutung dieser Zahlen mit dem Hinweis abzulehnen, daß aus unserer heutigen Sicht nicht mehr alle in den Speisungsgeschichten vorkommenden Zahlen entschlüsselbar sind[3].

Durch die Rede vom "Sauerteig der Pharisäer" und "Sauerteig des Herodes" in V.15 ist ein Zusammenhang hergestellt, der es mit der Ausbreitung religiöser Ideen zu tun hat (vgl. Mt 13,33/Lk 13,20; Gal 5,9)[4]. Es liegt deshalb nahe, eine Verbindung zur Zwölfzahl der Israelmissionare und zur Siebenzahl der hellenistischen Missionare in der Apg herzustellen[5] - nicht unbedingt in dem Sinne, daß die Zahl der Körbe symbolische Abbildung der Zahl der Missionare wäre, sondern daß beide parallel zueinander unter Verwendung derselben Symbolzahlen die Mission an Juden und Heiden abbilden. In beiden Fällen symbolisieren die Zahlen Vollständigkeit. Die Frage Jesu "Versteht ihr noch nicht...?" (8,21) bezieht sich demnach auf das Unverständnis für die Mission an Juden und Heiden nebeneinander[6].

Warum konnte Markus diese Pointe nicht klarer ausdrücken, wenn sie ihm so wichtig war? Der Evangelist mußte es anscheinend erklärbar halten, daß Zeitgenossen, die dem Zwölferkreis der ersten Jünger Jesu wesentlich näher standen als er selbst - oder sogar noch Überlebende aus dem Zwölferkreis waren - Jesus in dieser Frage so gründlich mißverstanden haben konnten, daß sie eine

---

(1) Diese beiden Zahlen nicht symbolisch zu verstehen, ist weder im Rahmen der syrisch-hellenistischen noch im Rahmen der zeitgenössischen jüdischen Kultur irgend möglich; anders J.Gnilka, Das Evangelium nach Markus, EKK II/1, 1978 zur Stelle.

(2) H.Sahlin, Die Perikope vom gerasenischen Besessenen und der Plan des Markusevangeliums, in: Studia Theologica 18 (1964), S.168

(3) Gegen G.Friedrich, 1964 S.12

(4) Was mit Mk 8,15 gemeint ist, würde ich eher vom "Sauerteig" her beurteilen als von der Rolle her, die Pharisäer und Herodianer sonst im Markusevangelium spielen (als diejenigen, die Jesus töten wollen, so Z.Kato, 1986 S.105). Von beiden Gruppen ist bekannt, daß sie je auf ihre Weise darum bemüht waren, das religiöse Volksbewußtsein in ihrem Sinne zu "durchsäuern".

(5) J.-M.van Cangh, La multiplication des pains..., in: M.Sabbe u.a. (Hg.), L'Évangile selon Marc, 1988 S.340 unter Verweis auf J.Sundwall, Die Zusammensetzung des Markusevangeliums, 1934 S.49f; J.M.Robinson, Messiasgeheimnis und Geschichtsverständnis, 1989 S.98

(6) Damit ist die in der neutestamentlichen Forschung mehrheitlich vertretene christologische Deutung (z.B. J.Gnilka, 1978 S.311) dieses Logions nicht bestritten, sondern inhaltlich gefüllt: Jesus bereitet die Jünger darauf vor, ihn als den Sohn Gottes zu erkennen, der allen Völkern Zugang zum Haus Gottes verschafft (vgl. Mk 11,17).

stärkere Beschränkung der christlichen Botschaft auf das Judentum vertraten[1].
Die Auswertung des Markusevangeliums ergibt also für die Frage nach der
heidenchristlichen Identitätssuche noch den weiteren Aspekt, daß diese Identität mindestens bis gegen 70 n. Chr. durch starke innerchristliche Kritik an der
Existenz von Heidenchristentum überhaupt bedroht war. Betrachtet man im
Lichte dieses Befundes, wie vorsichtig das Johannesevangelium die
Heidenmission nur andeutet (Joh 11,52: Kinder Gottes neben dem "Volk"; Joh
10,16: Schafe aus einem anderen Gehöft bzw. Tempelvorhof), so wird sich
dieser Identitätskonflikt wenigstens für einige Regionen der Provinz Syrien
noch um zwei bis drei Jahrzehnte verlängern lassen.

1.3. Christliche Missionare gewinnen die Initiative zurück

Die Darstellung der Apostelgeschichte ist also diesbezüglich zu relativieren:
die innerchristliche Diskussion um eine Zuwendung zu den Heiden verlief sehr
viel zäher und langwieriger, als Lukas dies erscheinen läßt. In dem einen zentralen Punkt stimmt die Darstellung der Apostelgeschichte jedoch mit den
Textsignalen des Markusevangeliums überein: Der Weg zur Heidenmission ist
von den frühesten Christen weder geplant noch vorbereitet worden, sondern
durch eine Kette unerwarteter Ereignisse über sie gekommen. Lukas ist zwar
anerkanntermaßen darum bemüht, immer wieder die entscheidenden Fäden in
Jerusalem zusammenlaufen zu lassen, aber er kann nicht verbergen, daß die
Exponenten seines fiktiven Jerusalemer Kirchenzentralismus eigentlich den
Ereignissen hinterherhinken, oder bestenfalls selbst von Gottes überraschen-
dem Handeln ergriffen werden - so Petrus in Joppe, als er zu dem gottesfürchtigen Centurio Cornelius nach Caesarea gerufen wurde. Demnach sind in
dem bisher Erarbeiteten auch die Eckpfeiler der Entwicklung zu sehen, die bei
Lukas aufgezeichnet ist: Auf der einen Seite das *Ideal* jüdischer Reinheit, das
gerade in den von Lukas hauptsächlich beschriebenen Kreisen zunächst als
selbstverständlich übernommen wurde, auf der anderen Seite die *Realität*, daß
christliches Wirken unter den herrschenden kulturellen Gegebenheiten auch
vor den Heiden nicht verborgen bleiben konnte.

Die eigentliche Initialzündung einer atemberaubenden Entwicklung war nach
dem Material der Apostelgeschichte ein Ereignis, das die Gemeinde Jesu völlig
passiv betraf: Die Vertreibung torahkritischer Christen des Stephanuskreises
aus Jerusalem (Apg 8,1)[2]. Als Folge ihrer Flucht kam es nach dem Bericht der
Apg zur Bekehrung einer Volksmenge im minderheitlich samaritanischen,
mehrheitlich jedoch heidnisch-griechischen Samaria-Sebaste[3] (Apg 8,5-8) und

---

(1) Vgl. dazu Th.J.Weeden, Mark - Traditions in Conflict, 1979 S.26ff; außerdem unten
    S.176
(2) Chr.Burchard, Formen der Vermittlung christlichen Glaubens im Neuen Testament, in:
    EvTh 38 (1978), S.336ff
(3) So D.-A.Koch, Geistbesitz, Geistverleihung und Wundermacht, in: ZNW 77 (1986), S.64
    Anm. 1

zur Taufe eines für die jüdische Heilsgemeinschaft untauglichen Eunuchen (Apg 8,26ff).

Später knüpft der Bericht von der Gründung der antiochenischen Christengemeinde noch einmal ausdrücklich an die Vertreibung aus Jerusalem an. Wie auch immer die beiden Szenen in Apg 8 literar- und redaktionskritisch einzuschätzen sind, gehört *diese* Verbindung jedenfalls zum Urgestein historischer Erinnerung in der Apostelgeschichte[1]: "Diejenigen, die zerstreut worden waren von der Bedrängnis, die über Stephanus kam, zogen umher bis Phönikien, Zypern und Antiochia, sagten aber das Wort niemandem als nur den Juden" (Apg 11,19).

Diese Notiz zeigt auf dem Weg zur Heidenmission einen "früheren" Stand als den, der nach der Darstellung des Lukas in seiner kaskadenhaft auf die Öffnung zulaufenden Ereigniskette schon erreicht war: Laut Lukas sind Samaria-Sebaste, der Eunuch und der gottesfürchtige Centurio Cornelius bereits getauft, und die Vorkommnisse haben nachträglich die Zustimmung des torahtreuen Judenchristentums erfahren. Der alte antiochenische Bericht scheint dagegen eine nur räumliche, fluchtbedingte Expansion als Vorstufe deutlich von dem Schritt absetzen zu wollen, auch Heiden in die Heilsgemeinschaft zuzulassen. Es ist durchaus denkbar, daß die Entwicklung in Antiochia darin zögerlicher verlief, als es für das galiläisch-phönikisch-damaszenische Grenzgebiet anzunehmen ist - ja daß in einer vom Mutterland weiter entfernten Diasporagemeinde das Ideal einer Beschränkung christlicher Mission auf Juden überhaupt erst halbwegs durchführbar war, anders als in der Gegend, die Markus voraussetzt.

So setzt der antiochenische Bericht im nächsten Satz neu an, mit einer neuen Gruppe von Akteuren und mit genau dem Schritt, den die anderen Missionare nicht wagten: "Es waren aber unter ihnen Männer aus Zypern und Kyrene, welche, als sie nach Antiochia kamen, zu den Griechen redeten, indem sie ihnen den Kyrios Jesus verkündigten" (Apg 11,20).

An diesem Vorgang war die Tatsache der Öffnung für Heiden aller Wahrscheinlichkeit nach gerade *nicht* das Neue. Wenn es auch wohl lukanische Fiktion ist, daß ausgerechnet die Bekehrung eines Cornelius durch Petrus dem bahnbrechend vorangegangen sein soll, so haben die vorangegangenen Überlegungen doch klar ergeben, daß in anderen Gegenden eine Beschränkung christlicher Wirkungen auf Juden nicht einmal für kurze Zeit durchführbar gewesen wäre.

Neu und darin tatsächlich epochemachend für die Geschichte des Christentums ist etwas anderes: der Gegensatz zum vorangegangenen Vers läßt hervortreten, daß hier erstmals Heidenmission etwas war, was aktiv und willentlich von Christen unternommen wurde, ohne daß ihre Nötigung dazu geschildert wäre. Wenn man bedenkt, daß Apg 11,20 eben ursprünglich nicht mit der Perikope von der Bekehrung des Cornelius zusammengehört und so auch nicht von ihr gedeckt war, dann wird hier erstmals der Schritt zu den Heiden ungeschützt geschildert, ohne das Argument einer heilsgeschichtlichen Nötigung.

---

(1) Sie ist nämlich das zentrale Argument dafür, warum die Vertreibung nicht, wie Lukas es will, die ganze Jerusalemer Gemeinde mit Ausnahme der Apostel betroffen haben kann, vgl. unten S.100. Demnach kann diese Formulierung nicht von Lukas selbst stammen.

Hier in Antiochia haben wir ganz offensichtlich eine *gezielte oder intentionale* Heidenmission vor uns - vielleicht tatsächlich die erste intentionale Heidenmission, die es in der Geschichte des Christentums gegeben hat. Gezielte Heidenmission bedeutet jedoch immer noch nicht automatisch die Idee eines grenzenlosen Missionsanspruchs, wie wir ihn in Mt 28 vorfanden.

1.4. Die Idee weltweiter Mission

Dies wird deutlich an der Entwicklung des Paulus: Am Ende seines für uns greifbaren literarischen Wirkens konnte Paulus es als sein Ziel formulieren, die universale christliche Mission in allen Ländern der Welt durch seine eigene Person zu verkörpern: Nachdem er die Evangeliumsverkündigung von Jerusalem bis Illyrien bereits vollendet hatte ($\pi\epsilon\pi\lambda\eta\rho\omega\kappa\epsilon\nu\alpha\iota$ τo $\epsilon\dot{\upsilon}\alpha\gamma\gamma\epsilon\lambda\iota o\nu$ Röm 15,19), wollte er noch bis Spanien reisen (Röm 15,24.28), d. h. an das Ende der damals bekannten Welt.

Dieses Konzept trug Paulus jedoch noch nicht in sich, als er im Auftrag der antiochenischen Gemeinde im Westen missionierte: die Apostelgeschichte malt eine Erweiterung des paulinischen Missionshorizontes aus durch den Traum, in dem ein Makedonier Paulus bittet "Komm herüber und hilf uns" (Apg 16,9f) - wieder mit dem Motiv der von Gott initiierten Nötigung. Dies wird vorbereitet durch einen zweifachen Eingriff des Heiligen Geistes in die Reiseroute des Paulus (Apg 16,6-8), mit dem vermutlich Lukas ein sonst wenig einleuchtendes Hin und Her in dem ihm vorliegenden Itinerar der Paulusreisen interpretierte[1].

Paulus selbst bestätigt die anfangs partikulare Sicht seiner Mission durch Aussagen in seinen Briefen. Noch in 2 Kor 10,15f formuliert er es nur als Hoffnung, zur Mission in Gegenden über Korinth hinaus bestimmt zu werden. 1 Kor 16,9 und 2 Kor 2,12 sprechen davon, wie sich für Paulus jeweils eng begrenzte Chancen der Mission in einzelnen Orten eröffnet haben.

In der Biographie des Paulus ist das Konzept einer weltweiten Mission erst *nach* seiner syrischen Periode festzumachen. Auch die syrischen Gemeinden haben aber den Weg zu diesem Konzept gefunden, wie der Missionsbefehl des Matthäus belegt, und vor ihm Aussagen des Markusevangeliums: "Amen, ich sage euch: wo immer das Evangelium verkündigt wird *in der ganzen Welt* ($\epsilon\dot{\iota}\varsigma$ $\delta\lambda o\nu$ $\tau o\nu$ $\kappa o\sigma\mu o\nu$), wird auch erzählt werden, was diese getan hat..." (Mk 14,9). Ob sich diese Vorstellung bei Paulus und in den markinischen Gemeinden unabhängig voneinander herausbildete, ob die eine Seite auf die andere einwirkte, oder ob es einen dritten Ursprungsort für beide gibt, läßt sich vom heutigen Standpunkt aus nicht mehr entscheiden. Es ist durchaus denkbar, daß syrophönikische Gemeinden am heidnischen Rand des Wirkungsraumes Jesu erst durch Nachrichten von der in Gang befindlichen weltweiten Mission zu diesem Konzept gefunden haben. Genauso wäre aber auch vorstellbar, daß sie

---

(1) Vgl. Ph.Vielhauer, Geschichte der urchristlichen Literatur, ^{3}1980 S.79

durch eine eigenständige, innersyrische Entwicklung zu dieser Konsequenz geführt wurden und es in ihre eigene Identitätsbeschreibung aufnahmen, daß vor der erwarteten Wiederkunft ihres Herrn das Evangelium unter allen Völkern der Welt verkündet werden *muß* (vgl. Mk 13,10).

2. Christlicher Anspruch auf den heidnischen Menschen

Nun wurde bis hierhin der christliche Anspruch auf Menschen nichtjüdischer Abstammung nur sozusagen an der Oberfläche verhandelt. Wir haben so getan, als stünde außer Frage, *was* christliche Mission überhaupt von den Angehörigen heidnischer Religionen verlangt, welche Veränderung sie in der religiösen Orientierung dieser Menschen auslösen will. Die folgenden Ausführungen sollen nun zeigen, daß die Entwicklung zu einer gezielten Heidenmission auch darüber - eigentlich ganz natürlich - kein fertiges Vorverständnis mitbrachte.

Arthur Darby Nock unterschied in seiner klassischen Untersuchung "Conversion" (1933) die christliche Weise der Bekehrung ("conversion") von der in der religiösen Umwelt des frühesten Christentums weit verbreiteten Weise, neue religiöse Überzeugungen und Bindungen eher additiv an das biographisch Frühere anzufügen ("adhesion"): Den Zustand persönlicher Religiosität, der durch "adhesion" entsteht, beschreibt Nock als "men's having one foot on each side of a fence which was cultural and not creedal"[1]. "Conversion" wird dagegen verstanden als "a turning which implies a consciesness that a great change is involved, that the old was wrong and the new is right"[2].

Wenn Nock's Unterscheidung von Anfang an in dem Sinne gültig wäre, daß heidenchristliche Mission immer klar auf eine so verstandene "conversion" zielte, könnte das erste Kapitel an dieser Stelle abgeschlossen werden. Im Folgenden ist jedoch zu zeigen, daß die Suche nach einer heidenchristlichen Identität auch in diesem Punkt wesentlich komplizierter war.

Wie bereits weiter oben erwähnt, war in der pluralistischen Gesellschaft Syriens zur römischen Zeit die Religionszugehörigkeit nicht mehr selbstverständlich mit der Volkszugehörigkeit entschieden[3]. Es war auch unabhängig von der christlichen Mission möglich, sich auf der Suche nach Wahrheit oder Erfüllung anderen Religionen bzw. einer quasireligiösen Philosophie zuzuwenden und sich dabei eventuell von der Religion abzuwenden, der man früher angehört hatte[4]. Dabei war es gleichzeitig möglich geworden, einer Religion nicht nur einfach anzugehören oder nicht anzugehören, sondern sich ihr verschieden intensiv zu verschreiben bis hin zur völligen Hingabe. Unterhalb der Ebene einer volksreligiösen Zugehörigkeit konnte man einen Sympathisantenstatus einneh-

---

(1) A.D.Nock, Conversion, Reprint 1952, S.6f
(2) A.D.Nock, 1952 S.7
(3) Siehe oben S.23
(4) Siehe oben S.12

men oder einer Religion ablehnend gegenüberstehen. Vorbereitend für eine Überprüfung des frühesten christlichen Bekehrungskonzeptes ist es deshalb sinnvoll, zunächst einmal die verschiedenen Intensitäten zu beschreiben, welche die Bindung eines Menschen an eine Religion annehmen konnte.

Intensitäten der Beziehung zu einem Religionssystem

a.) Von der Möglichkeit einer *ablehnenden Haltung* gegenüber einem Kult zeugt eine bei Lukian überlieferte Ortsätiologie für den Tempel von Hierapolis: Attis sei durch die Lande gezogen, habe den Leuten von seiner Göttin erzählt und ihren Kult eingerichtet. Die Menschen östlich des Euphrat aber hätten Attis und die von ihm verbreiteten Kulthandlungen nicht aufgenommen. Deshalb habe er den Tempel der Syrischen Göttin knapp westlich des Euphrat errichtet (DeaSyr 15). Ein ganz ähnliches Verhalten gegenüber Jesus berichtet Mk 5,17: als Menschen der Dekapolis durch die Heilung des besessenen Geraseners die exorzistische Macht Jesu erkannten, baten sie ihn, ihre Gegend zu verlassen. Als geschichtliche Erfahrung kann hinter der Notiz die (vorläufige) Ablehnung von Mission in diesem Gebiet stehen[1].

b.) Zum schillernden Bereich der *Sympathisanten* mit seinen vielen Schattierungen gehörten beispielsweise die Männer, die auf dem Markt von Byblos kultische Prostitution im Rahmen des Kultes der Baalat Gebal in Anspruch nahmen. Wie Lukian berichtet (DeaSyr 6), boten sich Frauen der Stadt dabei nur Fremden an, bei denen also keine religiöse Bindung an die Muttergöttin von Byblos vorauszusetzen ist. Geschlechtsverkehr und der für den Tempel vorgesehene Lohn stellen nur eine subjektiv oberflächliche Beziehung zur Religion der Polis her. Für den Kult der Syrischen Göttin in Hierapolis nennt Lukian Stifter von Edelsteinen, die von weiter her kommen als die Teilnehmer an den Kultfesten (DeaSyr 32 vgl. mit 13; 49). So dürften auch Stiftungen zu den Verhaltensmöglichkeiten von Sympathisanten gehört haben, die nicht im Vollsinne Teilhaber am kultisch vollzogenen Sinnzusammenhang werden wollten.

Für das Judentum bildete der Status des Gottesfürchtigen ($\sigma\varepsilon\beta o\mu\varepsilon\nu o\varsigma$/ $\phi o\beta o\nu\mu\varepsilon\nu o\varsigma$ $\tau o\nu$ $\theta\varepsilon o\nu$ bzw. $\theta\varepsilon o\sigma\varepsilon\beta\eta\varsigma$) vermutlich keine Institution im strengen Sinne, aber er war doch anscheinend stärker institutionalisiert als irgendein anderer Sympathisantenstatus gegenüber einer zeitgenössischen Religion. Durch diesen Status war geregelt, daß Angehörige von Fremdvölkern am Synagogengottesdienst teilnehmen[2] und von der Torah das ihnen Mögliche in ihre persönliche Praxis übernehmen konnten, ohne daß sie durch Übertritt und Beschneidung die ganze Torah auf sich nehmen mußten, was ihnen viele so-

---

(1) Vgl. unten S.109; außerdem G.Theißen, Urchristliche Wundergeschichten, [5]1987 S.81f
(2) Apg 15,21 setzt voraus, daß die Teilnahme von Heiden am Synagogengottesdienst sehr üblich war.

ziale Kontakte und Berufsmöglichkeiten abgeschnitten hätte[1] und sie in politische Schwierigkeiten bringen konnte[2].

Die Existenz von Gottesfürchtigen ist in der Forschung umstritten. Ein eindeutiges Bild von ihnen vermittelt nur die Apostelgeschichte des Lukas, und zwar als eine wichtige Adressatengruppe der paulinischen Mission. Paulus selbst dagegen benutzt den Ausdruck nicht als Terminus technicus. A. T. Kraabel hält die "Gottesfürchtigen" deshalb für eine Erfindung des Lukas[3]. Greifbarer wurde ihr Vorhandensein durch eine jüdische Inschrift aus Aphrodisias (Kleinasien), wo eine lange Reihe unjüdischer Namen als "θεοσεβις" geehrt wird[4]. Kraabel wendet dagegen ein, daß die so Geehrten nicht unbedingt ein *religiöses* Interesse am Judentum gehabt haben müssen[5]. Unabweisbar ist dennoch, daß sie jüdischerseits mit einer religiösen Kategorie benannt wurden.

Für Südsyrien spricht Josephus von Menschen, die zwischen Judentum und Heidentum standen, deswegen bei der Judenverfolgung nicht umgebracht, aber doch als Feinde betrachtet wurden (Bell II,463). Nach Ant XIV,110 haben Juden und σεβομενοι τον θεον aus der ganzen Ökumene und anscheinend auch heidnische Gelegenheitsspender aus "Asien und Europa" zum Reichtum der Tempelausstattung beigetragen. Die Relation von Spenderverhalten und Bindung an das Religionssystem war demnach in Jerusalem nicht wesentlich anders, als Lukian sie für das Heiligtum der Syrischen Göttin in Hierapolis beschrieb. Gottesfürchtige als Stifter zeigt auch die Inschrift aus Aphrodisias, und Lukas setzt dasselbe voraus, wenn er den Centurio von Kapernaum als Erbauer der örtlichen Synagoge nennt (Lk 7,5) und wenn er als Ausdruck der Frömmigkeit von Cornelius viele Almosen an das jüdische Volk erwähnt (Apg 10,2).

Die Möglichkeit eines Sympathisantenstatus gegenüber dem Christentum ist unter den neutestamentlichen Autoren umstritten. Am deutlichsten *dafür* spricht sich Markus aus: "Wer nicht gegen uns ist, der ist für uns. Wer euch nämlich einen Becher Wasser zu trinken gibt im Namen dessen, daß ihr des Christus seid (ἐν ὀνόματι ὅτι Χριστου ἐστε): Amen, ich sage euch, daß sein Lohn nicht verloren geht" (Mk 9,40f). Entschieden *dagegen* äußert sich ein Wort aus dem Sondergut des Lukasevangeliums: "Dann werdet ihr anfangen zu sagen: wir haben vor deinem Angesicht gegessen und getrunken, und in unseren Plätzen hast du gelehrt; und er wird sagen: ich weiß nicht, woher ihr seid. Geht weg von mir, alle Täter der Ungerechtigkeit" (Lk 13,26f vgl. die Auslassung von Mk 9,41 im Lukasevangelium).

c.) Für den Status einer vollen *Zugehörigkeit* zu einer Religion war im römi-

---

(1) Es ist sicher kein Zufall, daß Lukas gleich zwei Centurionen als Gottesfürchtige darstellt (Lk 7,5 und Apg 10,2). Die für Offiziere verpflichtende Teilnahme am römischen Staatskult wäre mit einer vollen Zugehörigkeit zur jüdischen Kultgemeinschaft nicht vereinbar gewesen.

(2) Nach Josephus, Ant XX,34-48 standen gegen die Beschneidung des Königs Izates von Adiabene zunächst vor allem politische Bedenken, die seinen jüdisch-hellenistischen Lehrer Ananias um das Leben des Königs und um sein eigenes Leben fürchten ließen.

(3) A.T.Kraabel, Synagoga Caeca..., in: J.Neusner/E.Frerichs (Hg.), "To see ourselves as others see us", 1985 S.227-230

(4) J.Reynolds/R.Tannenbaum, Jews and God-Fearers at Aphrodisias, 1987 S.48ff

(5) A.T.Kraabel, 1985 S.230-232

schen Syrien immer noch die Religionszugehörigkeit durch Volks- oder Stammeszugehörigkeit das herrschende Modell, obwohl seine Gültigkeit gesellschaftlich in Auflösung begriffen war. Inschriften aus diesem Bereich belegen, daß Gottheiten noch aktuell als Stammes- oder Sippengottheiten aufgefaßt wurden[1]. Auf diesem Hintergrund ist der Begriff der "πατρωοι θεοι (von den Vorfahren her angestammte Gottheiten)"[2] zu verstehen, der in den ersten christlichen Jahrhunderten eminent politische Bedeutung hatte: Staat und Gesellschaft erwarteten, daß man seiner althergebrachten Religion treu war und keine religiösen Neuerungen betrieb. So verwandte auch Paulus nach der Darstellung des Lukas in seiner Verteidigungsrede vor dem römischen Prokurator Felix den Begriff des "πατρωος θεος" (Apg 24,14).

Auch im Christentum war ein Status von Zugehörigkeit, der mit der Ebene von Volksreligion vergleichbar ist, die am weitesten verbreitete Vorstellung von religiöser Bindung. Solche Zugehörigkeit war jedoch - im Gegensatz zu der Zugehörigkeit zu traditionellen Religionen - nicht durch Volkszugehörigkeit zu erwerben. Die Taufe scheint, soweit es sich aus den erhaltenen Quellen rekonstruieren läßt, von Anfang an der Ritus gewesen zu sein, mit dem Zugehörigkeit zur christlichen Gemeinschaft erworben wurde. Dennoch wird sie erst spät - z. B. im sekundären Markusschluß - als ein Kriterium für den Erwerb des durch Christus angebotenen Heils genannt. Auf welche Kriterien es dann aber heilsentscheidend ankam, war im frühesten syrischen Christentum heiß umstritten. Die Diskussion darüber ist im dritten Kapitel näher darzustellen[3].

d.) Das Modell schlechthin für *ungeteilte Hingabe* an eine Religion waren im syrischen Raum die geweihten Eunuchen der Syrischen Göttin. Sie hatten sich zur Heiligung an die Göttin ihrer sexuellen Fähigkeiten beraubt und trugen zum Zeichen dafür Frauenkleider (Lukian, DeaSyr 15; 51). Sie lebten in Gruppen (Ps.-Lukian, Lucius 36) entweder beim Zentralheiligtum (DeaSyr 52) oder heimatlos durch die Lande ziehend (Lucius 35). Zu ihrem Alltag gehörten Kasteiungen, die sie entweder an sich selbst oder gegenseitig in der Gruppe aneinander vornahmen (DeaSyr 50; Apuleius, Metam VIII,27f). So wirkte sich ihre Bindung an die Syrische Göttin in jeder Hinsicht auf ihre Lebensgestaltung aus. Ähnlich radikal war die Lebensform der schon beschriebenen kynischen Wanderphilosophen[4].

Bei den frühen Christen wurde von einer Minderheit die ungeteilte Hingabe des ganzen Lebens als die einzige Form der Zugehörigkeit zu Jesus Christus angesehen. Die konkrete Ausgestaltung solcher Hingabe bestand ebenfalls in einer Lebensform des Wanderradikalismus mit den charakteristischen Merk-

---

(1) Z.B. RES 2042; 2051; CIS II,176; D.Sourdel, Les cultes du Hauran, 1952 S.96
(2) Z.B. in der Standardformulierung von Weiheinschriften auf dem Gabal Sheikh Barakat: IGLS Nr. 465-473
(3) Siehe unten S.123ff
(4) Siehe oben S.12

malen der Besitz-, Ehe- und Heimatlosigkeit[1]. Sehr bald zeigte sich jedoch auch in christlichen Gemeinschaften, die nicht diese Lebensform für die einzig christliche hielten, daß eine ungeteilte Hingabe von allen Christen gefordert sein konnte: wenn sie vor die Wahl gestellt wurden, ihr Christ-Sein zu verleugnen oder das Martyrium zu erleiden. Der syrische Satiriker Lukian nahm dies als wesentliches Merkmal syrischer Christen wahr: "Die Unglücklichen sind überzeugt, daß sie ganz unsterblich seien und ewig leben werden, weswegen sie den Tod verachten und viele (οἱ πολλοι) sich freiwillig hingeben (ἑκοντες... ἐπιδιδοασιν)" (Pereg 13). Außerdem erwähnt Lukian, daß es im Christentum hoher Wertschätzung unterlag, für seinen Glauben im Gefängnis gewesen zu sein (ebd. 12).

Biographische Veränderungen religiöser Bindungen

Aus der Möglichkeit, Bindungen zu anderen Religionen als den angestammten aufzubauen, und aus den verschiedenen möglichen Intensitäten solcher Bindungen ergaben sich im Rahmen der syrischen Kultur eine Vielzahl von theoretisch denkbaren Formen, wie die persönliche Religiosität eines Menschen sich im Laufe seines Lebens *verändern* konnte.

Um einen Überblick über diese Formen zu erhalten, ist eine starke Vereinfachung erforderlich. Ich orientiere mich dabei an zwei Grundfragen:
1. Gehören die neu in die persönliche Religiosität aufgenommenen bzw. neu gewichteten Überzeugungen zu einem Religionssystem, an das bereits eine Bindung besteht (systeminterne Veränderung), oder zu einem fremden Religionssystem (systemüberschreitende Veränderung)[2]?
2. Werden die vor der Veränderung bestehenden religiösen Überzeugungen weitgehend in das Neue integriert, oder wird ihnen gegenüber eine vorwiegend ablehnende Haltung eingenommen?

Daraus ergeben sich vier Typen religiös-biographischer Veränderungen. Für ihre Benennung sehe ich mich genötigt, relativ anknüpfungslos Begriffe einzuführen, da die deutschen oder verdeutschten Begriffe von Bekehrung, Konversion, Übertritt, Beitritt, Umkehr usw. nicht trennscharf genug sind, so daß ihre Konnotationen erst recht eine Verwechslungsgefahr mit sich bringen würden.

---

(1) Dazu ausführlich siehe unten S.152
(2) Kriterium für diesen Unterschied muß immer die subjektive Darstellung der Quellen bleiben, damit nicht die gegen Ulrich Berner abgelehnte Annahme objektiver Systemgrenzen (siehe oben S.9) hier wieder eingeführt wird.

Verbleib der alten Überzeugungen:	Herkunft der neuen Überzeugungen:	
	systemintern	systemüberschreitend
weitgehende Integration	Intensivierung	Extensivierung
weitgehende Verwerfung	Inversion	Conversion

- *Intensivierung* meint die Veränderung innerhalb einer Religion, an die schon eine Bindung besteht, wobei die Intensität der Bindung erhöht wird. Dies kann vom Sympathisantenstatus zur vollen Zugehörigkeit führen, oder von dieser zu ungeteilter Hingabe.
- *Extensivierung* meint die Aufnahme von Überzeugungsgehalten, Symbolen oder Ähnlichem aus einer bisher fremden Religion zusätzlich zur schon bestehenden religiösen Bindung. Dabei wird eine neue Bindung an das fremde Religionssystem in Form von Zugehörigkeit oder Sympathisantenstatus eingegangen; die schon bestehende Bindung wird eventuell in der Intensität gemindert, aber nicht aufgegeben[1].
- *Inversion* meint eine weitreichende Veränderung bei der Auswahl aus den innerhalb einer Religion zur Verfügung stehenden Überzeugungsgehalten, was normalerweise den Positionswechsel in einem systeminternen Konflikt bedeutet. Die Intensität der Bindung an das Gesamtsystem erhöht sich dabei tendenziell.
- *Conversion* meint den Wechsel der religiösen Bindung zu einem fremden Religionssystem, wobei die Bindung an das bisherige Religionssystem aufgegeben und durch eine ablehnende Haltung ersetzt wird. Die Bindung an das neue Religionssystem kann entweder die Form der Zugehörigkeit oder der ungeteilten Hingabe annehmen[2].

Vor der Entscheidung für eine gezielte Heidenmission verstanden die Anhänger Jesu sich in der Hauptsache als eine innerjüdische Umkehrbewegung, wenn auch die Beschränkung auf diesen Bereich nie konsequent durchführbar war. Wie kurze Zeit vorher schon Johannes der Täufer, forderte Jesus von Nazareth seine jüdischen Volksgenossen zum Sinneswandel (μετανοια) auf. Beide

---

(1) Extensivierung entspricht also annähernd dem Begriff der "adhesion" bei Nock. Institutionalisiert war die Extensivierung beispielsweise in dem Pilgerritual von Hierapolis (siehe oben S.12)
(2) Die hier verwendeten Begriffe von Conversion und Inversion ergeben zusammen ungefähr das, was A.D.Nock unter Conversion versteht.

meinten damit Umdenken und natürlich auch Wechsel äußerer Lebensformen in Anbetracht der drängend bevorstehenden Herrschaft Gottes (Mk 1,15). Darin war jedoch keine Aufforderung enthalten, einer neuen Religion beizutreten. Vielmehr sollten Juden es mit der vorgegebenen jüdischen Religion in neuer Weise ernst nehmen. Die Veränderung in der religiösen Biographie, die durch einen Anschluß an die Jesusbewegung vollzogen wurde, muß deshalb als eine systeminterne begriffen werden. Je nachdem, ob jemand vorher nur eine lockere Bindung an diese seine angestammte Religion hatte, oder ob er auf einem anderen als dem von Jesus geforderten Weg sein Judentum ernst nahm, konnte der Zugang zur Botschaft Jesu nach der eben definierten Terminologie entweder in einer Intensivierung oder in einer Inversion liegen.

2.1. Augen werden geöffnet (Inversion)

Der für die christliche Geschichtsschreibung klassische Fall einer Inversion geschah einige Jahre nach Jesu Umkehrruf und in Syrien: Die Bekehrung des Paulus vor Damaskus. Nach dem dreifachen Bericht der Apostelgeschichte (Apg 9,1-19; 22,6-16; 26,12-18) hatte der Pharisäer eine Vision und Audition, in der er Jesus begegnete. Dadurch wurde er in eine tiefe Identitätskrise gestürzt (Apg 26,14). Er mußte sich darin umorientieren, daß Jesus keine zu bekämpfende Gefahr für die jüdische Lebensordnung darstellte, sondern der Messias Israels ist (vgl. Apg 9,22). Nachdem seine Inversion durch Handauflegung, Heilung und Taufe besiegelt war, wandte er sich zuerst wieder an die Religionsgemeinschaft, der er schon immer angehörte: er predigte in der Synagoge (9,20).

Die eigenen Berichte des Paulus über seine Bekehrung (Gal 1,12.16; Phil 3,7f; 1 Kor 15,8-10) sind viel weniger detailliert, so daß sich die Angaben der Apostelgeschichte nicht im einzelnen nachprüfen lassen. Die Art der Begegnung mit Jesus beschreibt Paulus selbst sogar noch stärker: er rückt sie in die Reihe der Ostererscheinungen und hebt sie damit von gewöhnlichen Visionen ab (1 Kor 15,8 vgl. 9,1)[1]. Ihre Bedeutung als Berufung zum Heidenmissionar unterstreicht Gal 1,16 stärker als Apg 26,17 und 22,15 sowie gegen das Fehlen eines solchen Zuges in Apg 9[2].

Der Sachverhalt einer Inversion wird auch aus den Paulusbriefen hinreichend deutlich[3]: Paulus betont den Bruch, den die Bekehrung in seiner Biographie bedeutet hat (Phil 3,7f; Gal 1,23; 1 Kor 15,10), ohne daß er deswegen aufgehört hätte, der jüdischen Volks- und Religionsgemeinschaft anzugehören

---

(1) U.Wilckens, Die Bekehrung des Paulus als religionsgeschichtliches Problem, in: ZThK 56 (1959) S.274
(2) Chr.Burchard, Der dreizehnte Zeuge, 1970 S.119 und 128
(3) J.G.Gager (Some Notes on Paul's Conversion, in: NTS 27 (1981) S.700) bezeichnet den bei Paulus vorliegenden Bekehrungstyp als "transvaluation or reversal of values". Charakteristisch dafür ist laut Gager, daß das "fundamental system of values and commitments" intakt bleibt, aber umgekehrt wird.

(2 Kor 11,22; Phil 3,4f; Röm 9,3-5; 11,1)[1].

Nach dem Befund der Apostelgeschichte über die christlichen und jüdischen Gruppen, die als "Hellenisten" bezeichnet werden, dürfte die Inversion im Kreis der nach Israel eingewanderten griechischsprachigen Juden die typische Form des Zugangs zum Christentum gewesen sein.

Solche Rückkehrer aus der Diaspora neigten in der Regel nicht zur Torahkritik, denn sie hatten erhebliche wirtschaftliche Nachteile auf sich genommen, um in der Nähe des Tempels nach der Torah leben zu können[2]. Die in der Apg berichteten Angriffe gegen Christen gehen immer von hellenistischen Juden aus (für Jerusalem: Apg 6,9; 9,29; 21,27). Wenn die *christlichen* "Hellenisten" dagegen als eine Gruppe erscheinen, die im Gegensatz zu den aramäischsprachigen Christen ihren jüdischen Volksgenossen negativ auffielen, so muß gerade bei ihnen typischerweise der Überzeugungswandel im Zuge der Bekehrung besonders radikal gewesen sein. Zu erklären wäre dies damit, daß Einwanderer aus der Diaspora besonders der Gefahr ausgesetzt waren, von der Realität des kultischen Betriebs in Jerusalem enttäuscht zu sein. Nach einer Bekehrung zum Christentum hätten sie keinen Grund mehr gehabt, sich diese Enttäuschung nicht auch einzugestehen.

Der lukanische Bericht über die Inversion des Paulus enthält zugleich eine Symbolik, die gern als Verhältnisbestimmung aus der Perspektive religiöser Biographie gebraucht wurde (d. h. zwischen vergangener und neu erworbener persönlicher Religiosität), wenn eine Inversion geschehen war: Pauli Bekehrung war begleitet von einer dreitägigen Blindheit (Apg 9,8f; 22,11) bis zu dem Moment, als Hananias ihn ansprach: "... Der Kyrios hat mich gesandt..., damit du wieder siehst und erfüllt wirst vom Heiligen Geist" (9,17). Über die historische Tatsächlichkeit dieser Blindheit ist hier nicht zu befinden. Sei es in der Wirklichkeit, sei es in der Darstellung des Lukas, ist sie jedenfalls symbolischer Ausdruck dafür, daß Paulus seine Inversion als eine Veränderung von der Finsternis zum Licht erfahren hat.

Am Ende der johanneischen Perikope vom Blindgeborenen ist eben diese Symbolik der Blindenheilung ausgeweitet zu einem allgemeiner gültigen Bild für eine Veränderung in der religiösen Biographie, welche viele Christen hinter sich hatten: "Zu einem Gericht bin ich in diese Welt gekommen, damit diejenigen, die nicht sehen, sehen sollen, und die Sehenden blind werden" (Joh 9,39). Der Blindgeborene wird damit zur Identifikationsfigur für Christen gemacht. Seine Blindheit symbolisiert eine von Geburt an bestehende Unkenntnis, wie sie pharisäische Gruppen den jüdischen Am Ha-Arez (d. h. dem nicht streng nach der Torah lebenden "Volk des Landes") gleichermaßen wie Samaritanern und Heiden vorwarfen[3]. Durch den Zutritt zum Christentum haben solche Menschen eine Erkenntnis erfahren, der gegenüber die Erkenntnis der Pharisäer als Blindheit zu stehen kommt.

Für die Metaphorik von Blindheit und Sehen als Verhältnisbestimmung zwischen Religionen im Zusammenhang mit Veränderungen der persönlichen Religiosität stellt der essenische Gebrauch

(1) So K.Stendahl, Paul among Jews and Gentiles, in: ders., Paul among Jews and Gentiles and Other Essays, Philadelphia/London 1976/77 S.7-23
(2) So M.Hengel, Zwischen Jesus und Paulus, in: ZThK 72 (1975), S.185
(3) R.Dabelstein, Die Beurteilung der 'Heiden' bei Paulus, 1981 S.67f

fraglos eine Parallele und vielleicht eine religionsgeschichtliche Voraussetzung dar: wie im frühen Christentum wurde das Bild dort auf die von den Sektenmitgliedern vollzogene Inversion angewandt. "Sie sahen ihre Sünde ein und erkannten, daß sie schuldige Menschen sind. Und sie waren wie Blinde und wie solche, die nach dem Wege tasten zwanzig Jahre lang" (CD I,8-10). "Und nun, Söhne, höret auf mich und ich öffne eure Augen, zu sehen und zu verstehen die Werke Gottes" (CD II,14f)[1].

Das Thomasevangelium kombiniert das Bild von der Blindheit mit dem von der Trunkenheit - auch hier eindeutig als biographische Verhältnisbestimmung ausgewiesen: "Jesus sprach: Ich stand mitten in der Welt und offenbarte mich ihnen im Fleisch. Ich fand sie alle trunken... Blind sind sie in ihren Herzen und können nicht sehen... Jetzt sind sie zwar trunken, doch wenn sie ihren Wein abschütteln, werden sie sich bekehren" (EvThom 28)[2].

Eine noch größere Zahl von Bildern, die alle aus dem Gegensatz von Nacht und Tag (d. h. aus dem alltäglichen Erfahrungszusammenhang von Licht und Finsternis, Sehen und Nicht-Sehen) genommen sind, kombiniert Paulus, um zu Christen in Thessaloniki über das zu sprechen, was sie von ihrer religiösen Umwelt unterscheidet: "Ihr aber, Brüder, seid nicht in der Finsternis, daß euch der Tag wie ein Dieb überraschen würde. Ihr alle seid nämlich Angehörige des Lichtes und Angehörige des Tages. Wir gehören nämlich nicht der Nacht noch der Finsternis. Deshalb laßt uns nicht schlafen wie die übrigen, sondern laßt uns wachen und nüchtern sein. Die Schlafenden schlafen nämlich in der Nacht und die Betrunkenen sind in der Nacht betrunken. Wir aber, die wir dem Tag gehören, laßt uns nüchtern sein, bekleidet mit der Rüstung des Glaubens und der Liebe und mit dem Helm der Hoffnung auf Rettung" (1 Thess 5,4-8).

In diesem Abschnitt geht es um den Gegensatz zwischen Christen und "den Übrigen (οἱ λοιποι)". Die Formulierung erinnert daran, daß die Gemeindeglieder erst kürzlich den "Übrigen" durch ihre Bekehrung von den Kultbildern zu Gott entnommen wurden (vgl. 1 Thess 1,9). Der Prozeß ihrer Unterscheidung von den Übrigen ist noch nicht abgeschlossen, deshalb muß Paulus sie dazu ermahnen. So darf die hier verwendete Symbolik angesprochen werden als biographische Verhältnisbestimmung zwischen der Vergangenheit der thessalonischen Christen, als sie den "Übrigen" gleich waren, und ihrer erst noch voll zu realisierenden gegenwärtigen christlichen Religiosität.

Die darin zusammengefaßten Bilder finden sich größtenteils auch einzeln, und zwar sowohl bei Paulus als auch in anderen Traditionen syrischer Herkunft (vgl. z.B. Mt 10,27 par; 2 Kor 6,14; Mk 13,33-37; Mt 24,42-44; Did 16,1; EvThom 21; Mk 5,15; 2 Kor 5,3). Ihr vereintes Auftreten im 1 Thess (dem ältesten Paulusbrief) läßt annehmen, daß Paulus den ganzen Reichtum solcher Symbole seiner Herkunft aus dem syrischen Christentum verdankt. Der Komplex von Symbolen hatte seinen Ort als biographische Verhältnisbestimmungen zunächst im Zusammenhang mit der Inversion vom anderen jüdischen Gruppen zur christlichen Bewegung, aber dann auch als Beschreibung der Veränderung, die der Schritt von einer heidnischen Vergangenheit zum Christentum

---

(1) Zitiert nach J.Meier/K.Schubert, Die Qumran-Essener, 1982
(2) Übersetzung nach Betz/Schramm, Perlenlied und Thomasevangelium, 1985

bedeutete, wie dies in Thessaloniki der Fall war.

2.2. Mündigkeit und Freiheit (Intensivierung)

Der Zugang torahfrommer Juden zum Christentum mußte nicht zwangsläufig über eine Inversion führen. Dies zeigt das Beispiel der in Apg 15,5 erwähnten "zum Glauben gekommenen" Pharisäer: was die Haltung zur Torah betrifft, ist ihre religiöse Überzeugung offensichtlich unverändert, denn sie vertreten das Leben nach der Torah als die einzige Form des Christseins. Wenn sich auch durch die distanzierte Darstellung der Apostelgeschichte gar nicht mehr leicht feststellen läßt, was sich in der persönlichen Religiosität dieser Menschen mit der Taufe konkret verändert hat, so ist doch wohl irgendeine Form von Intensivierung anzunehmen.

Von Lukas bzw. von den ihm vorgegebenen Traditionen wesentlich klarer als Intensivierung gestaltet sind zwei der ältesten christlichen Erzählungen über Mission und Taufe aus dem syrischen Kulturraum: die Berichte über die Taufen eines Eunuchen bei Gaza und des römischen Centurio Cornelius in Caesarea Maritima.

Beide Erzählungen sind in die Apostelgeschichte als Schritte auf dem Weg zur Heidenmission eingebaut und entsprechend umgeformt, beruhen aber auf Erzählungen vorlukanischer Tradition[1]. Beide Hauptfiguren gehören nicht dem jüdischen Volk an, werden aber jeweils zu Beginn in einem Sympathisantenstatus zum Judentum gezeichnet: Der Eunuch war nach Jerusalem gekommen zur Proskynese vor dem jüdischen Gott (Apg 8,27) und befindet sich im Besitz einer Jesaja-Schriftrolle (8,28). Cornelius und sein ganzes Haus werden als Gottesfürchtige benannt[2], er selbst ist durch Almosen und Gebet mit der jüdischen Religion verbunden (Apg 10,2). Im weiteren Verlauf der beiden Erzählungen ist mit keinem Wort irgendeine Verwerfung bisheriger Religiosität angedeutet: Der Eunuch kommt durch die Schriftauslegung des Philippus in gerader Linie von Jesaja zu Jesus und zur Taufe. In der Cornelius-Geschichte läßt Gott als Gebetserhörung die Begegnung zwischen Petrus und dem Haus des Cornelius zustandekommen; während der Rede des Petrus beschenkt er die Gottesfürchtigen mit der Gabe der Glossolalie. Die Taufe ist nur noch Konsequenz des eindeutigen göttlichen Zeichens. Ergebnis ist in beiden Fällen eine volle Religionszugehörigkeit, die mit der christlichen Taufe begründet ist.

In beiden Erzählungen wird weder nahegelegt, daß das Christentum ein vom Judentum verschiedenes Religionssystem sei, noch wird irgendwie die zumindest bei Cornelius zweifellos vorhandene Zugehörigkeit zu einer paganen Religion angedeutet. Was die Erzähler darstellen, sind der Form nach eindeutig Intensivierungen.

---

(1) So R.Pesch, Die Apostelgeschichte (Apg 1-12), EKK V/1, S.289 und 333; Für Apg 10f auch: M.Dibelius, Die Bekehrung des Cornelius, in: ders., Aufsätze zur Apostelgeschichte, 1951 S.96
(2) Dazu ausführlich siehe unten S.129

Offen lassen die Texte dabei die Frage, warum das so ist: Wurden etwa die Gottesfürchtigen von den christlichen Erzählern tatsächlich nicht als Heiden empfunden und ihre Bekehrung also nicht als systemüberschreitende Veränderungen der persönlichen Religiosität?

Nimmt man die Symbolik von Verhältnisbestimmungen aus der Perspektive religiöser Biographie hinzu, so ergeben sich weitere Verbindungen zum Modell der Intensivierung, die wieder in den Bereich heidenchristlicher Bekehrungen hineinreichen:

Im Judentum wie in den paganen Kulten seiner Umwelt boten Adoleszenzriten einen klassischen institutionellen Rahmen für Intensivierungen. Durch Lukian sind wir informiert über einen auf das Jugendalter zugeschnittenen Ritus aus Hierapolis: "Die jungen Männer opfern den ersten Bart. Den Jungen werden von Geburt an heilige Locken stehengelassen, die sie, wenn sie in das Heiligtum eingeführt werden (ἐν τω ἱρω γενωνται), abschneiden und in Gefäße ablegen - die einen in silberne, viele aber auch in goldene Gefäße. Sie nageln diese im Tempel fest, wobei jeder seinen Namen eingraviert hat" (Lukian, DeaSyr 60).

Der moderne Begriff "Initiation" für solche Rituale ist irreführend, wenn er so verstanden wird, daß damit *erstmals* eine Bindung an die betreffende Religion hergestellt würde. Durch den für Hierapolis berichteten Brauch haben schon kleine Buben ein körperliches Zeichen ihrer Zugehörigkeit zur Syrischen Göttin: die heilige Locke, die ihnen stehengelassen wird. Mit dem Ritual der Einführung im Jugendalter wird die Bindung vertieft; von nun an werden ihre Namen und ihre Haare im Tempel aufbewahrt. Damit trifft der definierte Sachverhalt einer Intensivierung zu.

Für Adoleszenzrituale bietet es sich ganz natürlich an, die ohnehin vorgegebene Situation eines körperlichen und sozialen Reifungsprozesses als Symbol für die angestrebte Veränderung in der persönlichen Religiosität zu überhöhen: das Opfer des ersten Bartes setzt den körperlichen Reifungsprozeß voraus. Eine Bemerkung Lukians in anderem Zusammenhang belegt, daß mit dem Bartwuchs nach hierapolitanischem Verständnis gleichzeitig eine soziale Statusveränderung verbunden war: Bartlosigkeit und Jugend galten dort als unvollkommen (DeaSyr 35). Durch das Bartopfer wurde also eine soziale Statusveränderung in symbolische Beziehung gebracht zur Intensivierung der persönlichen Religiosität.

Dieselbe Symbolik eines Reifungsprozesses mit sozialen Auswirkungen ist bei Paulus zunächst auf Intensivierungen innerhalb des Christentums angewandt: Auf den Reifungsprozeß, den Christen von der ersten Begegnung mit der Mission bis zum "Mündig-sein" im Glauben zu durchlaufen haben. Damit ist das Bild schon nahe an die Bekehrung von Heidenchristen herangerückt.

Da sich der Begriff "νηπιος (unmündig)" in diesem Sinne zum erstenmal bereits in 1 Thess 2,7 findet, hat das Bild gute Chancen, eine biographische Verhältnisbestimmung aus der frühesten syrischen Heidenmission zu sein, von der Paulus zu dieser Zeit herkam. Gerade bei den frühesten Bemühungen, die christliche Botschaft durch gezielte Mission den Heiden weiterzugeben, werden die jüdisch-christlichen Lehrer schnell erfahren haben: was sie hier an pädagogischem Aufwand leisten mußten, war nicht mit ihrer bisherigen Verkündigung an Juden vergleichbar, sondern nur mit religiöser Kindererziehung. Analog dazu vergleicht der Talmud den vom Heidentum herkommenden Proselyten mit "einem Kind, das gerade geboren ist" (bJeb 22a).

Da das Leben von Christen mit dem Tod nicht aufhört, ist es nur konsequent, daß Paulus die Symbolik des Mündig-Werdens auch für die vom Übergang aus diesem in das ewige Leben erwartete Veränderung der persönlichen Religiosität sozusagen als biographische Verhältnisbestimmung einsetzt: "Als ich unmündig ($\nu\eta\pi\iota o\varsigma$) war, redete ich als Unmündiger, dachte als Unmündiger, überlegte als Unmündiger. Als ich ein Mann wurde, habe ich das des Unmündigen abgetan..." (1 Kor 13,11). So ist der innerchristliche Prozeß des Mündig-Werdens in diesem Leben gar nicht abzuschließen. Diese Aussage hat von ihrem Kontext her eine Korrekturfunktion gegenüber einem anderen Begriffspaar, das Paulus im 1 Kor übernommen hat und das er mit dem Gegensatz von unmündig und mündig parallel setzt: Das Begriffspaar "Fleisch" und "Geist".

"Und ich, Brüder, konnte zu euch nicht reden wie zu geistlichen ($\pi\nu\epsilon\upsilon\mu\alpha\tau\iota\kappa o\varsigma$), sondern wie zu fleischlichen ($\sigma\alpha\rho\kappa\iota\nu o\varsigma$) Menschen, wie zu Unmündigen in Christus. Milch gab ich euch zu trinken, keine Speise. Ihr habt es nämlich nicht vertragen. Aber ihr vertragt es auch jetzt noch nicht, ihr seid nämlich noch fleischlich" (1 Kor 3,1-3).

In dem Abschnitt Gal 4,1-7 verbindet Paulus die Symbolik des Mündigwerdens von Söhnen mit der sehr nahe verwandten Symbolik der (Sklaven-)Freilassung.

Mt 17,26 zeigt, daß die Verbindung von Sohnschaft und Freiheit nicht originell paulinisch ist, sondern in syrischer Tradition vorhanden. Hinter den beiden Bildern von der Freilassung des Sklaven und vom Mündig-werden des Sohnes steht eine gemeinsame menschliche Grunderfahrung: die Reifung der Persönlichkeit, die an bestimmten Einschnitten in der Biographie rechtliche Konsequenzen hat. Sklaverei und Freiheit waren in der römischen Welt ebenso wie im Judentum zwei Phasen aus einer sehr üblichen sozialen Biographie: Sklaven wurden in der Regel zu einem bestimmten Zeitpunkt freigelassen[1].

Auf der Bildebene stellt Gal 4,1f den Schritt von der Unmündigkeit zur Mündigkeit des (leiblichen) Sohnes und Erben dar, V.7 den Schritt vom Sklaven zum Sohn und Erben durch Loskauf ($\dot\epsilon\xi\alpha\gamma o\rho\alpha\omega$) und Adoption ($\tau\eta\nu\ \upsilon\iota o\theta\epsilon\sigma\iota\alpha\nu\ \dot\alpha\pi o\lambda\alpha\mu\beta\alpha\nu\omega$; V.5). Eingangs stellt Paulus fest, daß der Unterschied zwischen beiden biographischen Entwicklungen nicht der Rede wert ist (V.1).

Diese Bilder benutzt Paulus als Verhältnisbestimmung zwischen zwei Phasen religiöser Biographie, die er umschreibt zuerst als Unterwerfung unter die "Elemente ($\sigma\tau o\iota\chi\epsilon\iota\alpha$) der Welt", dann als Freiheit vom Gesetz durch Jesus Christus (V.3f).

Aus dem Zusammenhang und aus der anschließenden Verwendung in V.8f geht hervor, daß Paulus mit der Unterwerfung unter die $\sigma\tau o\iota\chi\epsilon\iota\alpha$ sowohl die Bindung an heidnische Religionen in der Vergangenheit der Galater als auch die Bindung an die Torah in seiner eigenen Vergangenheit und in der befürchteten Zukunft der Galater meint. Die verwirrende Doppeldeutigkeit zwischen den beiden Bildern biographischer Entwicklung ist darin begründet, daß Paulus auf der Ebene des Gemeinten zwar Juden *und* Heiden vor Augen hat, aber gerade an ihrer Gemeinsamkeit in-

---

(1) Nach römischem Recht durften Sklaven seit 4 n. Chr. erst mit 30 Jahren freigelassen werden - womit die hohe Zahl von Freigelassenen begrenzt werden sollte (so K.Christ, Geschichte der römischen Kaiserzeit, 1988 S.99). Nach dem Recht der Torah sollten hebräische Sklaven im siebten Jahr nach dem Erwerb entlassen werden (Ex 21,2; Dtn 15,12). In Jerusalem war die Zahl von Freigelassenen immerhin groß genug, daß es eine Synagoge (unter anderem?) der Freigelassenen gab (Apg 6,9).

teressiert ist: Der unmündige leibliche Sohn ist Bild von Pauli eigener jüdischer Vergangenheit, der Sklave Bild des Heiden. Zwischen beiden ist kein großer Unterschied: frei werden sie erst durch Christus. Der Übergang zwischen den beiden Phasen ist im Text heilsgeschichtlich bestimmt: "Als die Erfüllung der Zeit kam, sandte Gott seinen Sohn" (V.4). Dennoch läßt die Formulierung deutlich werden, daß Paulus Sklaverei bzw. Unmündigkeit und Freiheit auch und gerade als biographische Abfolge in seinem eigenen Leben und in dem der galatischen Christen versteht. Zwischen Heilsgeschichte und persönlicher Biographie braucht Paulus nicht streng zu unterscheiden, da sich das Heilsgeschehen zu seinen Lebzeiten abgespielt hat.

Gal 4,1-7 bietet also ein Beispiel dafür, daß der Schritt vom Judentum zu Jesus Christus und von heidnischen Kulten zum Christentum bewußt parallelisiert werden konnte, und zwar unter einer Symbolik, die ursprünglich dem Modell einer Intensivierung zugehört.

Das Markusevangelium erzählt im Rahmen der großen Reise Jesu ins heidnische Gebiet (anschließend an die Perikope von der Syrophönikierin) von der Heilung eines Taubstummen (Mk 7,31-37). Diese Wundergeschichte variiert die Motive der Mündigkeit und der Befreiung: "die Fessel ($\delta\varepsilon\sigma\mu\sigma\varsigma$) seiner Zunge wurde gelöst ($\grave{\varepsilon}\lambda\acute{\nu}\theta\eta$)". Als Reaktion auf diese Veränderung verbreitete sich die Botschaft gegen den Willen Jesu dort, wo die Heilung stattfand - in der heidnischen Dekapolis - und die Heilung wurde verallgemeinert zu einer Aussage, in der die christliche Mission dort abgebildet ist: "Er hat alles ($\pi\alpha\nu\tau\alpha$) gut gemacht; er macht, daß die Tauben hören und die Sprachlosen ($\grave{\alpha}\lambda\alpha\lambda\sigma\varsigma$) sprechen" (Mk 7,37)[1].

2.3. Grenzen des Lebens (Conversion)

Religionswechsel im oben definierten Sinne einer Conversion waren in der Prinzipatszeit eine ziemlich neuartige Erscheinung. Erst das Christentum machte sie in größeren Zahlen notwendig, sofern es von Heiden bei ihrem Eintritt in die Heilsgemeinschaft diesen Typ von religiöser Veränderung forderte.

Vor der Entscheidung des Christentums für eine gezielte Heidenmission war das einzige institutionalisierte Modell für eine Conversion der Übertritt zum Judentum als Proselyt. In der paganen Religiosität Syriens kamen zwar Wechsel des Überzeugungssystems vor (z. B. bei den Kynikern[2]), aber es gab keine Institution dafür. Ausdrückliche Nachrichten über Conversionen geben sogar außerchristliche Quellen nur dort, wo entweder Judentum oder Christentum beteiligt waren. Lukian berichtet von zwei Conversionen des Peregrinos Proteus: eine von seiner angestammten Religion zum Christentum und eine weiter vom Christentum zum Kynismus.

"Damals erlernte ($\grave{\varepsilon}\xi\varepsilon\mu\alpha\theta\varepsilon$) er auch die wunderliche Weisheit der Christen, nachdem er in Palästina mit ihren Priestern und Schriftgelehrten verkehrt hatte" (Pereg 11). Daß es sich um eine Conversion handelte, schiebt Lukian an späterer Stelle nach: "Dann hat ihr erster Gesetzgeber sie überzeugt, daß sie einander alle wie Brüder sein würden, sobald sie sich nur einmal von den griechischen Göttern losgesagt und sie verleugnet hätten ($\pi\alpha\rho\alpha\beta\alpha\nu\tau\varepsilon\varsigma$... $\grave{\alpha}\pi\alpha\rho\nu\eta\sigma\omega\nu\tau\alpha\iota$), vor

---

(1) Vgl. H.Sahlin, Die Perikope vom. gerasenischen Besessenen und der Plan des Markusevangeliums, in: Studia Theologica 18 (1964) S.165f und 169
(2) Siehe oben S.12

jenem ihrem gekreuzigten Sophisten aber niederfallen und nach seinen Gesetzen leben würden" (ebd. 13). Den zweiten Religionswechsel beschreibt Lukian so, daß Peregrinos, als er nominell noch Christ war, "lange Haare trug, mit einem schmutzigen Philosophenmantel bekleidet war, einen Reisesack an der Seite hängen hatte und den Stock in der Hand". In dieser Kleidung wurde er als Nacheiferer ($\zeta\eta\lambda\omega\tau\eta\varsigma$) des Diogenes und des Krates, d. h. als Kyniker anerkannt (ebd. 15). Zum Bruch mit dem Christentum kam es bald danach: "Dann verging er sich auch gegen sie - er wurde nämlich, wie ich glaube, gesehen, wie er eine der bei ihnen verbotenen Speisen aß - und wurde daher zu ihrer Gemeinschaft nicht mehr zugelassen" (ebd.16).

Josephus berichtet eine Conversion in Antiochia vom Judentum zur griechischen Religion folgendermaßen:

"Zu der Zeit, als der Krieg ausgerufen wurde, Vespasian von neuem nach Syrien gekommen war und überall der Haß gegen die Juden Blüten trieb, da trat ein gewisser Antiochos, einer von ihnen, der wegen seines Vaters hoch geehrt war - dieser war nämlich Vorsteher der Juden in Antiochia - in der Volksversammlung im Theater auf und zeigte seinen Vater mit den anderen (Juden) an, indem er sie beschuldigte, für eine bestimmte Nacht die Einäscherung der ganzen Stadt zu planen... Antiochos verschärfte noch den Zorn. Er gedachte, ein Zeichen seiner Wandlung ($\mu\varepsilon\tau\alpha\beta o\lambda\eta$) und seines Hasses auf die jüdischen Sitten darzubringen, indem er opferte, wie es bei den Griechen Herkommen ist" (Bell VII,46f. 50)[1].

Eine Gemeinsamkeit der angeführten Beispiele liegt darin, daß zunächst eine positive Haltung der neuen Religion gegenüber eingenommen und zum Ausdruck gebracht wird. Der zweite Schritt der Conversion vollzieht sich, wenn die Unvereinbarkeit des Alten mit dem Neuen offensichtlich wird: Dann muß der Bruch mit der bisherigen Religion um der neuen willen vollzogen werden.

Bei Paulus in 1 Thess 1,9 ist der Zugang von Heiden zum Christentum als Conversion beschrieben: Die Bekehrung ($\dot\varepsilon\pi\iota\sigma\tau\rho\varepsilon\phi\varepsilon\iota\nu$) hat die doppelte Bestimmung "hin zu Gott ($\pi\rho o\varsigma$ $\tau o\nu$ $\theta\varepsilon o\nu$)" und "weg von den Kultbildern ($\dot\alpha\pi o$ $\tau\omega\nu$ $\varepsilon\dot\iota\delta\omega\lambda\omega\nu$)". Es ist weithin anerkannt, daß sich darin die Anschauung der frühesten christlichen Heidenmission niederschlägt[2], z. B. die von Antiochia.

Vergleichbar damit bewertet Paulus die Bereitschaft der galatischen Christen, Beschneidung und Torah zu übernehmen, als Conversion in der anderen Richtung, d.h. als Abfall von der christlichen Freiheit: "Als ihr Gott noch nicht kanntet, habt ihr den von Natur aus nicht seienden Göttern gedient. Nun, wo ihr Gott kennt, vielmehr von Gott erkannt seid, wie bekehrt ihr euch wieder zu den schwachen und armseligen Elementen, denen ihr wieder von neuem dienen wollt?" (Gal 4,8f).

In der Apostelgeschichte gibt es keinen feststehenden Begriff für die Conversion in Abgrenzung zu anderen Formen der Veränderung einer religiösen Bin-

---

(1) Vgl. die Lebensgeschichte von Tiberius Julius Alexander, dem Neffen des Philo von Alexandria, der in seiner Jugend den aristotelischen Standpunkt von der Ewigkeit der Welt vertrat, damit der jüdischen Schöpfungslehre widersprach und später hochrangiger römischer Offizier wurde, was ihn zu paganen Opfern verpflichtete. Im syrischen Raum wurde er tätig als höchster Offizier des im jüdischen Krieg eingesetzten römischen Heeres; er muß zu der Gruppe von Offizieren gehört haben, die zusammen mit Titus das Allerheiligste des brennenden Tempels betraten. Dazu ausführlich: V.Burr, Tiberius Julius Alexander, 1955
(2) So zuerst M.Dibelius, An die Thessalonicher I. II. An die Philipper (HNT 11), ³1937 S.6f

dung, aber in den für den syrischen Raum relevanten Textstücken und Traditionen ist deutlich genug, daß der Weg von Heiden zum Christentum die Abwendung von bisherigen religiösen Bindungen einschließt.

In der zweiten Rückblende auf die Bekehrung des Paulus (Apg 26) wird der Auftrag Jesu an Paulus formuliert als Sendung an das (jüdische) Volk und an die Heidenvölker, um sie zu bekehren ($\dot{\epsilon}\pi\iota\sigma\tau\rho\epsilon\psi\alpha\iota$) weg von der Finsternis zum Licht und weg von der Gewalt des Satans zu Gott. Die beiden Bestimmungen des Woher und Wohin sind offensichtlich auf die beiden Möglichkeiten religiöser Herkunft zu verteilen. Der Aspekt der Abwendung von heidnischen religiösen Bindungen ist demnach formuliert durch das "weg von der Gewalt des Satans ($\dot{\alpha}\pi o... \tau\eta\varsigma$ $\dot{\epsilon}\xi o\upsilon\sigma\iota\alpha\varsigma \tau o\upsilon \sigma\alpha\tau\alpha\nu\alpha$)" (Apg 26,18).

Neben dem Begriff der $\dot{\epsilon}\pi\iota\sigma\tau\rho o\phi\eta$ (vgl. Apg 15,3) wird die Conversion von Heiden in den hier einschlägigen Texten der Apg noch bezeichnet als "$\mu\epsilon\tau\alpha\nuo\iota\alpha$" (z.B. Apg 11,18 vgl. 26,20) und als "zum Glauben kommen ($\pi\iota\sigma\tau\epsilon\upsilon\sigma\alpha\iota$)" (z.B. Apg 11,21).

Taufe auf den Tod Jesu

Unter den in christlichen Texten als Verhältnisbestimmungen aus der Perspektive der religiösen Biographie benutzten Bildern drückt eines die Radikalität der Conversion sehr drastisch aus: Die Symbolik der Lebensgrenze, d. h. eines Überganges zwischen Tod und Leben oder des neu beginnenden Lebens.

Mit einem solchen Bild deutet der späte Paulus die christliche Taufe, durch die Einleitung "wißt ihr nicht" voraussetzend, daß es sich um eine auch sonst bekannte frühchristliche Tradition handelt - vermutlich wiederum eine syrische: "Oder wißt ihr nicht, daß - wieviele wir auf Christus Jesus getauft sind - wir auf seinen Tod getauft sind? Wir sind also mit ihm mitbegraben durch die Taufe auf den Tod, damit - wie Christus auferweckt wurde aus den Toten durch die Herrlichkeit des Vaters - so auch wir in Neuheit des Lebens wandeln sollen" (Röm 6,3f).

Die Radikalität der Symbolik setzt die ebenso radikale Erfahrung einer Conversion voraus[1]: eine religiöse Veränderung, bei der die frühere unhinterfragbare Überzeugung ganz zurückgelassen und das Leben in einem neuen Religionssystem von Grund auf neu erlernt werden muß. Zwar wird die einmal vorhandene Symbolik dann auch auf Inversionen angewandt (sehr deutlich Gal 2,19), aber es ist fraglich, ob das Bild vom Sterben und vom neuen Leben aus einer letztlich nur religionsinternen Veränderung hätte entstehen können.

Deutlichste vorchristliche Parallele, die (direkt oder indirekt) das Selbstverständnis des frühesten Christentums auch in Syrien beeinflußt haben kann, ist die Verwendung von Symbolik der Lebensgrenze in dem jüdischen Bekehrungsroman "Joseph und Aseneth" aus Ägypten[2]. Im Rückblick auf ihre Bekehrung betet Aseneth: "Herr, mein Gott, der mich wieder lebendig machte ($\dot{\alpha}\nu\alpha\zeta\omega o\pi o\iota\eta\sigma\alpha\varsigma$) und mich aus den Götzenbildern und der Verwesung des Todes erlöste ($\dot{\rho}\upsilon\sigma\alpha-$ $\mu\epsilon\nuo\varsigma \mu\epsilon \dot{\epsilon}\kappa \tau\omega\nu \epsilon\dot{\iota}\delta\omega\lambda\omega\nu \kappa\alpha\iota \tau\eta\varsigma \phi\vartheta o\rho\alpha\varsigma \tau o\upsilon \Theta\alpha\nu\alpha\tau o\upsilon$), der zu mir sprach: 'in Ewigkeit wird deine Seele leben'..." (27,10[3] vgl. 8,9). Auch hier ist die Symbolik der Lebensgrenze angewandt

---

(1) G.Theißen, Sakrament und Entscheidung, in: Freude am Gottesdienst, FS F.Schulz, 1988 S.380
(2) Zu Datierung (1.Jhdt.v.Chr.) und Lokalisierung: Chr.Burchard, Untersuchungen zu Joseph und Aseneth, 1965 S.151 bzw. 142f
(3) Zitiert nach Chr.Burchard (Übers.), Joseph und Aseneth, 1983

auf eine radikale systemüberschreitende Veränderung, nämlich die Conversion von der ägyptischen zur jüdischen Religion.

Im Christentum - und besonders im Heidenchristentum - war die Lebensgrenze jedoch nicht nur *Symbol* der Conversion bzw. Inversion. Sie konnte auch zu ihrer bitteren Realität werden. Daran erinnert die Anbindung dieser Symbolik an die Kreuzigung Jesu: "Wenn jemand mir nachfolgen will, verleugne er sich selbst, nehme sein Kreuz und folge mir nach. Wer nämlich sein Leben retten will, wird es verderben, wer aber sein Leben verdirbt wegen mir und wegen des Evangeliums, der wird es retten" (Mk 8,34f). Eine Conversion zum Christentum konnte Menschen in der Tat über die Grenze ihres Lebens führen, denn die Conversion ist unter den vier Typen religiös-biographischer Veränderungen der einzige, der eindeutig gegen die gesellschaftliche und staatliche Norm verstößt, den "πατρωοι θεοι" treu zu bleiben. So trug das Bekehrungsmodell der Conversion entscheidend dazu bei, daß im Laufe der Zeit immer häufiger Christen für ihre Überzeugung mit dem Leben bezahlen mußten.

Umgekehrt kann dieser Zusammenhang mit dafür verantwortlich sein, daß sich die Conversion in frühchristlichen Schriften nicht so schnell und eindeutig als *das* heidenchristliche Bekehrungsmodell durchsetzte: Es war für das Überleben von Christen im römischen Staat weniger riskant, den Bruch mit der angestammten Religion nicht so offen zu propagieren.

Ein mit der Symbolik der Lebensgrenze eng verwandtes Bild, bei dem jedoch der positive Aspekt überwiegt, ist die Neuschöpfung. Auch sie drückt eine radikale Veränderung aus über die Erfahrungsmöglichkeiten in diesem Leben hinaus: "Also: wenn jemand in Christus ist, ist er eine neue Schöpfung. Das Alte ist vergangen; siehe, es ist Neues geworden" (2 Kor 5,17 vgl. 5,14f). In Gal 6,15 ist dasselbe Bild beiläufig gebraucht; dabei fehlt die ausdrückliche Erwähnung der negativen Seite, daß Früheres vergangen ist (vgl. auch Joseph und Aseneth 15,5).

Ebenso findet sich in Joh 3,3.5 das Symbol der Lebensgrenze im Bild der Geburt ohne ausdrückliche Formulierung, daß das Frühere gestorben ist. Für den Standpunkt des Johannes gegenüber dem Judentum[1] ist es konsequent, daß er im Gegensatz zu den anderen hier untersuchten frühchristlichen Schriften als einziger auch den Schritt vom Judentum zum Christentum nach dem Modell einer Conversion auffaßt, d. h. als systemüberschreitende Veränderung: Anhand von Nikodemos, dem "Lehrer Israels" zeigt Johannes jüdisches Unverständnis gegenüber einer solchen Forderung: "Wie kann ein Mensch geboren werden, wenn er ein Greis ist? Er kann doch nicht ein zweites Mal in den Leib seiner Mutter hineingehen und geboren werden?" (Joh 3,4).

Auch im weiteren Verlauf der Begegnung bekommt Nikodemos keinen Zugang zu dieser Symbolik. Er bleibt während des ganzen Evangeliums ein cou-

---

(1) Siehe unten S.101

ragierter und großzügiger Sympathisant Jesu (vgl. Joh 7,50f; 19,39), aber er vollzieht nicht die radikalere religiöse Veränderung, die Johannes von ihm erwartet.

Reinigungssymbolik

Eine andere Symbolik, die ebenfalls deutlich die Trennung von der Vergangenheit ausdrücken und damit gut eine Conversion reflektieren kann, ist die der Reinigung. Sinnenfällig ritualisiert ist dieses Symbol in der Taufe, d. h. schon in den weitgehend innerjüdischen Erneuerungskonzepten bei Johannes dem Täufer und am Anfang der Jesusbewegung. Sprachlich ausgearbeitet ist es dann aber vor allem im Zusammenhang mit der Heidenmission: eine klar in diese Richtung zielende Rolle spielt es in der lukanischen Perikope von der Verwerfung Jesu in Nazareth.

Die dort redaktionell zusammengesetzte Schriftlesung Jesu (Lk 4,18) zitiert zunächst aus Jes 61,1f und 58,6, wo die Freilassung Gefangener und die Heilung Blinder Modelle für die mit dem Kommen des Gesalbten eintretenden Veränderungen sind. Alttestamentliche Belege für zwei hier schon vorgestellte Symbolbereiche werden also angeführt. Wider Erwarten läßt Lukas Jesus dann aber nicht an die Bilder für die Bekehrung Israels anknüpfen, sondern er bricht diese Linie ab: In V.23f stellt Jesus fest, daß er in seiner Heimatstadt nicht willkommen sei. Dann folgen neue alttestamentliche Modelle, die auf die Bekehrung von syrischen Heiden bezogen sind: "Viele Witwen waren in den Tagen des Elia in Israel..., aber zu keiner von ihnen wurde Elia gesandt, sondern nach Sarepta im Gebiet von Sidon zu einer Witwe. Und viele Aussätzige waren in Israel zur Zeit des Propheten Elisa, und keiner von ihnen wurde rein, sondern der Syrer Naeman" (Lk 4,25-27).

Die Reinigung Naemans vom Aussatz ist ein Modell, das der Reinigungssymbolik eine viel größere Plausibilität zu geben vermag, als sie innerjüdisch möglich wäre: Gegenüber torahtreuen Juden konnte die Jesusbewegung ohnehin niemals die Konnotation von Reinheit erreichen, da sie mit den Reinheitsvorschriften der Torah anscheinend von Anfang an unbekümmerter und freier umging als der Pharisäismus. So konnte eine Reinigung nur sehr begrenzt die Veränderung persönlicher Religiosität auf den Punkt bringen, die für torahfromme Juden der Schritt zum Christentum bedeutete. In ganz anderem Maße war sie als biographische Verhältnisbestimmung angewandt auf Heidenchristen geeignet und dementsprechend im frühen Christentum von Bedeutung.

Paulus thematisiert die Reinigungssymbolik im ersten Korintherbrief, indem er nach einem Lasterkatalog (der unter anderem "Kultbildverehrung" enthält, d. h. den schlichten Tatbestand heidnischer Religionsausübung) fortfährt: "(solche) werden das Reich Gottes nicht erben; und solche waren einige von euch. Aber ihr seid abgewaschen, ihr seid geheiligt, ihr seid gerechtfertigt im Namen des Kyrios Jesus Christus und im Geist unseres Gottes" (1 Kor 6,11). Zumindest in Grundzügen dürfte dieses Verständnis der Taufe nicht erst paulinisch, sondern vorpaulinisch-syrisch sein[1].

Ein weiteres Beispiel für die Verwendung derselben Symbolik ist die lukani-

---

(1) E.Lohse, Taufe und Rechtfertigung bei Paulus, in: KuD 11 (1965) S.321; W.Schrage, Der Erste Brief an die Korinther, EKK VII/1, 1991 S.427

sche Tradition von der Heilung der zehn Aussätzigen Lk 17,11-19 - hier als biographische Verhältnisbestimmung angewandt auf einen Samaritaner.
Zusammen mit neun jüdischen Männern, die wegen ihrer Leprakrankheit aus der Religionsgemeinschaft ausgeschlossen sind, wird ein aussätziger Samaritaner von Jesus zu den jüdischen Priestern geschickt, um den von der Torah vorgeschriebenen Nachweis der Reinheit zu erbringen. "Und es geschah: als sie unterwegs waren ($\grave{\epsilon}\nu\ \tau\omega\ \acute{\upsilon}\pi\alpha\gamma\epsilon\iota\nu\ \alpha\grave{\upsilon}\tau\sigma\upsilon\varsigma$), wurden sie rein ($\grave{\epsilon}\kappa\alpha\theta\alpha\rho\iota-\theta\eta\sigma\alpha\nu$)" (Lk 17,14). Diese Aussage öffnet die Geschichte auf die Situation von Menschen hin, die wegen ihrer nicht der Torah entsprechenden Lebensgestaltung außerhalb der jüdischen Religionsgemeinschaft standen: indem sie sich auf den Weg machen und gereinigt werden, können sie Zutritt zur Gemeinschaft des Tempels finden. Die Pointe liegt nun aber darin, daß der Samaritaner im Gegensatz zu den neun Juden noch einmal umkehrt ($\acute{\upsilon}\pi\epsilon\sigma\tau\rho\epsilon\psi\epsilon\nu$ Lk 17,15). Nach der inneren Logik der Erzählung dürften die neun anderen frohen Herzens zu torahtreuen Juden geworden sein. Auch sie haben sich in ihrer religiösen Biographie verändert. Als der Samaritaner aber seine Reinigung auf das Wort Jesu hin wahrnahm, zog er daraus die Konsequenz, daß sein Weg der Umkehr nicht nach Jerusalem zu führen hatte, sondern zu Jesus.

Die Erzählung reflektiert die Erfahrung einer christlichen Gemeinde, daß Samaritaner leichter als geborene Juden die christliche Botschaft als Aufforderung zur religiösen Veränderung begriffen und dabei etwas erfuhren, was hier als Umkehr und Reinigung umschrieben ist. Der Unterschied zu Juden dürfte wiederum in der schon genannten Tatsache begründet sein, daß für Juden nur schwer ausgerechnet diese biographische Verhältnisbestimmung plausibel war.

Ent-Sexualisierung und radikale ökonomische Entscheidungen

Matthäus und Thomas - zwei sich wahrscheinlich im Nordosten Syriens räumlich relativ nahestehende Evangelientraditionen - haben miteinander zwei Symbolbereiche gemeinsam, die auf noch andere Weise versuchen, radikale Veränderung persönlicher Religiosität abzubilden.

Der erste dieser Symbolbereiche ist die Ent-Sexualisierung. Bei Matthäus hat das Motiv folgenden Wortlaut: "(Jesus) sprach zu ihnen: 'nicht alle fassen dieses Wort, sondern diejenigen, denen es gegeben ist. Es gibt nämlich Eunuchen, die vom Mutterleib an so geworden sind, es gibt Eunuchen, die von den Menschen verschnitten wurden, und es gibt Eunuchen, die sich selbst verschnitten haben um des Reiches der Himmel willen. Wer es fassen kann, der fasse es!'" (Mt 19,11f).

Zum Verständnis dieses Rätselwortes ist wichtig, daß nach der alttestamentlichen Tradition die Kastration ein Kriterium für den Ausschluß aus der israelitischen Religionsgemeinschaft war (Dtn 23,2)[1]. Die ersten beiden Teilverse von Mt 19,12 greifen eine genau aus diesem Grund getroffene Distinktion der rabbinischen Diskussion auf[2]. Die eindeutig positive Bewertung der bei Matthäus neu eingeführten dritten Klasse von Eunuchen aber ist aus dem religiösen Erbe Israels nicht zu begründen: "die sich selbst verschnitten haben um des Reiches der Himmel willen". Es liegt nahe, den Anknüpfungspunkt in einer re-

---

(1) Vgl. allerdings die Verheißung an Eunuchen Jes 56,3b-5
(2) J.Blinzler, "Zur Ehe unfähig...", in: ders., Aus der Welt und Umwelt des Neuen Testaments, 1969 S.23f

ligiös-kulturellen Tradition Syriens zu sehen, der viele Christen in den matthäischen Gemeinden früher angehört hatten: Selbstkastration spielte im Kult der Syrischen Göttin von Hierapolis eine entscheidende Rolle; durch sie trat man in den Stand eines der Göttin geheiligten Eunuchen ein.

Nach dem Befund zur Lokalisierung des Matthäusevangeliums sind seine Gemeinden in Nordsyrien, nicht in Küstennähe, aber auch nicht außerhalb der Reichsgrenze zu lokalisieren. Gemessen an der weitreichenden Ausstrahlung des Kultes von Hierapolis hätte man von daher die matthäischen Gemeinden auf jeden Fall im engsten Einzugsbereich der Atargatis anzunehmen.

Für ehemals heidnische Angehörige der Gemeinden muß der Kult der Syrischen Göttin zu dem gehört haben, was den Kern ihrer früheren Religiosität prägte. Die meisten hatten wohl mehr als einmal an den Kultfesten von Hierapolis teilgenommen und dabei die dort üblichen Selbstkastrationen mit eigenen Augen gesehen. Lukian - selbst ein Augenzeuge - schildert den Vorgang im Rahmen seiner Beschreibung eines der jährlichen Kultfeste von Hierapolis:

"Während nämlich die anderen flöten und Kulthandlungen vollziehen, überkommt viele die Ekstase (μανιη). Viele, die nur zum Zuschauen gekommen waren, taten danach dies:... der junge Mann, der davon ergriffen wurde, reißt sich die Kleider vom Leib, kommt mit einem lauten Schrei in die Mitte und ergreift ein Schwert, welches seit vielen Jahren, wie es mir scheint, zu diesem Zweck dort bereitsteht. Er nimmt es und verschneidet sich sofort für die Göttin. Dann läuft er durch die Stadt und trägt in der Hand, was er sich abgeschnitten hat. In welches Haus er es hineinwirft, aus dem bekommt er Frauenkleider und weiblichen Schmuck" (DeaSyr 51).

Im Gebiet der matthäischen Gemeinden war Selbstkastration das Modell schlechthin für eine radikale religiöse Entscheidung. Für dort lebende Heidenchristen war sie deshalb ein fast unvermeidbares Bild für Radikalität, die der christliche Glaube fordern konnte.

Die Entscheidung von Angehörigen eines nordsyrischen polytheistischen Systems für den christlichen Glauben hatte durchaus eine Strukturparallele zur religiösen Entscheidung der geweihten Eunuchen: beide Gruppen heiligten ihr Leben einer einzigen Gottheit. Die Verehrung *einer* bestimmten Gottheit mußte in dieser Gegend als Eigenschaft asketischer Sondergruppen wahrgenommen werden. So ist es nicht verwunderlich, daß eine "asketische" Ausdrucksform auch das Bewußtsein von Menschen symbolisiert, die sich unter diesem Vorzeichen für den christlichen Monotheismus entschieden hatten.

Im Thomasevangelium gibt es zwei Ausprägungen für das Motiv der Ent-Sexualisierung: Einerseits eine deutlich anti-sexuelle Auslegung des auch in der markinischen Tradition vorhandenen "werden wie die Kinder"[1], andererseits die Vorstellung eines Geschlechtswechsels: "Simon Petrus sagte zu ihm: Maria soll von uns weggehen! Denn die Frauen sind des Lebens nicht würdig. Jesus sprach: Siehe, ich werde sie führen, daß ich sie zum Mann mache, damit auch sie ein lebendiger Geist wird, der euch Männern gleicht. Denn jede Frau, *die sich zum Manne macht*, wird eingehen in das Königreich der Himmel" (EvThom 114)[2].

---

(1) Dazu ausführlich siehe unten S.158
(2) Zitiert nach Betz/Schramm, Perlenlied und Thomasevangelium, 1985

Auch diese Symbolik steht in einer Parallele zu den Eunuchen der Syrischen Göttin, die vielleicht für das Verständnis hilfreich ist: die von Lukian genannte Einkleidung der Eunuchen mit Frauenkleidern erweckt ebenfalls die Vorstellung eines Geschlechtswechsels. An anderer Stelle referiert Lukian eine Deutung dieses Brauches: Kombabos, Prototyp der geheiligten Eunuchen von Hierapolis, sei auch nach seiner Kastration noch für Frauen so attraktiv gewesen, daß eine fremde Frau sich aus unglücklicher Liebe das Leben nahm. Seitdem habe Kombabos Frauenkleider getragen, um sich auch äußerlich zu ent-sexualisieren und solche Irrtümer künftig zu verhindern (Lukian, DeaSyr 27).

Matthäus und das Thomasevangelium haben außerdem als gemeinsames Sondergut gegenüber anderen syrischen Traditionen eine Gruppe von Gleichnissen, die eindeutige Entscheidungen aus dem rechtlich-ökonomischen Bereich zum Modell biographischer Verhältnisbestimmungen machen: Der Kaufmann, der für *eine* Perle seinen ganzen Besitz verkauft (Mt 13,45f; EvThom 76); Der Finder des Schatzes im Acker, der für seinen ganzen Besitz den Acker kauft (Mt 13,44 vgl. EvThom 109); der Fischer, der alle kleinen Fische ins Meer zurückwirft und den einen großen Fisch behält (EvThom 8). Der Skopos dieser Gleichnisse berührt sich sehr nahe mit dem, was der Selbstkastration und der Entscheidung für das Christentum gemeinsam war und was die matthäischen Gemeinden zur bildlichen Anknüpfung an das Modell der Selbstkastration veranlaßte: Christ zu werden bedeutet die Entscheidung für *eine* Gottheit und *eine* Lebensform, zu deren Gunsten vieles andere zurückgelassen werden muß.

Ent-Sexualisierung und radikale ökonomische Entscheidungen sind zweifellos Bilder für sehr tiefgreifende Veränderungen in der persönlichen Religiosität. Darf aber ohne weiteres unterstellt werden, daß ihnen das Modell einer Conversion zugrunde liegt? Die Selbstkastration im Kult der Syrischen Göttin war jedenfalls Ausdruck einer systeminternen Veränderung: an die Stelle ihrer Verehrung als Hochgöttin eines polytheistischen Pantheons trat die ungeteilte Hingabe an sie, wobei die anderen Gottheiten des Pantheons nicht verleugnet wurden, aber ihre Bedeutung für die Lebensgestaltung verloren. Dieser Sachverhalt liegt in der Mitte zwischen einer Intensivierung und einer Inversion. Der von Matthäus als Bild gebrauchte Vorgang enthält also in sich noch nicht das Modell einer Conversion. Dem Kontext bei Mt nach sind weder das Logion von der Selbstkastration, noch die Gleichnisse von den radikalen ökonomischen Entscheidungen in einen Zusammenhang mit der Heidenmission eingebunden. Dies spricht nicht dagegen, daß die Worte ursprünglich einen solchen Sinn hatten, aber der Evangelist trägt nichts dazu bei, ihre Auslegung in diese Richtung zu lenken.

Damit paßt zusammen, daß Matthäus an anderer Stelle die Vorstellung einer Conversion sogar abdrängt: In der synoptischen Tradition sind mögliche Modelle für Conversionen ohnehin schon äußerst rar. Der einzige halbwegs brauchbare Beleg im Markusevangelium ist der Exorzismus an dem Besessenen von Gerasa: Der Besessene wird zunächst nach einem Typos des heidnischen Menschen geschildert, der aus Jes 65,1-5 stammt[1]. Er wohnt in den Gräbern, ist wild, schlägt sich mit Steinen, und niemand kann ihm nahekommen. In V.15 dagegen sind die "heidnischen" Attribute durch den Exorzismus abgelegt: der ehemalige Besessene sitzt bekleidet und vernünftig da. Er entspricht nun nicht mehr dem Typos des heidnischen Menschen,

---

(1) H.Sahlin, Die Perikope vom gerasenischen Besessenen und der Plan des Markusevangeliums, in: Studia Theologica 18 (1964) S.160; siehe auch F.Annen, Heil für die Heiden, 1976 S.182f

sondern er hat sich durch die Begegnung mit Jesus Christus verändert. Bis auf das Motiv der Grabhöhlen sind diese Einzelzüge in der matthäischen Fassung der Perikope (Mt 8,28-34) getilgt. Damit verzichtet Matthäus auf das wichtigste Modell einer Conversion, das ihm aus seinen Vorlagen zur Verfügung gestanden hätte.

2.4. Pilgerwege (Extensivierung)

Die prominentesten heidnischen Menschen, die im Matthäusevangelium auftreten, sind so geschildert, daß sie am ehesten in das Modell einer Extensivierung passen!

Extensivierungen waren in der paganen Umwelt des Neuen Testaments die übliche Art und Weise, wie man durch die Begegnung mit fremden Religionen seine eigene religiöse Identität veränderte: man erwarb eine gewisse Beziehung zu einer fremden Gottheit, ohne dabei die Bindung an die angestammten Gottheiten aufzugeben. Das Pilgerritual von Hierapolis bietet ein beredtes Beispiel dafür[1]. Viele andere Extensivierungen verliefen nicht so rituell geordnet. Es lag im Zeitgeist der Prinzipatszeit, daß man sich der Gunst so vieler Kulte wie möglich versichern wollte. Es ist sicher nicht verkehrt zu sagen, daß die Umwelt des frühesten Christentums durch eine Inflation von Extensivierungen charakterisiert war. Als Paradigma für eine offenbar weit verbreitete Lebenshaltung karikiert Lukian einen römischen Beamten namens Rutilianus: "Wenn er nur irgendwo einen gesalbten oder bekränzten Stein erblickte, lief er sofort hin, fiel vor ihm nieder, blieb lange davor stehen, betete und erbat sich Gutes von ihm" (Lukian, Alex 30). Auf das Gerücht über den Orakelkult des Asklepios-Glykon hin pilgerte Rutilianus von Rom bis an das Schwarze Meer, um das neue Orakel zu befragen[2].

Es mag überraschen, daß eine Reihe von syrisch-christlichen Traditionen sich zumindest nicht vor dem Mißverständnis schützten, eine Extensivierung hin zum Christentum sei möglich, während gleichzeitig die Bindung an eine heidnische Religion bestehen bleibt. Im Matthäusevangelium erscheint dies sogar als das vorherrschende Modell, wie Heiden dem Christentum begegnen. Etwas weniger erstaunlich ist dies allerdings, wenn man nicht das Vorurteil eines einheitlichen christlichen Bekehrungsmodells zum Ausgangspunkt nimmt, sondern die jüdische Praxis, die für Matthäus ja von erheblicher Bedeutung ist[3]: Mit dem Status von "Gottesfürchtigen" ließen jüdische Diasporagemeinden zu, daß Heiden auf dem Weg von Extensivierungen zwar nicht Angehörige der jüdischen Religionsgemeinschaft, aber immerhin doch regelmäßige Teilnehmer am Synagogengottesdienst werden konnten[4].

Die Magier aus dem Osten unternehmen eine Pilgerreise nach Judäa (Mt 2,1),

---

(1) Siehe oben S.12
(2) Siehe oben S.23
(3) Siehe unten S.69
(4) Siehe oben S.35

vollziehen vor dem Jesuskind die Proskynese (das rituelle Niederfallen auf den Boden), beten es an und bringen ihm Geschenke - ganz so, wie es allgemein üblich war, fremden Gottheiten Geldwerte, Weihrauch und ähnliches darzubringen. An der Erzählung in Mt 2,1-12 gibt es nichts, was von den üblichen Gebräuchen im Zusammenhang mit Extensivierungen abweicht. Selbst der Rückweg in die Heimat ist ausdrücklich erwähnt. Matthäus deutet nicht an, daß die Magier irgendwie ihre astrologischen Überzeugungen oder ihre Bindung an eine iranische bzw. mesopotamische Religion aufs Spiel setzten.

Ähnlich verhält es sich mit dem Centurio von Kapernaum (Mt 8,5ff), der nur bei Lukas als Gottesfürchtiger stilisiert wird - bei Matthäus dagegen war und blieb er nichts anderes als der Angehörige einer paganen Religion, der Jesus als Wunderheiler in Anspruch nahm. Ähnlich tritt auch die Syrophönikierin gegenüber Jesus auf (Mt 15,22ff). In dieser Perikope liegt es sogar ausdrücklich am Verhalten Jesu, daß keine tiefere religiöse Veränderung zustande kommt als eine kaum ritualisierte Extensivierung: Jesus reagiert auf die Bitte der Frau mit "Ich bin nur gesandt zu den verlorenen Schafen des Hauses Israel" (15,24) - also mit genau dem Axiom, das am Anfang dieses Kapitels als eine typische frühchristliche Reserve gegenüber der Heidenmission herausgestellt wurde.
In der markinischen Perikope von der Syrophönikiern hatte sich die entsprechende Aussage als nur taktische Übernahme der gegnerischen Position zum Erweis ihres Gegenteils erwiesen; hier bei Matthäus aber ist sie wieder genauso ernsthaft vertreten, wie sie es in der vormarkinischen Tradition war.

Den Missionsbefehl gibt bei Matthäus erst der Auferstandene in Mt 28,18-20; vorher gilt die strenge Selbstabgrenzung der Jesusbewegung gegenüber Nichtjuden nach dem Axiom von Mt 10,5 und eben Mt 15,24. Nun am Ende dieses ersten Kapitels wird deutlich, was Matthäus sich diese heilsgeschichtliche Fiktion hat kosten lassen: Sein Interesse daran, daß es vor dem Missionsbefehl Mt 28,18-20 keine Conversionen von Heiden geben konnte, war sogar größer als die Berührungsangst gegenüber dem Modell einer Extensivierung im gemein-hellenistischen Sinne. An keiner Stelle widerruft Matthäus den Eindruck oder vielleicht auch nur das mögliche Mißverständnis, daß eine Extensivierung der geeignete Zugang von Heiden zu Jesus sein könnte.

3. Zusammenfassung

Als der Funke der Jesusbewegung zu den Heiden überschlug, stand dahinter offensichtlich kein Missionskonzept und kein auf die Heiden bezogener Missionsbefehl. In der Umwelt des frühesten Christentums war das religiöse Klima derart, daß die Ausbreitung religiöser Bewegungen und Ideen über Volks- und Sprachgrenzen hinweg aktiv und entschlossen hätte verhindert werden müssen, um sie nicht stattfinden zu lassen. Aus diesem Grund ist die Darstellung des Markusevangeliums historisch glaubhaft, daß sich schon während des irdischen Wirkens Jesu ein Gerücht über seine Tätigkeit auch bei Nichtjuden ausbreitete, und daß infolgedessen Heiden bei Jesus Hilfe suchten und fanden.

Deutlich ist jedoch auch, daß es in der Jesusbewegung von Anfang an - aus Motiven, die dem jüdischen Pharisäismus nahestanden - starke Reserven gab gegen die Einbeziehung von Heiden in das durch Jesus angebotene Heil. Der Wunsch nach Selbstabgrenzung und die Tatsache einer Ausstrahlung auf nichtjüdische Menschen standen zueinander in einem Verhältnis von Ideal und Wirklichkeit.

Der nachösterliche Weg der Christusbotschaft zu den Heiden begann mit einer Ereigniskette, die für die Akteure selbst überraschend kam. Die Idee einer *gezielten* Heidenmission ist demgegenüber ein neuer, erst auf vollendete Tatsachen reagierender Schritt. Die Idealvorstellung jüdischer Selbstabgrenzung mußte dafür aufgegeben werden. Dieser Schritt ist erstmals in Antiochia nachzuweisen (Apg 11,20). Davon noch einmal zu unterscheiden ist das Konzept einer *weltweiten* Mission, das sowohl beim späten Paulus als auch in den synoptischen Evangelien als eine neue Idealvorstellung zu finden ist.

Da die Heidenmission zunächst so unvorbereitet über die entstehende christliche Kirche kam, konnte ihr auch nicht von Anfang an ein fertiges Konzept über die religiös-biographische Veränderung zugrundeliegen, die durch die Begegnung mit Jesus ausgelöst werden sollte. Die ersten Wirkungen Jesu auf Heiden geschahen vermutlich völlig unkontrolliert nach einem Muster, das dem Zeitgeist in geradezu inflationärer Weise anhaftete: Beziehungen zu fremden religiösen Phänomenen aller Art wurden aufgenommen, ohne daß deswegen die Bindung an die angestammte heimatliche Religion aufgegeben werden mußte. In traditionellen Kulten war die Form solcher "Extensivierungen" persönlicher Religiosität rituell festgelegt, aber bei neu entstehenden religiösen Bewegungen geschah ihre Verbreitung fast ohne rituelle Formen. Berichte über die frühesten Begegnungen von Heiden mit Jesus erwecken den Eindruck, daß sie genau nach diesem Muster kaum ritualisierter Extensivierungen verliefen. Das Christentum war demnach in seiner Geschichte von Anfang an mit dem Phänomen oberflächlich "christianisierter" Heiden konfrontiert, nicht erst nach der Taufe ganzer Stämme oder Völker ab dem vierten Jahrhundert. Ob dies als Hypothek oder als Chance gesehen wurde, war durchaus umstritten, wie die vorgestellten Positionen zu einem Sympathisantenstatus dem Christentum gegenüber belegen.

Bevor die entstehende Kirche zu dem Bekehrungsmodell finden konnte, das sich später vollständig durchsetzen sollte - daß nämlich die Taufe als Eintritt in die christliche Heilsgemeinschaft immer die Abkehr von vorher bestehenden religiösen Bindungen bedeutet - waren anscheinend schon alle möglichen Schattierungen zwischen Extensivierung und einer vollen Conversion als faktisch gelebte Formen des Zugangs zu Jesus vorhanden. Eine Durchsicht des für den syrischen Raum relevanten bzw. durch ihn beeinflußten Materials an frühchristlichen Bekehrungsdarstellungen und an symbolischen Konstruktionen religiöser Biographie über solche Bekehrungen hinweg hat ergeben, daß von einem einheitlichen Modell hier keinesfalls die Rede sein kann. Auf jeden

Fall ist die Sicht von Ludger Schenke zu optimistisch, der selbstverständlich annimmt, daß die "hellenistischen" Missionare vor der ersten Heidentaufe das Problem in Ruhe erörtern und zu theologischen Entscheidungen finden konnten[1].

Schon für den Zugang von Juden und Samaritanern zur christlichen Gemeinschaft gab es kein allgemeingültiges Bekehrungsmodell. Es war weder geklärt, ob es sich um eine systeminterne oder um eine systemübergreifende Veränderung handelte, noch bestand ein Konsens darüber, wieviel von den früheren religiösen Überzeugungen aufzugeben war. Noch viel schärfer stellten sich dieselben Fragen beim Kontakt von Angehörigen außerbiblischer Religionen mit dem Christentum.

Nur als langfristige Entwicklungstendenz ist erkennbar, daß für den Zugang von Heiden zum Christentum die "Conversion" verbindlich wurde; für den Zugang von Juden besaß zunächst die "Inversion" das größere Gewicht, um wesentlich später als bei den heidenchristlichen Bekehrungen ebenfalls vom Modell der Conversion abgelöst zu werden.

Zu der nur zögerlichen Vereinheitlichung theoretischer Bekehrungsmodelle ist als weiterer Trägheitsfaktor hinzuzurechnen, daß die Forderung einer Conversion - wo sie denn erhoben wurde - noch lange nicht deren Verwirklichung im praktischen Leben bekehrter Heidenchristen garantierte. Die Bekehrung "hin zu Gott, weg von den Kultbildern" (1 Thess 1,9) war psychologisch betrachtet alles andere als banal; religionsgeschichtlich gesehen war sie ein von der Kultur der paganen Umwelt kaum vorbereitetes Abenteuer. So ist an den Paulusbriefen (wegen der literarischen Gattung hier deutlicher als in den Evangelien) zu beobachten, daß Paulus die neubekehrten Christen dazu ermahnen mußte, erst noch zu werden, was sie nach der Überzeugung des Glaubens schon waren[2]. Den Prozeß des Mündig-Werdens - eines der vielen Bilder zur Konstruktion religiöser Biographie bekehrter Christen - hält Paulus in diesem Leben für letztlich unabschließbar. Auch seine Verwendung von Symbolik der Lebensgrenze in Röm 6 bleibt unsymmetrisch: Er spricht zwar vom Mit-Sterben mit Christus, aber nicht vom Mit-Auferstehen in der gegenwärtigen Existenz von Christen.

Im Vorgriff auf das nächste Kapitel läßt sich sagen, daß diese Einschränkungen ihren Grund nicht nur in der Begrenztheit menschlicher Wandlungsfähigkeit hatten, sondern auch in der Begrenztheit des Christentums als System religiöser Ausdrucksformen: es war dem Christentum nicht möglich, seine praktische Religionsausübung frei von Anknüpfungen an das zu gestalten, was im Judentum und in heidnischen Kulten an Religionsausübung vorhanden war. Ja, das Christentum brachte im Grunde keine einzige religiöse Ausdrucksform

---

(1) L.Schenke, Die Urgemeinde. Geschichtliche und theologische Entwicklung, 1990 S.190
(2) Vgl. N.Walter, Christusglaube und heidnische Religiösität in paulinischen Gemeinden, in: NTS 25 (1978/79) S.422-442, besonders S.435f

hervor, die gegenüber der Religionsausübung seiner Umwelt völlig neuartig
war.

Im Hinblick auf die religiöse Biographie der Konvertiten ist damit gesagt, daß
zwischen der früheren und der neuen Religionsausübung gar nicht der radikale
Bruch bestehen *konnte*, den eine biographische Verhältnisbestimmung nach
der Symbolik der Lebensgrenze bzw. nach dem Modell der Conversion konstruiert. Im Gebet eines Heidenchristen war nicht zu vermeiden, daß eine Erinnerung an Gebete zu Zeus oder Baalshamin mitschwang. Bei der Feier des
Abendmahls durch Heidenchristen war nicht zu vermeiden, daß die archaische
Symbolik von früheren Kultmahlzeiten dorthin übertragen wurde.

So dürfte die Erfahrung auch von Heidenchristen mit ihrer religiösen Identität
oft sehr nahe an der Frage des Nikodemos gelegen haben: "Wie kann ein
Mensch geboren werden, wenn er ein Greis ist? Er kann doch nicht ein zweites
Mal in den Leib seiner Mutter hineingehen und geboren werden?"

Zweites Kapitel

Veränderung des Christentums durch die Begegnung mit heidnischen Religionen

Im zweiten Abschnitt des vorangegangenen Kapitels sind wir der Frage nachgegangen, welche Veränderungen das Christentum von den Menschen verlangte, die entweder missioniert wurden oder auf andere Weise mit ihm in Kontakt traten. Das Ergebnis war vielschichtig, aber eines dürfte deutlich geworden sein: nirgends konnte diese Veränderung eine totale sein. Der Abstand zwischen christlicher Botschaft und heidnischen Umweltreligionen konnte niemals einzig und allein den heidnischen Konvertiten zu überwinden aufgegeben werden; in unterschiedlichem Maße blieb überall ein Rest ihrer Vergangenheit an den Heidenchristen haften.

Daraus ergibt sich zwangsläufig die Frage nach der Veränderung der christlichen Religion selbst durch die Zulassung dieser heidnischen Menschen. Näherungsweise gilt die Formel: alles an Distanz, was die Konvertiten nicht durch ihre Veränderungen überwinden (können), wird stattdessen überwunden mittels einer Veränderung der neuen, vergrößerten Religionsgemeinschaft - unabhängig davon, ob die Religionsgemeinschaft dies will und ob sie sich dessen bewußt ist. Genau genommen waren die Zusammenhänge natürlich komplizierter, allein schon deswegen, weil die Bewegung Jesu niemals die einheitliche Gestalt hatte, von der aus ihre Veränderung präzise bemessen werden könnte. Der wichtigste Zusammenhang ist aber in dieser ungenauen Formel erfaßt: eine missionarische Religion unterliegt der Veränderung, *weil* sie missionarisch ist - weil eben nicht nur fremde Menschen sich auf die Religion einlassen, sondern immer auch die Religion sich auf die Menschen einlassen muß.

So steht - bei aller berechtigten Kritik an der damaligen Durchführung - für die neutestamentliche Wissenschaft weiterhin die Frage zur Bearbeitung an, die vor allem Wilhelm Bousset mit seinem "Kyrios Christos" aufgeworfen hat[1]: Die Frage nach einer Veränderung des Christentums durch die Begegnung mit heidnischen Religionen und durch die Aufnahme von ehemals heidnischen Menschen. Diese Frage steht *nicht in Konkurrenz* zur Einsicht in die missionarische Eigenart des Christentums, sondern sie ergibt sich gerade als *Konsequenz* daraus.

---

(1) Siehe oben S.4

1. Denkmodell für die Veränderung von Religionen

Zu den unaufgebbaren Erkenntnissen aus der bisherigen Forschungsgeschichte
gehört es, daß dieses Problem für das neutestamentliche Material nicht im Sinne einer literarischen Abhängigkeit christlicher Texte von heidnischen Texten
zu lösen ist und - abgesehen vielleicht von Einzelfällen - auchnicht im Sinne einer schlichten Übernahme fremdreligiöser Ausdrucksformen in das Christentum.

Diese Erkenntnis hat sich nicht *gegen* Bousset und die "Religionsgeschichtliche Schule" durchgesetzt, sondern wurde von ihr geteilt: "Denn es handelt sich ja hier nicht um Fragen der literarischen Abhängigkeit im einzelnen. Es wird kein Forscher behaupten wollen, daß Paulus gerade
diese Hermetica gelesen habe, oder allgemeiner, daß das Christentum von dieser oder jener bestimmten Mysterienreligion abhängig sei. Nicht einmal die Frage, ob Paulus und Johannes mit
Philo bekannt gewesen seien, wird sich erledigen lassen. Es kommt vielmehr auf die Erkenntnis
großer geistiger Zusammenhänge an, auf die Einsicht, daß etwa mit den genannten Erscheinungen die geistige Atmosphäre umschrieben sei, innerhalb deren das Wachstum der christlichen Religion erfolgt ist und aus der heraus ihre Entwickelung zu einem guten Teil verständlich wird" [1].

Die Problematik der Vorstellung literarischer oder religionsgeschichtlicher
Abhängigkeit liegt gar nicht so sehr in der Möglichkeit als solcher, daß religiöse Konzepte von einer Tradition in die andere gewechselt haben könnten. Die
eigentliche Schwierigkeit besteht darin, daß sich hier im neuzeitlichen Denken
(wie übrigens auch schon im Denken antiker Beobachter[2]) manchmal eine
Verhältnisbestimmung zwischen Religionen aus der Perspektive der Religionsbetrachtung verselbständigt hat: Beim Vergleich zwischen zwei Quellentexten
verschiedener religiöser Traditionen ist halbwegs "objektiv" feststellbar nur eine Ähnlichkeit oder ein Unterschied. Der Rest ist ein *Erklärungsmodell* im
Denken des Betrachters. Die Vorstellung literarischer oder religionsgeschichtlicher Abhängigkeit ist ein solches Erklärungsmodell für Ähnlichkeiten. Dieses
Modell greift jedenfalls dann zu kurz, wenn es in der *Kenntnis* einer fremdreligiösen Äußerung schon eine ausreichende Erklärung für ihre *Rezeption* sieht.
Damit wird der rezipierenden Religionsgemeinschaft die Verantwortung für
ihre religiöse Identität abgesprochen zugunsten eines vermeintlichen religionsgeschichtlichen Automatismus.

In der römischen Provinz Syrien war trotz der pluralen Zusammensetzung ihrer Kultur[3] der Bestand an religiösen Grundideen und Ausdrucksformen insgesamt überschaubar: Tempel, heiliger Bezirk, Altar, Opfer, Gebet, Tanz, kultische Prostitution, rituelle Reinigung, Weisheitsspruch, heiliges Gesetz,
Gottesname, Konzept des göttlichen Boten usw... Diese Liste ließe sich mit einer zweistelligen Anzahl von Gliedern vervollständigen.

So ist davon auszugehen, daß der für die Gestaltung des religiösen Lebens in
den einzelnen Religionen maßgebliche Personenkreis den Grundbestand an
religiösem Erbe des gesamten Kulturraums überblicken konnte - nicht nur aus

---

(1) W.Bousset, Kyrios Christos, 1913 S.XIII
(2) Siehe oben S.11
(3) Siehe oben S.7

der jeweils eigenen Tradition. Das meiste wiederholte sich ohnehin bei der Betrachtung verschiedener religiöser Traditionen nebeneinander.

Die Frage nach der *Kenntnis* religiöser Ausdrucksformen oder Grundideen auch zwischen den verschiedenen Nationalreligionen ist deshalb ziemlich müßig: man lebte innerhalb desselben Kulturraums, oft sogar innerhalb derselben Stadt oder derselben Straße zusammen[1].

Warum Menschen einer bestimmten Religionsgemeinschaft - zum Beispiel die frühen Christen - manche der im Kulturraum zur Verfügung stehenden religiösen "Kulturgüter" benutzten und andere nicht, ist also nicht mit den jeweiligen Kenntnissen zu beantworten, sondern muß anderen Kriterien unterworfen gewesen sein. Niemand übte einen religiösen Brauch aus oder glaubte an eine religiöse Idee, nur weil er sie kannte. So muß es zusätzlich noch Entscheidungen darüber gegeben haben, welche der allgemein bekannten religiösen Kulturgüter des Kulturraumes tatsächlich zur Anwendung und zur Geltung kommen sollten. Als Subjekt solcher Entscheidungen sind die Religionsgemeinschaften ernstzunehmen, nicht unpersönliche religionsgeschichtliche "Traditionsprozesse" oder dergleichen. Es handelt sich um ein Instrument, das sich gezielt zur Herstellung, Bewahrung, und Veränderung religiöser Gruppenidentität nutzen ließ. Das sich in der Geschichte fortsetzende Zusammenspiel solcher Entscheidungen einer Religionsgemeinschaft wurde bereits mit dem Begriff der "religiös-kulturelle Selektion"[2] benannt[3].

Beispiel: Sühnopfer

Was damit gemeint war, sei anhand eines Beispiels verdeutlicht, das gleichzeitig zu den frühchristlichen Selektionsentscheidungen hinführt: Das Menschenopfer gehörte zum archaischen Inventar religiöser Ausdrucksformen im syrischen Kulturraum. Es ist sehr fraglich, ob diese Ausdrucksform in römischer Zeit überhaupt noch bei irgendeiner Religionsgemeinschaft dieser Region in Gebrauch war. Allerdings gibt es Anhaltspunkte dafür, daß dies am Rande der Gesellschaft in der Illegalität noch der Fall gewesen sein könnte.

Lukian erwähnt, daß in Hierapolis vereinzelt Kinder in Säcke gesteckt und in einen Abgrund hinuntergestürzt wurden. Hinweis auf die Illegalität ist, daß die Täter dabei angaben, es würde sich um Ochsen handeln (Lukian, DeaSyr 58). Ein weiterer möglicher Beleg für Kindesopfer im 2. Jhdt. n. Chr. ist ein Fragment des Romans "Phoinikika" von Lollianus, wo die rituelle Schlachtung eines Knaben durch eine Gruppe von "Eingeweihten" erzählt wird. Es ist denkbar, daß diese

---

(1) Vgl. zur Situation in Dura Europos L.M.White, Building God's House in the Roman World, 1990 S.40ff
(2) In Anlehnung an Th.Sundermeier, Synkretismus und Religionsgeschichte, in: H.P.Siller (Hg.), Suchbewegungen. Synkretismus - kulturelle Identität und kirchliches Bekenntnis, 1991, S.101
(3) Siehe oben S.14

Handlung gemäß dem Titel des Romans in Phönikien spielt[1].

In den offiziellen Tempelkulten des Landes war dagegen das Menschenopfer - genau wie in der israelitischen Religion - seit langem verworfen. Es hatten also Entscheidungen religiös-kultureller Selektion stattgefunden, durch die etwas abgetan worden war, was vorher zur regulären Religionsausübung gehört hatte.

Solche Verwerfungen bedeuten jedoch nicht, daß damit auch die Kenntnis des Menschenopfers aus der gesellschaftlichen Erinnerung gebannt worden wäre. Ganz im Gegenteil: noch in der Prinzipatszeit dürften die Massen von blutigen Tieropfern in den Tempelbezirken mit einem Rest an Bewußtsein dafür durchgeführt worden sein, daß die Tiere stellvertretend für den Opfernden bzw. einen seiner Familienangehörigen starben.

Greifbar wird dieser Zusammenhang an einem Bestandteil des schon erwähnten Pilgerrituals von Hierapolis[2]: "Wenn ein Mann erstmals nach Hierapolis kommt..., opfert er ein Schaf. Das übrige Fleisch zerstückelt er und sättigt sich daran; das Fell aber breitet er am Boden aus, setzt ein Knie darauf und legt den Kopf und die Füße des Tiers auf seinen eigenen Kopf. Gleichzeitig betet er und bittet, das gegenwärtige Opfer anzunehmen. Ein besseres verspricht er für später" (Lukian, DeaSyr 55). In diesem Vorgang ist eine Geste der Identifikation zwischen Opferndem und Opfertier deutlich erkennbar. Trotz der Verwerfung des Menschenopfers wurde die Erinnerung daran also für wert erachtet, in einem feststehenden Ritual bewahrt und immer weiter überliefert zu werden.

All diese Hinweise zeigen, daß es im Syrien der Prinzipatszeit keine Menschenopfer in der Öffentlichkeit gab, daß aber das gedankliche Konzept in den Religionen präsent gehalten wurde.

Das frühe Christentum bekam in mehrfacher Form mit dem Konzept des Menschenopfers zu tun: Zum einen wurde gegen Christen der Vorwurf erhoben, sie hätten die Verwerfung von Menschenopfern rückgängig gemacht, würden also diese inzwischen als Religionsfrevel geltende und durch das Gesetz des römischen Staates verbotene religiöse Ausdrucksform wieder praktizieren. Theophilos, Bischof der syrischen Hauptstadt Antiochia um 180 n. Chr., zeigt sich erbittert darüber, daß sein heidnischer Freund Autolykos Gerüchten Glauben schenkt, die unter anderem dies beinhalten: "dem Gerücht..., durch das gottlose Münder uns lügnerisch verleumden, die wir gottesfürchtig und Christen genannt werden, indem sie sagen, wir hätten alle unsere Frauen gemeinsam und würden in unterschiedslosem Beischlaf leben... und, was das Gottloseste und Grauenhafteste von allem ist, wir würden Menschenfleisch ergreifen" (Theophilos, Autol III,4).

---

(1) A.Henrichs (Pagan Ritual and the Alleged Crimes of the Early Christians, in: Kyriakon I, Festschrift J.Quasten, 1970 S.29-35) hält Unterägypten für die wahrscheinlichste Lokalisierung mit Hinweis auf Parallelen bei Achilleus Tatios und Cassios Dio, wobei es sich aber jeweils um Opfer erwachsener Menschen handelt. Die Tradition von Kindesopfern ist dagegen im syrischen Raum durch den genannten Beleg von Lukian, durch Philon von Byblos (nach Euseb, PrEv I,10,44) und durch alttestamentliche Zeugnisse gut belegt.

(2) Siehe oben S.12

Christen des zweiten Jahrhunderts waren dazu genötigt, die Verwerfung des Menschenopfers nicht nur als stillschweigende Selbstverständlichkeit sowohl aus der jüdischen Mutterreligion als auch aus ihren zumeist heidnischen Herkunftsreligionen fortzuschreiben, sondern diese Verwerfung auch in ihrer Verteidigung gegen unberechtigte Vorwürfe von außen aktiv und ausdrücklich zu vertreten.

Dies war aber noch nicht alles, was die christliche Verhältnisbestimmung aus der Perspektive religiös-kultureller Selektion gegenüber dem Konzept des Menschenopfers ausmachte. Im Neuen Testament - insbesondere auch in seinen durch Syrien hindurch vermittelten Traditionen - gibt es einige für das christliche Selbstverständnis sehr zentrale Aussagen, die den gewaltsamen Tod Jesu im Sinne eines stellvertretenden Sühnopfers deuten, ähnlich wie zuvor im Judentum der Tod makkabäischer Märtyrer gedeutet worden war[1] und wie es sich traditionsgeschichtlich vom Konzept des leidenden Gottesknechts in Jes 53 herleitet[2].

Die genauen Formulierungen der betreffenden Aussagen über Jesus lassen keinen Zweifel daran, daß hier gedanklich nicht nur an Märtyrer angeknüpft, sondern auf das Konzept des Menschenopfers zurückgegriffen wurde:
"Der Menschensohn ist nicht gekommen, um bedient zu werden, sondern um zu dienen und sein Leben zu geben als Lösegeld anstelle von vielen (λυτρον ἀντι πολλων)"(Mk 10,45). "So hat Gott die Welt geliebt, daß er den einziggeborenen Sohn gab (τον υἱον τον μονογενη ἐδωκεν), damit jeder, der an ihn glaubt, nicht zugrunde gehe, sondern das ewige Leben habe" (Joh 3,16 vgl. 11,50). "(Gott), der seinen eigenen Sohn (του ἰδιου υἱου) nicht verschont hat, sondern ihn für uns alle dahingegeben hat (παρεδωκεν)..." (Röm 8,32). Besonders der Begriff "dahingeben (παραδιδομαι)" in dieser letzten Aussage erweckt die Vorstellung eines rituellen Opfers.

Rein historisch betrachtet hatte der Tod Jesu dagegen nichts mit einem Menschenopfer zu tun: Seine Henker betrieben die Kreuzigung äußerlich als strafrechtliche Maßnahme, innerlich wohl hauptsächlich aus politischem Kalkül. Die Anhänger Jesu standen dem Vorgang machtlos gegenüber, und sofern einer von ihnen tatsächlich Jesus an die Gerichtsbarkeit auslieferte, hatte auch er sicher nicht im Sinn, damit eine sühnewirkende religiöse Ausdrucksform zu vollziehen.

Wir stehen also vor dem Phänomen, daß von den Anhängern Jesu eine unter Heiden und Juden allgemein bekannte, aber verworfene, geächtete und gesetz-

---

(1) Belege bei J.Jeremias, Das Lösegeld für viele, in: Abba. Studien zur neutestamentlichen Theologie und Zeitgeschichte, 1966 S.219ff. Nach J.Becker (Paulus, 1989 S.118) ist die Deutung des Todes der makkabäischen Märtyrer eine Synthese aus dem alttestamentlich-jüdischen Sühnopfergedanken und dem griechischen Gedanken des stellvertretenden Existenzopfers.
(2) H.W.Wolff, Jesaja 53 im Urchristentum, [4]1984, besonders S.60-64

lich verbotene religiöse Ausdrucksform als *Deutung* herangetragen wurde an einen nach den Absichten der Handelnden gänzlich anderen Vorgang - ähnlich wie es ja auch schon bei den makkabäischen Märtyrern der Fall gewesen war.

Zwei Sachverhalte mögen dabei den Umgang mit dem skandalträchtigen Konzept erleichtert haben: Zum einen war der Tod Jesu ohnehin schon ein Skandal (als Beseitigung eines umstrittenen religiösen Führers aus der Sicht seiner Anhänger zunächst ein politischer Skandal; aus jüdischer Sicht als Argument gegen die weitere Berufung auf den Hingerichteten ein religiöser Skandal). Zum anderen wurde die Vorstellung des Menschenopfers auf eine andere Ebene gehoben, indem Gott selbst bzw. die eschatologische Gestalt des Menschensohns als Subjekt des Opferaktes gedacht wurde. Für damaliges religiöses Empfinden war die Opfer-Handlung damit einer moralischen Beurteilung enthoben - daß unser modernes Denken gerade dagegen die Frage nach der Gerechtigkeit Gottes aufwirft, steht auf einem anderen Blatt.

Interessant ist nun, daß es gerade für diese Ausgestaltung - Menschenopfer als Handeln Gottes - eine religionsgeschichtliche Parallele aus dem syrischen Raum gibt, die sowohl ihrer literarischen Abfassungszeit nach als auch den sachlichen und wörtlichen Übereinstimmungen nach den zitierten neutestamentlichen Stellen sehr viel näher steht als die jüdischen Belege zum Martyrium als Sühnopfer: "Bei den Alten war es Brauch, in den großen Notlagen von Kriegsgefahr anstelle des Verderbens aller ($\dot{\alpha}\nu\tau\iota$ $\tau\eta\varsigma$ $\pi\alpha\nu\tau\omega\nu$ $\phi\theta o\rho\alpha\varsigma$) das geliebteste von den Herrscherkindern... zum Schlachtopfer zu übergeben ($\varepsilon\dot{\iota}\varsigma$ $\sigma\phi\alpha\gamma\eta\nu$ $\dot{\varepsilon}\pi\iota\delta\iota\delta o\nu\alpha\iota$), als Lösegeld ($\lambda\upsilon\tau\rho o\nu$) an die Rachedämonen. Der (Gott) Kronos, welchen die Phönikier El nennen..., hatte einen einziggeborenen Sohn ($\dot{\upsilon}\iota o\nu$ $\dot{\varepsilon}\chi\omega\nu$ $\mu o\nu o\gamma\varepsilon\nu\eta$)... Als große Gefahren aus einem Krieg das Land bedrohten..., errichtete er einen Altar und schlachtete den Sohn als Opfer" (Philon v. Byblos nach Euseb, PrEv I,10,44)[1].

Aus all den vorangegangenen Erwägungen dürfte hinreichend deutlich geworden sein, daß es viel zu primitiv wäre, bei dieser frappierenden religionsgeschichtlichen Parallele an direkte historische Abhängigkeit in der einen oder anderen Richtung zu denken. Alle vorkommenden Motive und Stichworte müssen in der zeitgenössischen religiösen Kultur als ohnehin präsent angesehen werden, und der spezifische Gedanke eines durch Gott vollzogenen Menschenopfers ist von einem Zeitgeist her naheliegend, wo Menschenopfer durch die Religionsgemeinschaft geächtet waren, wo aber gleichzeitig eine hohe Empfangsbereitschaft für aussagekräftige Modelle von Versöhnung mit Gott bestand.

Allemal ist die vorgeführte Ähnlichkeit jedoch ein Beleg dafür, daß das Motiv des Sühnopfers Jesu in der jüdischen wie im Rahmen von heidnischen Traditionen des syrischen Raumes gleich plausibel war und daß es deshalb von bekehrten Heidenchristen in Kontinuität zu Vorstellungen ihrer Herkunftsreligion verstanden werden konnte. In diesem Fall einer gemeinsamen Tradition mußte das Christentum seine konzeptionelle Identität nicht einmal aus dem jü-

---

(1) Zur Relevanz des Philon von Byblos als Quelle für den Zeitgeist seiner eigenen Epoche (um 100 n. Chr.) entgegen seinem Anspruch, nur die Übersetzung eines viel älteren Werkes zu bieten, vgl. H.W.Attridge/ R.A.Oden, Philo of Byblos, 1981 S.7ff

dischen Vorstellungsbereich hinaus verschieben, um auf das religiöse Empfinden von Heidenchristen zugehen zu können.

Für die Frage nach den christlichen Selektionsentscheidungen im Umgang mit der religiösen Ausdrucksform "Menschenopfer" ist nun noch ein dritter Punkt nachzuschieben, und der dürfte gleichzeitig Ausgangspunkt für die gegnerischen Gerüchte über Menschenopfer im christlichen Gottesdienst gewesen sein: Die Abendmahlsfeier vergegenwärtigt den Kreuzestod Jesu und eignet dabei dessen aus der Sühneopfer-Theologie gewonnene Heilsbedeutung den Teilnehmern an. Damit gibt es im christlichen Symbolsystem einen rituellen Vollzug, der genau den systeminternen Stellenwert archaischer Menschenopfer einnimmt: er gewährt die Rettung vieler aus einem Verderben. Wie zunächst in Israel und in heidnischen Kulten das Menschenopfer durch Tieropfer mit demselben Stellenwert ersetzt worden war, so ersetzt das Abendmahl wiederum das Tieropfer auf derselben Stelle. Durch die sprachliche Deutung steht die Symbolik dieses Mahles dem Menschenopfer sogar inhaltlich näher als das Tieropfer - nur der Vollzug ist viel weiter davon entfernt.

Religiös-kulturelle Selektion und religionsausübende Verhältnisbestimmungen

Am Beispiel der christlichen Selektionsentscheidungen gegenüber dem Menschenopfer ist hoffentlich anschaulich geworden, wie komplex die Zusammenhänge sein können, die hier mit religiös-kultureller Selektion bezeichnet werden. Es versteht sich von daher, daß ein Überblick über frühchristliche Selektionsentscheidungen insgesamt im syrischen Raum nicht dadurch erreicht werden kann, daß alle Inhalte und Ausdrucksformen der religiösen Kultur mit gleicher Ausführlichkeit untersucht werden.

Der nun folgende Überblick soll sich deshalb darauf beschränken, christliche *Ausdrucksformen* im Hinblick auf ihre Stellung zur jüdischen Religion und zu heidnischen Nachbarreligionen zu sichten. Von der Diskussion der *Inhalte* religiöser Traditionen - die ansonsten in der religionsgeschichtlichen Erforschung des Neuen Testaments erhebliches Gewicht hat - wird also in diesem Arbeitsschritt ganz abgesehen.

Unter Ausdrucksformen verstehe ich alle Gegenstände, Vollzüge und sprachlichen Zusammenhänge, die religiösen Äußerungen ihre Form geben können. Gegenständliche Ausdrucksformen sind z. B. Tempel, Altäre, Kultgeräte; vollziehende Ausdrucksformen sind z. B. ein Tanz, eine rituelle Verbeugung, ein Fest; sprachliche Ausdrucksformen sind z. B. ein Gebetstext, eine Erzählung, ein Bekenntnis usw. Unter Inhalten religiöser Traditionen verstehe ich alle religiösen Sinngehalte, die mittels *sprachlicher* Ausdrucksformen weitergegeben werden.

Trotzdem werden die wesentlichen Linien christlicher Selektionsentscheidungen daran sichtbar werden: nach Theo Sundermeier sind Rituale die Konstanten, ihre Deutungen die Variablen der Religionsgeschichte[1]. Verallgemeinert

---

(1) Th.Sundermeier, Implizite Axiome in der Religionsgeschichte, in: W.Huber/E.Petzold/ Th.Sundermeier (Hg.), Implizite Axiome. Tiefenstrukturen des Denkens und Handelns, 1990 S.88

heißt das: Die Selektion von religiösen Ausdrucksformen verläuft wesentlich schwerfälliger als die Selektion von Inhalten sprachlicher Traditionen. An der Selektion von Ausdrucksformen zeigen sich also zwar nicht die kurzfristigen Reaktionen von Religionssystemen auf ihren Zusammenhang mit einer religiösen Kultur, dafür aber umso besser die groben Linien des Selektionsprozesses.

Die Selektion religiöser Ausdrucksformen (und auch die Selektion von Inhalten) steht in Wechselwirkung mit dem, was in der Einleitung als "Verhältnisbestimmungen aus der Perspektive der Religionsausübung" beschrieben wurde. Beide gemeinsam sind die Strategien, die einer Religionsgemeinschaft für die Sicherung ihrer Gruppenidentität gegenüber ihrer Umwelt zur Verfügung stehen.

Über religionsausübende Verhältnisbestimmungen wurde gesagt, daß sie "in, mit und unter der Ausübung von Religion überhaupt" getroffen werden, und daß sie sich derselben Gegenstände, Handlungen und sprachlichen Zusammenhänge bedienen, aus denen das religiöse Symbolsystem als solches besteht. Die Gesamtheit religiöser Ausdrucksmöglichkeiten, auf die religionsausübende Verhältnisbestimmungen also angewiesen sind, ist immer identisch mit den Ergebnissen der jeweils bis zum aktuellen Zeitpunkt abgelaufenen Selektionsprozesse. In diesem Sinne sind selegierende Verhältnisbestimmungen Voraussetzung der religionsausübenden Verhältnisbestimmungen. Möglich ist dabei freilich, daß ein bestimmter Selektionsvorgang direkt in der Absicht geschieht, das aus dem religiös-kulturellen Erbe übernommene oder adaptierte Element sogleich zum Ausdruck von Arrangement oder Konflikt zu verwenden.

Auf der anderen Seite wird die Selektion von Ausdrucksformen und Inhalten zu einem wesentlichen Teil durch religionsausübende Verhältnisbestimmungen gesteuert. Es dürfte unmittelbar einleuchten, daß Religionsgemeinschaften, die in Konflikt miteinander stehen, eher zur Abstoßung ihrer gegenseitigen Elemente neigen, während Systeme, zwischen denen Arrangements bestehen, viel ungenierter auch gegenseitig aus ihren Traditionen Elemente übernehmen werden.

Wegen dieser Zusammenhänge wird in der folgenden Darstellung des öfteren eine Verbindung zwischen wichtigen Selektionsentscheidungen und Arrangements bzw. Konflikten aufgezeigt werden.

2. Erneuerungsbewegung, Religion oder religiöser Überbau?

Die durch die religionsgeschichtliche Schule begründete Forschungstradition unterschied zwischen (palästinischer) Urgemeinde und hellenistischem Christentum[1], später weiter zwischen hellenistischem Judenchristentum und hellenistischem Heidenchristentum[2]. Als Gliederung nach historischen und geographischen Gesichtspunkten oder nach dem Aspekt der Herkunftsreligion ist diese Unterscheidung problematisch und umstritten geblieben[3]. Sie wird der Tatsache, daß Palästina und Jerusalem weitgehend hellenisiert waren[4], ebenso wenig gerecht wie dem Phänomen eines Heidenchristentums, das sich streng

(1) W.Heitmüller, Zum Problem Jesus und Paulus, in: ZNW 13 (1912) S.330
(2) F.Hahn, Christologische Hoheitstitel ³1966 S.11 unter Berufung auf R.Bultmann, Geschichte der synoptischen Tradition, ⁴1958 S.330f u.a.
(3) Zur Kritik z.B. H.Marshall, Palestinian and Hellenistic Christianity, in: NTS 19 (1972/73) S.271-287
(4) So J.Weiß, Das Urchristentum, 1917 S.120; ausführlich M.Hengel/Chr.Markschies, The Hellenization of Judaea in the first Century after Christ, 1989

an die jüdische Torah hielt[1]. Ich übersetze deshalb Heitmüllers Anliegen in die Begrifflichkeit der hier verwendeten Methode und unterscheide zwischen verschiedenen Grundoptionen bei der Selektion von religiös-kulturellem Erbe. Eine klare Abgrenzung dieser Optionen nach den Alternativen der klassischen Begrifflichkeit ist nicht möglich: Alle drei darzustellenden Möglichkeiten sind wahrscheinlich sowohl in Palästina, als auch in Syrien aufgetreten, und alle drei können das Verhältnis von Menschen zu Jesus charakterisieren, die (ehemals) Anhänger heidnischer Kulte waren.

2.1. Christentum nach jüdischem Ritus

In Gal 2,14 unterscheidet Paulus zwei christliche Lebensweisen durch die Begriffe "ἐθνικῶς" und "ἰουδαικῶς ζῆν", wobei ausdrücklich nicht das eine für ehemalige Juden, das andere für ehemalige Heiden zutrifft: Die Juden Paulus, Petrus und Barnabas leben nicht mehr nach jüdischem Ritus, wie Gal 2,12-14 ausdrücklich festhält; andererseits haben sich ehemalige Heiden zu einem Christentum nach jüdischem Ritus bekehrt: Einige christliche Gruppierungen haben zur Heidenmission gefunden, ohne das Ideal einer innerjüdischen Erneuerungsbewegung aufzugeben. Sie banden ehemalige Heiden in ein Christentum nach jüdischem Ritus ein, machten sie also *gleichzeitig* zu jüdischen Proselyten und zu Christen.

Für das Christentum nach jüdischem Ritus ist die Kombination von zwei Selektionsentscheidungen typisch: die Aufwertung einzelner Ausdrucksformen der israelitischen Tradition, auf deren Gebrauch andere Strömungen des zeitgenössischen Judentums weitgehend verzichtet hatten, und die Kontinuität im Gebrauch eines überall im Judentum vorhandenen Vorrats von Ausdrucksformen.

Das Spezifikum der Jesusbewegung bildete dabei eine Art Überbau zum allgemein Jüdischen, ähnlich wie dies auch bei anderen Gruppierungen des Judentums der Fall war.

Rückbesinnung auf charismatische Traditionen Israels

Die vom Christentum nach jüdischen Ritus aufgewerteten Ausdrucksformen des israelitischen Erbes waren in erster Linie charismatische Formen[2] wie Heilungen, Ekstase und Prophetie. Die Bedeutung von Heilungen für den Eintritt des Christentums nach jüdischem Ritus in die nichtjüdische Kultur zeigt die Fernheilung an dem Diener des Centurio von Kapernaum aus der Logienquelle (Mt 8,5-13 par. Lk 7,1-10). Die Pointe der Geschichte steht unter der Voraussetzung, daß ein Jude das Haus eines Heiden nicht betreten darf (Mt 8,8/Lk 7,6).

---

(1) H.Frankemölle, Zur Theologie der Mission im Matthäusevangelium, in: K.Kertelge (Hg.), Mission im Neuen Testament, 1982 S.117
(2) G.Theißen, Zur Entstehung des Christentums aus dem Judentum, in: Kirche und Israel 3 (1988), S.181

Der Zeitpunkt für den Rückgriff auf Heilungen in der Jesusbewegung trifft zusammen mit einer Renaissance von Wunderheilungen im paganen Hellenismus[1]. Die verschiedenen Erneuerungsbewegungen haben sicherlich auf die Dauer Impulse miteinander ausgetauscht. Dennoch steht Jesus und das Urchristentum mit seiner Heilungstätigkeit in genuin israelitischer Tradition, z. B. in der Elisas (2 Kön 5).

Ein Beispiel für einen nach jüdischem Ritus lebenden urchristlichen Propheten dürfte der in der Apostelgeschichte zweimal auftauchende Hagabos sein. An beiden Stellen ist ausdrücklich notiert, daß er von Jerusalem (Apg 11,27) bzw. Judäa (21,10) kam, wo in urchristlicher Zeit immer die Hochburg des Christentums nach jüdischem Ritus geblieben ist. In Caesarea Maritima band er als prophetische Zeichenhandlung Paulus mit dessen Gürtel Hände und Füße und sagte: "So spricht der Heilige Geist: Den Mann, dem dieser Gürtel gehört, werden in Jerusalem die Juden binden und in die Hände der Heiden übergeben" (21,11). Einzelne Züge der Formulierung (vor allem "οἱ Ἰουδαιοι") verraten die heidenchristliche Handschrift des Lukas, aber insgesamt wird mit den Ausdrucksformen "Zeichenhandlung" und "Botenspruch" das Wirken judäischer christlicher Propheten zutreffend beschrieben sein.

Auch die Erneuerung der Ekstase (vgl. z. B. 1 Sam 10,10-13) und mit ihr verbundener Ausdrucksformen gehört in das Christentum nach jüdischem Ritus. Nach der Darstellung der Apostelgeschichte geriet Petrus noch als Vertreter eines streng jüdischen Christentums[2] in Ekstase (ἐγενετο ἐφ αὐτον ἐκστασις Apg 10,10) und hatte dabei die Vision, die ihn darauf vorbereitete, auch eine andere Form von Christentum zuzulassen. Für die Gegner des Paulus im zweiten Korintherbrief hatten sowohl ekstatische Ausdrucksformen als auch die Zugehörigkeit zum jüdischen Volk entscheidende Bedeutung: beides mußte Paulus wider Willen an sich rühmen, um zu beweisen, daß er ihnen nicht unterlegen war (2 Kor 12,2-4; 11,22).

Teilhabe am jüdischen Kult und an der Torah

Die Mehrzahl seiner Ausdrucksformen hatte das Christentum nach jüdischem Ritus dagegen nicht erst aus weitgehend unbenutzten israelitischen Traditionen wieder hervorgeholt, sondern es teilte sie mit anderen Gruppen des zeitgenössischen Judentums: Christen nahmen am Tempelkult[3], an den jüdischen Festen und am Synagogengottesdienst teil, zeigten durch die Beschneidung ihre Bindung an die jüdische Religion und gebrauchten die heiligen Schriften ganz im jüdischen Sinne.

Der Aufbau des Johannesevangeliums läßt durchblicken, daß eine frühere Bearbeitungsphase den jüdischen Festkalender als durchgehendes Gliederungsprinzip benutzt haben könnte: Wenn man annimmt, daß die Tempelreinigung

---

(1) So G.Theißen, a.a.O.
(2) Zur Historizität dieser Darstellung siehe unten S.128
(3) So R.Bultmann, Theologie des Neuen Testaments, [8]1980 S.56f. F.Hahn (Der urchristliche Gottesdienst, 1970 S.39) nimmt dagegen an, daß sich die aramäischsprachige Urgemeinde nicht am Opferkult beteiligt hat.

erst aus einem späten heidenchristlichen Interesse an den Anfang des öffentlichen Wirkens Jesu gestellt wurde, dann verschieben bzw. erübrigen sich die beiden Notizen Joh 2,13.23, die in der Endfassung des Evangeliums einen Aufbau über drei Paschafeste hinweg ergeben. Nimmt man weiter an, daß Kapitel 5 und 6 im Text vertauscht sind[1], so ergibt sich als Abfolge von Zeitangaben im Johannesevangelium:

- das nahe Passah in 6,4;
- ein jüdisches Fest in 5,1 - es handelt sich wohl nicht um das in 6,4 bevorstehende Passah, da dieses kaum so allgemein als "Fest" bezeichnet würde, sondern um ein anderes Wallfahrtsfest (Jesus zieht nach Jerusalem), also um das Shavuot-Fest[2];
- das nahe Sukkot (Laubhüttenfest) in 7,2; die Mitte des Festes in 7,14; der letzte, große Tag des Festes in 7,37;
- das Chanukka (Tempelweihfest) in 10,22;
- das nahe Passah in 11,55; sechs Tage vor dem Passah in 12,1; vor dem Passah in 13,1; der Vortag des Passah in 19,14.

Dieser Ablauf umfaßt ein volles Jahr von Passah bis Passah, wobei die Reihenfolge des jüdischen Festkalenders unter den genannten Voraussetzungen genau eingehalten wäre. Auch wo diese Voraussetzungen nicht geteilt werden, ist eine immense Bedeutung des jüdischen Festkalenders für den Aufbau des Joh festzustellen.

Was im Johannesevangelium fehlt, sind die Feste von Rosh Hashana (Neujahr) bis Jom Kippur (Versöhnungsfest) und das Purimfest. Sicherlich gab es für Joh eine symbolische Beziehung zwischen den jüdischen Festen und den Ereignissen des Jesus-Geschehens, die er damit zusammentreffen ließ. Für den Seder-Abend und die Kreuzigung Jesu ist dieser Zusammenhang evident: Jesu Tod und die Schlachtung des Passah-Lammes legen sich gegenseitig aus. Durch solche Zusammenhänge dürfte auch die johanneische Auswahl aus den jüdischen Festen begründet sein: der Jom Kippur etwa könnte schlecht zu irgend einem anderen Ereignis aus dem Leben Jesu in Beziehung gesetzt werden, als ebenfalls zu seinem Tod (vgl. Hebr 9,6-12). Da aber das Kreuzesgeschehen in der Evangelientradition mit dem Passah-Fest verbunden war, mußte der Jom Kippur entfallen.

Eine so große Bedeutung des jüdischen Festkalenders - vor allem seiner Wallfahrten nach Jerusalem - und die präzise Kenntnis davon ist nur erklärbar, wenn die betreffenden christlichen Gemeinden selbst noch lange Zeit nach diesem Festkalender gelebt und seine Bedeutung christlich aufgefüllt haben. Genau dies ist für eine frühe Phase des johanneischen Christentums anzunehmen.

Das Matthäusevangelium zeigt über weite Strecken in seinem Sondergut (und in Material, das aus der Logienquelle übernommen ist) ein Christentum nach

---

(1) Unabhängig davon, wie weit man den gängigen Blattvertauschungshypothesen folgen will, ist dies die am deutlichsten aufzeigbare Umordnung bei Joh. Tatian, dessen Diatessaron grob dem Johannes-Aufbau folgt, bringt Joh 6 vor Joh 5; dazu J.Becker, Das Evangelium nach Johannes. Kapitel 1-10, ÖTK 4/1, S.31f

(2) So - mit Vorbehalt über die Textvertauschung - J.Blinzler, Zum Geschichtsrahmen des Johannesevangeliums, in: ders., Aus der Welt und Umwelt des Neuen Testaments, 1969 S.95f Anm.9

jüdischem Ritus[1]. Die Torah als prinzipiell gültige Lebensordnung für Christen
befand sich in seinen Gemeinden in kontinuierlichem Gebrauch. Dies braucht
nicht die Gesamtheit der von Mt vertretenen Christen zu umfassen, bildet unter ihnen aber bis in die Gegenwart des Evangelisten ein sogar dominierendes
Element. Die Rücksichten des Evangelisten auf eine torahtreue Position sind
ungleich stärker als die Rücksichten auf torahkritische Christen.

Eric Kun Chun Wong ist Recht zu geben mit seiner These, daß die "judenchristlichen" Tendenzen
bei Mt nicht Zeugnisse eines überwundenen früheren Stadiums sind, sondern auf die Gegenwart
einer (oder mehrerer?) "bikultureller" Gemeinde(n) hin entworfen sind[2]. Mit der hier verabrede-
ten Sprachregelung läßt sich der von Wong herausgearbeitete Zustand der bikulturellen Gemeinden so fassen, daß zwar der Abstammung nach Juden- und Heidenchristen sich wohl ungefähr die
Waage hielten, daß aber die Christen jüdischer Herkunft ihren Weg als verbindlich für *alle* Christen ansahen[3]. Christentum nach jüdischem Ritus war demnach (soweit die Zulassung von Menschen heidnischer Herkunft überhaupt zugestanden war) auch als Heidenchristentum konzipiert.
Da hinter dem Matthäusevangelium keine ähnlich absolut auftretende torahfreie Konzeption
sichtbar wird, ist es sozialpsychologisch nur natürlich, daß sich viele (aber nicht alle) Heidenchristen in matthäischen Gemeinden dem Konzept des Christentums nach jüdischen Ritus gebeugt
hatten.

Zum Christentum nach jüdischem Ritus gehören Traditionen wie der viel diskutierte Satz aus der Präambel der Bergpredigt: "Amen, ich sage euch nämlich:
bis der Himmel und die Erde vergehen, wird kein Jota und kein Häkchen von
der Torah vergehen..." (Mt 5,18).

Die sogenannten Antithesen der Bergpredigt, soweit Mt sie zusammengestellt hat, sind in erster
Linie nicht Torahkritik, sondern Auseinandersetzung mit pharisäischer Torah-Auslegung: Im Sinne der rabbinischen Methode des Zauns um die Torah fordern alle sechs Gebote Jesu mehr als
die Torah, so daß jemand, der sich an diese Gebote hält, auf keinen Fall die Torahgebote
übertreten wird[4]. Anders als bei manchen Bestimmungen des rabbinischen Zauns um die Torah
wird in den Forderungen Jesu nicht nur eine formale Übertretung vermieden, sondern der Sinn-
gehalt wird radikal verschärft. Damit führen die Antithesen dem Verständnis des Mt nach aus,
was Mt 5,20 einleitend fordert: eine Gerechtigkeit, die besser ist als die der Schriftgelehrten und
Pharisäer.

Aus dem Markusevangelium - d. h. entgegen den torahtreuen Traditionen seiner eigenen Gemeinden - hat Mt ausdrücklich oder implizit torahkritisches Material übernommen (z. B. Mt 9,9-
17 par Mk 2,13-22; Mt 12,1-14 par Mk 2,23-3,6; Mt 15,1-20 par Mk 7,1-23). Die deutlichste Torahkritik des Markus (7,19) ist dabei bezeichnenderweise ausgelassen. Die von Mt übernommenen
Stellen sind in fast allen Fällen entweder schon bei Mk durch ein Argument aus Torah oder Propheten begründet, oder Mt selbst fügt solch ein Argument ein.

Die eigene Position des Evangelisten zeigt sich am deutlichsten durch das
gleich zweimal an zentraler Stelle in den Mk-Text eingefügte Hoseawort
"Barmherzigkeit will ich, und nicht Opfer" (Mt 9,13; 12,7 = Hosea 6,6): Es gibt
ein Auslegungsprinzip, das in der Torah Wichtiges und weniger Wichtiges un-

---

(1) Vgl. K.Tagawa, People and Community in the Gospel of Matthew, in: NTS 16 (1970)
    S.161f
(2) E.K.Ch.Wong, Juden- und Heidenchristen im Matthäusevangelium. Die interkulturelle
    Theologie des Matthäusevangelisten und seine bikulturelle Gemeinde, Dissertation
    Heidelberg 1991, S.27f
(3) Vgl. E.K.Ch.Wong, 1991 S.41; S.161ff
(4) Vgl. G.Barth, Das Gesetzesverständnis des Evangelisten Matthäus, in: Bornkamm/
    Barth/Held, Überlieferung und Auslegung im Matthäusevangelium, ⁶1970 S.87-89

terscheidet, und dieses Prinzip findet sich in der Schrift selbst. So ist für Mt Torahkritik gleichzeitig immer schon wieder Anknüpfung an die jüdischen heiligen Schriften.

Daß Matthäus sein kritisches Prinzip des Erbarmens nicht als Abrücken von der prinzipiellen Geltung der Torah verstanden wissen will, zeigt ein Satz aus der Auseinandersetzung mit Pharisäern und Schriftgelehrten: "Wehe euch, Schriftgelehrte und Pharisäer, ihr Heuchler, daß ihr Minze, Dill und Kümmel verzehntet, aber das Gewichtigere an der Torah auslaßt: (gerechtes) Urteil, Erbarmen und Treue. *Dieses muß man tun, und jenes nicht lassen*" (Mt 23,23).

Innerjüdisches Selbstverständnis des Matthäusevangeliums

Den Konflikt mit jüdischen Autoritäten, aus dem diese Aussage herausgegriffen wurde, hat Matthäus m. E. entgegen der heute in der deutschsprachigen Forschung vorherrschenden Meinung[1] seinem Selbstverständnis nach *nicht* von außerhalb ("extra muros") der jüdischen Religionsgemeinschaft geführt.

Wichtigster Beleg für die Gegenmeinung ist die Rezeption des Gleichnisses von den Weingärtnern in Mt 21,33-46[2]: Die Aussage, daß der Herr den Bauern den Weinberg wegnehmen und ihn anderen geben wird (Mk 12,9 par), legt Mt 21,43 dahingehend aus, daß "euch" die Basileia genommen wird und sie einem "Volk" gegeben wird, das "deren Früchte tut". Zu der Konsequenz eines Bruchs zwischen Judentum und Christentum kommt man von da aus erst, indem man "euch" als das ganze jüdische Volk im Gegensatz zu jenem anderen "Volk" versteht[3]. Im direkten Kontext jedoch beziehen nur die jüdischen Autoritäten das Gleichnis auf sich (V.45), während das "Volk" Jesus für einen Propheten hält und damit zunächst vereitelt, daß Jesus in direkter Reaktion auf das Gleichnis verhaftet werden kann. Mt hätte diesen schwerwiegenden Unterschied zwischen den Autoritäten und dem Volk nicht markiert, wenn er nicht seiner Sicht von jenem anderen Volk entspräche, das die Früchte der Basileia tut: entsprechend der Zusammensetzung matthäischer Gemeinden gehören Juden *und* Heiden zu ihm[4].

Ein weiteres Argument für den angeblichen Bruch zwischen Mt und dem Judentum ist die Selbstverfluchung der Volksmenge in 27,25. Ein Verständnis dieser Aussage als bleibendes Stigma des ganzen jüdischen Volkes hat sich in der Alten Kirche jedoch erst im 3. und 4. Jhdt. herausgebildet[5]. Nach jüdischem Verständnis dagegen, das auch für Mt zugrunde zu legen ist, meinte die verwendete Formulierung immer ein Geschehen, das innerhalb von einer Generation eintrat[6]. Deshalb muß Mt die Selbstverfluchung auf den jüdischen Krieg bezogen haben. Damit gehörte

---

(1) Für eine Übersicht über die sehr viel differenziertere internationale Forschungsdiskussion vgl. G.Stanton, The Origin and Purpose of Matthew's Gospel..., in: ANRW II 25.3, S.1910ff

(2) So z. B. D.Marguerat, Le Jugement dans l'Evangile de Matthieu, 1981 S.386ff

(3) So z.B. W.Trilling, Das wahre Israel, 1959 S.43f; vgl. die frühchristliche Deutung von Mt 21,43 durch 5 Esra I,24, wo Jakob und Juda angesprochen sind - dazu G.N.Stanton, 5 Ezra and Matthean Christianity in the Second Century, in: JThS 28 (1977) S.73. Gegen eine Deutung von Mt 21,32 auf das jüdische Volk spricht sich z.B. aus: F.H.Gorman, When Law becomes Gospel, in: Listening 24 (1989), S.237

(4) E.K.Ch.Wong, 1991 S.131; vgl. auch O.L.Cope, Matthew. A Scribe trained for the Kingdom of Heaven, 1976 S.128

(5) F.Lovsky, Comment comprendre «son sang sur nos et nos enfants»? in: ETR 62 (1987) S.348; R.Kampling, Das Blut Christi und die Juden. Mt 27,25 bei den lateinischsprachigen christlichen Autoren bis zu Leo dem Großen, 1984

(6) So K.Haacker, "Sein Blut über uns". Erwägungen zu Matthäus 27,25, in: Kirche und Israel 1 (1986) S.48

das Gericht über Israel aus seiner Sicht der Vergangenheit an und hatte Raum für eine neue, positive Beziehung geschaffen.

Auch die Rede von "ihren" bzw. "euren" Synagogen beweist nicht das Gegenteil, da in 4,23; 9,35; 12,9; 13,54 jeweils konkrete örtliche Synagogen gemeint sind, die durch die Näherbestimmung von anderen Synagogen unterschieden werden[1]. Mehrere Synagogengemeinden existierten oft am gleichen Ort, unterschieden nach Sprache, Heimatland oder Berufsgruppen[2].

Demnach bleibt kein stichhaltiger Beleg dafür, daß Mt sich mit seinem Selbstverständnis "extra muros" befunden hätte. Aus heutiger Sicht neigen wir leicht dazu, die historische Situation zur Zeit des Mt zu schnell von ihrem Ergebnis her zu beurteilen - daß nämlich Christentum und Judentum sich später definitiv getrennt haben in einem Prozeß, der damals schon in Gang gekommen war. Diesen Ausgang der Geschichte konnte Matthäus noch nicht wissen. Er nahm die Spannungen sehr wohl wahr, aber hoffte noch auf ihre Beilegung.

Matthäus reflektiert eine Entwicklung im Verhältnis seiner Gemeinschaft zu anderen jüdischen Gruppen[3], die darin gipfelt, daß er in 28,15 erstmals "Ἰουδαῖοι" (aber nicht "οἱ Ἰουδαῖοι"[4]) als Gegenüber gebraucht: Zur Bestreitung der Auferstehung Jesu sollen die Hohenpriester eine konkurrierende Erklärung des leeren Grabes in Umlauf gebracht haben, die "bis heute" bei Juden im Umlauf ist. Es handelt sich also um eine gegenwärtige Erfahrung der Bestreitung durch konkurrierende jüdische Traditionsbildung.

Daß Matthäus den Konflikt mit den "Schriftgelehrten und Pharisäern" unter anderem mittels eschatologischer Ausgrenzungen führte, ist gerade ein Argument dafür, daß er sich gegenwärtig noch innerhalb derselben Religionsgemeinschaft mit ihnen verbunden wußte: "Wehe euch, ihr Schriftgelehrten und Pharisäer, ihr Heuchler, daß ihr das Himmelreich vor den Menschen verschließt. *Ihr kommt nämlich nicht hinein*, und die hineinwollen, laßt ihr nicht hinein" (Mt 23,13 vgl. 5,20). Von außerhalb des Judentums her bräuchte Mt sich nicht dafür zu interessieren, wem die genannten Gruppen das Himmelreich verschließen.

Schließlich greift Mt 17,17-24 in seiner matthäischen Verwendung die Diskussion darüber auf, ob man als Christ den Fiskus Judaicus bezahlen sollte. Diese kaiserliche Steuer hatte unter Vespasian die jüdische Tempelsteuer abgelöst. Der matthäische Jesus gibt zwar den Argumenten dafür recht, daß Christen von dieser Steuer frei seien (V.26), aber er spricht sich dennoch dafür aus, sie zu bezahlen. Dies ist ein deutliches Zeichen dafür, daß Matthäus entgegen innerchristlicher Kritik die Loyalität zum jüdischen Volk gerade in dessen gegenwärtig bedrückender Situation befürwortete[5].

Das hier vertretene innerjüdische Selbstverständnis des Matthäus ist keine unabdingbare Voraussetzung dafür, im Matthäusevangelium ein aktuelles Zeugnis für ein Christentum nach jüdischem Ritus zu sehen. Christentum nach jüdischem Ritus könnte auch getrennt vom rabbinischen Judentum existieren -

(1) Z.B. gegen U.Luz, Das Evangelium nach Matthäus, EKK I/1, 1985 S.70; S.Brown (The Matthean Community and the Gentile Mission, in: NT 22 (1980) S.215f) argumentiert, daß aus der genannten Formulierung nur zu schließen sei, Christen hätten eigene Versammlungen abgehalten. O.L.Cope (1976 S.126) schließt aus der Textstelle, daß die matthäischen Christen nicht der pharisäischen Synagoge angehörten, und daß diese in der betreffenden Gegend noch nicht die Alleinherrschaft gewonnen hatte.
(2) M.Hengel, Zwischen Jesus und Paulus, in: ZThK 72 (1975) S.178
(3) So St.H.Brooks, Matthew's Community, 1987 S.120ff
(4) Gegen S.Freyne, Unterdrückung von seiten der Juden..., in: Concilium 24 (1988), S.463
(5) Vgl. G.Bornkamm, Enderwartung und Kirche im Matthäusevangelium, in: Bornkamm/Barth/Held, Überlieferung und Auslegung im Matthäusevangelium, 1961 S.36

besonders nach der Zerstörung des Tempels, wo es den *einen* legitimen Kult nicht mehr gab, der die Einheit in wichtigen rituellen Vollzügen erforderte. Dennoch machen die starken Rücksichten des Evangelisten auf die Treue zur Torah weit mehr Sinn, wenn es ihr Ziel ist, das Band zu anderen jüdischen Gruppen nicht zerreißen zu lassen.

Wenn also für eine bei Matthäus lebendige Tradition die Torah gültige Lebensordnung der christlichen Gemeinde ist, so ist es nicht verwunderlich, daß Matthäus bzw. seine Traditionen eine Reihe von Ausdrucksformen der jüdischen Religion selbstverständlich voraussetzen: Mt 5,23 spricht von der Opfergabe auf dem Altar - natürlich dem des Jerusalemer Tempels. Mt 23,16-22 diskutiert die Bedeutung einzelner Schwüre und betont gegen eine pharisäische Auslegung, daß auch die Schwüre beim Altar und beim Tempel bindend sind. Eine solche Regelung ist nur sinnvoll, wo Altar und Tempel auch benutzt wurden, solange sie noch existierten. (vgl. aber die Schwurkritik Mt 5,34ff[1]).

Mt 24,20 setzt für christliche Gemeinden die Einhaltung der Sabbatruhe in einer Weise voraus, daß eine Flucht am Sabbat zum Problem würde[2]. Diese Besorgnis ist nicht alte palästinische Tradition, sondern der Sabbat ist vom Evangelisten selbst redaktionell zum "Winter" der Mk-Fassung hinzugefügt. Eine Sabbatfeier von christlichen Gruppen bezeugt noch Ignatius (um 110 n. Chr.) in IgnMg 9,1.

Wenn Matthäus den religiösen Autoritäten des Judentums eine auf das Äußerliche und Unwesentliche zentrierte Frömmigkeit vorwarf, so ist darin keine prinzipielle Kritik an den genannten jüdischen Ausdrucksformen wie Gebetsriemen und Quasten zu sehen, sondern nur an ihrem Mißbrauch: "Alle ihre Werke tun sie, um von den Menschen gesehen zu werden: sie machen ihre Gebetsriemen breit und die Quasten lang. Sie lieben den ersten Liegeplatz bei den festlichen Gelagen und den Vorsitz in den Synagogen, (sie lieben,) auf den Marktplätzen gegrüßt und von den Menschen 'Rabbi' genannt zu werden" (Mt 23,5-7 vgl. 6,2.16; 23,2.24 u.a.). Eindeutig ist es für das Almosen in 6,2 und das Fasten in 6,17, daß Matthäus beide als selbstverständliche Ausdrucksformen christlicher Frömmigkeit voraussetzt, und daß er sie nur hinsichtlich ihres öffentlichen Vollzugs, aber nicht wie Markus und die Didaché das Fasten auch hinsichtlich des Wochentags[3] von der Praxis des pharisäischen Judentums abgrenzt.

Ausdrucksformen wie der Berg (Mt 4,8; 5,1; 28,16), die Heilige Stadt (Mt 4,5) und der Lehrvortrag (Mt 5,1.19) sind nicht spezifisch jüdisch, aber bei Matthäus mit Sicherheit im Sinne jüdischer Tradition zu verstehen. Was das Gebet (Mt 6,5.9) anbelangt, stellt Matthäus mit dem Vater-Unser ein formuliertes

---

(1) Siehe unten S.74
(2) E.Schweizer, Christus und Gemeinde im Matthäusevangelium, in: ders, Matthäus und seine Gemeinde, 1974 S.46
(3) Siehe unten S.82

Gebet für den privaten Gebrauch vor, was nur für das Judentum, nicht aber für die anderen Religionen im syrischen Raum belegbar ist.
Interessant ist die große Bedeutung, die Mt dem Traum als Offenbarungsmedium mit nicht weniger als sechs Belegen beimißt (1,20; 2,12.13.19.22; 27,19). Träume mit Offenbarungsqualität kennen auch hellenistische Religionen[1], aber der hellenistische Geograph und Historiker Strabo nennt immerhin den Tempelschlaf mit Offenbarungsträumen als eine charakteristische Ausdrucksform der jüdischen Religion (Geogr XVI,2,35 vgl. 1 Sam 3,2ff). Dabei ist zu beachten, daß der jüdisch-christliche Gott sich auch Menschen im Traum offenbart, die nicht Juden oder Christen sind: Den Magiern aus dem Osten und der Frau des Pilatus. Von daher wäre vorstellbar, daß Matthäus auch die symbolische Handwaschung des Pilatus als einen Ritus im jüdischen Sinne (nach Dtn 21,6f) verstanden hat[2].

Für die Taufe ist schwer zu entscheiden, ob und wie weit das Christentum nach jüdischem Ritus darin über jüdisches Erbe hinausging. Der rituelle Vollzug einer einmaligen Taufe als Eintauchen oder Begießen mit Wasser wurde wohl unverändert von Johannes dem Täufer übernommen[3], der seinerseits in ein Umfeld weiterer jüdischer Täufersekten eingebettet gewesen sein dürfte[4]. Abweichend war vermutlich nur die Deutung als Geistestaufe (so die Logienquelle in Mt 3,11)[5].

Überschreitung des jüdischen Erbes

Natürlich hat das insgesamt nach jüdischem Ritus lebende Christentum sich im Gebrauch mancher Ausdrucksformen von anderen jüdischen Gruppen abgegrenzt. Eine solche Entwicklung ist normal, wenn man etwa die essenische Selbstabgrenzung bis hin zur Ausbildung eines eigenen Kalenders bedenkt. Als eindeutiger Beleg dafür ist die völlige Verwerfung der Ausdrucksform "Schwur" in einer Tradition des matthäischen Sonderguts (Mt 5,34-37) zu nennen.

Wie weit für die Feier des Abendmahles ähnliches gilt, ist schwerer zu beurteilen. Zumindest für die jährliche Feier des Seder-Abends muß die christliche Abendmahlsüberlieferung eine schwerwiegende Umdeutung mit sich gebracht haben, die sicher nicht ohne Veränderung des rituellen Vollzuges vor sich ging. Wolfgang Huber rechnet damit, daß die Urgemeinde sich von Anfang an nicht mehr an der Schlachtung des Passah-Lammes im Tempel beteiligt hat. Das Argument dafür ist allerdings e silentio: die urchristliche Literatur überliefert kei-

---

(1) Z.B. den Schlaf im Asklepios-Heiligtum, wobei Anweisungen für die richtige Behandlung von Krankheiten erhofft werden; siehe unten S.96
(2) So E.Schweizer, Das Evangelium nach Matthäus, NTD 2, [3]1981 S.333
(3) G.Barth, Die Taufe in frühchristlicher Zeit, 1981 S.37ff
(4) Die in der Regel dafür strapazierten mandäischen Texte zeigen ein Selbstverständnis, das Johannes den Täufer einschließt, aber vor ihn zurückgreift. Diese Linie ist jedoch zu spät und zu unsicher belegt, als daß sie sichere Rückschlüsse auf vorchristliche Taufrituale erlauben würde. Dazu: K.Rudolph, Art. Mandäer/Mandäismus, in: TRE Bd. XXII (1992) S.23
(5) Eine Spiritualisierung als entfernte Parallele zur Geistestaufe gibt es in Qumran: "... und er wird über sie sprengen den Geist der Wahrheit wie Reinigungswasser" (1 QS IV,21; zitiert nach D.Zeller, Kommentar zur Logienquelle, [2]1986 S.21)

ne spätere Trennung von der Feier des Passah-Mahles[1]. Dieses Argument ist nicht zwingend, da die Quellen über eine christliche Loslösung vom jüdischen Ritus insgesamt sehr lückenhaft sind. Fest steht jedoch, daß das Christentum nach jüdischem Ritus - und sogar das Christentum darüber hinaus - wichtige Elemente der jüdischen Passahfeier beibehalten hat. So gab es im frühen Christentum wie im Judentum eine Lesung aus der Torah, anhand derer die Bedeutung der Passah-Nacht erläutert wurde[2]. Noch weit schwerer wog, daß sich der Termin des christlichen Osterfestes weit über das Christentum nach jüdischem Ritus hinaus nach dem jüdischen Passahfest-Termin des 14. Nisan richtete. Für diesen Termin wurden später sogar jahrhundertelange innerchristliche Auseinandersetzungen in Kauf genommen, die auf dem Konzil von Nicäa (325) zur Abspaltung der sogenannten Quartodezimaner (benannt nach dem 14.) führten[3].

Wie alle jüdischen Bewegungen einschließlich der Essener benutzte das Christentum nach jüdischem Ritus hellenistische und andere aus fremden Kulturen übernommene Formen.

Am deutlichsten ist dies beim Exorzismus, der nicht zum israelitischen Erbe gehört, jedenfalls nicht zu dem vom Alten Testament legitimierten[4]. Dem Judentum zur Zeit des Neuen Testaments waren dagegen Exorzismen geläufig, z. B. die Exorzismen des Eleazar, von denen Josephus als Augenzeuge berichtet (Ant VIII,46-48). Eleazar leitete sich dabei von einer angeblich salomonischen Tradition her.

Nach dem neutestamentlichen Befund muß als sicher gelten, daß Exorzismen von Jesus praktiziert wurden. Zwar fehlen sie in der johanneischen Tradition, aber bereits die auf dem Boden des Christentums nach jüdischem Ritus stehende Logienquelle weiß davon (Lk 11,20 par Mt 12,28).

Mt kürzt zwar die Dämonenschilderungen des Markusevangeliums[5], aber an den Exorzismen als solchen macht der torahtreueste Evangelist keine Abstriche: Mt 10,8 überträgt die Exorzismen aus der markinischen Aussendung (Mk 6,7 par Mt 10,1) in das Aussendungsmaterial der Logienquelle, wo von Exorzismen nicht die Rede war[6]. Dieser redaktionelle Eingriff in der gegenwartsbezogenen[7] matthäischen Aussendungsrede ist nur sinnvoll, wenn Exorzismen

(1) W.Huber, Passa und Ostern, 1969 S.8
(2) So W.Huber 1969 S.4 mit Verweis auf die Osterpredigt des Melito von Sardes.
(3) Dazu W.Huber, 1969 S.61ff
(4) K.Thraede (Art. "Exorzismus", in: RAC VII (1969) Sp. 57) spricht davon, daß das Alte Testament "viele Arten von Dämonenbannung" spiegele. Die Belege seiner Gewährsleute (vor allem A.Jirku, Die Dämonen und ihre Abwehr im Alten Testament, 1912) zeigen bestenfalls apotrophäisches Gedankengut, aber keine Exorzismen im Sinne der neutestamentlichen Epoche.
(5) Vgl. unten S.104ff
(6) So die Rekonstruktion bei D.Zeller, 1986 S.45f
(7) Mt zieht gegenwartsbezogenes Material aus der Markusapokalypse (Mk 13,9ff) vor in die Aussendungsrede (Mt 10,17ff)

zur Zeit des Evangelisten nicht nur von anderen christlichen Gruppen (vgl. Mt 7,22)[1], sondern auch in seinen eigenen Missionsgemeinden praktiziert wurden - d. h. eben in Gemeinden, die nach jüdischem Ritus lebten.

Die Perikope von der Syrophönikierin steht in ihrer vormarkinischen Fassung auf einem Standpunkt der Abgrenzung gegenüber Nichtjüdischem. Aus dem gleichen Grund wie beim Centurio von Kapernaum handelt Jesus aus der Ferne - da er nämlich sonst ein heidnisches Haus betreten müßte - und vollzieht dabei einen Exorzismus (Mk 7,29f).

Toleranz nach außen

Als prinzipielle Haltung gegenüber den nichtjüdischen Religionen seiner Umwelt bietet Matthäus für das Christentum nach jüdischem Ritus eine ausdrückliche Feststellung, daß sie als systemfremd anzusehen sind: In Mt 18,17 ist "ὁ ἐθνικος και ὁ τελωνης" Paradigma für den außerhalb der eigenen Religionsgemeinschaft stehenden Menschen. Mt 6,7 wertet eine für die Kulte der Umwelt typische Art des Gebetes ab, nämlich das Gebet unter Benutzung vieler geprägter Anredefloskeln, aber ohne vorformulierten Gebetstext: "Wenn ihr betet, dann sollt ihr nicht leer daherreden wie die Heiden. Sie glauben nämlich, daß sie in ihrem Wortreichtum erhört würden". Der folgende Vers fordert zu einem bewußt davon unterschiedenen Verhalten von Christen auf: "Seid ihnen nicht ähnlich (μη οὖν ὁμοιωθητε αὐτοις)". So gedeutet wird religiöser Vollzug zum Mittel der Abgrenzung - in diesem Fall das Beten des "Vater Unser". Mt 6,32 hat eine ähnliche Abgrenzung hinsichtlich des Gebetsinhaltes aus der Logienquelle übernommen.

Das Christentum nach jüdischem Ritus war sich seines Gegensatzes zu paganen Kulten sehr bewußt, aber es entschied sich deutlich dagegen, den darin angelegten Konflikt von seiner Seite aus als Feindschaft zu gestalten. In einer Überlieferungskette vielleicht von Jesus selbst über die Logienquelle zum Matthäusevangelium bewahrte es die Aufforderung zur Feindesliebe (Mt 5,43-48), deren religiöse Dimension in der antiken Welt auf keinen Fall von der politischen und zwischenmenschlichen abgelöst werden kann: als Feinde und Verfolger erlebt wurden in erster Linie Menschen, die anderen religiösen Überzeugungen anhingen. Dies galt in besonderer Weise noch einmal vom jüdischen Blickwinkel aus, wo die einfache Bevölkerung sehr unter den Wirren vor, während und nach dem jüdischen Krieg zu leiden hatte. Das Wortfeld "Feind" in Mt 5,43-48 ist voll auch von religiösen Implikationen: "schlecht" und "ungerecht" zu sein hieß nach jüdischem Verständnis ganz wesentlich, nicht nach der Torah zu leben, und Gegenbild des Feindes ist der "Nächste", d. h. der jüdische Volks- und Glaubensgenosse.

Solchen fremdreligiösen "Feinden" nicht mit Haß und Gewalttätigkeit zu begegnen, war eine bewußte Selektionsentscheidung gegen ein weit verbreitetes sowohl heidnisches wie auch jüdisches Verhaltensmuster. Die Perikope weiß sehr wohl, gegen welches Erbe sie sich dabei entscheidet:

---

(1) Siehe unten S.183

die Formulierung "du sollst deinen Feind hassen" ist *kein* Gebot der Torah (sie steht vielmehr im Widerspruch zu Lev 19,33f u. a.), aber sie war Handlungsmaxime sowohl jüdischer Widerstands- kämpfer wie auch ihrer andersgläubigen Gegner seit den Makkabäerkriegen. Auch die heidnische Seite dieses Erbes ist in Mt 5,47 ganz ausdrücklich genannt. Am Beginn des jüdischen Krieges starben tausende von Menschen noch vor den eigentlichen militärischen Kampfhandlungen da- durch, daß sich in vielen Städten mit gemischter Bevölkerung der angestaute Haß zwischen den Religionsgemeinschaften grausam entlud (Josephus, Bell II,462ff).

Wenn nun Gott, "der die Sonne heraufführt über Schlechte und Gute, der reg- net über Gerechte und Ungerechte" (Mt 5,45) zum Vorbild gemacht wird für ein davon abweichendes Verhalten unter Rückgriff auf alttestamentliche Tra- ditionen der Feindesliebe, so begründet dies ein Gebot ausdrücklich auch ge- gen jede *religiös* verbrämte Gewaltanwendung, gegen jeden haßerfüllten Aus- drucks eines Konfliktes zwischen Religionen.

Gestützt auf ein solches Gottesbild getraute Matthäus sich auch, das Prinzip von Religionsausübung als Abgrenzung gegenüber der heidnischen Umwelt an einigen Stellen zu durchbrechen: Im Sondergut des Mt findet sich die bereits diskutierte Spiritualisierung der Selbstkastration (Mt 19,11f)[1]. Dies ist eine po- sitive Bezugnahme auf eine pagane Ausdrucksform syrischer Religiosität, die Mt als Symbol für den radikalen Wandel in der religiösen Biographie von Hei- denchristen benutzt. Der Zusammenhang mit dem Kult der syrischen Göttin von Hierapolis wurde oben begründet. Zwar wurde die Selbstkastration nicht in den christlichen Vorrat von Ausdrucksformen übernommen - abgesehen von vereinzelten Mißverständnissen wie dem des Origenes - aber eine für Juden und Griechen abstoßende syrische Ausdrucksform wurde ironischerweise gera- de zum Bild für *den* Bekehrungsvorgang gemacht, der Menschen vom syri- schen Heidentum wegführen sollte. Außerdem muß in dem Bild die Assozia- tion an eine tatsächliche christliche Ausdrucksform mitgeschwungen haben: an die Ehelosigkeit vor allem der Wandercharismatiker, die damit von den Nor- men der jüdischen Gesellschaft fast genauso weit abstachen wie Eunuchen[2].

Dieser überraschend sorglose sprachliche Umgang mit einer heidnischen Aus- drucksform ist vielleicht das Erstaunlichste, was das Neue Testament unter dieser Fragestellung zu bieten hat.

Weniger erstaunlich, aber doch bemerkenswert ist der Umgang des Matthäus mit der Astrologie. Mt übt keine grundsätzliche Kritik an der astrologischen Überzeugung der Magier aus dem Osten (Mt 2,1-12)[3]. Daß dies nicht vorneh- me Zurückhaltung ist, zeigen die genannten Gegenbeispiele, wo Mt sich von heidnischer Gebetspraxis scharf abgrenzen konnte. Zwar liegt eine gewisse Abwertung darin, daß die Magier sechs Kilometer vor Bethlehem mit ihrer Astrologie nicht mehr weiterkommen (2,1), während die Heilige Schrift dies

(1) Siehe oben S.52
(2) Siehe unten S.157
(3) Diese Sicht verdanke ich zu einem guten Teil kritischen Anfragen von K.Berger an die zunächst von mir vertretene Gegenmeinung

durch den genauen Hinweis auf den Geburtsort überbietet (2,5f), aber Mt stellt nicht in Abrede, daß die Astrologie zutreffend auf den Messias Jesus hinweist: der Stern bleibt schließlich genau über dem Ort stehen, wo sich das Kind befindet (Mt 2,9).

Mit der Integration astrologischen Denkens steht Mt in gut jüdischer Tradition: im Alten Testament und in jüdischen Schriften können Sterne und ihre Konstellationen Vorzeichen wichtiger Ereignisse sein, während die Verehrung von Gestirnsgottheiten verworfen wird[1]. Mt bietet in 24,30 einen zusätzlichen Hinweis für die Anerkennung astrologischer Ausdrucksformen: das kosmische Szenario der Markusapokalypse ergänzt er durch ein "σημειον" des Menschensohns "ἐν οὐρανω". Analog zur Geburt Jesu wird auch sein Kommen zum Gericht der Völkerwelt zuerst über ein astrologisches Signal offenbar.

Mt 2,1-12 geht allerdings über eine positive eigene Verwendung astrologischen Denkens hinaus: die grundsätzlich arrangierende Verhältnisbestimmung wird ja verwirklicht an fremdreligiösen Vertretern der Astrologie, was mesopotamische oder persische "Magoi" sicher waren. Mt unternimmt nichts, um irgendeine Form der Abwendung von ihrer bisherigen Überzeugung darzustellen[2].

Ein gemeinsames Interesse zwischen Mt und den Magiern - damit ein Anreiz zum Arrangement - bestand darin, daß die Magier mit ihrer Deutung des Sterns Vertreter einer gemeinorientalischen (d. h. weit über Syrien hinaus verbreiteten) Erwartung waren, daß nämlich aus dem Orient eine Herrschaft hervorgehen werde, welche die westliche Fremdherrschaft beenden würde: "Der Grund dieser Verwüstung und Verwirrung wird sein, daß der Name Roms, in dem jetzt die Welt regiert wird, von der Erde vertilgt wird und die Herrschaft nach Asien zurückkehrt; dann wird der Orient wieder herrschen und der Okzident dienen" (Hystaspesorakel nach Lactantius, Divinae Institutiones VII,15,11)[3]. Durch Sueton ist belegt, daß sich auch die Motivation für den ersten jüdischen Krieg in diese gesamt-vorderasiatische Erwartung einordnen ließ: "Über den ganzen Orient hatte sich die alteingewurzelte Meinung verbreitet, es stehe in den Sprüchen der Gottheit, daß in jener Zeit (Männer) aus Judäa aufbrechen und sich der Weltherrschaft bemächtigen werden..." (Vespasian IV,5)[4].

Natürlich vertrat Mt keinen politischen Messianismus, aber er hatte ein Interesse daran, den Anspruch von Vespasian und Titus zu bestreiten, die diese Erwartung auf sich beziehen ließen und ihr so den antirömischen Impuls nahmen. Einem wichtigen Element der zeitgenössischen Kaiserideologie setzte Mt die Behauptung entgegen, daß die Erwartung eines Königs aus dem Osten bereits durch Jesus Christus erfüllt sei[5]. Auf die Proskynese persischer Magier konnte sich im übrigen auch die Kaiserideologie berufen: eine solche war geschehen im Rahmen einer persischen

(1) O.Böcher, Jüdischer Sternglaube im Neuen Testament, in: Benzig/Böcher/Mayer (Hg.), Wort und Wirklichkeit, Teil I, 1976 S.53ff
(2) Siehe oben S.54
(3) Zitiert nach H.G.Kippenberg, "Dann wird der Orient herrschen und der Okzident dienen", in: W.Bolz/W.Hübner (Hg.), Spiegel und Gleichnis, Festschrift J.Taubes, 1983 S.43; vgl. außerdem Sib III,652; Apk 16,12 und das ägyptische Töpferorakel, dessen Weiterinterpretation in die römische Kaiserzeit hinein durch die Texttradition belegbar ist (So A.Momigliano, Some Preliminary Remarks on the "Religious Opposition" to the Roman Empire, in: Entretiens sur l'antiquité classique 33 (1986) S.112; Der Text des Töpferorakels ist herausgegeben von L.Koenen, in: Zeitschrift für Papyrologie und Epigraphik 2 (1968), S.206f).
(4) Zitiert nach H.G.Kippenberg, 1983 S.42; vgl. Tacitus, Hist. V,13,2; Josephus, Bell VI, 312-314
(5) Mündlicher Hinweis von G.Theißen

Gesandschaft zu Nero im Jahr 66 n. Chr[1].

Durch die positive Darstellung der Magier Mt 2,1-12 und den eigenen Gebrauch einer astrologischen Ausdrucksform Mt 24,30 wird der universale Geltungsanspruch des matthäischen Missionsbefehls nicht geschmälert, sondern der Anspruch Christi als Herrscher und Richter aller Völker wird gerade dadurch profiliert, daß die Astrologie - selbst ein System mit umfassendem Geltungsanspruch - in seinen Dienst gestellt wird.

Die Darstellung der "μαγοι" in Mt 2 läßt Vorsicht darin geboten sein, die zurückdrängende Rezeption markinischer Dämonendarstellungen bei Matthäus gerade als antimagische Äußerungen zu interpretieren[2]. Matthäus hatte ein völlig anderes Bild von Magie, als eine solche Deutung unterstellen muß: mit Magie verband er offensichtlich viel eher den persischen oder babylonischen Weisen als volksreligiöse Vorstellungen davon, wie man Gewalt über Dämonen bekommt. Deshalb bedarf die zurückhaltende Aufnahme der markinischen Konzeption bei Mt einer anderen Erklärung. Bei Markus lassen sich Darstellungen von Dämonen als Chiffren für konkrete Phänomene paganer Religiosität erweisen[3]. Was Matthäus zurückdrängt, ist gerade diese Konkretisierung: In der Perikope von den beiden gadarenischen Besessenen Mt 8,28-34 ist gegenüber Mk 5 gerade nicht die Vorstellung des Exorzismus als solche unterdrückt, sondern konkrete Anspielungen: der Dämonenname "Legion", die Gottesbezeichnung "Theos Hypsistos"[4], die Darstellung des Besessenen nach dem Modell des heidnischen Menschen aus Jes 65,4 sowie die Abhebung des Geheilten davon[5].

Die markinische Anspielung an Jes 65,4 impliziert die Abwertung heidnischer Menschen als unzivilisiert. Matthäus hatte in einer anderen sozialen Umwelt ein anderes Bild von den Religionen außerhalb der jüdisch-christlichen Tradition und wollte deswegen diese Konzeption nicht an seine Leser weitergeben. Für seine eigene Person am Ideal eines Schriftgelehrten orientiert (vgl.13,52), hatte er auch für die fremden Religionen seiner Umgebung gebildete Kreise im Blick - eben wie die sterndeutenden "Magoi".

Alles in allem zeigt so Matthäus als Vertreter eines Christentums nach jüdischem Ritus eine relativ große Offenheit und Gesprächsbereitschaft seiner heidnischen Umwelt gegenüber. Es ist gut denkbar, daß wir uns tatsächlich das Christentum nach jüdischem Ritus insgesamt als weltoffen vorzustellen haben, zumal ja das Diasporajudentum dieser Zeit insgesamt zu Offenheit bereit war, sofern es nicht durch aktuelle Feindseligkeiten zu einer schärferen Selbstabgrenzung gezwungen war.

---

(1) M.Hengel/H.Merkel, Die Magier aus dem Osten..., in: Orientierung an Jesus, Festschrift J.Schmid, 1973 S.152
(2) Gegen E.Käsemann, Begründet der neutestamentliche Kanon die Einheit der Kirche? in: Exegetische Versuche und Besinnungen, Bd.I 1960 S.215; O.Böcher, Matthäus und die Magie, in: L.Schenke (Hg.), Studien zum Matthäusevangelium, FS W.Pesch, 1988 S.12 u.ö.
(3) Siehe unten S.105ff
(4) Siehe unten S.107
(5) Siehe oben S.53

2.2. Christentum als eigenes System von Ausdrucksformen

Verzicht auf die Beschneidung

Während wohl ein guter Teil auch der syrischen Heidenchristen nach jüdischem Ritus lebte, ergab sich eine völlig andere Ausgangslage durch die Entscheidung einiger Missionare, bei der Bekehrung von Heiden auf die Beschneidung zu verzichten.

Unbeschnittene Heidenchristen mußten gleichzeitig auf den Gebrauch vieler anderer Ausdrucksformen der jüdischen Religion verzichten: Vom heiligen Bezirk des Jerusalemer Tempels waren sie ab dem zweiten Vorhof ausgeschlossen - damit von allen Vollzügen, die an den Tempel gebunden waren. Auch die Teilnahme an jüdischen Mahlfeiern war ihnen unmöglich.

Nach der Zerstörung des Tempels fielen die Gründe dieser Ausgrenzung zum Teil weg. Die Grenze zwischen Christentum nach jüdischem Ritus und torahfreiem Christentum kann dadurch fließender geworden sein. Ignatius scheint ein beschneidungsfreies Christentum weitgehend nach jüdischem Ritus zu kennen: "Wenn euch jemand Judentum (Ἰουδαισμός) verkündet, hört nicht auf ihn. Denn es ist besser, von einem Mann, der die Beschneidung hat, Christentum zu hören als von einem Unbeschnittenen Judentum" (IgnPhld 6,1). Damit ist vielleicht zu erklären, daß im Matthäusevangelium (ebenfalls nach der Zerstörung des Tempels) die Beschneidung keine Rolle spielt[1].

Alternativ zur Judaisierung der Neubekehrten hat sich das Christentum als Religion mit eigenständig tragfähigem Vorrat an Ausdrucksformen organisiert. Dieser Vorgang setzt die Entscheidung für eine *gezielte* Heidenmission voraus, während ein Christentum nach jüdischem Ritus lange vor dieser Entscheidung als reines Judenchristentum bezeugt ist. Der zeitliche Abstand berechtigt dazu, die Entstehung dieser neuen Form von Christentum als eine *Veränderung* zu beschreiben, die tatsächlich ursächlich mit der Aufnahme von Heiden zusammenhängt. Ein Christentum, das sich von der Mitbenutzung des jüdischen Vorrats an Ausdrucksformen unabhängig macht - dies ist *der* entscheidend neue Schritt in der Geschichte des Urchristentums. Erst recht gilt das im Hinblick auf die weitere Geschichte des Christentums: Das Christentum als eigenständiges System von Ausdrucksformen ist auf lange Sicht zur Normalgestalt von Christentum geworden.

"Veränderung" ist dabei jedoch nicht in dem Sinne zu verstehen, daß dies Neue das Alte sofort verdrängt habe. Das Christentum als eigenes System von Ausdrucksformen trat vielmehr *neben* das Christentum nach jüdischem Ritus.

Wegen der Abhängigkeit dieser Entwicklung von der antiochenischen Entscheidung für eine gezielte Heidenmission hatte Wilhelm Bousset recht damit, den wichtigsten Einschnitt "zwischen Jerusalem und Antiochia" zu plazieren[2]. Dagegen ist seiner Begründung nicht zuzustimmen, daß nämlich auf dem Weg nach Syrien die Aufnahme fremdreligiöser Elemente in das Christentum einen qualitativen Sprung erfahren habe. Der Schritt zum torahfreien Christentum war nicht in erster Linie dadurch gekennzeichnet, daß neue Ausdrucksformen und neues Gedankengut zum Christentum hinzugekommen wären, sondern vor allem hat sich das Christentum vieler Elemente

---

(1) Siehe unten S.150
(2) W.Bousset, Kyrios Christos, 1913 S.VI

entäußert, die aus der Identität des Christentums nach jüdischem Ritus kaum wegzudenken gewesen wären. Zu diesem Zeitpunkt wurde das Christentum sozusagen aus dem bergenden Schoß der jüdischen Mutterreligion heraus "geboren" - ein kleiner, nackter und unausgereifter Organismus, der nun selbständig lebensfähig werden mußte.

Konzentration auf christliche Spezifika

Charakteristisch für die Neuorganisation des Christentums war deshalb vor allem eine verstärkte Nutzung all der Ausdrucksformen, die bisher im Christentum nach jüdischem Ritus den spezifisch christlichen Überbau zum allgemein Jüdischen gebildet hatten. Die Bedeutung der einzelnen Ausdrucksformen mußte sich innerhalb der neuen Konstellation zwangsläufig verändern; dem einzelnen Element kam ein wesentlich größeres Gewicht zu.

Die Taufe als das eine schon vorhandene Zeichen der Bindung an Jesus mußte nun ganz den Platz der Beschneidung ausfüllen, d. h. sie mußte das maßgebliche Zeichen der Zugehörigkeit zur Religionsgemeinschaft werden. Die dadurch bedingte Aufwertung der Taufe zeigt sich in der immer stärkeren Betonung von Taufvorbereitung:

Während in der apostolischen Zeit ohne weiteres spontan getauft werden konnte (z. B. Apg 8,37f; 10,48), fordert die Didaché eine Taufvorbereitung in Form einer umfangreichen Unterweisung (7,1) und des ein- oder zweitägigen Fastens von Täufer und Täufling. Die Entwicklung setzte sich bis ins dritte Jahrhundert fort mit der Entstehung des in der Regel dreijährigen Katechumenats.

Versammlungen von Christen waren unter den Voraussetzungen eines torahfreien Christentums nicht mehr Ergänzung zum jüdischen Gottesdienst, sondern mußten die tragende Funktion im Vollzug der Religion übernehmen. Das Abendmahl als das eine schon vorhandene Element einer christlichen Feier wurde zum Kern des christlichen Gottesdienstes.

Das wird beispielsweise deutlich an den Schwerpunkten, welche die Didaché setzt: Ihre Anordnungen zum Gottesdienst regeln allein die Gebete zur Eucharistiefeier (9,1-10,7) und das auf die Eucharistiefeier bezogene Sündenbekenntnis (14,1). Ignatius schreibt über die gottesdienstliche Versammlung: "Beeilt euch also, häufiger zur Eucharistie Gottes und zu seiner Ehre zusammenzukommen..." (IgnEph 13,1; vgl 20,2).

Die christliche Predigt brauchte im Christentum nach jüdischem Ritus nur eine missionarische Funktion zu erfüllen. Nun mußte sie auch voll die Funktion der Gemeindeunterweisung übernehmen - als Ersatz für die Predigt in der Synagogengemeinde.

Charismatische Ausdrucksformen dürften sich in diesem Zusammenhang ebenfalls vom missionarischen zum auch gottesdienstlichen Gebrauch entwickelt haben. Die pneumatische Beauftragung des Barnabas und des "Saulus" zur Mission von Antiochia aus setzt einen gottesdienstlichen Rahmen voraus: "Als sie dem Herrn Dienst verrichteten (λειτουργουντων δε αὐτων τω κυριω) und fasteten, sprach der heilige Geist..." (Apg 13,2). Die Didaché fügt den vorformulierten Abendmahlsgebeten an: "Den Propheten aber stellt anheim, Dank zu sagen, soviel sie wollen" (10,7). Ignatius dürfte von einer prophetischen Eingebung in gottesdienstlicher Versammlung sprechen, wenn er schreibt: "Ich schrie, als ich inmitten (von euch) war (μεταξυ ὠν), ich redete mit lauter Stimme, mit Gottes Stimme: 'Haltet zum Bischof, dem Presbyterium und den Diakonen'... Der

Geist aber hat verkündet, indem er dies sprach..." (IgnPhld 7,1f)[1].

Als Ergänzung zu den weiterbenutzten Gebeten und Gesängen aus jüdischer Tradition - der Psalter blieb immer in christlichem Gebrauch - entstanden vermehrt eigene christliche Gebete und Gesänge (z. B. Phil 2,6-11; Röm 11,33-36; IgnEph 7,2).

Die Didaché schreibt den Christen drei Gebetszeiten am Tag (8,3) vor, an denen sie das Vater-Unser beten sollen. Die Anzahl der Gebetszeiten ist dabei aus dem jüdischen Erbe übernommen, aber die jüdischen Gebetstexte sind ersetzt durch die aus dem Matthäusevangelium übernommene Formulierung. Diese Selektionsentscheidung ist sehr ausdrücklich als Abstandnahme akzentuiert: "Betet auch *nicht wie die Heuchler*, sondern, wie der Herr in seinem Evangelium befohlen hat, so sollt ihr beten..." (Did 8,2).

Die Feier des ersten Wochentags (unseres Sonntags) als Tag der Auferstehung Jesu scheint erst im torahfreien Christentum größere Bedeutung gewonnen zu haben[2]. Durch die tragende Funktion eines christlichen Gottesdienstes und durch den Verzicht auf die Feier des Sabbat mußte sie sehr aufgewertet werden und zum Kern einer christlichen Wochentagsordnung werden. Den Übergang dazu spiegeln die Notizen am Ende des Johannesevangeliums wider, wo die Jünger Jesu nicht nur am Auferstehungssonntag selbst (Joh 20,19), sondern auch am darauffolgenden Sonntag (20,26) versammelt waren und die Gegenwart des Auferstandenen erlebten (ausdrückliche Nachricht über die Substitution des Sabbats durch den Sonntag Barn 15,8f; vgl. auch IgnMg 9,1; Did 14,1). Alle früheren Zeitangaben des Johannesevangeliums hatten - wie vorher ausgeführt - dem jüdischen Festkalender entsprochen.

Darüber hinaus bezeugt die Markustradition (Mk 2,20) den Freitag[3], die Didaché (8,1) zusätzlich den Mittwoch als eigene christliche Fastentage in ausdrücklicher Abgrenzung zu den jüdischen Fastentagen Montag und Donnerstag.

Begrenzung kostspieliger Ausdrucksformen

Über den Verzicht auf jüdische Ausdrucksformen und ihren Ersatz durch eigene Ausdrucksformen hinaus ist für den Vorrat an Ausdrucksformen des torahfreien Christentums zu berücksichtigen, daß es außerhalb der jüdischen Mutterreligion bei Konflikten mit dem römischen Staatskult schnell schwierig wurde, politischen Einfluß zugunsten des Christentums geltend zu machen. Außerdem waren die finanziellen Resourcen in starkem Maße gebunden durch

---

(1) Für diese Stelle weist W.R.Schoedel (Die Briefe des Ignatius von Antiochien, 1990 S.325) darauf hin, daß lautes Schreien in der griechisch-römischen Umwelt als Zeichen göttlicher Einwirkung beurteilt wird (engste Parallele: Phlegon, Mirabilia 31).
(2) Für die Feier des jährlichen Festes der Auferstehung Jesu wurde vor allem im Christentum nach jüdischem Ritus der Termin des 14. Nisan höher bewertet als der Wochentag - d. h. das Osterfest fiel in der Regel nicht auf einen Sonntag. Siehe dazu oben S.75
(3) M.Waibel, Die Auseinandersetzung mit der Fasten- und Sabbatpraxis Jesu in urchristlichen Gemeinden, in: G.Dautzenberg/H.Merklein/ K.Müller (Hg.), Zur Geschichte des Urchristentums, 1979 S.67

die Priorität der Armen- und Gefangenenversorgung (Mt 25,35f; Apg 6,1; 11,29; Joh 12,5.8; 13,29; Did 13,4; Justin, 1 Apol 13; 67) sowie der Unterstützung von Wanderpredigern (vgl. Lk 8,3; 10,8; Did 12,2).

Diese ungewöhnlichen religiösen Ausdrucksformen sind Außenstehenden aufgefallen. Über die Versorgung von Peregrinos im Gefängnis durch seine Mitchristen schreibt Lukian: "dann... geschah alle Aufwartung nicht nebenbei, sondern mit Eifer, und gleich frühmorgens war zu sehen, wie alte Frauen, einige Witwen und Waisenkinder neben dem Gefängnis warteten..." (Pereg 12). Lukians Darstellung, daß dabei eine bedürftige Personengruppe anderen Bedürftigen auf der Tasche lag, wird hoffentlich verzeichnet sein. Wertvoll ist seine Darstellung jedoch als außerchristliche Nachricht darüber, daß christliche Gefangene nicht (wie üblich) auf die Versorgung durch ihre Angehörigen angewiesen waren, sondern von der Gemeinde versorgt wurden.

Wegen solcher Prioritäten hat das Christentum sich beim Aufbau eines eigenen Systems von Ausdrucksformen ansonsten weitgehend auf Formen beschränken müssen, die unabhängig von Reichtum und politischem Einfluß verfügbar waren. Viele kostspielige oder politisch bedeutsame Ausdrucksformen wären für das torahfreie Christentum allein schon aus diesem Grund nicht in Frage gekommen - insbesondere der Aufbau von sakralen Gebäuden und eines aufwendigen Kultes mit öffentlichem Charakter. Demnach ist nicht jedes Fehlen von Ausdrucksformen aus dem religiös-kulturellen Erbe der Umwelt zwangsläufig und nur als Abstoßung im Sinne einer bewußten Selektionsentscheidung zu beurteilen.

Als sich im vierten Jahrhundert die materiellen und politischen Voraussetzungen wandelten, griff das Christentum ohne Bedenken auf die heidnische Bauform der Basilika zurück[1]; es organisierte den Aufbau von Kircheninnenräumen wie in den großen heidnischen Tempeln nach dem Prinzip von Hauptraum und einem um mehrere Stufen erhöhten Allerheiligsten[2], und es baute bis zu deren Verbot per Konzilsbeschluß auch Altäre mit Abflußrinnen ähnlich den heidnischen Trankopferaltären[3].

Gegenüber den schon genannten Gründen sollte die Schichtenzugehörigkeit von Christen als Argument für notwendige Einschränkungen nicht zu hoch bewertet werden. Für Syrien weist K. Bauer darauf hin, daß die Christen der neutestamentlichen Zeit zu einem großen Teil in Städten lebten und der griechischen Bevölkerungsgruppe angehörten, was einen erheblichen Vorteil für den Sozialstatus bedeutete[4]. Lukas setzt in Apg 11,29 voraus, daß die Gemeinde

(1) Die älteste Basilika Syriens war das Kaisareion von Antiochia, ein später dem Kult des göttlichen Julius Caesar geweihtes Gebäude aus dem 1.Jhdt.v.Chr. Dazu G.Downey, A History of Antioch in Syria, 1961 S.154
(2) Vgl. dazu die Abbildung einer Rekonstruktion des sehr gut erhaltenen Innenraums im sogenannten Bacchustempel von Heliopolis-Baalbek bei F.Ragette, Baalbek, 1980 S.48f
(3) So heute noch zu sehen in der Klosterkirche Mar Sarkis in Ma'alula (Antilibanon); über einen heidnischen Altar mit vier Abflußrinnen berichtet D.Sourdel, Les cultes du Hauran..., 1952 S.106
(4) K.Bauer, Antiochia..., 1919, S.20 in Abgrenzung gegen A.Deissmann, Licht vom Osten, 41923 S.6. Einen angeblich niedrigen sozialen Stand der syrischen Christen benutzt noch M.Hengel (The Interpretation of the Wine Miracle..., in: Hurst/ Wright, The Glory of Christ in the New Testament. Studies in Christology in Memory of G.B.Caird, 1987 S.105 Anm.85) als Argument, das Johannesevangelium nicht nach Syrien lokalisieren zu wollen.

von Antiochia zu überregionalen Hilfeleistungen in der Lage war[1], daß sie nicht in Gütergemeinschaft lebte und daß bei der Festsetzung einer Spendenregelung soziale Unterschiede zu berücksichtigen waren. Apg 13,1 nennt Menahen, der mit Herodes Antipas zusammen erzogen worden war (also einen Oberschichtangehörigen) als Prophet und/oder Lehrer dieser Gemeinde[2].

Das Christentum mutete seiner Anhängerschaft den Verzicht auf attraktive religiöse Ausdrucksformen der jüdischen wie der hellenistisch-syrischen Kultur zu. Andererseits begünstigte die Möglichkeit der Religionsausübung fast unabhängig von materiellen Bedingungen die Ausbreitung des Christentums und machte es anpassungsfähig an Situationen, wo es in Opposition zum Staat und im Untergrund tätig sein mußte.

Taufe und Abendmahl wurden so geregelt, daß sie den Umständen angepaßt werden konnten. Das Wasser der Taufe und die Elemente des Abendmahls waren die einzigen materiellen Dinge, die für den Vollzug christlicher Religion unbedingt erforderlich waren. Sie konnten je nach Verfügbarkeit unterschiedlich gebraucht werden: Für die Taufe war das Untertauchen in einem Fluß erwünscht, Mindestforderung war aber nur das dreimalige Begießen des Kopfes (Did 7,1-3). Das Abendmahl war als Sättigungsmahl gemeint (Did 10,1), wo aber ein Sättigungsmahl für die ganze Gemeinde nicht verfügbar war, genügten die Elemente Brot und Wein (vgl. 1 Kor 11,22; 10,16). Als Versammlungsräume dienten Privaträume von Angehörigen der Religionsgemeinschaft. Die Verwendung von eigens für religiöse Zwecke reservierten Gebäuden ist erst im 3. Jhdt. nachweisbar[3]. Das torahfreie syrische Christentum war vermutlich nach· der samaritanischen die zweite Religionsgemeinschaft in diesem Kulturraum, die ihre Religion nur in Privathäusern ausüben konnte, auch ohne dabei auf ein auswärtiges Zentralheiligtum orientiert zu sein. Während der römischen Prinzipatszeit folgten darin noch das Judentum (nach der Zerstörung des Tempels; als Synagogen sind zu dieser Zeit ebenfalls nur umgebaute Privathäuser nachweisbar[4]) und der Mithraskult, der ab etwa 140 n. Chr. auf der Basis umgebauter Privathäuser in Syrien Fuß faßte [5].

Schriftgebrauch

Die jüdischen Heiligen Schriften sind in den torahfreien Gemeinden Syriens in Geltung geblieben - zunächst ganz als stellvertretende Inanspruchnahme anstelle eigener heiliger Schriften.

Dabei ergaben sich zwei Probleme: zum einen war die vollständige Wiedergabe der ganzen jüdischen Bibel auf Pergament oder Papyrus so kostspielig, daß vermutlich nicht einmal jede Gemeinde sich diese Investition leisten konnte. Für die Gemeinde, in der Matthäus sein Evangelium schrieb, rekonstruiert Ulrich Luz, daß wohl eine Jesajarolle vorhanden war, aber keine Jeremiarolle und kein Dodekapropheton[6]. Sogar lange nach der konstantinischen Wende besaßen viele Gemeinden keine ganze Bibel, wie christliche Bibliothekskataloge zeigen[7].

---

(1) H.Dieckmann, Antiochien. Ein Mittelpunkt urchristlicher Missionstätigkeit, 1920 S.20f
(2) J.Weiß, Das Urchristentum, 1917 S.127
(3) In Syrien die Hauskirchen von Dura Europos (232/3 n.Chr.) und Qirqbize (Ende 3.Jhdt. n.Chr.)
(4) L.M.White, Building God's House, 1990 S.62ff
(5) L.M.White, 1990 S.47ff
(6) U.Luz, Das Evangelium nach Matthäus, EKK I,1 1985 S.135
(7) Brieflicher Hinweis von Christoph Markschies (Tübingen)

Zum anderen ergab sich die Frage, wie diese Schriften zu interpretieren seien, wenn die kultischen Vorschriften der Torah einzuhalten für unbeschnittene Heidenchristen gar nicht möglich war. Dieser Umstand förderte die Spiritualisierung von religiösen Ausdrucksformen, die in den heiligen Schriften geregelt waren, auf deren Gebrauch das torahfreie Christentum aber verzichten mußte.

Die Anfänge der Spiritualisierung des Tempels sind dadurch verhüllt, daß die vermutlich älteste Tradition als falsche Zeugenaussage vorgeführt wird. Mk 14,58 spricht von einem "anderen, nicht von Händen gemachten (ἄλλον ἀχειροποίητον)" Tempel, der binnen drei Tagen den von Händen gemachten ersetzen soll (vgl. Apg 6,14). Joh dagegen weist dieselbe Tradition als authentisches Jesuswort aus (2,19) und deutet die Spiritualisierung auf den "Tempel seines (Jesu) Leibes" (2,21). Joh spiritualisiert außerdem zwei andere, mit dem Tempel verbundene Äußerungen: Die Proskynese im Tempel (Joh 4,19-23) und die von Hesekiel angekündigte Tempelquelle (Joh 7,38f). Ignatius spiritualisiert den Tempel (IgnEph 9,1; 15,3; IgnMg 7,2; IgnPhld 7,2), den "Opferraum (θυσιαστηριον)" (IgnEph 5,1f; IgnTrall 7,2) und den Opferaltar (IgnMg 7,2) auf die Menschen der kirchlichen Gemeinschaft, insbesondere auf die Gemeinschaft mit dem Bischof und mit Christus im eucharistischen Gottesdienst (vgl. noch IgnPhld 9,1). Auch die Spiritualisierung des Tempels bei Paulus (1 Kor 3,16; 6,19f; 2 Kor 6,16) dürfte auf eine syrische oder durch die syrische Kirche vermittelte Tradition zurückgehen.

Jüdische Opfer des Tempelkultes werden spiritualisiert in Apg 10,4 zu Gebeten und Almosen (vgl. zu letzterem Phil 4,18; Justin 1 Apol 13); in der Didaché zur Eucharistiefeier (weshalb das an das Opfer gebundene Versöhnungsgebot aus Mt 5,23 darauf angewandt wird: Did 14,1-3). Das ursprünglich kultisch gemeinte biblische Gebot über die Erstlingsopfer überträgt die Didaché auf Abgaben an die in den Gemeinden niedergelassenen Propheten mit der Begründung "sie nämlich sind eure Hohepriester" (13,3.5-7). Die Terminologie des Opfers erscheint außerdem bei Paulus (Phil 2,17) und Ignatius (IgnEph 8,2; 2,2 u.ö.) in Anwendung auf die Bereitschaft bzw. den Willen zum Martyrium. Die in der Rede des Stephanus benutzte Tradition der Apg und das Thomasevangelium spiritualisieren die Beschneidung (Apg 7,51; EvThom 53 vgl. Phil 3,3; Röm 2,29)[1].

Die eigentlich identitätsstützende Bedeutung der jüdischen Heiligen Schriften bestand in den torahfreien Gemeinschaften nicht mehr darin, Ordnung des Kultes und des täglichen Lebens zu sein, sondern sie bestand im Wert der Schrift als ein Zeugnis, das auf Jesus als den Messias vorauswies.

Diesen Gegensatz hebt am deutlichsten das Johannesevangelium hervor. Die Torah ist für Joh etwas, das "euch" (angesprochen sind Juden) gegeben wurde (Joh 7,19 vgl. 8,17; 10,34; außerdem 3. Person Plural in 15,25 und 1. Person Plural im Mund von Juden 7,51; 12,34). Torahkritisch und gleichzeitig schon auf das überbietende Heilsgeschehen durch Jesus hinweisend betont Joh, daß die jüdischen Heiligen Schriften und das von ihnen berichtete Heilshandeln nicht für sich allein Quelle des Lebens sein können: "Ihr durchforscht die Schriften, weil ihr meint, in ihnen ewiges Leben zu haben... und ihr wollt nicht zu mir kommen, damit ihr Leben habt" (Joh 5,39f). In diesem Sinne sind Mose und Jesus einander antithetisch gegenübergestellt: "Die Torah wurde durch Mose gegeben; die Gnade und die Wahrheit sind durch Jesus Christus geworden" (Joh 1,17). In dieser Aussage gehört Mose bzw. die Torah nicht mehr zur christlichen Identität, sondern geradezu zur Gegen-Identität, von deren Überwindung man lebt.

Bezogen auf ihren Wert als Zeugnis (so 5,39b vgl. 8,17) für Jesus als den Christus aber kann Joh Aussagen der jüdischen Heiligen Schriften und Worte Jesu einander gleichrangig zuordnen: "Als er von den Toten auferweckt war, erinnerten sich seine Jünger, daß er dies gesagt hatte, und sie glaubten der Schrift und dem Wort (τη γραφη και τω λογω), das Jesus gesagt hatte" (Joh 2,22).

---

(1) In alttestamentlichen und jüdischen Quellen vorgeprägt Lev 26,41; Jer 4,4; 6,10; Ez 44,7.9 LXX; 1 QS 5,5; 1 QHab 11,13

Speziell im Zusammenhang mit diesem Gebrauch als Zeugnis steht bei Joh sogar die Aussage, daß die Schrift nicht aufgelöst werden könne (10,35). An zahlreichen Einzelstellen wird die so begründete Berufung auf die jüdischen Heiligen Schriften durchgeführt: unter solcher Berufung geben die ersten Jünger die Entdeckung des Messias einander weiter (1,51), die Tempelreinigung wird durch ein Schriftzitat begründet (2,17), die Schlange in der Wüste und die Jakobsleiter werden zu Typologien für das Jesusgeschehen (3,14 bzw. 1,51).

Entsprechend beginnt auch Markus sein Evangelium mit einem aus drei Schriftstellen kombinierten Zitat (Mk 1,2f nach Ex 23,20; Mal 3,1; Jes 40,3). Damit signalisiert er von Anfang an seine Absicht, sich auf die jüdische Bibel als Zeugnis des Evangeliums zu berufen. Er gebraucht den Gedanken der Schriftinspiration (Mk 12,36) und den Begriff der Erfüllung alttestamentlicher Verheißungen (Mk 14,49; der Sache nach noch 13,14; 14,27). Die markinische bzw. von Markus benutzte Passionsgeschichte verwendet eine Vielzahl von Modellen aus der jüdischen Bibel für ihre Darstellung, angefangen vom Einzug in Jerusalem (Mk 11,2-7), der entsprechend Sach 2,10; 9,9; 14,4 gestaltet ist, über das Abendmahl und die Gethsemane-Szene bis hin zur Kreuzigung mit mehreren Motivanspielungen an Ps 22 und andere Stellen des Alten Testaments.

Auch bei Johannes häufen sich vom Einzug in Jerusalem an die Bezugnahmen auf die Schrift. Manches, was in der markinischen Passionsgeschichte nur Anspielung ist, wird bei Joh durch ausdrückliche Zitate an Schriftstellen gebunden (Joh 12,14f; 13,18; 19,24.28). In sieben Fällen innerhalb der Passionsgeschichte und der Abschiedsreden werden bei Joh Schriftstellen ausdrücklich durch den Erfüllungsgedanken auf Jesus bezogen (12,38; 13,18; 15,25; 17,12; 19,24.28.36). Zwei weitere Schriftzitate in 12,39.41 sind ohne Wiederholung des Erfüllungsbegriffs an 12,38 angehängt.

Neben Matthäus mit seinen zehn Erfüllungszitaten und zwei weiteren Anwendungen des Verbs "πληροω" auf die Schrift ist Joh damit ein durchaus vergleichbarer Vertreter der Erfüllungstheologie. In seiner Konzentration auf das Passionsgeschehen[1] übertrifft Joh sogar die drei Belege des Mt innerhalb der Passionsgeschichte bei weitem. Für Johannes ist vor allem das Kreuzesgeschehen Erfüllung der Schrift, während Mt eine ganze Reihe von Zitaten darauf verwendet, Jesus als den davidischen Messias zu erweisen. An diesen Schwerpunkten zeigen sich deutlich unterschiedliche Interessen von Christentum nach jüdischem Ritus und torahfreiem Christentum für ihre jeweilige Identitätsbeschreibung.

Johannes bezieht den Erfüllungsgedanken nicht nur auf die Schrift, sondern auch auf Worte Jesu (18,9.32). Darin bestätigt sich die oben vorgetragene Deutung von Joh 2,22: hinsichtlich ihres Zeugnisses über Jesus sind Schrift und Worte Jesu einander gleichrangig zugeordnet.

Als Konsequenz dieses Gedankens traten mit der Zeit eigene christliche Schriften neben die jüdischen Heiligen Schriften, um das Zeugnis der Worte Jesu und seiner Apostel festzuhalten. Im torahfreien Christentum, das die jüdi

---

(1) W.Rothfuchs, Die Erfüllungszitate des Matthäus-Evangeliums, 1969 S.176

schen Heiligen Schriften in gebrochenerem Verhältnis benutzte als das Christentum nach jüdischem Ritus, wird diese Entwicklung schneller vorangetrieben worden sein. Im Lauf von 150 Jahren kam es schrittweise zum geregelten gottesdienstlichen Gebrauch christlicher Schriften und zur Kanonisierung als Heilige Schrift des Neuen Testamentes.

Nachdem das Matthäusevangelium nur die jüdischen Heiligen Schriften zitiert, seine christlichen Quellenschriften (das Markusevangelium und die Logienquelle) aber verarbeitet (d. h. nicht als Heilige Schrift benutzt), könnte der Redaktor der Didaché erste Ansätze dazu zeigen, eben dieses Matthäusevangelium als Heilige Schrift zu benutzen: An vier Stellen beruft er sich bei seinen Anweisungen auf Anordnungen des "εὐαγγελιον" (8,2; 11,3; 15,3.4)[1]. Die letzte Redaktionsschicht des Johannesevangeliums, die sich klar vom Christentum nach jüdischem Ritus getrennt hat, versteht das von ihr herausgegebene Evangelium selbst schon ansatzweise als Heilige Schrift (20,30f vgl. 21,24f).

Selektionsentscheidungen und Konflikte gegenüber der nichtjüdischen Kultur

Eine Übernahme von hellenistischen Ausdrucksformen im torahfreien Christentum über das hinaus, was durch Judentum und Christentum nach jüdischem Ritus ohnehin schon vermittelt war, steht in direktem Zusammenhang mit dieser Entstehung christlicher Schriften: sie betrifft nämlich einen Teil der literarischen Gattungen, die neutestamentliche und spätere Schriften verwenden. Dabei handelt es sich sowohl um religiöse als auch um nichtreligiöse, um literarische und vorliterarische Gattungen[2].

Eine ganze Reihe von Ausdrucksformen hatte das torahfreie Christentum wie das Christentum nach jüdischem Ritus sowohl mit dem israelitisch-jüdischen als auch mit paganem hellenistischen und syrischen kulturellen Erbe gemeinsam: Gebet, Hymnus, Mahlfeier, Formen von Askese und Ekstase, Titel, Ätiologien, die mythischen Kategorien von Himmel (kritische Stellungnahme dazu allerdings in EvThom 3) und Weltanfang usw.

Wie oben am Beispiel der Sühnopfervorstellung gezeigt wurde[3], ist bei so allgemein verbreiteten Kulturgütern die Frage nach einem bestimmten Weg der Übernahme oder des kontinuierlichen Gebrauchs fast unbeantwortbar. Insgesamt ist zuzugestehen, daß das Christentum in Fragen der genauen Ausgestaltung entsprechend der Herkunft der Mehrzahl seiner Mitglieder in manchen Fällen mit der paganen Kultur gegangen ist. Der forschungsge-

(1) Dazu K.Niederwimmer, Die Didache, KAV Bd.I, 1989 S.71-78, besonders S.76f
(2) Zur Abgrenzung urchristlicher Schriften von "Literatur" und "Rhetorik" vgl. F.Overbeck, Über die Anfänge der patristischen Literatur, Sonderausgabe Darmstadt 1954, S.16ff; M.Dibelius, Geschichte der urchristlichen Literatur, Neudruck München 1975, S.15ff; F.Siegert, Argumentation bei Paulus, 1985 bes. S.243. Eine umfassende Zusammenstellung der Zusammenhänge zwischen hellenistischen und frühchristlichen Gattungen bietet K.Berger, Hellenistische Gattungen im Neuen Testament, in: ANRW II 25.2 (1984) S.1031ff und S.1831ff; dort S.1039ff und S.1377f die Gegenposition zu Overbeck, Dibelius u.a.
(3) Siehe oben S.61ff

schichtlich umstrittenste Gebrauch einer solchen weit verbreiteten Ausdrucksform ist die Anwendung des Kyrios-Titels auf Jesus [1].

Es dürfte als erwiesen gelten, daß es im Bereich des Christentums nach jüdischem Ritus eine Entwicklung von der aramäischen Anrede "Mar" bzw. "Mare" zum absoluten Gebrauch von "ὁ κύριος" als Bezeichnung des Gekommenen und des Wiederkommenden gab[2]. Der entscheidende Schritt im Gebrauch des Kyrios-Titels war die Übertragung alttestamentlicher, auf Gott bezogener κύριος-Aussagen auf Jesus, beginnend mit dem doppelten κύριος in Ps 110,1 (vgl. Mk 12,36; Apg 2,36) und fortgesetzt mit Aussagen wie Jes 40,3 und Joel 3,5[3]. Dieser Schritt ist am ehesten im torahfreien Christentum denkbar, wo die jüdischen Heiligen Schriften nicht mehr gemeinsam mit nichtchristlichen Juden gelesen und ausgelegt wurden, sondern in eigenen christlichen Gottesdiensten. Damit war das Christentum in den Stand gesetzt, zwischen dem *einen* Gott und dem *einen* Kyrios zu unterscheiden (so 1 Kor 8,6), und zeitgleich zur verstärkten Verwendung des Kyrios-Titels in traditionellen hellenistischen Religionen und im Herrscherkult[4] seinen eigenen Gebrauch des Kyrios-Titels konkurrierend daran anzunähern[5]. So ist der Kyrios-Titel im torahfreien Christentum nicht aus der hellenistischen Umwelt übernommen, aber seine genaue Verwendung ist eher eine hellenistische als eine traditionell jüdische.

Für den Johannes-Prolog wird diskutiert, daß es sich bei einem Teil seines Wortbestands um die Inanspruchnahme eines außerchristlichen Hymnus handeln könnte. Wegen der komplexen Diskussionslage sei dies nur als Problemanzeige vermerkt.

Der eventuelle außerchristliche Ursprung braucht kein gnostischer zu sein, wie Rudolf Bultmann angenommen hat[6]. Dagegen steht die Schwierigkeit, daß ein gnostisches System im syrischen Raum zu dieser Zeit nicht nachweisbar ist und daß der Johannesprolog mit seiner ungnostischen Schöpfung durch den Logos nicht die Beweislast eines ältesten Beleges tragen kann. Wenn überhaupt, so ist eher an einen außerchristlichen Hymnus aus einer nichtgnostischen Täufersekte zu denken[7].

Die jüdische und auch in syrischer Tradition angelegte Verwerfung von Kultbildern und anderen gegenständlichen Repräsentationen wird von christlichen Autoren auch außerhalb des jüdischen Ritus wiederholt: "Das göttliche Gesetz verbietet also nicht nur, sich vor Kultbildern niederzuwerfen, sondern auch vor den Elementen, vor Sonne, Mond und den übrigen Sternen. Außerdem (verbietet es), den Himmel, die Erde, das Meer, Quellen oder Flüsse kultisch zu verehren, sondern allein dem wahren Gott und Schöpfer des Alls soll man dienen in Heiligkeit des Herzens und in lauterer Gesinnung"[8].

Der Gebrauch von Kultbildern war deshalb *der* entscheidende Ansatzpunkt für

---

(1) Ausgelöst durch die Darstellung bei W.Bousset, Kyrios Christos, 1913, insbes. S.116-120
(2) So F.Hahn, Christologische Hoheitstitel ³1966 S.74ff
(3) F.Hahn, 1966 S.113ff vgl. M.Hengel, Der Sohn Gottes, 1975 S.120-125. Daß "Kyrios" dabei in der LXX nur gelesen, nicht geschrieben wurde, spricht nicht dagegen: entscheidend ist die Zitationsweise im NT.
(4) Vgl. F.Hahn, 1966 S.69
(5) Die Konkurrenz ist schon herausgestellt bei W.Bousset, 1913 S.119f
(6) R.Bultmann, Das Evangelium nach Johannes, ¹⁹1968 S.12ff
(7) So H.M.Schenke, "Er muß wachsen, ich aber muß abnehmen" - Der Konflikt zwischen Jesusjüngern und Täufergemeinde im Spiegel des Johannes-Evangeliums, in: Chr.Elsas/ H.G.Kippenberg (Hg.), Loyalitätskonflikte in der Religionsgeschichte, Festschrift C.Colpe, 1990 S.305f
(8) Theophilos, Autol II,35 vgl. I,1; Röm 1,23; Justin, 1 Apol 9; 24

Konflikte nicht nur zwischen Judentum und heidnischen Kulten, sondern auch zwischen torahfreiem Christentum und den Religionen seiner Umwelt. Für die Formulierung von Paulus in 1 Thess 1,9 ist weithin anerkannt, daß sich darin nicht nur die persönliche Auffassung des Paulus niederschlägt, sondern die allgemein von der frühesten christlichen Heidenmission benutzte Gegenüberstellung: Die paganen Gottheiten sind εἴδωλα im Gegensatz zum lebendigen und wahren Gott.

"Eidola" ist dabei der abwertende Gebrauch eines Wortes für Kultbilder im Sinne von "Götzen", dessen Bedeutung schon im alttestamentlichen Gebrauch schwankt zwischen von Menschenhand gemachten Kultbildern (z. B. Jes 44,9ff) und der in jüdische Volksreligion eingedrungenen bzw. dort überlebenden Dämonenvorstellung (z. B. Dtn 32,17). In eben diesem uneinheitlichen Sinne verwendet Paulus den Eidola-Begriff für seine Diskussion mit der korinthischen Gemeinde über das Verbot von Götzenopferfleisch und über ekstatische Ausdrucksformen[1].

Indem Paulus Formulierungen seiner korinthischen Diskussionpartner aufnimmt, gesteht er die völlige Bestreitung der Existenz fremder religiöser Wirklichkeit zu (1 Kor 8,4; 10,19), d. h. die Gültigkeit der einen von beiden alttestamentlichen Positionen, daß nämlich heidnische Gottheiten *nur* von Menschenhand gemachte Kultbilder seien. Im weiteren Verlauf schränkt Paulus dies aber jeweils wieder ein (1 Kor 8,5f; 10,20f) und setzt unabhängig davon die Existenz fremder Gottheiten als Dämonen voraus (1 Kor 12,2). Der antiochenischen Heidenmission, von der Paulus herkam, wird eher eine Abwertung fremder Gottheiten zu negativ verstandenen Dämonen geläufig gewesen sein als die völlige Bestreitung ihrer Existenz bzw. ihre Reduktion auf die Kultbilder allein.

Über den Gebrauch von Kultbildern hinaus zeigt die Polemik gegen heidnische Kulte von seiten des späteren torahfreien Christentums die Verwerfung auch von Ausdrucksformen, die im Judentum bzw. in der israelitischen Tradition in Gebrauch waren. So spottet Theophilos v. Antiochia über die Ausdrucksform heiliger Orte:

"Warum wurde der Olymp genannte Berg einst von Göttern bewohnt, jetzt aber findet er sich einsam? Oder warum wohnte Zeus einst auf dem Ida... jetzt aber weiß man nichts mehr davon? Weswegen war er auch nicht überall, sondern in einem Teil der Erde zu finden? Entweder vernachlässigte er nämlich das Übrige, oder er war unfähig, überall zu sein und für alles zu sorgen..." (Autol II,3). Justin verwarf materielle Opfer (1 Apol 9f; 12f), wie sie immerhin für die matthäische Tradition vor der Zerstörung des Jerusalemer Tempels noch selbstverständlich gewesen waren.

Die Didaché verwirft verschiedene mantische und magische Ausdrucksformen einschließlich astrologischer Berechnungen, die im zeitgenössischen Judentum in Gebrauch waren. "Mein Kind, werde kein Vogelschauer, weil das zur Kultbildverehrung führt. Werde auch nicht Beschwörer, (astrologischer) Mathematiker oder Reinigungszauberer und hege auch nicht den Wunsch, dieses zu sehen oder zu hören: aus dem allen nämlich wird die Kultbildverehrung geboren" (Did 3,4).

Der vom torahfreien Christentum in Syrien zusammengestellte eigenständig tragfähige Vorrat an Ausdrucksformen vermochte bald selbständig all die wesentlichen Funktionen religiöser Äußerungen abzudecken, die für andere reli-

---

(1) Siehe dazu unten S.184

giöse Symbolsysteme im gleichen Kulturraum charakteristisch waren, und zwa jeweils durch vollziehende, sprachliche und (wenn auch spärlich) gegenständli che Ausdrucksformen. In diesem auf Selbständigkeit angelegten Aufbau eine Vorrats an Ausdrucksformen äußert sich der Wille, tatsächlich ein eigenständi ges System von Ausdrucksformen zu realisieren, das weder zur jüdischen noc zu einer paganen Religion nur Überbau sein sollte. Religionsgeschichtlich be trachtet ist dies auffällig, da es im syrischen Kulturraum außer dem Judentun und eben diesem neu entstandenen torahfreien Christentum fast keine Reli gionssysteme mit selbständig tragfähigem Vorrat an Ausdrucksformen gab!

Damit ist nicht nur gemeint, daß in der paganen Umwelt Ausdrucksformen au fremden religiösen Traditionen übernommen und dann in eigenständigem Ge brauch benutzt wurden (dies gab es ja im Judentum und in dem dargestellte torahfreien Christentum auch). Charakteristisch für das Selektionsverhalte praktisch aller paganen Systeme war vielmehr, daß sie konkrete religiöse Äu ßerungen fremder Religionen in Anspruch nahmen, *stellvertretend für fehlend eigene Äußerungen* aus dem Bereich derselben Ausdrucksform. Es gab höch stens einige wenige religiöse Systeme, die ganz ohne diesen Typ von Selek tionsentscheidungen auskamen.

Einer der Hauptgründe für diese Verzahnung von Religionssystemen war di Tatsache, daß die griechischen und römischen Kolonisatoren in Syrien sich kei ne eigenen heiligen Orte als Standplätze für Tempel aussuchten: Heilige Ort waren nach ihrem Verständnis nicht frei wählbar, sondern waren mit Traditio nen über vorzeitliche und zeitlos gültige Erfahrungen göttlicher Gegenwar verknüpft. Deshalb haben Griechen und Römer in der für sie traditionslose syrischen Umgebung die heiligen Orte der traditionellen syrischen Kulte mit benutzt und sie mit ihren eigenen Mythen zu einem Sinnzusammenhang ver bunden.

Strabo referiert für die hellenistische Stadt Antiochia eine Gründungslegende, wonach Triptole mos von den Argiven auf die Suche nach Io geschickt worden war, die in Tyros verschwunder war. Nachdem Triptolemos und seine Begleiter ganz Kilikien durchsucht hatten, gaben sie am Orontes die Suche auf und blieben dort. Im Zusammenhang dieser Legende schreibt Strabo "Deshalb verehren die Antiochener (Triptolemos) als einen Heros und tragen ein Fest aus auf dem Berg Kasios bei Seleukia" (Geogr XVI,2,5).

An der Legende sind Namen und Motive griechisch, die Schauplätze aber befinden sich im syri schen Raum. Der von Strabo genannte Berg Kasios ist ein altsyrischer heiliger Berg - identisch mit dem Berg, auf dem der ugaritische Baal Zaphon wohnend gedacht wurde. In diesem und in ähnlichen Fällen tritt mitten in einem ansonsten griechischen Sinnzusammenhang an die Stelle des eigenständigen Gebrauchs einer Ausdrucksform (hier: "heiliger Ort") die Inanspruchnahme des Elementes eines fremden Religionssystems, das der fehlenden Ausdrucksform zugehört (hier ein heiliger Berg der traditionellen lokalen Religion).

Griechen und Römer hatten zur Prinzipatszeit in weiten Teilen Syriens mehr politische Macht und finanzielle Möglichkeiten als die einheimische Bevölke rung, und damit die besseren Voraussetzungen für den Bau und den Unterhalt von Tempelanlagen. In solchen Gebieten sind die Tempel fast ausschließlich mit griechischen Gottesnamen verbunden, weil sie von Griechen gebaut wurden. Deswegen gab aber die einheimische Bevölkerung ihre heiligen Orte nicht einfach auf. So löste eine stellvertretende Inanspruchnahme von heiligen Orten eine Kettenreaktion weiterer stellvertretender Inanspruchnahmen aus: die einheimische Religionsgemeinschaft nahm nun mangels eines eigenen Tempels den griechischen bzw. römischen Tempel stellvertretend in Anspruch; Kultbilder, Kultgeräte und ähnliches gehörten je nach örtlichen Verhältnissen ursprünglich einer von beiden Seiten zu, mußten aber ebenfalls von der jeweils anderen Seite stellvertretend in den eigenen Sinnzusammenhang mit einbezogen werden.

Andere Sinnsysteme erreichten einen tragfähigen Vorrat an Ausdrucksformen überhaupt nur durch die weitgehende Inanspruchnahme ganzer Sinnzusammenhänge aus Elementen fremder Religionen.

So verfügte beispielsweise die Astrologie nur über einen sehr begrenzten Vorrat an eigenen Ausdrucksformen (im wesentlichen nur die Namen von Gestirnen und Gestirnskonstellationen, Tierkreiszeichen und Planetenzeichen einschließlich ihrer ikonographischen Darstellungen, Horoskope als eine aus astronomischen Berechnungen gewonnene Zukunftsvorhersage bzw. Deutung von Vergangenheit). Für die meisten Anhänger der Astrologie diente ein solches Repertoire lediglich als Ergänzung für ihre Zugehörigkeit zu einem traditionellen Kult. In diesen Fällen war die Astrologie ein Überbau aus wenigen Ausdrucksformen zu heidnischen Kulten (oder auch zum Judentum), ähnlich wie es weiter oben für das Christentum nach jüdischem Ritus in seinem Verhältnis zum Judentum herausgestellt wurde. Da in allen für Syrien relevanten Sprachen die Namen der Planeten und wichtiger Fixsterne mit den Namen von Gottheiten bzw. anderen religiös-mythischen Größen übereinstimmten, ließ sich der Sternenhimmel als symbolische Abbildung der mythischen Welt verstehen und umgekehrt. Hyginus Mythographicus (2. Jhdt. n. Chr.) referiert einen volksreligiösen Mythos, der ein solches Verhältnis veranschaulicht: Ein Fisch soll einst der Syrischen Göttin Atargatis aus einer Not geholfen haben. Darauf ist es zurückzuführen, daß ein Fisch im Kult der Atargatis als heiliges Tier gilt. Gleichzeitig soll die Göttin zum Dank das Bild des Fisches unter den Sternen erstellt haben (Astronomica II,41 vgl. Fabulae 197). Es dürfte unmittelbar einleuchten, daß solche narrativen Verknüpfungen im Denken der Anhänger das Zusammenwachsen von kultischer und astrologischer Sinnstiftung zu *einem* Sinnsystem bewirkten.

Antisynkretistisches Bewußtsein

Vor diesem Hintergrund wäre es vom paganen syrischen Standpunkt aus das Normale und zu Erwartende gewesen, daß sich die christliche Bewegung bei ihrem Verzicht auf Beschneidung einfach von einem Überbau der jüdischen Religion in einen Überbau beliebiger heidnischer Kulte umgewandelt hätte. Das aus der gezielten Heidenmission in Antiochia und an anderen Orten hervorgegangene torahfreie Christentum ist diesen Weg jedoch nicht gegangen, sondern hat einen eigenständig tragfähigen Vorrat an Ausdrucksformen aufgebaut - weitgehend *ohne* stellvertretende Inanspruchnahme heidnischer Ausdrucksformen.

Diese Besonderheit darf man freilich auch nicht verabsolutieren. Der Unterschied und seine Grenzen lassen sich exemplarisch vorführen an den Ausdrucksformen, die in der paganen Umwelt Hauptgrund für stellvertretende Inanspruchnahmen waren: an heiligen Orten und Tempelgebäuden.

Die torahfreien Heidenchristen nahmen prinzipiell an keinem Tempelkult teil und benutzten auch nicht Tempelgebäude heidnischer Kulte als Ort für ihre eigene Religionsausübung. Paulus erwähnt zwar in seiner Diskussion um das Götzenopferfleisch, daß korinthische Christen an Mahlzeiten in heidnischen Kultgebäuden teilnahmen (1 Kor 8,10), aber sowohl Paulus als auch seine Diskussionspartner setzen dabei voraus, daß dies nur bzw. bestenfalls dann möglich ist, wenn diese Mahlzeit nicht als religiöse Veranstaltung verstanden wird, wenn also die Teilnahme unter der Maxime geschieht, daß die gastgebenden heidnischen Gottheiten Nichts sind.

Nach der Umwandlung von Jerusalem in die römische Kolonie Aelia Capitolina (135 n. Chr.) kamen Juden wie Christen in dieselbe Lage, in der sich viele syrische Kulte schon seit langem befanden: ihre wichtigsten heiligen Orte waren von den Römern okkupiert und mit römischen Tempeln bebaut. An dem Ort des bereits ein Menschenalter früher zerstörten jüdischen Tempels entstand ein Tempel für Jupiter Capitolinus; am Rande des neu angelegten Forums, wo die Christen die Hinrichtungsstätte und das Grab Jesu verehrt hatten, wurde ein kleinerer Jupitertempel gebaut und ein Venus-Heiligtum eingerichtet.

Für Juden und Judenchristen erübrigte sich die stellvertretende Inanspruchnahme dieser Stätten ohnehin, da ihnen das Betreten der Stadt bei Todesstrafe verboten war. Darüber hinaus hätte die stellvertretende Inanspruchnahme aber auch ihren eigenen Prinzipien widersprochen.

Eine heidenchristliche torahfreie Gemeinde gab es dagegen in Aelia Capitolina sofort wieder. Wie aus der Passahomilie des Bischofs und Jerusalem-Pilgers Melito von Sardes (Mitte 2. Jhdt.) zu entnehmen ist, zeigte diese Gemeinde weiterhin den anscheinend über das Niveau des Forums aufragenden Felsen oberhalb des Venus-Heiligtums als Hinrichtungsstätte Jesu[1]. Dies bedeutete zwar keine stellvertretende Inanspruchnahme des römischen Heiligtums, aber immerhin setzten sich die Christen einer gewissen Mißverständlichkeit aus. Rufin (Ende 4. Jhdt.) schreibt später darüber: "von den frühen Verfolgern wurde dort ein Kultbild der Venus fest angebracht, damit, wenn jemand von den Christen an jenem Ort Christus anbeten wollte, er Venus anzubeten schien" (HistEccl X,7). Der Verzicht auf stellvertretende Inanspruchnahme heidnischer Ausdrucksformen hatte demnach irgendwo auch Grenzen, aber die lagen ganz woanders als bei vergleichbaren paganen Überzeugungssystemen.

Dabei bedeutete der Aufbau eines eigenständig tragfähigen Vorrats an Ausdrucksformen für das torahfreie Heidenchristentum einen erheblichen Mehraufwand gegenüber dem Weg des geringsten Widerstands und brachte große gesellschaftliche Nachteile. Bei aller Veränderung, die das Christentum auf dem Weg über die gezielte Heidenmission zum torahfreien Heidenchristentum durchgemacht hat, liegt deshalb *gerade diesem Veränderungsprozeß eine klare antisynkretistische Tendenz* zugrunde, eine vom Weg des geringsten Widerstands signifikant abweichende Selektionsentscheidung. Wollte man die These einer Bewegung des Christentums hin zum Synkretismus an dem Veränderungsprozeß festmachen, wie ihn neutestamentliche Autoren und apostolische Väter sichtbar werden lassen, so würde man damit Mücken seihen und Kamele verschlucken.

---

(1) So G.Kretschmar, Festkalender und Memorialstätten Jerusalems in altkirchlicher Zeit, in: H.Busse/G.Kretschmar, Jerusalemer Heiligtumstraditionen in altkirchlicher und frühislamischer Zeit, 1987 S.62ff unter Berufung auf Melito von Sardes, 93,710; 94,712 und 94, 724-726 im Widerspruch zur Aussage der Evangelien und des Hebräerbriefs, daß Jesus außerhalb der Stadt gestorben sei. Bald nach Jesu Tod war der als Golgatha gezeigte Ort in das besiedelte Stadtgebiet einbezogen worden; in der Aelia Capitolina lag er fast im Zentrum. Der Widerspruch zwischen den neutestamentlichen Angaben und Melito spricht also gerade dafür, daß derselbe Ort gemeint ist.

Christianoi

Im Vergleich mit traditionellen Religionen blieb am torahfreien Christentum immer ein Mangel gegenständlicher Ausdrucksformen erkennbar. Als Folge davon wurde die neue Gemeinschaft von außenstehenden Zeitgenossen nicht unbedingt als Religion wahrgenommen[1], sondern auch als philosophische Bewegung oder religiöser Verein[2] - und darüber hinaus als eine auffällig dünkelhafte Gruppe, die sich im Gegensatz zu den meisten Philosophenschulen und Vereinen der Teilnahme am gesellschaftlich verbindlichen Kult entzog. Bei den Christen war es nicht schon im Stadtbild durch repräsentative Kultgebäude sichtbar, daß sie ein geregeltes religiöses Leben praktizierten. So gerieten sie zusätzlich in den Ruf des Atheismus - zusammen mit Menschen, die aus einer philosophischen Überzeugung heraus die traditionellen Formen der Kultausübung kritisierten und sich von ihnen abgewandt hatten (vgl. Lukian, Alex 25; 38).

Mit der so gearteten Wahrnehmbarkeit des Christentums von außen her steht offensichtlich die Bezeichnung "Christianoi" in direktem Zusammenhang, von deren erstmaliger Anwendung auf die Gemeinde in Antiochia Apg 11,26 berichtet.

Der dort für den Bezeichnungsakt verwendete Ausdruck χρηματιζειν ist ein Wort der Amtssprache[3] und die Endung des Namens selbst auf -ian spricht für eine lateinische Wortprägung[4]. Außerdem entspricht er einer üblichen Weise, wie die Bezeichnungen für religiöse Vereine gebildet wurden[5]. So hat die Deutung Plausibilität für sich, daß der Begriff "Χριστιανοι" bzw. "Christiani" von der römischen Obrigkeit geprägt wurde, und zwar in dem Moment, wo christliche Gruppen auch von außen her als eine Größe wahrnehmbar wurden, die von den jüdischen Grundlagen in der Torah und in der Anbindung an den Jerusalemer Tempelkult abdriftete[6]. Elias Bickermann dagegen schließt vom allgemein aktivischen Sprachgebrauch des Wortes "χρηματιζειν" auf eine Selbstbezeichnung der Gemeinde[7]. Man braucht die beide Positionen nicht gegeneinander auszuspielen, aber in der Folgezeit ist das lateinische Wort ziemlich kontinuierlich als Fremdbezeichnung nachweisbar (Tacitus, Annales XV,44,2; Plinius d. J., Epistulae X,96; Sueton, Caes VI,16,2; vgl. Apg 26,28), während für den einzig noch verbleibenden neutestamentlichen Beleg (1 Petr 4,16) die Verwendung als auch Selbstbezeichnung zumindest sehr fraglich ist. Als eindeutig christlicher Sprachgebrauch findet sich in der Frühzeit nur noch der "Christianismos" bei Ignatius von Antiochia.

Als Fremdbezeichnung enthielt "Christianus" schnell den Beigeschmack einer gegen die gesellschaftliche Norm verstoßenden Abkehr von den angestammten Religionen der Juden, Griechen und Römer. Dies weist deutlich auf den Vorgang, in dem Christen den jüdischen Ritus verließen und einen eigenständig

(1) So E.A.Judge, The Social Identity of the First Christians... in: Journal of Religious History 11 (1980), S.212f
(2) R.L.Wilken, Die frühen Christen wie die Römer sie sahen, 1986 S.46ff
(3) So E.Peterson, Christianus, in: ders., Frühkirche, Judentum und Gnosis, 1959 S.67ff
(4) H.G.Kippenberg, Die vorderasiatischen Erlösungsreligionen in ihrem Zusammenhang mit der antiken Stadtherrschaft, 1991 S.301
(5) R.L.Wilken, a.a.O.
(6) H.G.Kippenberg, 1991 S.300ff
(7) E.Bickermann, The Name of the Christians, in: ders., Studies in Jewish and Christian History, Bd.3, 1986 S.139ff

tragfähigen, auch von heidnischen Religionssystemen weitgehend unabhängigen Vorrat von Ausdrucksformen auszubilden begannen: hier hatte der Vorwurf eines Abfalls von den väterlichen Sitten seinen Anhalt und hier erwuchs die Notwendigkeit einer neuen, vom Judentum unterschiedenen Identitätszuschreibung. Daß der Titel "Christianoi" laut Apg 11,26 in Antiochia entstand ist also kein Zufall, sondern damit ist in spezifischem Sinne die Identität des torahfreien Christentums mit seinem Ursprung in Antiochia bezeichnet.

Eine Übernahme des Wortes "Christianus/Χριστιανος" als Selbstbezeichnung setzt dann voraus, daß die Konnotation der Trennung von früheren religiöser Bindungen als identitätsstiftendes Merkmal bejaht wurde. Dies entsprach zwar der sich herausbildenden Norm christlichen Selbstverständnisses, aber die starke Spannung zur herrschenden gesellschaftlichen Norm vermag vielleicht zu erklären, warum die negativ gemeinte Identitätszuschreibung nur sehr zögernd übernommen und zu einer gegengesellschaftlich-positiven eigenen Identitätsbeschreibung umgemünzt wurde.

Annäherung in Überbietung

Weniger Fähigkeit zum Ertragen von Spannungen erforderte sicherlich ein anderer Weg, dem von der gesellschaftlichen Norm abweichenden Selbstverständnis Ausdruck zu verleihen: Gruppierungen (vor allem) des torahfreien Christentums suchten in ihrem religiösen Vollzug und in ihrem Jesusbild bewußt die Nähe zu fremdreligiösen Ausdrucksformen und bemühten sich, diese nach deren eigenen Maßstäben zu *überbieten*. Damit blieben die Christen zumindest teilweise im Rahmen gesellschaftlich anerkannter Wertvorstellungen und konnten *gerade in den hervorgehobenen Unterscheidungsmerkmalen* um die Anerkennung durch Außenstehende werben - und natürlich auch um deren Bekehrung.

Um des Konflikts durch Überbietung (d. h. einer religionsausübenden Verhältnisbestimmung) willen nahmen christliche Gruppen Selektionsentscheidungen in Kauf, die für sich betrachtet als Übernahme paganer Elemente verstanden werden konnten. Ein solcher komplexer Zusammenhang von selegierenden und religionsausübenden Verhältnisbestimmungen macht zwei Perikopen aus dem Johannesevangelium verständlich, deren Bedeutung in der Forschungsgeschichte sehr umstritten war:

Namentlich genannte Religionssysteme außerhalb des biblischen Traditionsbereiches fehlen im Johannesevangelium völlig. Dies entspricht der aus dem Judentum in das torahfreie Christentum zunächst weitgehend übernommenen Gepflogenheit, neben dem eigenen Gottesnamen auch die Namen fremder Gottheiten nicht auszusprechen. Sehr deutlich wird diese Selektionsentscheidung bei Paulus in Röm 11,4, wo die Schreibweise τη Βααλ verwendet ist, um den Vorleser des Briefes daran zu erinnern, daß nicht τω Βααλ gelesen werden sollte, sondern τη αἰσχύνη[1].

Für die Heilung am Teich Bethesda (Joh 5,2-9) ist nicht sicher zu erweisen, daß sie sich auf einen außerjüdischen Sinnzusammenhang bezieht[2]. Beschrieben wird ein sakrales Gebäude, ein Wasserbecken, ein Vollzug, bei dem das Wasser in Bewegung kommt und Kranke in das Wasserbecken steigen, sowie eine Tradition, daß jeweils der erste, der das Wasser erreicht, dadurch gesund wird.

Die Bestätigung dieses Sinnzusammenhangs durch die Archäologie wirft Probleme auf: An der vom Johannesevangelium angegebenen Stelle wurden passende Wasserbecken mit Säulenhallen gefunden, die aber nicht zum Baden geeignet waren[3]. Direkt daneben ist eine Anlage von kleineren Becken in Höhlen nachweisbar, die religiösen Zwecken gedient hat[4]. Das Phänomen, daß Wasser in Aufruhr gerät, scheint zum Shiloahteich zu gehören. In der Erzählung des Joh mischen sich also drei verschiedene Ortstraditionen. Ebenfalls problematisch ist die Frage, zu welcher Religion die Heilanstalt in den Höhlen gehört: Nach 135 n. Chr. ist der Kult des Asklepios-Serapis dort nachweisbar[5]; religiöse Bedeutung hatte der Ort aber schon früher. Denkbar ist für die Zeit Jesu ebenfalls ein heidnischer Kult, denn das Gelände lag außerhalb der Stadt in direkter Nähe zur römischen Garnison[6]. Die Frage nach einer möglichen jüdischen Heilanstalt und ihrem Charakter hängt von der Beurteilung des Textbefundes ab. A. Duprez geht stillschweigend davon aus, daß die Vermischung verschiedener Ortstraditionen den Charakter nicht verändert hat, und kommt von daher zur Möglichkeit eines stark hellenisierten Engelskultes[7], während R. Riesner unter stärkeren Abstrichen am johanneischen Text mit einer Einrichtung des orthodoxen, evtl. essenischen Judentums rechnet[8].

Einwände gegen die Möglichkeit eines heidnischen oder stark hellenisierten Kultortes werden hauptsächlich aus apologetischem Interesse erhoben. Solche Bedenken sind unnötig, da die hier vorliegende Verhältnisbestimmung als Überbietung auf jeden Fall in sich schon apologetischen Charakter hat: Joh berichtet, wie Jesus einen auf die Heilwirkung des fremden Systems hoffenden Kranken anspricht, wie er die für diesen Menschen verhängnisvolle innere Gesetzmäßigkeit des fremden Systems durchbricht - daß nämlich immer nur der Schnellste zum Zuge kommt - und wie er den Kranken durch seine bloße Anrede heilt.

Schon unabhängig von den archäologischen Funden vor Jerusalem hat K. H. Rengstorf darauf aufmerksam gemacht, daß die Formulierung "ὑγιης γινεσ-θαι", die Joh viermal im Zusammenhang dieser Perikope verwendet (Joh 5,4.6.9.14) und die sonst im NT nicht belegt ist, genau so für die Asklepios-In-

---

(1) K.H.Rengstorf, Die Anfänge der Auseinandersetzung zwischen Christusglaube und Asklepiosfrömmigkeit, 1953 S.28
(2) Die Inanspruchnahme des heilsamen Wasserbeckens für jüdisch-christliche Tradition durch die Textergänzung V.3b.4 ist erst ab dem 5.Jhdt.n.Chr. textlich bezeugt.
(3) A.Duprez, Jésus et des dieux guérisseurs, 1970 S.34f
(4) A.Duprez, 1970 S.38ff
(5) A.Duprez, 1970 S.43
(6) So A.Duprez, 1970 S.97 und S.116f
(7) A.Duprez, 1970 S.124
(8) R.Riesner, Art. "Betesda", in: H.Burkhardt u.a. (Hg.), Das große Bibellexikon, Bd.1, 1987 S.195

schriften aus Epidauros typisch ist[1].

Ein Beispiel: "Ambrosia aus Athen war auf einem Auge blind... sie verlachte es als unglaublich und unmöglich, daß Lahme und Blinde gesund würden (ὑγιεις γινεσθαι) nur durch einen Traum. Als sie (im Heiligtum) schlief, hatte sie eine Traumerscheinung. Der Gott schien an sie heranzutreten und zu sagen: ich werde sie gesund (ὑγιη) machen. Als Lohn aber erbitte ich von ihr, ein silbernes Schwein im Heiligtum aufzustellen zur Erinnerung an die Torheit... Am Tag war sie gesund geworden (γενομενας ὑγιης) und ging hinaus"[2]. Wegen seines griechischen Lokalkolorits ist dieser Text nicht einfach nach Syrien-Palästina übertragbar. "ὑγιης γινεσθαι" aber war offensichtlich Terminus technicus für das international anerkannte Zentralheiligtum des Asklepios und damit für die reichsweite Geltung des Kultes. Auch wenn es vor Jerusalem zur Zeit des Johannes noch kein Asklepios-Heiligtum gab, wird er mit dieser Wortwahl trotzdem den griechischen Heilkult mit im Blick gehabt haben.

Eine Anspielung an den Asklepios-Kult dürfte auch in dem Satz liegen: "Kann etwa ein Dämon einem Blinden die Augen öffnen?" (Joh 10,21). Die johanneische Heilung des Blindgeborenen ist klar als Überbietung formuliert gegenüber allen religiösen Ansprüchen auf diesem Gebiet: "Von Ewigkeit her wurde nicht gehört, daß jemand die Augen geöffnet hat einem Blindgeborenen" (9,32)[3]. Bedenkenswert ist schließlich der Hinweis von Rengstorf, daß bei der Auferweckung des Lazarus eine implizite Überbietung darin liegen könnte, daß sie mit Zustimmung des Vaters und durch sein Wirken geschieht (11,41f: Asklepios wurde vom Blitz seines Vaters Zeus erschlagen, weil er einen Toten gegen dessen Willen heraufführte[4].

Ähnlich verhält es sich mit der möglichen Bezugnahme des Weinwunders von Kana auf den Dionysos-Kult - deren für und wider in der Forschung ebenfalls heftig diskutiert wurde. Als geklärt dürfte heute gelten, daß weder eine ursprüngliche Dionysos-Legende auf Christus übertragen wurde, wie u. a. Bultmann annahm[5], noch eine Interpretatio graeca von Jesus als neuer Dionysos gemeint ist, was Noetzel als gegnerische Position zu befürchten schien[6]. Der neuerliche Versuch von Ingo Broer, eine direkte Analogie zwischen dionysischer Kultlegende und Weinwunder aufzuzeigen, vermag nicht zu überzeugen: die angeführten Textstellen belegen keine Verwandlung von Wasser zu Wein im Sinne der Umwandlung ein und derselben Materie[7]. Der für das lokale Milieu von Joh 2,1-11 relevanteste Dionysos-Mythos bei Achilleus Tatios erzählt nur davon, wie Dionysos den Phöniziern den Gebrauch der Weinrebe gezeigt

---

(1) K.H.Rengstorf, 1953 S.16
(2) F.Hiller v.Gaertringen (Hg.), Inscriptiones Graecae IV/1 Nr.121 Z.33-41
(3) Dazu Rengstorf, a.a.O.
(4) K.H.Rengstorf, 1953 S.18
(5) R.Bultmann, Das Evangelium nach Johannes, [19]1968 S.83
(6) H.Noetzel, Christus und Dionysos, 1960, insbes. S.26f und S.57f; vgl. dazu E.Linnemann, Die Hochzeit zu Kana und Dionysos..., in: NTS 20 (1974) S.414f
(7) Plinius, Nat.Hist. II,231; XXXI,13; Platon, Ion 534A; Philostrat, Vita Apolonii VI,10, Imagines I,14; Lukian, Vera historia I,7; dazu I.Broer, Noch einmal: zur religionsgeschichtlichen "Ableitung" von Jo 2,1-11, in: Studien zum Neuen Testament und seiner Umwelt, Serie A Bd.8, Linz 1983 S.103-123

hat (II,2,2-6)[1].

Andererseits ist schwer vorstellbar, daß im 1. Jhdt. n. Chr. im syrisch-palästinischen Raum eine Geschichte von wunderbarer Weinfülle auf einem Fest erzählt werden konnte, ohne an Dionysos zu erinnern - auch wenn das Motiv der Weinfülle zu dieser Zeit im Judentum ebenfalls Bedeutung hatte[2]. Dabei ist nicht an Dionysos-Mysterien zu denken[3] (die für diesen Raum nicht nachweisbar sind), sondern an öffentlich oder im Privathaus gefeierte Feste, wie Achilleus Tatios dies für Tyros berichtet (II,2,1; II,3,1-3) und wie der archäologische Befund es für Heliopolis-Baalbek[4], Palmyra[5] und andere Orte nahelegt.

Die öffentliche Stellung des Dionysos-(Bacchus)-Kultes in Skythopolis verdient in diesem Zusammenhang besondere Beachtung, denn die Entfernung von dort nach Kana und zum samaritanischen Wirkungsfeld des johanneischen Christentums beträgt jeweils nur 30-40 Kilometer: Skythopolis erhob Anspruch darauf, Geburtsort des Dionysos zu sein (Plinius, NatHist V,18,74) und bildete den Gott auf seinen Münzen ab[6].

E. Linnemann ist darin zuzustimmen, daß Joh 2,1-11 Züge betont, die eine dionysische Kultlegende *nicht* enthält[7]. Subjektiv für den Erzähler ist das Motiv der Verwandlung als eine Überbietung gegenüber dem allgemeineren Motiv der wunderbaren Weinfülle aufzufassen[8].

Auch hier ist also apologetisch begründete Zurückhaltung gegenüber der Bezugnahme auf eine Fremdreligion unnötig. Den Auslegern, die für Joh 2 und Joh 5 eine Anspielung auf Fremdreligionen ablehnen, ist allerdings darin Recht zu geben, daß beide Perikopen *auch* Verhältnisbestimmungen zum Judentum enthalten. Diese Verhältnisbestimmungen sind aber besser zu profilieren dadurch, daß Joh sich an *zwei* Fronten auseinandersetzt:

Joh 5 ist am besten zu verstehen von dem Milieu her, das Joh 9,39-41 als Her-

(1) Dazu M.Hengel, The Interpretation of the Wine Miracle at Cana, in: L.D.Hurst/ N.T.Wright (Hg.), The Glory of Christ in the New Testament, Studies in Christology in Memory of G.B.Caird, 1987 S.109
(2) So unter Berufung vor allem auf talmudische Belege M.Hengel, 1987 S.106f
(3) So noch E.Linnemann, 1974 S.417f
(4) Der sogenannte Bacchus-Tempel von Heliopolis-Baalbek ist mit dionysischen Motiven verziert, gibt aber keinerlei Anhaltspunkte für eine nicht-öffentliche Feier von Dionysos-Mysterien (gegen H.Seyrig, La triade Héliopolitaine..., in: Syria 10 (1929) S.353; S.M. le Glay, Villes, temples et sanctuaires..., 1986 S.289 und 294
(5) H.Seyrig, Bel de Palmyre, in: Syria 48 (1971) S.105f
(6) H.Seyrig, Antiquités Syriennes 81, in: Syria 39 (1962) S.210f. Die von B.Lifshitz (Der Kult des Zeus Akraios und des Zeus Bakchos in Beisan (Skythopolis), in: ZDPV 77 (1961) S.189) aus einer Inschrift gelesene Interpretation eines semitischen Gottes als Zeus-Bacchus, die eine Verehrung des Dionysos (= Bacchus) als höchste Gottheit bedeutet hätte, wurde jedoch von J. und L.Robert korrigiert (Bulletin Épigraphique RÉG 75 (1962) S.316 und 77 (1964) S.516).
(7) E.Linnemann, 1974 S.417
(8) C.K.Barrett (Das Evangelium nach Johannes, 1990 S.212) weist hin auf vergleichbare konfligierende Verhältnisbestimmungen gegenüber Dionysos bei Philo, All III,82 und Som II,249

kunft johanneischer Christen ausweist - dem der Am Ha-Arez[1]: Der Geheilte ist offensichtlich Jude, denn 5,14 zeigt ihn im Tempel. Dennoch hat er sein Heil bei einem hellenistischen Heilkult gesucht. Auf diese Tatsache würde ich den Satz Jesu beziehen: "Siehe, du bist gesund geworden (Terminologie des Asklepios-Kults!) - sündige nicht mehr, damit dir nicht etwas Schlimmeres zustößt." Neben der traditionellen Vorstellung krankmachender Sünde (vgl. Joh 9,2f) kann damit die spezielle Sünde der Hinwendung an eine Fremdreligion gemeint sein.

Vor diesem Hintergrund geht der gegnerische Vorwurf meilenweit an der Sache vorbei, der die Diskussion für den Rest des Kapitels einleitet: "Es ist Sabbat, und es ist dir nicht erlaubt, deine Matte aufzuheben" (Joh 5,10). In 7,23 bezieht Jesus sich auf Kap. 5 zurück: "Wenn ein Mensch am Sabbat die Beschneidung empfängt, damit das Gesetz des Mose nicht aufgelöst wird, zürnt ihr dann mir, daß ich einen ganzen Menschen am Sabbat gesund gemacht habe?" (7,23). Der Charakter dieser Gegenüberstellung als Überbietung funktioniert nur, wenn "gesund machen" hier etwas Größeres meint als die Aufnahme eines Säuglings in die jüdische Religionsgemeinschaft, nämlich die Abwendung eines Menschen von einer Fremdreligion und Hinwendung zum Gott der Bibel.

Joh 2 benutzt Wassergefäße entsprechend der jüdischen Reinigungsvorschrift. Die Verwandlung solchen Reinigungswassers in Wein bedeutet die Überbietung einer jüdischen Ausdrucksform durch eine christliche[2]. Vielleicht schwingt dabei mit, daß der Wein im Christentum gerade durch seine Überbietung dionysischer Festlichkeit ein Reinigungsmittel ist, das jüdische Am Ha-Arez und heidnische Gottesfürchtige von ihrer religiösen Zweigleisigkeit besser reinigen kann als eine rituelle Waschung.

Folgekonflikte aus der christlichen Inanspruchnahme jüdischer Heiliger Schriften

Die an den beiden Beispielen Joh 5 und Joh 2 sichtbar gewordenen Konfliktäußerungen des torahfreien Christentums sowohl gegenüber heidnischen Kulten als auch gegenüber dem torahtreuen Judentum haben oberflächlich betrachtet eine ähnliche Struktur: Die Überbietung. Dennoch konnte das Verhältnis des torahfreien Christentums zu heidnischen Kulten einerseits und zum Judentum andererseits nie symmetrisch sein. Dies war bedingt durch die so ungleichen Selektionsentscheidungen nach der einen und nach der anderen Richtung hin: Solange das torahfreie Christentum die jüdischen Heiligen Schriften benutzt - und das tut es bis heute - erweist es dem Judentum damit eine gewichtige Reverenz. Gegenüber anderen Religionen gibt es nichts damit Vergleichbares.

---

(1) Siehe oben S.184
(2) So C.K.Barrett, 1990 S.212

Tatsächlich sind alle Konflikte zwischen Judentum und Christentum anderer Natur als heidnisch-christliche Konflikte: Sie sind Folgekonflikte[1] des Arrangements, das mit der gemeinsamen Benutzung der jüdischen Heiligen Schriften vorgegeben ist: Während die Schrift den einen vor allem als Ordnung für Kult und Alltagsleben diente, verwarfen die anderen in zunehmendem Maße diesen Gebrauch und benutzten sie als Zeugnis für ihren Christus.

In den Traditionen der Apostelgeschichte, die eine Reihe von Auslegern für antiochenisch halten[2], reicht dieser Konflikt zurück zu Vorgängen in der rein judenchristlichen Gemeinde von Jerusalem: Die Steinigung des Stephanus löst eine Zerstreuung Jerusalemer Christen aus (Apg 8,1), die zur Gründung von Gemeinden in Samaria (8,4f), Phönikien, Cypern und Antiochia (11,19) führt. Der dabei von hellenistischen Juden gegen Stephanus erhobene Vorwurf lautete: "Dieser Mensch hört nicht auf, Reden zu führen gegen die Heilige Stätte und gegen die Torah. Wir haben nämlich gehört, wie er gesagt hat, daß Jesus, der Nazarener, diese Stätte auflösen und die Sitten ändern wird, die Mose uns überliefert hat" (Apg 6,13). Der Vorwurf spricht nicht nur von Tempelkritik, sondern von Kritik am von der Torah geregelten religiösen Leben insgesamt[3]. Der Tempel ist ein herausragendes Element des jüdischen Religionssystems, über das zu streiten in Jerusalem besonders nahelag.

In der neutestamentlichen Forschung hat sich die Beobachtung der Tübinger Schule weit durchgesetzt, daß die (von Lukas als falsches Zeugnis bezeichneten) Vorwürfe gegen Stephanus zutreffend Züge des Christentums beschreiben, das von dem Kreis um Stephanus ausging - daß es sich um ein torahkritisches Christentum handelte, unterwegs zum torahfreien Christentum in Antiochia[4].

Lukas war anscheinend daran gelegen, von dem eigentlichen, auch innerchristlichen Konfliktpunkt abzulenken: Der in Apg 6,3-6 eingesetzte Siebenerkreis sollte laut Lukas diakonische Aufgaben erfüllen, nachdem in Apg 6,1 das Problem einer Benachteiligung von Witwen der "Hellenisten" gegenüber denen der "Hebräer" aufgetaucht war. Eine Einordnung des Siebenerkreises unter die "Hellenisten" dürfte korrekt sein, da alle seine Mitglieder griechische Namen tragen. Im weiteren aber erfüllten die Sieben keine diakonische Aufgabe, sondern sie missionierten[5] durch Wunderzeichen und Verkündigung, zuerst in Jerusalem (so Stephanus Apg 6,8-10), nach der Steinigung des Stephanus an anderen Orten (so Philippus in Samaria und an der palästinischen Küste Apg 8,4ff.26ff.40).

So wird allgemein angenommen, daß es sich bei den aus Jerusalem zerstreuten und bis nach Antiochia missionierenden Christen um "Hellenisten" im Sinne von Apg 6,1 handelt, d. h. um griechischsprachige Judenchristen[6], die früher als Diasporajuden nach Jerusalem eingewandert waren. Lukas spricht zwar von

---

(1) Vgl. zu Folgekonflikten von Arrangements in der paganen Umwelt oben S.14
(2) Siehe oben S.17
(3) Dazu U.B.Müller, Zur Rezeption gesetzeskritischer Jesusüberlieferung, in: NTS 27 (1981), S.164
(4) Zusammengefaßt z.B. bei W.Schneemelcher, Das Urchristentum, 1981 S.128 vgl. S.107
(5) Dazu z.B. F.F.Bruce, Men and Movements, 1979 S.50
(6) Zur Begriffserklärung M.Hengel, Zwischen Jesus und Paulus, in: ZThK 72 (1975) S.161

der Vertreibung der ganzen Gemeinde bis auf die Apostel (Apg 8,1); dem steht aber entgegen, daß Apg 9,26ff in Jerusalem eine Gemeinde voraussetzt, die nach 9,31 wie alle Gemeinden Palästinas wieder Frieden hatte, daß aber in Apg 11,19 die Ankunft "der" Versprengten aus der Stephanus-Verfolgung in Phönikien, Zypern und Antiochia berichtet wird[1]. Daher wird sich die in Apg 8,1 berichtete Gewalttätigkeit einer jüdischen gegen eine christliche Gruppe nur gegen einen kleinen griechischsprachigen und torahkritischen Teil der Jerusalemer Gemeinde gerichtet haben.

Lukas differenziert auch in Damaskus nicht zwischen torahkritischem und torahtreuem Christentum, was die geplante Verfolgung durch den Juden Saulus-Paulus anbelangt. Hananias, der einzige von Lukas charakterisierte damaszenische Christ, wird als torahtreu dargestellt (Apg 22,12). Der Bericht von Paulus selbst über seine Christenverfolgung (Phil 3,6a; Gal 1,13.22) erweckt dagegen den Eindruck, daß sie ausdrücklich im Namen der Torah geschah (vgl. Phil 3,5b.6b), sich also gegen Menschen richtete, die nicht nach der Torah lebten. So ist anzunehmen, daß die von Paulus Verfolgten torahkritischen oder torahfreien Gruppen angehörten[2]. Damit stehen am Anfang des jüdisch-christlichen Konfliktes anscheinend überall Differenzen im Umgang mit der Torah.

Die Evangelisten Markus und Johannes lassen zwei spätere Stadien des Konfliktes zwischen Judentum und torahfreiem Christentum sichtbar werden. Markus beschreibt dabei das jüdische Volk für seine Leser schon von außen. Das wird deutlich an dem Ausdruck "παντες οἱ Ἰουδαιοι" (7,3) in seiner Erklärung der jüdischen Speise-Halakha (die Mt für seine Innensicht nicht übernimmt!). Ob der Evangelist selbst Heidenchrist oder Judenchrist war, ist in der Forschung umstritten[3]. Von seinem Umgang mit biblischer Tradition her liegt eine jüdische Abstammung näher[4], aber auf diese Frage braucht hier kein Gewicht gelegt zu werden.

Den Standpunkt außerhalb des Judentums, den Markus seinen Lesern unterstellt, würde ich nicht auf einen schon geschehenen Bruch mit der jüdischen Religionsgemeinschaft zurückführen, sondern darauf, daß Markus Christen heidnischer Abstammung als nicht in die jüdische Religionsgemeinschaft aufgenommen versteht. Für Christen jüdischer Abstammung sehe ich bei Mk keine Abstriche daran, daß sie Juden bleiben.

Konfliktpartner für Markus ist nicht das jüdische Volk als ganzes, sondern einerseits zeitgenössische jüdische Autoritäten, andererseits christliche Gruppen, die den jüdischen Ritus für verbind-

---

(1) N.Walter, Apostelgeschichte 6,1 und die Anfänge der Urgemeinde in Jerusalem, in: NTS 29 (1983) S.370

(2) L.Schenke, Die Urgemeinde. Geschichtliche und theologische Entwicklung, 1990 S.188f

(3) Einerseits z.B. F.Hahn, Das Verständnis der Mission..., 1963 S.95; andererseits z.B. C.Breytenbach, Nachfolge und Zukunftserwartung, 1984 S.323

(4) Vgl. dazu G.Zuntz (Ein Heide las das Markusevangelium, in: H.Cancik (Hg.), Markus-Philologie, 1984 S.205-222), der zu zeigen versucht, daß das Markusevangelium für Heiden ohne Vorkenntnisse über das Judentum unlesbar sein mußte. Diese Darstellung ist freilich überspitzt, da in Südsyrien kaum schreibkundige Nichtjuden anzunehmen sind, die noch nie mit jüdischer Tradition konfrontiert waren.

licher hielten als die markinischen Gemeinden[1]. Bei der angeführten Nennung "aller Juden" ist der direkte Zusammenhang gerade keine konfligierende Verhältnisbestimmung, sondern die Feststellung eines Unterschiedes zur christlichen Ausdrucksform, verbunden mit der ausdrücklichen Anerkennung, daß die jüdische Seite sich dabei *ihrer* Tradition gegenüber treu verhält - und Traditionstreue gehörte zu den höchsten Werten dieser Zeit. Zum Konflikt kommt es in Mk 7 mit Pharisäern und Schriftgelehrten, zugespitzt in dem Vorwurf Jesu, daß durch die Bestimmungen zum Korbangelöbnis[2] das göttlich gebotene Recht der Eltern auf Altersversorgung verletzt wird. Dabei stehen die Interessen jüdischer Mütter und Väter gegen die Interessen religiöser Führer - eine pauschale Aussage über das jüdische Volk liegt darin nicht. Als solche könnte höchstens das Zitat aus Jes 29,13 in Mk 7,6f gewertet werden ("Dieses Volk..."). Die Betonung scheint mir bei der markinischen Verwendung aber nicht auf dem Volk, sondern auf dem äußerlichen Vollzug von Frömmigkeit zu liegen.

Die religiösen und politischen Autoritäten des Volkes - Schriftgelehrte, Hohepriester, Pharisäer, Sadduzäer und Herodianer - werden auch sonst bei Mk ausdrücklich in Konflikt mit Jesus gezeigt. Ab Mk 3,6 wiederholt sich das Motiv des Tötungsplanes gegen Jesus als Vorwurf gegen jüdische Autoritäten und als Darstellung von deren konfliktführendem Handeln. Mk differenziert die einzelnen Gruppen von Gegnern und zeichnet am härtesten die Auseinandersetzung mit Schriftgelehrten[3]. Dies ist nur konsequent, wenn der Konflikt doch ein Folgekonflikt um die gemeinsame Benutzung der jüdischen Heiligen Schriften ist. Die Schriftgelehrten bestreiten durch ihr Verhalten und durch ihre Anfragen die Vollmacht (ἐξουσια) Jesu (Mk 11,28 vgl. 2,7); Jesus seinerseits bestreitet ihnen die Kompetenz zur Schriftauslegung (Mk 12,10.24 vgl. 1,22). Beide Seiten greifen also den Kern des gegnerischen Selbstverständnisses an.

In die Gegenwart der christlichen Gemeinde zur Zeit des Markus setzt der Konflikt sich fort in Form von Disziplinarprozessen vor Synedrien und Synagogen (13,9) - genannt neben Prozessen vor (evtl. heidnischen) Herrschern und Königen. Der Jesus des Markusevangeliums ist dennoch auch fähig zum Konsens mit jüdischen Autoritäten: In Mk 1,44 schickt er den vom Aussatz geheilten Mann zum Priester, damit er ein Opfer für seine Reinigung darbringt. Die Serie von Streit- und Schulgesprächen zwischen Jesus und verschiedenen Gruppen religiöser Autoritäten in Mk 11,27-12,34 endet mit der Feststellung Jesu einem Schriftgelehrten gegenüber: "Du bist nicht fern vom Reich Gottes" (Mk 12,34)[4]. Insgesamt ist Markus in seiner Konfliktführung mit jüdischen Gruppen deutlich vorsichtiger als Matthäus -trotz oder vielleicht gerade wegen der Außenperspektive gegenüber dem jüdischen Volk in seiner Darstellung.

Das Johannesevangelium führt - im Gegensatz zum Markusevangelium - einen Konflikt mit dem Judentum als Ganzem: für οἱ Ἰουδαιοι gibt es dort 61 Belege (über den Titel "König der Juden" hinaus, der allein sich auch bei den Synoptikern mehrfach findet). Die pauschalisierte antijüdische Polemik dient der Identitätssuche einer Religionsgemeinschaft, die sich vor nicht allzu langer Zeit als eigenständige gegenüber dem Judentum konstituieren mußte[5].

---

(1) Siehe unten S.175ff
(2) Zur Erklärung siehe Mk 7,11f
(3) D.Lührmann, Pharisäer und Schriftgelehrte im Markusevangelium, in: ZNW 78 (1987) S.182
(4) H.-W.Kuhn, Zum Problem des Verhältnisses der markinischen Redaktion zur israelitisch-jüdischen Tradition, in: G.Jeremias/H.-W.Kuhn/H.Stegemann (Hg.), Tradition und Glaube, Festschrift K.G.Kuhn, 1971 S.301ff
(5) R.A.Whitacre, Johannine Polemic, 1982 S.11f; 24f

Als Grund dafür aus der subjektiven Sicht des Joh ist die Ablehnung Jes
durch Juden erkennbar (Joh 1,11; 5,16.18.43; 12,37; 15,24f und öfter), in de
das johanneische Christentum seine eigene Ablehnung und seinen noch nich
lange zurückliegenden Ausschluß aus der Synagoge vorgeprägt sieht (Joh 15,1
vgl. 16,2). Johannes setzt dabei nicht voraus, daß alle christlichen Gruppierun
gen aus der Synagoge ausgeschlossen wurden, es gibt vielmehr noch Christe
innerhalb des Judentums, zu denen Joh aber ebenfalls in polemischem Ver
hältnis steht[1]. Es kann von daher nicht sinnvoll sein, das Johannesevangeliun
von einem vermeintlich einheitlichen Trennungstermin zwischen Judentun
und Christentum her datieren zu wollen[2].

Trotz seines pauschalen Sprachgebrauchs von "Die Juden" bewahrt Joh in Erinnerung, daß da
Verhältnis von Juden zu Jesus eine lange Geschichte hat: Mehrfach vermerkt er, daß viele Jude
zum Glauben an Jesus kamen (2,23; 7,31; 8,30f; 11,45; 12,11); mehrfach ist von einer gespaltene
jüdischen Reaktion die Rede (6,52; 7,40-43; 9,16; 10,19; 11,45f; 12,37.42). Dies gilt allerdings nu
bis einschließlich Kap.12; in den Abschiedsreden fehlen "die Juden", und danach erscheinen si
fast nur noch als Gegner (18,12.14.31.36.38; 19,7.12.14.31.38; 20,19), d. h. das Johannesevangeliur
beschuldigt das gesamte jüdische Volk, die Kreuzigung Jesu betrieben zu haben und daran größe
re Schuld zu tragen als Pilatus (vgl 18,38; 19,4.11).

In anderen Formulierungen des Johannesevangeliums grenzt sich die eigene Identitätsbeschrei
bung nicht gegen "die Juden" ab, sondern gegen "die Welt". Besonders konzentriert ist das in de
Abschiedsreden der Fall, wo "die Juden" zurücktritt. Es scheint aber von der konkret wahrgenom
menen Umwelt des Joh her eine weitgehende Übereinstimmung zwischen den Bedeutungen vo
"die Juden" und "die Welt" zu geben[3]. Dafür spricht, daß Joh innerhalb eines Satzes die Begriff
austauschen kann: "Ich habe frei heraus zur Welt ($\tau\omega$ $\kappa o\sigma\mu\omega$) geredet: ich habe immer in der Syn
agoge und im Heiligtum gelehrt, wo alle Juden ($\pi\alpha\nu\tau\epsilon\varsigma$ $o\iota$ $\text{'Iov}\delta\alpha\iota o\iota$) zusammenkommen, und in
Verborgenen habe ich nichts gesagt" (Joh 18,20).

So setzt Johannes faktisch die jüdische Volks- und Religionsgemeinschaft mi
der "Welt" gleich, die den Logos ihres Schöpfers nicht erkannt hat (Joh 1,10)
Vor dem Hintergrund der verschiedenen Schriftauslegung als Kristallisations
punkt des Konfliktes ist es wiederum nur folgerichtig, daß sich für Joh de
Konflikt dort zuspitzt, wo auch seine Schriftauslegung ihr Zentrum hat: in de
Passionsgeschichte. Es ist erschreckend, mit welcher Härte Johannes- aber da
mals wohl auch seine Gegner auf jüdischer Seite - einen Konflikt über di
Trennung der Religionsgemeinschaften hinaus verschärften, der doch seiner
Wesen nach (nur) *Folgekonflikt eines Arrangements* war.

2.3. Christliche Elemente als Ergänzung fremder Religiosität

Nun sind die Selektionsprozesse, die bei der Gesamtwirkung Jesu auf Heide
ausgelöst wurden, mit den beiden Formen "Christentum nach jüdischem Ritus"
und "Christentum als eigenes System von Ausdrucksformen" noch nicht voll
ständig dargestellt: Welchen religiösen Sinnzusammenhang hat man sich vor
zustellen bei den Menschen, unter denen sich das Gerücht von Jesu Wirker

---

(1) Siehe unten S.193ff
(2) Vgl. dazu den Forschungsüberblick zur Datierung des Joh bei T.Okure, The Johannin
    Approach to Mission, 1988 S.271
(3) So K.Wengst, Bedrängte Gemeinde und verherrlichter Christus, [3]1990 S.75

ausbreitete bis in das Gebiet von Tyros und Sidon (Mk 3,8; laut Mt 4,24 sogar nach ganz Syrien), und die daraufhin zu ihm kamen? Wovon waren die Menschen *insgesamt* überzeugt, deren Begegnung mit Jesus vor allem Matthäus nach dem Modell der Extensivierung schilderte - am Beispiel der Weisen aus dem Osten, des Centurio von Kapernaum und der Syrophönikierin?[1] Was für eine religiöse Position ist das, die Markus als Sympathisantenhaltung zum Christentum anerkennt[2]?

Es wäre weder dem angemessen, was neutestamentliche Schriften an christlichem Selbstverständnis zeigen, noch würde es der mutmaßlichen eigenen Identitätsbeschreibung solcher Menschen gerecht, hier von "*Christentum* nach heidnischem Ritus" oder dergleichen zu sprechen. Dennoch läßt sich der Eindruck nicht abdrängen, daß es außerhalb der vom Neuen Testament nachträglich legitimierten Formen christlicher Gemeinschaften und zum Teil an deren Rändern etwas gab, was seiner Struktur nach ziemlich genau dem "Christentum nach jüdischem Ritus" entsprach: Es gab offensichtlich einen Überbau aus wenigen christlichen oder jesuanischen Elementen zu einer ansonsten heidnischen oder noch öfter zu einer aus israelitischen und heidnischen Traditionen gemischten Religionsausübung. Es gab genau das, was *nicht zu werden* das torahfreie Heidenchristentum sich so viel Mühe hat kosten lassen beim Aufbau eines eigenen Vorrats an Ausdrucksformen. Im Unterschied zum Christentum nach jüdischem Ritus, aber in genauer Entsprechung zur volksreligiösen Rezeption von Astrologie und paganen Wunderheilern, scheint dieses Phänomen in vielen Fällen nicht gemeinschaftsbildend gewesen zu sein.

Im Neuen Testament gibt es immer nur vereinzelte Spuren solcher *christlicher Elemente als Ergänzung fremder Religiosität.* Daraus lassen sich in der Regel keine kompletten Sinnzusammenhänge konstruieren. Dennoch sind diese Spuren wichtig, um das Wirken Jesu über das Judentum hinaus so vollständig wie möglich in den Blick zu bekommen. Dafür ist es auch sinnvoll, den Horizont z. T. über die Grenzen Syriens hinaus zu öffnen.

Grenzverletzungen aus der Sicht von Lukas

Lukas, der entschiedenste Gegner einer Sympathisantenhaltung zum Christentum[3], verarbeitete in der Apostelgeschichte eine ganze Reihe von Erzählungen über Begebenheiten, wo seiner Meinung nach die Grenze zwischen jüdisch-christlichem Traditionsbereich und fremder Religiosität in unerlaubter Weise überschritten ist. Außer den noch näher zu besprechenden Perikopen Apg 8,5-25; 14,11-18 und 16,16-18 gehören dazu die Tradition vom Tod des Herodes Agrippa I. (Apg 12, 21-23), von dem Zauberer Bar-Jesus bzw. Elymas auf Cypern (13,6-12), und ähnlich auch der Versuch eines außerchristlichen Exorzismus auf den Namen Jesu durch die Söhne des jüdischen Hohepriesters Skeuas

---

(1) Siehe oben S.54
(2) Siehe oben S.36
(3) Siehe oben S.36

(19,11-20)[1].

Die Verehrung von Barnabas und Paulus als Zeus und Hermes in Lystra (Apg 14,11-18) hat - neben einer möglichen Anspielung an die Erzählung von Philemon und Baucis[2] - wahrscheinlich einen Hintergrund in paganer syrisch-mesopotamischer Religiosität:

Die Kombination eines höchsten Gottes und eines (redenden: V.12) Offenbarergottes ist typisch für das Götterpaar Bel und Nebo, das in ganz Nordsyrien und in angrenzenden Gebieten verehri wurde, das erheblichen Anteil an den theophoren Namen in diesem Raum hatte und mit dem griechischen Gottheiten Zeus und Apollo bzw. Hermes gleichgesetzt wurde. Da der Einzugsbereich des Bel sogar bis Gallien reichte[3], spricht nichts gegen eine Ausstrahlung seiner Wirksamkeit nach Lystra bzw. an den Entstehungsort der vorlukanischen Tradition. In altkirchlicher syrischen Kommentaren wurde Apg 14,12 auf Bel und Nebo gedeutet[4].

Nachdem Paulus einen lahmgeborenen Mann geheilt hatte, deutete die Volksmenge dieses Geschehen innerhalb ihres eigenen religiösen Interpretationsrahmens. Priester des nahegelegenen Zeus-Tempels wollten zusammen mil der Volksmenge ein Opfer für die vermeintlichen Manifestationen ihrer Gottheiten veranstalten (V.13). Barnabas und Paulus konnten die Opferhandlunger zwar gerade noch von sich abwenden (V.18), aber der Zusammenhang erweck nicht den Eindruck, daß die Volksmenge ihre christliche Botschaft verstander hat: gleich darauf läßt die Menge sich dazu anstacheln, Paulus zu steiniger (V.19). Die hier erzählte Begebenheit wird sicher nicht das einzige Mal gewesen sein, daß Wandermissionare des torahfreien Heidenchristentums sich der gestalt mißverstanden fühlen mußten.

Wenn schon christliche Wunderheilungen im direkten Zusammenhang mit dei Missionspredigt so schlecht vor fremdreligiösen Interpretationsrahmen zu schützen waren, wieviel mehr gilt das dann für unkontrolliert auf Heilunger hin sich ausbreitende Gerüchte, deren religiöse Ausschmückungen niemanc mehr kontrollieren konnte? Von Apg 14,11-18 her läßt sich ahnen, welche Auswirkungen die unkontrollierbaren gerüchtartigen Jesustraditionen gehabi haben müssen, von denen selbst der so tolerante Evangelist Markus und seine Gemeinden sich abgrenzen mußten, indem sie zwischen legitimierter Evangeliumsverkündigung und nicht-legitimierten Gerüchten unterschieden[5].

Beel Zebul und Theos Hypsistos

Die einzige Namensnennung einer heidnischen Gottheit bei Markus bezieh sich meines Erachtens genau auf dieses Phänomen: auf die Religiosität voi Heiden, die dem Gerücht nach Galiläa folgten und bei Jesus Heilung suchten Nachdem Mk 3,8 vom Zustrom der Volksmenge - unter anderem aus der Ge

---

(1) Vgl. dazu G.Klein, Der Synkretismus als theologisches Problem in der ältesten christli chen Apologetik, in: ZThK 64 (1967), S.49ff
(2) So D.Zeller, Die Menschwerdung des Sohnes Gottes, in: ders. (Hg.), Menschwerdung Gottes und Vergöttlichung des Menschen, 1988 S.161
(3) J.Balty, L'Oracle d'Apamee, in: L'Antiquité classique 50 (1981) S.8
(4) So H.J.W.Drijvers, Cults and Beliefs at Edessa, 1980 S.74f
(5) Siehe oben S.25

gend von Tyros und Sidon - berichtet hatte, knüpft 3,20 wieder an diese Menge
an. Es gibt keinerlei Grund zu der Annahme, daß Markus jetzt an eine andere,
rein jüdische Zusammensetzung der Volksmenge gedacht haben sollte. In dieser Situation kommen aus Jerusalem Schriftgelehrte, die offensichtlich ebenfalls über Jesus unterrichtet wurden, und die spätestens bei ihrer Ankunft am
See Genezareth auch wahrnahmen, wie wenig bei der neu entstehenden Bewegung die Reinerhaltung der jüdischen Religionsgemeinschaft gewährleistet
war. Sie deuteten ihre Eindrücke so: "Er hat den Beel Zebul" und "Mit dem
Herrscher der Dämonen treibt er die Dämonen aus".

Für den Namen "Beel Zebul" (Mk 3,22) gibt es einen direkten innerbiblischen Bezug in 2 Kön
1,2.3.6, wo der Baal von Ekron so bezeichnet ist[1]. Diese spezielle Lokalisierung kann hier für Mk
kaum Bedeutung haben, wohl aber die Tatsache, daß es sich um einen Baal handelt: "Beel Zebul"
war zur Zeit des Neuen Testament wohl Verballhornung des weit verbreiteten Typs lokaler ka-
naanäischer oder phönikischer Baal-Gottheiten.

Die Schriftgelehrten aus Jerusalem charakterisieren Beel Zebul als "Herrscher der Dämonen".
Dies darf nicht etwa sofort mit der Bezeichnung als "Satan" in der Antwort Jesu (3,23) kurzge-
schlossen werden. Es zeugt vielmehr davon, daß Markus den Schriftgelehrten aus Jerusalem
Grundkenntnisse über die Religionen seines eigenen phönikischen Wirkungsraumes unterstellte.
Für eine Volksmenge aus der Gegend von Tyros und Sidon ist in römischer Zeit etwa die Form
von Volksreligion vorauszusetzen, die bei Maximus von Tyros belegt ist: Es gibt *einen* höchsten
Gott (bezeichnet als Baalshamin oder Baal/Bel, evtl. mit Beiname; griechisch als Zeus, evtl.
ebenfalls mit Beiname) und es gibt viele Gottheiten oder Dämonen in vermittelnder Position zwischen dem Hochgott und den Menschen. "Gott selbst nun, dem Land gegenüber gründend, ver-
waltet den Himmel und die Ordnung des Himmels. Ihm stehen Naturen zur Seite, zweite Unsterbliche... Die Schar der Dämonen sind viele: 30.000 nämlich gibt es Unsterbliche über dem
vielnährenden Erdboden, als Priester des Zeus" (Orat VIII,8). Nur einige dieser Dämonen sind
krankmachend, wie Maximus weiter ausführt; die meisten lassen den Menschen auf verschiedene
Weise göttliche Wirklichkeit zugutekommen. Im gleichen Zusammenhang beschreibt Maximus einen Teil der Dämonen als persönlich bestimmten Menschen zugeordnet, was der traditionellen
Vorstellung von Totengeistern verwandt ist. An anderer Stelle zeigt er jedoch, wie stark die
Unterscheidung zwischen (niederen) Gottheiten und Dämonen in seinem religiösen Umfeld ver-
wischt ist: in einem Atemzug nennt er Asklepios, Herakles, Dionysos, Amphilochos, die Dioskuren, Minos und Achilleus als Dämonen (Orat IX,7).
Der Vorwurf aus Jerusalem stimmt demnach genau mit dem überein, wie Jesus von den Menschen aus der Gegend um Tyros und Sidon tatsächlich verstanden werden mußte: als einer, der
aus der Machtfülle des Hochgottes auf dämonische Weise Menschen Gutes tut und sie dabei
auch aus der Gewalt schlechter Dämonen befreit.

Als Hintergrund dafür erscheint mir plausibel, daß Vertreter des torahfreien
Christentums immer wieder mit solchen Vorwürfen konfrontiert waren - trotz
ihrer eigenen Bemühungen, auf stellvertretende Inanspruchnahme heidnischer
Elemente zu verzichten, oder auch erst als Antrieb für solche Bemühungen.
Juden und nach jüdischem Ritus lebende Christen taten sich vermutlich schwer
darin, zwischen torahfreiem Christentum und der Übernahme christlicher bzw.
jesuanischer Elemente in fremde religiöse Sinnzusammenhänge eine klare
Grenze zu ziehen. Vertreter des torahfreien Christentums wie Markus wurden
sicherlich von jüdischer Seite aus mit für das verantwortlich gemacht, was in
der ihnen unkontrollierbaren Sympathisantenszene geschah. Einen solchen

---

(1) W.Foerster, Art. Beelzebul, in: ThWNT Bd.I, (²1949) S.605

Konflikt, wie er auch noch seine eigene Gegenwart betraf, hat Markus in der Auseinandersetzung zwischen Jesus und den Jerusalemer Schriftgelehrten vorgebildet gefunden.

So erklärt sich, daß Markus in der Antwort Jesu Mk 3,23ff ein Geschütz auffährt, das verglichen mit der konkurrierenden Tradition der Logienquelle (Mt 12,27f par)[1] ein sehr schweres ist: Eine Rede, in der Jesus sich scharf von der phönikischen Religion abgrenzt. Ihre Adressaten sind nicht nur die jerusalemer Schriftgelehrten, sondern auch die Volksmenge einschließlich der anwesenden Heiden.

Nach der Darstellung von Markus hatte Jesus bis dahin seine heidnischen Zuhörer nicht gelehrt, also nichts gegen das Mißverständnis unternommen, er würde im Dienste des *einen identischen* Hochgottes der Juden, Phönikier und Griechen handeln. Als Adressaten der in 3,23 beginnenden Klarstellung Jesu sind deshalb nicht nur die Schriftgelehrten zu sehen, sondern auch die heidnischen Zuhörer. Dies bestätigt die Formulierung: "Da rief er sie zu sich und sprach in Gleichnissen zu ihnen" (V.23a)[2].

Für die heidnischen Zuhörer lautet die Botschaft: Baalshamin/Baal ist Widersacher (Satan)[3]; was euch krank macht, sind nicht einzelne Mächte eurer religiösen Wirklichkeit, sondern eure Religion als Ganze einschließlich ihres Hochgottes. Wenn dieses Reich mit sich selbst entzweit wäre in Gut und Böse, könnte es nicht bestehen (so V.24) - also ist es insgesamt schlecht. Das folgende Gleichnis vom ausgeraubten Haus des Starken (Mk 3,27) ist von daher auf das "Haus" der phönikischen Religion zu deuten: den Hausrat des Starken zu rauben heißt, Menschen aus der Verehrung eines phönikischen Hochgottes zum christlichen Glauben zu bekehren. Dazu ist es notwendig, den Starken zu binden, d. h. eine Weiterverehrung des phönikischen Gottes zusätzlich zu christlichen Elementen zu verhindern.

Damit grenzt der markinische Jesus sich für die Ohren seiner jüdischen Ankläger deutlich dagegen ab, die Einordnung seiner Heilungstätigkeit in einen heidnischen Sinnzusammenhang zu dulden. Eine so starke Polemik im Markusevangelium wird am besten daraus verständlich, daß es noch in der Umgebung der markinischen Gemeinden eine Verbindung zwischen volksreli-

---

(1) Daß die Überlieferungs- und Literargeschichte der Beel-Zebul-Kontroverse nicht befriedigend geklärt ist, kann hier nur angemerkt, aber nicht diskutiert werden. A.Fuchs (Die Entwicklung der Beelzebulkontroverse bei den Synoptikern, 1980) versucht daran eine Kritik der Zwei-Quellen-Theorie aufzuhängen. Gegen Fuchs S.82ff ist zumindest einzuwenden, daß Mt 12,27f/ Lk 11,19f keine auf Mk 3,23ff aufbauende Argumentation ist, sondern eine konkurrierende Tradition, die an eine andere Zielgruppe gerichtet ist.

(2) Herbeirufen" gebraucht Mk redaktionell, um einen Wechsel der Zuhörerschaft zu kennzeichnen. Die Schriftgelehrten müßten nicht erst herbeigerufen werden. Zum Herbeirufen des Volkes vgl. 7,14; 8,34

(3) In dem von Markus benutzten Sinnsystem personifiziert der Widersacher das, wogegen Jesus antritt. Die wichtigsten Bezüge nach vorn und hinten sind die Versuchung Jesu (Mk 1,13) und die Versuchung durch Petrus (8,33). Dazu J.M.Robinson, Das Geschichtsverständnis des Markusevangeliums (1956), in: ders., Messiasgeheimnis und Geschichtsverständnis, 1989 S.35 und S.40

giösem Hochgottglauben und christlichen Elementen gab, wobei vor allem an Exorzismen auf den Namen Jesu zu denken sein wird (vgl. Mk 9,38-40)[1].

Der hier für Mk 3,22-27 rekonstruierten Aussageabsicht steht eine andere Formulierung des Markusevangeliums nahe: die Anrede des besessenen Geraseners an Jesus, den Sohn des höchsten Gottes (υἱος του θεου του ὑψιστου Mk 5,7).

Die Gottesbezeichnung "ὑψιστος" bzw. "θεος ὑψιστος" hat ihre Vorgeschichte in den Verhältnisbestimmungen zwischen der jüdischen, syrisch-phönikischen (vgl. Philon v. Byblos nach Euseb, PrEv I,10,14) und griechischen Religion: Da sie in allen drei Bereichen verwendet wurde, lud sie zur "Interpretatio" zwischen den Hochgöttern der drei Religionen ein[2], d. h. zu einer in der Religionsausübung zur Geltung gebrachten Überzeugung, daß JHWH, Baalshamin oder Zeus die Namen verschiedener Völker für denselben Gott sind[3]. Am deutlichsten nachweisbar ist das bei jüdisch-heidnischen Mischkulten in Kleinasien aus hellenistischer und römischer Zeit[4]. Marcel Simon weist darauf hin, daß dennoch weitgehend ein Unterschied aufrecht erhalten wird: Juden sprechen von "ὑψιστος" (Der Höchste - le très Haut), Heiden dagegen von "θεος ὑψιστος" (Der höchste Gott - le plus haut). Während das Zweite kaum anders als in polytheistischem Zusammenhang zu verstehen ist, kann das Erste durchaus Ausdruck des jüdischen Monotheismus sein[5].

Es ist bezeichnend, daß neutestamentliche Autoren mit Ausnahme von Hebr 7,1 (einem Zitat aus Gen 14,17-20) den Titel "θεος ὑψιστος" nur im Mund von Dämonen erscheinen lassen. Neben der Perikope vom gerasenischen Besessenen ist hier Apg 16,16-18 einschlägig: In Philippi lief ein Mädchen mit einem Wahrsage-Dämon hinter Paulus und seinen Begleitern her und rief: "Diese Menschen sind Diener des höchsten Gottes, sie verkündigen euch einen Heilsweg". Nachdem dies einige Tage so gegangen war, erwehrte sich Paulus dieser anscheinend unliebsamen Propaganda durch einen Exorzismus.

Die Interpretatio graeca und die Interpretatio romana orientalischer Kulte waren nicht allein Fragen der sprachlichen Übersetzung. Faktisch bedeuteten sie immer ein Stück Vereinnahmung der Partnerreligion; die Religionsausübung griff in das Terrain der Kulte ein, mit denen ein solches Arrangement betrieben wurde. Die genannten Fälle, wo orientalische heilige Orte durch Griechen oder Römer okkupiert wurden[6], gingen immer mit einer "Interpretatio" einher, wodurch die Kulte sich gegenseitig ihre Möglichkeiten zur Religionsausübung einschränkten.

So dürfte auch der Titel "θεος ὑψιστος" für viele Juden und am Judentum orientierte Christen ein Reizwort gewesen sein, das ihnen die Gefahren einer Vereinnahmung und Einengung signalisierte. Dann ist es nur natürlich, daß weder Paulus noch Markus auf eine Propaganda unter diesem Titel besonde-

---

(1) Siehe dazu unten S.175
(2) M.Simon, Theos Hypsistos, in: Ex Orbe Religionum I, Festschrift Widengren 1972 = ders., Le christianisme antique..., Bd.2 1981 S.499; M.Hengel, Judentum und Hellenismus, 1973 S.546; vgl. Kelsos nach Origenes, Contra Celsum V,41
(3) Siehe oben S.13
(4) M.Hengel, 1973 S.480; ders., Juden, Griechen und Barbaren, 1976 S.149
(5) M.Simon, 1981 S.498
(6) Siehe oben S.90

ren Wert legten. Beide standen vom Judentum her unter Druck und beide blieben mit ihrer religiösen Überzeugung allemal stärker am Judentum als an den westlichen Religionen orientiert.

In der frühen Prinzipatszeit war "θεος ὑψιστος" außerdem die offizielle römische Terminologie zur Bezeichnung des jüdischen Gottes. Das geht aus Dokumenten hervor, die bei Philo (LegGai XXIII,157) und Josephus (Ant XVI,163) zitiert sind[1]. Die Dämonengruppe mit dem Namen "Legion" (Mk 5,9) bedient sich demnach einer offiziellen Sprachregelung der Staatsmacht. In diesem Zusammenhang kann das lateinische Lehnwort "Legion" kein Zufall sein, sondern muß etwas mit den religiösen Phänomenen zu tun haben, auf die Markus hier anspielen will. Als reines Zahlwort, worauf die Erklärung "denn wir sind viele" zunächst hindeutet, hätte nicht gerade ein lateinisches Wort mit so deutlich militärischer Bedeutung gewählt werden müssen[2]. Eher dürfte diese Erklärung von der eigentlichen politisch-religiösen Bedeutung ablenken, da die Aussage sonst eindeutig als staatsfeindlich zu fixieren und strafrechtlich zu verfolgen gewesen wäre.

Die Bitte der Dämonen, in der Gegend bleiben zu dürfen (Mk 5,10), weist darauf hin, daß ein aktueller Zusammenhang aus der Zeit des Mk bzw. seiner Tradition gemeint ist. Das Ertrinken der Schweineherde im See würde ich demgegenüber nicht als eine Problemlösung verstehen, mit der die Dämonen doch noch aus der Gegend verbannt sind[3]: Ein See ist im antiken religiösen Verständnis bevorzugter Wohnort von Gottheiten wie Dämonen und ist von der menschlichen Lebenswelt keinesfalls so abgetrennt, daß dämonische Mächte durch ihren Einzug in einen See gebannt wären. So ist es gut denkbar, daß die Kombination des Namens "Legion" mit einer Schweineherde auf die römische Legio X Fretensis anspielt, die einen Eber als Feldzeichen hatte und seit 6 n. Chr. in Syrien stationiert war[4].

Was wollte Markus mit dieser Anspielung ausdrücken? Ich sehe zwei Möglichkeiten, die sich vermutlich nicht gegenseitig ausschließen, sondern ergänzen.

Zum einen verkörpert eine römische Legion die Macht des Kaisers, die damals religiös überhöht war, und das heißt vom jüdisch-christlichen Standpunkt aus: dämonisch überhöht.

Eine Parallele für eine so chiffrierte Kritik des Kaiserkultes in der markinischen Tradition wäre der "Greuel der Verwüstung" (Mk 13,14): der Begriff stammt aus 1 Makk 1,54f und Dan 12,11 LXX[5]. Er war dort ursprünglich als Verballhornung des aramäischen Gottesnamens "Bel Shamin" konzipiert[6], d. h. ähnlich wie der Gebrauch von "Bel Zebul" in Mk 3,22 als Folgekonflikt gegen ein Arrangement zwischen JHWH und dem phönikischen Hochgott. In der synoptischen Apokalypse bezieht er sich aber aller Wahrscheinlichkeit nach auf den Versuch des Kaisers Gaius Caligula, sein eigenes Standbild im Tempel von Jerusalem aufstellen zu lassen[7].

Zum anderen könnte die Anspielung auf eine konkrete, im syrischen Raum stationierte Legion darauf hindeuten, daß es dort einen reichen Nährboden für die Kombination von religiösen Elementen aus römischer, griechischer, syrischer, jüdischer und eventuell christlicher Tradition gab.

Was die Interpretatio zwischen den verschiedenen Hochgöttern anbelangt, ist sie mit dem Stich-

---

(1) So M.Simon, 1981 S.500
(2) Der Ausdruck "febrium cohors" bei Horaz (Oden I,3,30; von R.Pesch, 1972 S.33 als nächste Parallele genannte) ist insofern nicht vergleichbar, als er bei einem lateinischen Dichter kein Lehnwort ist.
(3) Gegen R.Pesch, Der Besessene von Gerasa, 1972 S.46
(4) Th.Reinach, Mon Nom est Légion, in: REJuiv 47 (1903), S.175f; G.Theißen, Lokalkolorit und Zeitgeschichte, 1989 S.117
(5) Vgl. außerdem Dan 9,27; 11,31; 8,13
(6) M.Hengel, Judentum und Hellenismus, 1973 S.542; G.Theißen, 1989 S.167
(7) Dazu ausführlich: G.Theißen, 1989 S.168

wort "Theos Hypsistos" im Text selbst angedeutet. Daß Angehörige des römischen Heeres sich darüber hinaus für Jesus interessierten, ist im Neuen Testament reich genug belegt (vgl. Mt 8,5ff; Apg 10,1ff; Mk 15,39). In dem einen Fall, wo wir es nachprüfen können, erweist sich die Tradition als deutlich überarbeitet im Sinne christlicher Bekehrungstheologie: Lukas hat aus dem Centurio von Kapernaum einen Gottesfürchtigen gemacht, so daß Jesu Umgang mit ihm etwas besser zu rechtfertigen war (Lk 7,2ff). Dennoch kann auch diese Darstellung nicht darüber hinwegtäuschen, daß ein Heeresangehöriger sich nicht auf eine Abkehr von paganen Kulten einlassen konnte, ohne seinen Beruf aufzugeben. Letzteres aber wird in der Regel nicht geschehen sein; die neutestamentlichen Traditionen berichten jedenfalls von keinem Soldaten, der das Heer aus diesem Grund verlassen hätte[1]. In einer negativen christlichen Stellungnahme zu einer römischen Legion, verbunden mit dem synkretismusverdächtigen Stichwort "Theos Hypsistos" kann sich daher auch Abneigung gegen einen oberflächlichen Zugang zu Jesus Christus ausdrücken, wie er bei Legionären erlebt wurde. Deutlich genug signalisiert die Darstellung des Besessenen von Gerasa ja die Alternative dazu: der Exorzismus bewirkt eine radikale Verhaltensänderung und entreißt den Menschen dem Bannkreis der Dämonen, die "Legion" heißen. In der Dekapolis konnte man sich freilich mit solch radikalen Forderungen kaum Freunde schaffen. Schließlich war der Städtebund zwischen den politisch unsicheren Gebieten von Juden und Nabatäern auf den Schutz römischer Legionen angewiesen. Eine Ideologie, welche die Heeresmoral untergrub, konnte und wollte man sich dort nicht leisten. So lag es nahe, Jesus und die Seinen aus der Dekapolis hinauszukomplimentieren (vgl. Mk 5,17).

Grauzone zwischen heidnischen Kulten, Judentum und Christentum

Die Aufnahme jesuanischer Elemente in einen Sinnzusammenhang mit fremder Religiosität geschah offensichtlich in solchen Kreisen besonders bereitwillig, wo ohnehin schon durch den Hang zur Interpretatio Äußerungen jüdischer und anderer religiöser Traditionen miteinander kombiniert waren - d. h. in einem Milieu, in dem israelitische Traditionen und pagane Religionen nicht mehr so unterscheidbar waren, wie strengere Gruppen des Judentums und viele christliche Gemeinden sich das wünschten. Neben manchen in der Region stationierten Soldaten gehörten zu diesem Milieu verschiedene andere Gruppen von "Gottesfürchtigen" und Sympathisanten des Judentums, außerdem jüdischstämmige Am Ha-Arez, die nicht nach der Torah lebten.

Aus einem solchen Milieu können gut die Volksüberlieferungen stammen, die in Mk 6,14-16 und noch einmal in Mk 8,28 zitiert sind: Jesus wurde aufgrund seiner Wundermacht aufgefaßt als der wiederbelebte Täufer Johannes, als der wiedergekommene Elia oder als "ein Prophet wie einer der Propheten".

Was Elia anbelangt, bestand im zeitgenössischen Judentum die Erwartung seiner Wiederkunft in der Endzeit (vgl. Mk 9,11 mit den Schriftgelehrten als Trägern der Erwartung). Diese Erwartung hatte ihre Grundlage im biblischen Bericht von der Entrückung Elias (2 Kön 2,11). Die Ausweitung auf einen anderen der Propheten (zumindest 8,28 provoziert hier die Vorstellung einer Wiederbelebung) oder gar auf den enthaupteten Täufer Johannes hebt jedoch die Idee auf eine andere konzeptionelle Ebene: die leibliche Wiederherstellung eines gestorbenen bzw. sogar eines gewaltsam umgekommenen Menschen. Zeitgenössische jüdische Parallelen dafür fehlen, und es ist zweifelhaft, ob sie aus christlichen Texten wie Apk 11,1-14 erschlossen werden dürfen[2]. So fragt es sich, ob nicht zusätzlich derselbe Zeitgeist als Hintergrund dieses Konzeptes herangezogen werden muß, aus dem sich auch der Gedanke einer Wiederkehr oder Wiederbelebung Kaiser

---

(1) Vgl. dazu auch die Standespredigt Johannes des Täufers, der den Soldaten ethische Richtlinien gibt, aber das Thema ihrer Fremdgötterverehrung nicht anschneidet und kein Ausscheiden aus dem Heer fordert (Lk 3,14).
(2) Skeptisch dazu J.Gnilka, Das Evangelium nach Markus, EKK II,1, 1978 S.248 Anm. 18

Neros jahrzehntelang am Leben hielt (Redivivus-Vorstellung). Die Haftpunkte dieser Vorstel
lung sind diffus gestreut, vor allem im östlichen Mittelmeerraum. Unter anderen ein Sklave au
dem Pontos gab sich als Nero aus und suchte dafür Unterstützung beim *syrischen* Heer (Tacitus
Hist II,8,1f; Dio Cassius LXIV,9,3)[1]. In der jüdischen Spielart dieser Erwartung wurde der Ner
Redivivus zum feindlichen Vorboten des Weltendes gemacht (so Sib IV,152ff), ebenso wie de
wiederkehrende Elia es als positive Gestalt war. Die Bezeugung Judäas für die in anderem Zu
sammenhang beschriebene gemeinorientalische Erwartung eines Herrschers aus dem Osten
zeigt, daß jüdische Enderwartung stark auf die kulturelle Umwelt abgestrahlt hat. So kann auc
die in Mk 6,14-16 sichtbare Ausfransung der Elia-Erwartung von einer ähnlich diffusen Abstrah
lung in das heidnische Umfeld zeugen.

Damit paßt zusammen, was Markus über die Überlieferungsgeschichte de
Wiederbelebungs-Tradition erschließen läßt: er gibt keinerlei Hinweis darau
daß diese Informationen in christlichen Kanälen weitergereicht wurden. Viel
mehr handelt es sich um das, was "die Leute" (8,27) über Jesus dachten. Dami
dürften dieselben Informationskanäle gemeint sein, in denen die unkontrollier
baren Gerüchte über Jesu Wunder umliefen - immerhin nennt 6,14 ausdrück
lich die Wunder Jesu als Ausgangspunkt von Spekulationen über Jesu Identitä
mit dem Täufer. Für die direkt mit Mk 6,14-16 verbundene Tradition vom To
des Täufers Mk 6,17ff hat Gerd Theißen überzeugend nachgewiesen, daß e
sich um Volksüberlieferungen abseits der Anhänger Jesu und des Täufers han
delt, die vermutlich in den nördlich an Galiläa angrenzenden südsyrischen Ge
bieten zu lokalisieren sind[3].

Weitere Anhaltspunkte über die Informationskanäle geben die Orte, wo Markus die Informatio
nen aus 6,14ff und 8,28 ankommen läßt: einerseits bei Herodes Antipas, andererseits in Caesare
Philippi. Herodes Antipas hatte seine neue Hauptstadt Tiberias auf einem alten Gräberfeld ge
baut und sich damit eine Umgebung geschaffen, die von strenggläubigen Juden weitgehend fre
war (so Josephus, Ant XVIII,36-38). So ist anzunehmen, daß er auch seine Informationen übe
die Volksmeinung weitgehend aus einem Milieu erhielt, wo die Grenzen zwischen jüdischen un
heidnischen Elementen fließender waren. Caesarea Philippi liegt in einer Gegend, die erst Hero
des d. Gr. eine Generation vorher von Augustus als Herrschaftsgebiet übertragen bekomme
hatte, nachdem der lokale Machthaber Zenodor sich indirekt an Raubzügen gegen die Damasze
ner beteiligt hatte (Josephus, Ant XV,344f). In der dem Gott Pan geweihten Stadt (früherer Na
me: Paneas) hatte Herodes zum Dank für die Gebietsabtretung einen Augustustempel errichte
lassen (Josephus, Ant XV,364). Es ist gut vorstellbar, daß die von griechisch-syrischer Traditio
geprägte, aber von jüdischer Herrschaft nicht unberührte Bevölkerung dieser Stadt ebenso wi
die Umgebung des Herodes Antipas eine gewisse Vorstellung vom jüdischem Prophetismus hatt
und daß sie die Nachrichten über Jesu Wundertaten damit in Verbindung brachte.

Auf einem gehobeneren Bildungsniveau begegnen wir einem vergleichbare
religiösen Milieu bei dem syrisch-griechischen Philosophen Numenius. In sei
ner philosophischen Gotteslehre erscheint sowohl der Begriff "ὁ ὤν"(nac
Euseb, PrEv XI,18,19), d. h. die Erläuterung des Gottesnamens aus de
Septuaginta (der Bibel der griechischsprachigen Juden), als auch der Nam
des Gottes "Zeus Soter", der in Antiochia einen Tempel hatte (ebd. XV,17,7)
Von der Beziehung des Numenius zum Judentum her gab es Spekulatione

---

(1) Dazu M.Hengel, Entstehungszeit und Situation des Markusevangeliums, in: H.Canci
    (Hg.), Markus-Philologie, 1984 S.40
(2) Siehe oben S.78
(3) G.Theißen, Lokalkolorit und Zeitgeschichte..., 1989 S.85-102

darüber, ob er vielleicht selbst Jude gewesen sei[1]. Ich halte das für unwahrscheinlich, da Numenius sein Verhältnis zur jüdischen Religion im Grundsätzlichen nicht anders bestimmt als zu anderen orientalischen Religionen[2]: Für
seine philosophischen Gewährsmänner Platon und Pythagoras beansprucht er,
daß ihre Lehre mit den Religionen der Inder (Brahmanen), Perser (Magier),
Juden und Ägypter übereinstimmt, und zwar nicht nur mit deren Lehre, son-
dern mit deren vollziehenden ($\tau\epsilon\lambda\epsilon\tau\alpha\varsigma$), sprachlichen ($\delta o\gamma\mu\alpha\tau\alpha$) und gegenständlichen Ausdrucksformen ($i\delta\rho\upsilon\sigma\epsilon\iota\varsigma$; ebd. IX,7,1)[3].

Was damit gemeint ist, wird exemplarisch deutlich an einem Fragment des Numenius bei Porphy-
rios: Die philosophische Lehrmeinung, daß die Seelen dem von Gott behauchten Wasser anhaf-
ten würden, belegt Numenius unter anderem mit einer Paraphrase zu Gen 1,2 und mit einer alle-
gorischen Deutung ägyptischer Barkenprozessionen (AntNymph 10). Daß ansonsten im
erhaltenen Belegmaterial des Numenius Reverenzen an die biblische Tradition die größte Rolle
spielen, würde ich nicht auf ein besonders enges Verhältnis des Numenius zum Judentum zurückführen. Vielmehr waren die vorwiegend christlichen Tradenten an diesem Material besonders interessiert (z. B. Euseb mit seinem Programm der "Praeparatio Evangelica"). So werden sie praktisch alle biblischen Anspielungen bewahrt haben, die Numenius hergab, während sie an seinen
Ausführungen zu anderen orientalischen Religionen kein Interesse hatten. Als Erklärung für das
Selektionsverhalten des Numenius genügt daher ein Milieu, wo man positiv zum Judentum einge-
stellt war (seine Heimatstadt Apameia gehörte zu den wenigen syrischen Städten, die sich während des jüdischen Krieges einer Judenverfolgung enthielten; so Josephus Bell II,479).

Über diesen Numenius berichtet Origenes, daß er auch eine Jesuserzählung
weitergegeben und allegorisch ausgelegt habe. Obwohl Origenes anmerkt, daß
Numenius den Namen Jesu dabei nicht genannt hat, kann die Information
durchaus zutreffend sein, zumal Origenes mit der Auslegung durch Numenius
nicht zufrieden ist (Origenes, Cels IV,51). Zu dem beschriebenen religiösen
Hintergrund des Numenius würde es jedenfalls passen, daß er auch Jesus-Tradition bereitwillig aufgriff - nicht um sich damit zum christlichen Glauben zu
bekennen, sondern um sie als ein Element in seine philosophische Argumentation einzubauen.

Die simonianische Bewegung

Abschließend sei auf eine Bewegung eingegangen, die zwar für die Einordnung
christlicher Elemente in andere Zusammenhänge nicht besonders repräsenta-
tiv ist, die aber am besten ahnen läßt, wie ein Sinnzusammenhang aus israelitischen, heidnischen und christlichen Elementen aussehen konnte. Gemeint ist
die simonianische Bewegung, die sich freilich aus gegnerischen (christlichen)
Quellen nur in verzerrter Form rekonstruieren läßt.

Die vorhandenen Informationen geben keinen direkten Aufschluß darüber, ob
Simon Magos selbst seiner Herkunft nach zur samaritanischen Religionsgemeinschaft oder zur paganen Bevölkerung Samarias zu rechnen ist.

---

(1) Darstellung der Diskussion bei J.G.Gager, Moses in Graeco-Roman Paganism, 1972
    S.68f mit Literaturhinweisen.
(2) Vgl. M.J.Edwards, Atticizing Moses? Numenius, the Fathers and the Jews, in: VigChr
    44 (1990) S.64ff
(3) Siehe zu den drei Klassen von Ausdrucksformen oben S.65

Einzige Anhaltspunkte sind der bei Justin (1 Apol 26,2) genannte Geburtsort Gittha und der Na me "Simon" selbst. Beide weisen auf israelitische Herkunft. Aufgetreten ist Simon allerdings nac Apg 8,5 in der "Polis von Samaria", was um die Mitte des 1. Jhdt. n. Chr.[1] nur die hellenisiert Stadt Samaria-Sebaste gewesen sein kann[2], deren Bevölkerung zu einem großen Teil nichtisrael tisch war.

Die kirchliche Tradition ab Irenäus nennt Simon Magos den Beginn alle Häresien, namentlich der Gnosis (Irenäus, AdvHaer I,23,2ff). Eine Reihe vo modernen Forschern versteht Simon in Übereinstimmung damit als Begründe oder Vertreter einer außerchristlichen Gnosis[3]. Dies ist aber durch die bis zu Zeit Justins nachweisbaren Ausdrucksformen und Verhältnisbestimmunge der simonianischen Bewegung nicht abgedeckt.

Die Kontinuität einzelner Elemente von der Apostelgeschichte über Justin z Irenäus kann nicht beweisen, daß das ganze System während dieser Zeit ohn nennenswerte Entwicklungsgeschichte bestand [4]. Eine solche Statik ist bei ei ner jungen Bewegung historisch unwahrscheinlich. Außerdem ist in den Zeug nissen über Simon von der Apg bis zu Irenäus eine klare Entwicklungstenden erkennbar, die zwar die Entwicklung der simonianischen Bewegung nich präzise abzubilden braucht, aber es ist wenig sinnvoll, die Wirklichkeit dazu gegenläufig zu konstruieren.

Der Bericht der Apostelgeschichte nennt Simon einen μαγευων (Apg 8,9), ohne durch konkret Ausdrucksformen zu belegen, was damit gemeint ist. Eine frühe Übernahme magischer Praktike durch die simonianische Bewegung ist denkbar, da die Magie auch im zeitgenössischen Judentur verbreitet war[5]. Eine ausführliche Aufzählung angeblicher magischer Ausdrucksformen in der si monianischen Bewegung seiner eigenen Zeit bietet Irenäus (AdvHaer I,23,4): Exorzismen, Zau bersprüche, Liebestränke, Verführungsmittel, sogenannte "Begleiter", Traumbotschaften. Ob die se Darstellung auf Tatsachen beruht, ist nicht zu entscheiden.

Zwei Nachrichten des Berichtes der Apostelgeschichte weisen in eine ander Richtung: Simon wird betitelt "Große Kraft (μεγαλη δυναμις Apg 8,10b)", wo bei die darauf folgende Näherbestimmung "Gottes (του θεου)" in der Forschung umstritten ist. Der Titel "Große Kraft" für sich allein würde bedeuten, da Simon als Gott selbst angesehen wurde. Eine solche Formulierung wäre geprägt vom israelitisch-jüdischen Verzicht darauf, den Gottesnamen auszu sprechen.

Gerd Lüdemann streicht die Näherbestimmung als redaktionell. Dafür spricht, daß Lukas auch i

---

(1) Justin datiert Simon auf die Zeit des Claudius (1 Apol 26,2)
(2) Sichem war seit 108 v. Chr. zerstört; Flavia Neapolis wurde erst 72 n. Chr. gegründet; sc D.-A.Koch, Geistbesitz, Geistverleihung und Wundermacht, in: ZNW 77 (1986), S.64 Anm.1 mit weiteren Literaturangaben
(3) Z.B. G.Lüdemann, The Acts of the Apostles and the Beginning of Simonian Gnosis, in NTS 33 (1987), S.425
(4) So als methodische Regel K.Berger, Art. Gnosis/Gnostizismus I, in: TRE Bd.13 (1984) S.520
(5) So M.Hengel, Zum Thema "Die Religionsgeschichte und das Urchristentum, in: ThLZ 92 (1967) Sp. 804; ders., The Hellenization of Judaea in the First Century after Christ, 198 S.48

Lk 22,69 redaktionell "Gottes" nach "dynamis" einfügt[1]. Allerdings wird damit nicht erklärt, warum Lukas das Ausmaß fremden "Götzendienstes" durch den Zusatz verharmlost haben sollte. Schließlich war es ihm doch auch in Apg 12,22 erträglich, die Vergöttlichung eines Menschen beim Namen zu nennen (vgl. noch Apg 14,11). Außerdem ist "μεγαλη δυναμις" ohne Zusatz auch in der späteren simonianischen Tradition nur sehr unsicher bezeugt[2].

Simon wurde demnach im 1. Jhdt. n. Chr. entweder als Hypostase einer göttlichen Dynamis oder als Gott selbst verehrt. Bei Justin in der Mitte des 2. Jhdts. ist dann die Verehrung Simons als höchster Gott deutlich vorausgesetzt (1 Apol 26; 59). Außerdem ist dort die Zuordnung einer weiblichen Figur zu Simon beschrieben. Diese wird einerseits als "Helena" bezeichnet, andererseits als "erster Gedanke (ἐννοια προτη)" des höchsten Gottes. Letzteres ist nach Ausweis von Justin selbst (1 Apol 64) ein Modell, das auf die Geburt der Athena aus dem Kopf des Zeus bezogen war[3].

Unter der Voraussetzung, daß die simonianische Bewegung nicht heidnischen, sondern samaritanischen Ursprungs ist, stellt sich die Frage nach den darin enthaltenen Verhältnisbestimmungen zur griechischen Tradition. Simon wird weder in der Apg noch bei Justin direkt als Zeus bezeichnet, und seine ἐννοια auch nicht als Athena. Eine Interpretatio graeca ist auf dieser historischen Stufe nicht nachzuweisen, liegt aber bei dem Grad der Hellenisierung nahe, der vom damaligen Samaria her ohnehin anzunehmen ist. Unabhängig davon besteht jedenfalls eine Anspielung an das Modell, wie Zeus und Athena einander zugeordnet waren. Außerdem könnte die Paarbildung zwischen Simon und Helena das Arrangement zwischen biblischer und griechischer Kultur symbolisieren. Dies würde gleichzeitig ein Überlegenheitsbewußtsein des samaritanischen Teils ausdrücken, denn nach dem simonianischen Mythos rettete Simon die Helena aus einem Bordell in Tyros.

Auffälligerweise sind darin dieselben drei religiösen Kulturen verbunden, die sich schon in samaritanischen Zeugnissen aus hellenistischer Zeit finden - bei dem Historiker Pseudo-Eupolemos und in einem bei Josephus (Ant XII,257ff) überlieferten Brief[4]: die samaritanische, die phönikische und die griechische Kultur.

Laut Pseudo-Eupolemos soll Abraham in Phönikien gewohnt und den Phönikiern im Krieg gegen die Armenier geholfen haben (nach Euseb, PrEv IX,17,4). In dem genannten Brief bemühen die Samaritaner sich darum, eine Selbstableitung von den Sidoniern geltend zu machen, und sie bitten den König des hellenistischen Syrien, eine Interpretatio graeca ihres namenlosen Gottes als Zeus zu gestatten.

_____

(1) G.Lüdemann, Untersuchungen zur simonianischen Gnosis, 1975 S.40ff
(2) So R.Bergmeier, Die Gestalt des Simon Magus..., in: ZNW 77 (1986), S.270f
(3) K.Beyschlag (Simon Magus und die christliche Gnosis, 1974 S.12) gibt für das Modell stoischen Ursprung an.
(4) Nachweis der Echtheit bei E.Bickermann, Un document relatif à la persécution d'Antiochos IV Epiphanes, in: Revue de l'histoire des religions 115 (1937), S.188-223

Wie bei Pseudo-Eupolemos findet sich in der simonianischen Bewegung das Motiv einer Hilfeleistung, deren Schauplatz Phönikien ist. Wie dort spricht ein Überlegenheitsbewußtsein aus dem Auftreten des Exponenten samaritanischen Selbstverständnisses.

So paßt der simonianische Mythos fast nahtlos in das allgemeine Klima der Epoche und des Kulturraumes. Bis zur Zeit Justins sind die einschlägigen selegierenden und religionsausübenden Verhältnisbestimmungen weitgehend im Rahmen einer Kombination biblischer Religion mit traditionellen syrisch-hellenistischen Modellen und Ausdrucksformen erklärbar.

Irenäus berichtet von der Verwerfung der jüdischen Heiligen Schriften durch die simonianische Bewegung: "Die Propheten aber hätten - inspiriert von den Engeln, welche die Welt gemacht haben - Prophetien gesprochen. Deswegen sollten sich diejenigen, die auf ihn (Simon) und auf seine Helena hofften, nicht länger darum kümmern, sondern als Freie tun, was sie wollten... (das Gegenteil) hätten die Engel festgesetzt, welche die Welt gemacht haben, um die Menschen durch Gebote in Sklaverei zu führen" (AdvHaer I,23,3).

Dies paßt einerseits in den schon vorher erkennbaren Trend, daß sich das Verhältnis zwischen biblischer und griechischer Tradition in der simonianischen Bewegung zuungunsten der biblischen Seite verschob. Andererseits aber steht diese Verwerfung im Zusammenhang mit der erstmaligen Erwähnung gnostischer Ausdrucksformen in der Darstellung der simonianischen Bewegung bei Irenäus: Während sich der in Justins Apologie referierte simonianische Mythos nur aus traditionellen Motiven zusammensetzt[1], enthält die simonianische Lehre bei Irenäus einen pessimistischen Weltentstehungsmythos (I,23,2) und eine Deutung der Befreiung Helenas auf die Erlösung von Menschen durch Gnosis: "Deswegen sei er (Simon) auch selbst gekommen, um zuerst sie (Helena) emporzunehmen und sie von ihren Fesseln zu befreien, den Menschen aber Rettung zu gewähren, indem sie ihn anerkennen (per suam agnitionem)" (I,23,3).

Die gnostischen Elemente in der simonianischen Bewegung, wie Irenäus sie darstellt, sind deutlich in der Minderzahl unter den insgesamt genannten, und sie erscheinen nur lose an den bei Justin und in der Apostelgeschichte genannten Vorrat von Ausdrucksformen angefügt. Gnosis zeigt sich hier also - was insgesamt für sie typisch ist[2] - als ein Überbau aus wenigen Ausdrucksformen zu einem Sinnzusammenhang aus Elementen anderer Überzeugungssysteme - vergleichbar mit der Astrologie oder dem Christentum nach jüdischem Ritus.

Noch ein zweiter, mit der gnostischen Überformung vergleichbarer Überbau

(1) Ob in dem verlorenen Syntagma Justins gnostische Ausdrucksformen für die simonianische Bewegung genannt waren, läßt sich nicht mehr erschließen.
(2) Vgl. K.Rudolph, Randerscheinungen des Judentums und das Problem der Entstehung des Gnostizismus, in: ders. (Hg.), Gnosis und Gnostizismus, 1975 S.772 unter Berufung auf U.Bianchi, Probleme der Religionsgeschichte, 1964 S.38ff

ist für die simonianische Bewegung bezeugt, und zwar wahrscheinlich von Anfang an: die Ergänzung durch christliche Elemente. Dies ist der Grund, warum
die simonianische Bewegung hier so ausführlich darzustellen war: sie ist aus
der römischen Provinz Syrien das am deutlichsten greifbare Beispiel dafür, wie
ein ohnehin aus disparaten Traditionen zusammengesetzter religiöser Sinnzusammenhang auch für die Übernahme christlicher Elemente offen war.

Lukas behandelt Simon Magos in seiner genannten Reihe von Beispielen dafür, wie die Grenze zwischen jüdisch-christlicher Tradition und fremder Religiosität in unerlaubter Weise überschritten wurde[1].

Im ersten Teil des Berichts (Apg 8,9-13) werden weder Simon noch seine Anhänger ausdrücklich
kritisiert. Im zweiten Teil findet ein Konflikt statt. Nach der inneren Logik des vorliegenden Textes handelt es sich um einen internen Konflikt unter getauften Christen, dessen Lösung in der
Bitte des Simon um die Fürsprache der Apostel (8,24) zumindest angedeutet ist. Erwägenswert
ist aber, ob nicht eine frühere Erzählschicht einen Konflikt zwischen verschiedenen Religionen
dargestellt hat. Dafür spricht im Text die Formulierung Apg 8,21: "Du hast keinen Anteil (οὐκ
μερίς οὐδε κλῆρος) an diesem Logos". Die Wirklichkeit außerhalb des Textes läßt erwarten, daß
eine in der Nähe des Geschehens entstandene Textgrundlage nicht darüber hinwegtäuschen
konnte, daß die simonianische Bewegung eine Religionsgemeinschaft neben dem Christentums
blieb.

Unter diesen Voraussetzungen würde es sich von der Seite des Simon aus um
den gescheiterten Versuch handeln, an das Christentum in der sonst in diesem
Kulturraum üblichen freundschaftlichen Weise anzuknüpfen. Was dabei wirklich geschehen ist, läßt sich nicht mehr genau rekonstruieren, denn spätestens
die Stufe der lukanischen Redaktion hat mit dem Bericht von der Taufe Simons den Spieß umgedreht: Simon wird als Christ vereinnahmt.

Wie die in diesem Kapitel vorangegangenen Beispiele für Ergänzungen fremder Systeme durch christliche Elemente deutlich machen, waren es vor allem
die charismatischen Ausdrucksformen des Christentums (Exorzismen, Heilungen usw.), die für Außenstehende attraktiv waren. Für die simonianische Bewegung ist allerdings fraglich, ob sie für solche Elemente überhaupt der Anre-
gung durch das Christentum bedurft hätte. Der Titel Simons - "Große Kraft
(Gottes)" - wird ja wohl bedeuten, daß Machttaten (δυναμεις) ohnehin zum
Grundbestand simonianischer Ausdrucksformen gehörten. Dennoch bleibt irgendeine Form der Anknüpfung an das Christentum wahrscheinlich, denn anders ist schwer erklärbar, wie im Bericht des Lukas das Ineinander von Verein-
nahmungen in beide Richtungen zustandekommt.

Irenäus stellt uns am Ende des 2. Jhdt. n. Chr. eine simonianische Bewegung
vor, die sich darüber hinaus auch sprachliche Ausdrucksformen und Inhalte
des Christentums angeeignet hatte. Was daran tatsächlich zutrifft, ist nicht
kontrollierbar. Immerhin aber muß Irenäus sich von der simonianischen Bewegung so stark vereinnahmt gefühlt haben, daß er in seiner Paraphrase des lukanischen Berichts die Tatsache der Taufe Simons überging. Dafür malte er die
Bemühung Simons um Anteil an christlichen Charismen stärker aus.

---

(1) Siehe oben S.103

Laut Irenäus war neben mancher heidnischer Interpretatio für Simon auch eine Interpretatio mit dem christlichen trinitarischen Gott in Geltung: "Dieser (Simon) wird von vielen wie ein Gott verehrt, und er lehrte, er selbst sei es gewesen, der unter den Juden zwar wie der Sohn erschien, in Samaria aber wie der Vater herabstieg, in den übrigen Völkern wie der Heilige Geist ankam. Er sei aber die höchste Kraft, d. h. sei es, der über alle Vater sei, und er würde es sich gefallen lassen, genannt zu werden, wie auch immer die Menschen ihn rufen würden" (AdvHaer I,23,1). Die simonianische Helena wurde nach den Angaben des Irenäus mit dem verlorenen Schaf aus dem Gleichnis Jesu identifiziert (ebd. I,23,2).

Wir haben nun also eine Reihe von Anhaltspunkten dafür gewonnen, daß in die zeitgenössische pagane Religiosität punktuell kleinere Sinnzusammenhänge aus jesuanischen oder christlichen Elementen eingingen, daß ein Milieu, in dem ohnehin heidnische und biblische Elemente miteinander kombiniert waren, dafür besonders empfänglich war, und wir haben eine religiöse Bewegung näher betrachtet, die sich aus israelitischen, phönikischen, griechischen, christlichen und gnostischen Elementen zusammensetzte.

Nach allem, wie besonders das Matthäusevangelium mit dem Bekehrungsmuster der Extensivierung umgeht, ist zu vermuten, daß die eigentlich typische Erscheinung sich unbezeugt zwischen all diesen Anhaltspunkten versteckt: Menschen mit einer ohnehin eklektizistischen Religiosität, die oberflächlich oder sogar indirekt mit dem Christentum in Kontakt kamen, eigneten sich die eine oder andere Idee davon an, imitierten vielleicht auch etwas vom Vollzug christlicher Religiosität, haben sich aber nie in eine christliche Gemeinde mit ihrer Lebensordnung eingegliedert. Es gibt keine andere Möglichkeit, sich ihr sonstiges religiöses Leben vorzustellen, als daß sie in die gesellschaftlich verpflichtende Teilnahme an heidnischen Kulten eingebunden blieben.

Die Existenz solcher Menschen muß dem torahfreien Christentum peinlich gewesen sein, denn sie gefährdeten seine eigene Identitätsbeschreibung gegenüber dem Christentum nach jüdischem Ritus. Markus setzt sich von ihnen ab, obwohl andere Stellen zeigen, daß er auch Sympathien für sie hatte. Lukas zeichnet ein negatives Bild von ihnen als denen, die in der Gegenwart Jesu bzw. seiner Anhänger gegessen und getrunken haben, und die es sich genug sein ließen, daß auf ihren Plätzen christliche Lehre verkündigt worden war (Lk 13,26f). Es ermangelt nicht einer gewissen Logik, daß Matthäus das unverkrampfteste Verhältnis zu ihnen hat, denn seine eigene, stark vom Judentum geprägte Weise des Christ-Seins war durch die Existenz solcher Sympathisanten kaum zu gefährden.

3. Das Problem des "Synkretismus" im frühesten Christentum

Hier, wo eine spannungsreiche Wechselbeziehung zwischen Christentum nach jüdischem Ritus, torahfreiem Christentum und der Aufnahme christlicher Elemente in fremdreligiöse Sinnzusammenhänge sichtbar wird, ist erneut die Frage nach dem "Synkretismus" zu stellen. Sowohl die "Religionsgeschichtliche Schule" als auch die Bultmann-Schule verbinden dieses Stichwort eng mit der Veränderung des Christentums, welche durch die Begegnung mit Menschen heidnischer Herkunft zustandekam.

Günter Klein schrieb dazu 1967: "Zu den unverlierbaren Ergebnissen der religionsgeschichtlichen Erforschung des Urchristentums gehört die Einsicht in seinen synkretistischen Charakter, die Erkenntnis also, daß es mit seiner Sprache, seinen Vorstellungen und Praktiken im Kraftfeld spätantiker Religionsmischung steht - geprägt von verschlungenen religionsgeschichtlichen Einflüssen und seinerseits wiederum der komplexe Ursprung neuer, über den christlichen Ausgangsbereich hinaus in entlegene geistige Zonen reichender Entwicklungslinien"[1]. In den auf diese Vorbemerkung folgenden Ausführungen beschäftigte Klein sich nicht mit der Aufnahme fremder Elemente in das Christentum, sondern mit der Aufnahme christlicher Elemente in fremde Sinnzusammenhänge. Sein Belegmaterial sind hauptsächlich die genannten Abschnitte der Apostelgeschichte, wo nach dem Empfinden des Lukas die Grenze zwischen biblischen und nichtbiblischen Traditionen verletzt ist[2]. Klein selbst formuliert dies am Beispiel von Apg 19,11-20 so: "Das eigentliche Thema der Erzählung bildet also die widerrechtliche Aneignung christlicher Gehalte durch konkurrierende Religion. Das aber ist exakt das Problem des Synkretismus, wie es vom christlichen Standpunkt aus erscheinen muß"[3]. Die Rückbindung dieser Beobachtungen an die einleitende These ist bei Klein sehr vage formuliert: Man könne sagen "dies seien nur zwei Seiten ein und derselben Problematik, da die Aneigbarkeit christlicher Vorstellungen durch den Synkretismus eben illustriere, daß es spezifisch christliche Vorstellungsformen nie gegeben habe..."[4].

Vor dem Hintergrund meiner eigenen Argumentation in diesem Kapitel halte ich es für notwendig, hier die Linien genauer zu zeichnen. Daß es "spezifisch christliche Vorstellungsformen nie gegeben" hat, ist im Prinzip richtig, wenn damit das Fehlen anknüpfungsloser Originalität gemeint ist. Es ist aber nicht einzusehen, in welcher Hinsicht dies einfach die Rückseite der Möglichkeit sein sollte, daß fremde Systeme sich christliche Gehalte aneignen konnten. Eine so direkte Korrelation besteht nicht zwischen der Originalität eines Gedankens und seiner Rezipierbarkeit.

Das eigentliche Problem scheint vielmehr zu sein, daß die religionsgeschichtliche Größe "Christentum" von seinen Anfängen her noch viel weniger isoliert betrachtet werden darf, als die religionsgeschichtliche Schule und die Bultmann-Schule dies unter ihren Voraussetzungen tun konnten. Nicht in der Herkunft der einzelnen christlichen Elemente besteht die Schwierigkeit (die ist vielmehr in beruhigendem Umfang alttestamentlich-jüdisch[5]), sondern in der Einheit des Gesamtsystems: Die Identität des christlichen Sinnsystems war

---

(1) G.Klein, Der Synkretismus als theologisches Problem in der ältesten christlichen Apologetik, in: ZThK 64 (1967) S.40
(2) Siehe oben S.103
(3) G.Klein, 1967 S.59
(4) G.Klein, 1967 S.82
(5) Die Versuche der genannten Schulen, die Herkunft christlicher Elemente aus heidnischen und vorchristlich-gnostischen Quellen aufzuweisen, müssen im Rückblick weitgehend als gescheitert angesehen werden. Siehe dazu z. B. die kritischen Bestandsaufnahmen bei C.Colpe, Die religionsgeschichtliche Schule, Bd.I, 1961; G.Wagner, Das religionsgeschichtliche Problem von Röm 6,1-11; M.Hengel, Der Sohn Gottes, 1975; H.-J.Klauck, Herrenmahl und hellenistischer Kult, 1982; A.J.M.Wedderburn, Baptism and Resurrection..., 1987

nicht vorgegeben (auch nicht als "Existenzverständnis"[1] oder dergleichen), son
dern sie war erst Ergebnis eines langwierigen Prozesses der Identitätssuche.

Als am Anfang der Entwicklung die Jesusbewegung selbst von ihrer Wirkun;
auf nichtjüdische Menschen überrascht wurde, verunsicherte sie damit die oh
nehin schon gebeutelte Fiktion einer vermeintlich klar umrissenen jüdische
Identität. So etwas wie eine klare *christliche* Identität war aber noch lange nich
in Sicht, solange sogar das Bewußtsein dafür fehlte, daß man den Rahmen jü
discher Religion zu überschreiten drohte.

Auf lange Sicht hat sich das torahfreie Heidenchristentum erstaunlich gut au
dem religiös-kulturellen Erbe außerbiblischer Religionen heraus-sortiert, da
ihm neben der jüdischen Tradition zur Verfügung gestanden hätte. Zunächs
einmal aber mußte erkämpft werden, daß ein Überbau weniger christliche
Elemente zu einer ansonsten heidnischen Religiosität nicht das war, was di
gezielte Heidenmission im Namen Jesu bewirken sollte.

Wenn Günter Klein von einer "*widerrechtliche(n)* Aneignung christlicher Ge
halte" aus christlicher Sicht spricht, so ist das darin unterstellte "Recht" nich
eines, das dem Christentum immer schon unumstritten eigen gewesen wäre
Vielmehr handelt es sich um das apostolisch verstandene "Recht" eines nac
längerer Identitätssuche vorläufig stabilisierten Christentums, wie vor aller
eben Lukas es zu einem weit vorgerückten Zeitpunkt im ersten Jahrhunder
vertrat.

Betrachtet man aber die 30er und frühen 40er Jahre dieses Jahrhunderts, ohn
schon auf spätere Entwicklungen und Festlegungen zu schielen, so stehen di
drei vorgeführten Selektionsoptionen als verschiedene Formen der Aufnahm
jesuanischen Gedankengutes durch heidnische Menschen nebeneinander, ohn
daß man von einem religionswissenschaftlichen Standpunkt aus einer der dre
Formen entweder Vorrang einräumen oder das Existenzrecht verweiger
könnte.

In der Einleitung wurden umstrittene Systemgrenzen als die Situation be
schrieben, in der nach heutigem Sprachgebrauch typischerweise der Begri
"Synkretismus" angewandt wird[2]. Eine solche Situation bestand zweifellos i
den ersten Jahrzehnten der urchristlichen Identitätssuche. Systemgrenzen, di
vorher notfalls noch als statisch erscheinen konnten, waren weiter in Fluß gera
ten und sorgten dafür, daß alle möglichen Gruppierungen anderen Gruppie
rungen eine Verletzung heilig gehaltener Grenzen vorwerfen konnten.

Beispielhaft sei der Vorwurf herausgehoben, den torahtreue Juden (subjektiv völlig zu Recht) ge
gen die jesuanische Bewegung erhoben: Jesu Auftreten gefährdete jüdisches Selbstverständni
indem es eine verstärkte Grenzöffnung hin zu den Heidenvölkern bewirkte. Deshalb bestand au
jüdischer Sicht Grund dazu, Jesus und seinen Anhängern das vorzuwerfen, was man modern m
"Synkretismus" umschreiben würde. Diese Einschätzung spiegelt sich wider in den verschiedene
Überlieferungen des Vorwurfs, Jesus habe Dämonisches an sich: So der Vorwurf, er treibe bös

---

(1) Vgl. R.Bultmann, Theologie des Neuen Testaments, [8]1980 S.8 und S.200ff
(2) Siehe oben S.9

Dämonen durch Beel Zebul aus, d. h. durch den Hochgott nach phönikischem Verständnis[1] (Mk 3,22; denselben Vorwurf setzt Mt 12,27 par Lk 11,19 (Q) voraus). Joh 10,48 bringt den Vorwurf dämonischer Besessenheit mit dem Vorwurf zusammen, Jesus sei ein Samaritaner - für zeitgenössisches jüdisches Empfinden Inbegriff der Grenzverletzung zwischen israelitischer und heidnischer Tradition. Bemerkenswert ist, daß der Vorwurf dämonischer Besessenheit überhaupt die am besten bezeugte Verbindung zwischen Jesus und der zeitgenössischen Dämonenlehre ist. Nur ihn haben Markus, die Logienquelle und Johannes (vgl. noch 7,20; 8,52; 10,20f) gemeinsam, nicht dagegen die Nachricht über Exorzismen durch Jesus. Da weder das Judentum noch der hellenistische Sprachgebrauch eine klare Grenze zwischen Dämonen und paganen Gottheiten zog, mußte in dem Vorwurf dämonischer Besessenheit zumindest als Oberton immer der Gedanke an fremdreligiöse Einflüsse mitschwingen.

Das torahfreie Heidenchristentum hat sich bei seiner Identitätsdarstellung darum bemüht, solche impliziten Synkretismus-Vorwürfe von sich selbst abzuwenden: es vermied die stellvertretende Inanspruchnahme heidnischer Religiosität, es bemühte sich um eine Beschreibung der Bekehrung als Abkehr von anderen Kulten, und es reichte den Schwarzen Peter des Synkretismus-Vorwurfs weiter an eine Religiosität, in der wenige christliche Elemente mit paganen Traditionen verbunden waren. Der letztgenannte Vorgang ist in dem Aufsatz von Günter Klein am Beispiel lukanischer Texte eindrücklich dargestellt.

Da wir als Christen nichtjüdischer Herkunft in der Tradition des torahfreien Heidenchristentums stehen, liegt es für uns nahe, dessen Selbstabgrenzung zu übernehmen, d. h. das torahfreie Heidenchristentum von der Anwendbarkeit des Synkretismus-Begriffs freizusprechen, und die Aufnahme christlicher Elemente in fremdreligiöse Zusammenhänge mit eben diesem Begriff zu benennen: Synkretismus.

Theologisch ist eine solche Einschätzung gut begründbar. Allerdings darf dabei nicht übersehen werden, daß es sich nicht um eine objektive wissenschaftliche Feststellung handelt, wie überhaupt eine Verwendung des Synkretismus-Begriffs nicht wirklich objektiv sein kann[2]. Religionswissenschaftlich fairer ist es, von einem Streit um Systemgrenzen zu sprechen, bei dem alle Beteiligten das Abgrenzungsbedürfnis anderer Beteiligter verletzten und ihre Identität gefährdeten.

Die beschriebene "antisynkretistische Tendenz" des torahfreien Heidenchristentums ist dabei weniger als eine Qualität einzuschätzen, mit der diese Form von Christentum auf der Bühne des Konflikts schon erschienen wäre; vielmehr ist sie ihrerseits erst Reaktion darauf, daß jüdische Gruppen Grenzverletzungen in der Entwicklung der christlichen Bewegung feststellten und anklagten.

Auf den Erzählrahmen der Apostelgeschichte bezogen: die Stephanus-Verfolgung als jüdische Gegenwehr gegen Grenzverletzungen des torahkritischen Christentums ist chronologisch früher und außerdem historisch eine Voraussetzung dafür, daß es in Antiochia zur gezielten Heidenmission kam, die allein erst eine antisynkretistische Kontrolle über heidnische Aneignungen von Jesus-Tradition möglich machte. Ich sehe keinen Grund, an dieser Reihenfolge zu zweifeln.

---

(1) Siehe oben S.105
(2) Vgl. A.Feldtkeller, Der Synkretismusbegriff im Rahmen einer Theorie von Verhältnisbestimmungen zwischen Religionen, in: EvTh 52 (1992) S.224-245

Die Debatte um den "synkretistischen Charakter" des neutestamentlichen Christentums[1] wurde in unserem Jahrhundert entlang von Verletzungen geführt, die exegetische Forschungen am modernen christlichen Selbstverständnis aufgerissen hatten, und die oft genug mit dogmatischen Setzungen wieder zugepflastert werden sollten. Kein Umgang mit dem Synkretismus-Begriff in diesem Zusammenhang ist frei von der Bewältigung der je eigenen religiösen Verletzlichkeit. Es war unvermeidlich, daß der Gang der Forschungsgeschichte auf diesem Wege von *neuzeitlicher* christlicher Identitätssuche gesteuert wurde, und dies wird auch so bleiben müssen.

Dennoch ist es wichtig, daß wir uns gerade hier in der wissenschaftlichen Tugend der Selbst-Distanzierung üben, um einen freieren Blick zu bekommen für die wechselseitigen Verletzungen religiöse Gruppenidentität schon im Verlauf des frühchristlichen Prozesses, den wir heute je nach Forschungsposition mit der Verwendung oder Ablehnung des Synkretismus-Begriffs zu fassen suchen. Jede beteiligte Gruppe hat in diesem Prozeß Aktiva und Passiva zu verzeichnen. Deshalb halte ich es für angemessener, insgesamt von einer synkretistischen Problematik zwischen Judentum, Christentum und paganen Kulten zu sprechen, als den "Synkretismus" in der einen oder anderen Gruppierung als Charakterbeschreibung festhalten zu wollen.

4. Zusammenfassung

Bei Wilhelm Bousset ist die Begegnung mit paganer Religiosität und Kultur im hellenistischen Syrien der Punkt, wo eine Veränderung des Christentums durch paganen Einfluß angenommen wird. Trotz berechtigter Kritik am Denkmodell gegenseitiger Beeinflussung von Religionen ist an der Problematik einer Veränderung des Christentums auf dem Weg zum Heidenchristentum festzuhalten. Anders ist die Aufnahme ehemals heidnischer Menschen unter dem im ersten Kapitel herausgearbeiteten Spektrum von Möglichkeiten nicht denkbar.

Diese Untersuchung ersetzt das Denkmodell der gegenseitigen Beeinflussung durch das Denkmodell der Selektion von religiösen Ausdrucksformen und Vorstellungsgehalten aus einem (innerhalb eines Kulturraums) allgemein verfügbaren religiös-kulturellen Erbe. Damit wird die jeweilige Religionsgemeinschaft als Subjekt ihrer Entscheidungen für oder gegen den Gebrauch religiösen Erbes ernstgenommen.

Eine Analyse der religiös-kulturellen Selektion durch christliche Gruppen hat ergeben, daß ein "Christentum nach jüdischem Ritus" und ein "Christentum als eigenes System von Ausdrucksformen" (auch: "torahfreies Christentum") als grundlegende Selektionsoptionen zu unterscheiden sind. Außerdem gab es die Aufnahme von wenigen christlichen Elementen in fremde Sinnzusammenhänge, die zwar nicht als christliche Option im eigentlichen Sinne bezeichnet wer-

---

(1) Siehe oben S.2ff

den konnte, aber durch ihre Strukturparallele zum "Christentum nach jüdischem Ritus" doch mit den beiden anderen Optionen formal gleichgestellt werden sollte.

Christentum nach jüdischem Ritus ist die ursprüngliche Selektionsoption des Judenchristentums; damit ist sie historisch älter als das torahfreie Heidenchristentum. Christentum nach jüdischem Ritus gab es jedoch auch für ehemalige Angehörige heidnischer Kulte, so daß es in unserem Zusammenhang zu behandeln war. Typisch für diese Form des Christentums ist der Rückgriff auf einige genuin biblische, aber im Judentum der Prinzipatszeit in den Hintergrund gedrängte Ausdrucksformen wie Ekstase, Heilungen, Prophetie usw.; ansonsten bestand ihr Vorrat an Ausdrucksformen im wesentlichen aus dem, was allen Gruppen religiös praktizierenden Judentums gemeinsam war. Taufe und Abendmahl waren Kristallisationspunkte eines spezifisch christlichen Selbstverständnisses. Am Matthäusevangelium läßt sich beobachten, daß nach jüdischem Ritus lebende Christen eine beachtliche Freiheit im Umgang mit dem Erbe außerbiblischer Traditionen haben konnten.

Die Selektionsoption des torahfreien Heidenchristentums wurde nötig durch die Entscheidung eines Teils der Missionare, von bekehrten Nichtjuden keine Beschneidung zu verlangen. Damit war diesen Heidenchristen der Zutritt zum Tempel und das Anrecht auf Teilnahme an vielen anderen Ausdrucksformen jüdischer Religion verwehrt. Unter diesen Bedingungen mußte das Christentum für sich einen eigenständig tragfähigen Vorrat an Ausdrucksformen organisieren. In den Mittelpunkt rückten dabei die Elemente, die im Christentum nach jüdischem Ritus das christliche Spezifikum ausgemacht hatten. Die Ausbildung dieses eigenen Symbolvorrats bedeutete in der Tat eine entscheidende Veränderung des Christentums gegenüber seinen Anfängen; charakteristisch war dabei allerdings nicht so sehr ein Hinzukommen fremder Elemente als vielmehr der Wegfall vieler jüdischer Elemente und die Uminterpretation der jüdischen Heiligen Schriften hauptsächlich als ein Zeugnis für Jesus Christus. Im Gebrauch von Ausdrucksformen, die sowohl zum jüdischen, als auch zum paganen religiösen Erbe gehören, steht das torahfreie Christentum in einigen Fällen paganer Religionsausübung näher als jüdischer. So ist am Selektionsverhalten des torahfreien Heidenchristentums auch das zu erkennen, was in der heutigen missionswissenschaftlichen Diskussion als "Indigenisierung" oder "Inkulturation" bezeichnet wird: Die missionierende Religion adaptiert Modelle der einheimischen religiösen Kultur, um einer einheimischen Bevölkerung Sinngebung leisten zu können.

Dem steht jedoch eher gewichtiger die Tatsache gegenüber, daß das torahfreie Christentum sich *überhaupt* darum bemühte, ein eigenständig tragfähiges Symbolsystem auszubilden. Nach den Maßstäben der religiösen Umwelt wäre zu erwarten gewesen, daß die christliche Bewegung sich als Überbau aus wenigen Elementen nicht nur an das jüdische Sinnsystem, sondern auch an pagane Kulte angelagert hätte. Eben diese Selektionsoption wird aus dem Neuen Testament und aus späteren christlichen Quellen als eine dritte tatsächlich verwirklichte Option sichtbar, die jedoch vom torahfreien Heidenchristentum bewußt verworfen wurde. Historisch gebührt der Aufnahme christlicher bzw. jesuanischer Elemente in fremde Sinnsysteme sogar Vorrang vor der Entstehung des torahfreien Heidenchristentums, da es bereits mit der unkontrollierten Ausbreitung von Gerüchten während des vorösterlichen Wirkens Jesu zusammengedacht werden muß.

Für die Frage nach dem synkretistischen Charakter der beschriebenen Veränderungen wurde hier die Auffassung vertreten, daß eine objektive Rede von Synkretismus nicht möglich ist. Objektiv feststellbar ist eine Situation, in der religiöse Systemgrenzen ihre Selbstverständlichkeit verloren und zum Gegenstand von Auseinandersetzungen wurden. Dabei beging jede beteiligte Gruppierung Grenzverletzungen anderer Systeme, so daß ihr von jeweils einem bestimmten subjektiven Standpunkt aus "Synkretismus" nachgesagt werden könnte. Wissenschaftlich sinnvoller als solche konkret-subjektiven Zuweisungen des Synkretismus-Attributs wurde die Rede von einer "synkretistischen Problematik" *zwischen allen* beteiligten Systemen vorgeschlagen.

Drittes Kapitel

Innerchristliche Pluralität

Mit der Darstellung von drei verschiedenen Optionen bei der Selektion von religiös-kulturellem Erbe aus Judentum, paganen Traditionen und Jesusbewegung ist im vergangenen Kapitel schon deutlich geworden, daß die Rezeption jesuanischen Gedankengutes unter den Heidenvölkern vielfältige Gestalt hatte. In diesem dritten Kapitel soll nun gezeigt werden, daß sich im frühen Christentum mehr entfaltete als nur die bunte Vielfalt von Teilen eines Ganzen, die dennoch fraglos aufeinander bezogen waren. Mit Pluralität ist hier eine spannungsreiche Vielfalt gemeint, die das entstehende Christentum schon vor der Phase seiner ersten Stabilisierung einer ganzen Reihe von Zerreißproben aussetzte. Ja, es ist überhaupt fraglich, ob man in den ersten Jahrzehnten überhaupt von "dem" Christentum sprechen kann.

Woran lassen sich solche Spannungen bemessen? Die Gefahr ist, daß dabei unsere heutigen Vorstellungen von Vereinbarkeit und Nicht-Vereinbarkeit in den biblischen Denkhorizont eingetragen werden. So haben die Autoren, die im Laufe des 19. Jahrhunderts diese Problematik entdeckten und sich mit ihr befaßten, ja selbst keinen Hehl daraus gemacht, daß sie Erfahrungen aus den konfessionellen Gegensätzen ihrer eigenen Zeit zur Interpretation von Ereignissen in der frühen Geschichte des Christentums heranzogen[1]. Der moderne Entwurf innerchristlicher Pluralität von Helmut Köster und James M. Robinson[2] ist zwar weit stärker darum bemüht, die Vielfalt aus den Inhalten *frühchristlicher* Verkündigung zu entwickeln, aber die Maßstäbe ihrer Geschiedenheit und Vereinbarkeit zu beurteilen, bleibt auch hier weitgehend moderner Wahrnehmung überlassen.

Eine bestimmte Formulierungsgewohnheit neutestamentlicher Autoren gibt uns jedoch einen relativ zuverlässigen Schlüssel dafür in die Hand, welche Differenzen vom *damaligen* Standpunkt aus als problematisch erlebt wurden: Es gibt in den Schriften des Neuen Testament eine ganze Fülle von Sätzen, die Zugangskriterien für das Reich Gottes benennen - Aussagen darüber, welche Menschen an der erwarteten Rettung am Weltende Anteil haben werden, und welche Menschen im Gericht verloren gehen werden.

Visionen darüber, mit welchen Menschen man die Freude des kommenden Reiches zu teilen erwartete und welche davon ausgeschlossen sein sollten, *können* keine Adiaphora (unterschiedliche Glaubensauffassungen ohne gemein-

---

(1) Siehe oben S.2
(2) H.Köster/J.M.Robinson, Entwicklungslinien durch die Welt des frühen Christentums, 1971

schaftstrennende Wirkung) zum Inhalt haben.

Insgesamt fällt bei einer Durchsicht solcher Kriterien auf, daß zumindest in den für Syrien einschlägigen Quellen sehr häufig religiöse *Ausdrucksformen* als heilsentscheidend bewertet werden. Darin liegt keine an die Quellen herangetragene, für protestantische Theologie verdächtige Engführung, sondern eine Entdeckung, mit der die neutestamentlichen Quellen mein eigenes Vorverständnis korrigiert haben: allem Anschein nach sind es in der frühesten Phase *nur* Ausdrucksformen gewesen, die in die Kriteriendiskussion eingebracht wurden. Sehr langsam erst konnte die Position an Raum gewinnen, daß nicht eine Ausdrucksform letztgültig entscheidend sein kann, sondern nur die innere Haltung, die dahinter steht. Ganz durchgesetzt hat sich diese Position nie.

Daran erweist sich, daß es richtig war, für die Beschreibung frühchristlicher Entwicklungen so viel Gewicht auf Ausdrucksformen zu legen. Der unterschiedliche Vorrat an Ausdrucksformen lag an der Oberfläche christlicher Selbstwahrnehmung im Gegenüber zum Judentum und zu heidnischen Religionen. Theologie dagegen konnte erst zum Unterscheidungsmerkmal werden, nachdem Theologen zu nennenswerter Größe aufgestiegen waren *und* ihre Theologie auch von den Gemeinden aufgenommen worden war.

Der Mangel am christlichen Vorrat von Ausdrucksformen bestand darin, daß ihm situationsbedingte Beschränkungen auferlegt waren[1], und daß er in seinem Gesamtumfang nur bedingt die Möglichkeit bot, sich in der Religionsausübung positiv von der heidnischen Umgebung und von einer persönlichen Vergangenheit abzusetzen: Das entstehende Christentum konnte keine Ausdrucksformen entwickeln, die gegenüber seiner jüdischen und paganen Umwelt anknüpfungslos neu waren.

Andererseits aber erweckte die Ankündigung des letzten Gerichtes mit seiner radikalen Trennung zwischen Angenommenen und Verworfenen das Bedürfnis, doch am religiösen Lebensvollzug angeben zu können, worauf es letztlich ankommen würde. So lag es nahe, daß man zunächst einzelne Ausdrucksformen oder Gruppen bestimmter Ausdrucksformen in den Vordergrund hob. Von ihnen erhoffte man sich, daß sie trennscharf genug sein würden, die christliche Heilsgemeinschaft deutlich abzugrenzen.

Die Diskussion um die Kriterien des Heils war vielleicht die größte theoretische Herausforderung, die sich dem frühen Christentum stellte, aber wie alle späteren christlichen Generationen konnten auch die erste und zweite Generation darauf keine gesamtchristlich verbindliche Antwort finden. Die Diskussion aber begonnen zu haben, ist der wohl wichtigste Beitrag des frühesten syrischen Christentums zur Theologiegeschichte.

Ein Vorbild dafür waren die jüdischen Bemühungen seit dem babylonischen Exil, die eigene religiöse Identität vor der Assimilation an die Umwelt zu bewahren. Damals waren Ausdrucksformen wie die Beschneidung, die Sabbatruhe und der bildlose Kult als Unterscheidungsmerkmale

---

(1) Siehe oben S.82

hervorgehoben worden.

Für das Christentum waren die Voraussetzungen noch einmal andere als im Judentum: Nicht eine weitgehend vorgegebene, sondern eine erst entstehende Gemeinschaft von Menschen mußte definiert werden. Es mußte der Versuch unternommen werden, die in Fluß geratenen Systemgrenzen wieder unter Kontrolle zu bringen. Zwar gab es auch Kräfte, die diese Aufgabe für menschlich nicht lösbar hielten und dazu ermahnten, sie dem Gericht Gottes zu überlassen (so das Gleichnis vom Unkraut unter dem Weizen Mt 13,24-30), aber insgesamt siegte das Bedürfnis und wohl auch die systemische Notwendigkeit, der eigenen Gruppenidentität eben doch eschatologische Verbindlichkeit zuzuschreiben.

Um den Gehalt neutestamentlicher Kriterienformulierungen voll ausnutzen zu können, und um ihre Bedeutung für die frühchristliche Pluralität einschätzbar zu machen, sind einige Begriffsdefinitionen notwendig. Diese werden sich zwar der Sprache moderner Logik bedienen, aber die zum Teil erstaunlich präzise formulierenden frühchristlichen Kriterien lassen sich nicht anders zueinander in Beziehung setzen.

Zunächst ist zu unterscheiden zwischen *Einschlußkriterien* und *Ausschlußkriterien*. Die einen nennen Bedingungen zum Erreichen des christlichen Heils, die anderen Bedingungen für den Ausschluß aus der christlichen Heilsgemeinschaft.

Weiter ist zu beachten, daß Kriterien als *notwendige* oder als *hinreichende* Bedingungssätze formuliert sein können bzw. solche umschreiben können. Notwendig sind Bedingungen, die für das Eintreten einer bestimmten Folge (hier: Einschluß bzw. Ausschluß) nicht fehlen dürfen, zu denen aber eventuell noch weitere Voraussetzungen hinzukommen müssen; hinreichend sind Bedingungen, die für sich allein als Voraussetzungen für Einschluß bzw. Ausschluß genügen, womit aber nicht gesagt ist, daß dasselbe Ziel nicht auch auf anderen Wegen erreicht werden könnte. *Hinreichend und notwendig* sind nach dem Sprachgebrauch moderner Logik Bedingungen, die exakt die gesamte, aber auch alternativlos einzige Voraussetzung für das Eintreten einer Folge beschreiben.

Der Satz "Kultbildverehrer... werden das Reich Gottes nicht erben" (1 Kor 6,9f) formuliert beispielsweise ein hinreichendes, aber nicht notwendiges Ausschlußkriterium. Es genügt nach dieser Formulierung für die Verurteilung im Endgericht, Kultbilder zu verehren, aber es gibt auch andere hinreichende Bedingungen für dieselbe Folge. Der gleiche Satz nennt deren genug: Ungerechtigkeit; Unzucht, Diebstahl usw.

Die frühchristliche Tradition kennt keine Möglichkeit dafür, einen Bedingungssatz direkt als *zugleich hinreichend und notwendig* zu formulieren. Es finden sich nur entweder hinreichende oder notwendige Einschlußkriterien und entweder hinreichende oder notwendige Ausschlußkriterien.

Nun ist aber zu beachten, daß notwendige Einschlußkriterien in sich immer die Aussage enthalten, daß ihr logisches Gegenteil hinreichendes Ausschlußkriterium ist; entsprechendes gilt für notwendige Ausschlußkriterien und hinreichende Einschlußkriterien. Am Beispiel: Wenn Kultbildverehrung ein hinreichendes Ausschlußkriterium ist, so ist es gleichzeitig notwendiges Einschlußkriterium, keine Kultbilder zu verehren. Der Satz "*Nur* wer keine Kultbilder verehrt, kann das Reich Gottes erben" besagt genau dasselbe wie der Satz "(Auch) Kultbildverehrer werden das Reich Gottes nicht erben".

In der neutestamentlichen Tradition gibt es Formulierungen, die ein hinreichendes Einschlußkriterium mit einem hinreichenden Ausschlußkriterium kombinieren. Solche Aussagen seien hier *binäre Kriterien* genannt. Ein Beispiel: "Wer nämlich sein Leben ($\psi\nu\chi\eta$) retten will, wird es verderben; wer aber sein Leben verderben wird wegen mir und wegen des Evangeliums, der wird es retten" (Mk 8,35). In der Regel sind bei binären Kriterien die beiden Voraussetzungen für Einschluß und Ausschluß sachlich annähernd Gegenteile zueinander. Durch die in jedem Bedingungssatz enthaltene Aussage über die gegenteilige Voraussetzung bekommen binäre Kriterien dadurch annähernd den Aussagegehalt von *notwendigen und hinreichenden* Ein- und Ausschluß-kriterien. Sie erheben damit den Anspruch, das *allein entscheidende* Kriterium für die Abgren-zung der christlichen Heilsgemeinschaft anzugeben. Binäre Kriterien sind selten, aber wo sie formuliert werden, ist die Vereinbarkeit mit deutlich abweichenden Kriterien nicht mehr gegeben.

Aus den Kriterienformulierungen der für Syrien einschlägigen frühchristlichen Schriften läßt sich rekonstruieren, daß es schon *vor* der Entstehung solcher Schriften sechs verschiedene Modelle christlicher Selbstdefinition gab, die je-weils für sich oder in Kombination mit einem anderen Modell bei christlichen Gruppen in Gebrauch waren.

Ab den antiochenischen Auseinandersetzungen im Umfeld des sogenannten Apostelkonzils[1] zeigte sich die Notwendigkeit, nach Möglichkeiten zur Integra-tion von mehr als zwei Kriterien zu suchen. Dadurch war die Pluralität im Lau-fe der Jahrzehnte eher abnehmend als zunehmend. Die ursprünglichen sechs Grundkriterien blieben jedoch während der ganzen Prinzipatszeit für das syri-sche Christentum prägend.

Die nun folgende Darstellung wird ausgehend von den ältesten Modellen christlichen Selbstverständnisses auch einige Linien solcher Integrationsprozes-se ausziehen.

1. Torah-Kriterium und Gottesfürchtigen-Kriterium

1.1. "Wenn ihr euch nicht beschneiden laßt"

In Antiochia bei den ersten durch intentionale Heidenmission bekehrten Chri-sten traten nach der Darstellung von Apg 15,1 Männer aus Judäa auf mit dem Heilskriterium: "Wenn ihr euch nicht beschneiden laßt nach der Vorschrift (ἔθος) des Mose, könnt ihr nicht gerettet werden". Nachdem der Schauplatz der Erzählung nach Jerusalem gewechselt hat, ergänzt Vers 5, was sicher auch in Antiochia damit gemeint war: "Da standen einige auf von der Partei der Pharisäer, die zum Glauben gekommen waren und sagten: 'Man muß sie be-schneiden und ihnen anordnen, die Torah des Mose zu halten (τηρειν τον νο− μον Μωυσεως)'".

Die Beschneidung steht hier für das, was sie auch für jüdische Proselyten be-deutete: den Beginn einer Lebensgestaltung nach den Geboten der Torah. Die Einhaltung der ganzen Torah ist für diese Richtung des Urchristentums not-wendiges Einschlußkriterium[2].

Was das bedeutet, ist zunächst auf einem jüdischen Hintergrund zu sehen: Nach E. P. Sanders zeigt die Literatur des palästinischen Judentums von 2. Jhdt. v. Chr bis zum 2. Jhdt. n. Chr. eine gemeinsame Struktur (pattern), die Sanders als "Bundesnomismus" bezeichnet: "1) Gott hat Isra-el erwählt und 2) das Gesetz gegeben. Das Gesetz beinhaltet zweierlei: 3) Gottes Verheißung, an der Erwählung festzuhalten, und 4) die Forderung, gehorsam zu sein. 5) Gott belohnt Gehorsam und bestraft Übertretungen. 6) Das Gesetz sieht Sühnmittel vor, und die Sühnung führt 7) zur

---

(1) Siehe unten S.143
(2) So der Sache nach M.Hengel, Zur urchristlichen Geschichtsschreibung, 1979 S.95

Aufrechterhaltung bzw. Wiederherstellung des Bundesverhältnisses. 8) All jene, die durch Gehorsam, Sühnung und Gottes Barmherzigkeit innerhalb des Bundes gehalten werden, gehören zur Gruppe derer, die gerettet werden."[1] Hier ist ausdrücklich keine "Werkgerechtigkeit" beschrieben, sondern ein Bundesverhältnis, in dem die Verheißung der Forderung vorausgeht. Es geht aber um religiöse Ausdrucksformen als Heilskriterium, denn auf menschlicher Seite wird die Bundestreue durch kultischen und ethischen Ausdruck verwirklicht.

Dasselbe Heilskriterium begegnet eine Reihe von Jahren nach den Vorgängen in Antiochia wieder in dem heidenchristlichen Selbstverständnis, das galatische Christen von fremden Missionaren angetragen bekommen haben (vgl. Gal 1,7), und gegen das Paulus mit dem Galaterbrief kämpft (siehe besonders Gal 3,2.11; 4,21; 5,2f; 6,12). Die gleiche oder eine ihr wesensverwandte Gruppe von Missionaren hatte also inzwischen ihre Form christlicher Identität mindestens bis Kleinasien getragen[2]. Ihr Auftreten in Antiochia und ihre Zuwendung zu den Heidenchristen war demnach nicht nur ein punktuelles Ereignis, das mit den Beschlüssen des Apostelkonzils[3] gestoppt worden wäre, sondern es ist darin eine eigenständige und langlebige Entwicklungslinie heidenchristlicher Mission zu erkennen.

Es greift auch zu kurz, die Verkündigung des Torah-Kriteriums als antipaulinische Gegenmission zu verstehen, die den Spuren des Paulus gefolgt sei. Man muß ihr größere Ziele unterstellen, als nur das Lebenswerk *eines* Mannes zu zerstören. Die älteste Nachricht über diese Mission betrifft Antiochia, wo Paulus niemals der allein maßgebliche Theologe war[4], und auch Zeugnisse über die Geltung des Torah-Kriteriums lange nach dem Tod von Paulus (z. B. bei Matthäus und Ignatius) sind wohl nur in Ausnahmefällen direkt antithetisch auf paulinische Nachwirkungen bezogen[5].

Nach der Darstellung der Apostelgeschichte waren auch Petrus und die anderen Jerusalemer Apostel in ihrer Frühzeit Vertreter des Torah-Kriteriums. In der Erzählung von der Bekehrung des römischen Centurio Cornelius sagt Petrus während seiner Vision: "Niemals habe ich etwas *Profanes* oder *Unreines* gegessen" (Apg 10,14) - und diese Haltung repräsentiert gleichzeitig seine Vorstellungen davon, welche Sorte Menschen aus dem christlichen Heil ausgeschlossen sind. Dies wird im Rückblick deutlich aus V.28, wo das Torah-Krite-

---

(1) E.P.Sanders, Paulus und das palästinensische Judentum, 1985 S.400. Da nach Apg die das Torah-Kriterium in Antiochia vertretenden Missionare aus Palästina kamen, ist das palästinische Bundesverständnis für sie einschlägig.

(2) Das paulinische Bild vom "Elementen-Dienst" in Gal 4,3.9 meint keine religionsgeschichtliche Einordnung der gegnerischen Gruppe, die ein von Apg 15,1ff abweichendes Gepräge bezeugen würde. Zur Auslegung dieser Stellen siehe oben S.45

(3) Siehe unten S.143ff

(4) Siehe oben S.17

(5) G.Lüdemann (Paulus, der Heidenapostel, Bd. II: Antipaulinismus im frühen Christentum, 1983) stellt zwar gegen F.C.Baur und seine Nachwirkungen richtig heraus, daß "Judenchristentum" und Antipaulinismus nicht identisch sind, aber seine Bemühungen, "Antipaulinismus" über zwei Jahrhunderte hinweg nachzuweisen, lassen doch die Grenze zwischen beidem wieder verwischen.

rium inzwischen durch Gottes eigenes Handeln für Petrus ungültig geworden ist : "Ihr wißt, wie ungeziemend es für einen jüdischen Mann ist, mit einem Andersstämmigen umzugehen oder zu ihm zu gehen; aber mir hat Gott gezeigt, daß ich keinen Menschen als *profan* oder *unrein* bezeichnen soll".

Es ist allerdings sehr zweifelhaft, ob damit tatsächlich die ursprüngliche Position des historischen Petrus erfaßt ist. Lukas bzw. seine Tradition hatten ein Interesse daran, die Taufe des ersten gottesfürchtigen Heiden als Werk allein des Heiligen Geistes gegen den Willen des Apostels darzustellen (Motiv der heilsgeschichtlichen Nötigung)[1]. Historisch spricht jedoch einiges dafür, daß die Führung der Jerusalemer Gemeinde sich eher zunehmend als abnehmend an die Torah gebunden hielt. Die pharisäische Partei im Jerusalemer Sanhedrin erhielt ab 36 n. Chr. dadurch Auftrieb, daß der Prokurator Pontius Pilatus seines Amtes enthoben wurde und der syrische Legat Vitellius sich für seine Ostpolitik der Unterstützung der Pharisäer versicherte. Zunehmende Torahtreue in der Jerusalemer Urgemeinde ist deshalb leicht als Reflex des allgemeinden Trends im Judentum der Stadt plausibel zu machen[2]. Da dieser Wandel in der Identitätsdarstellung der Jerusalemer Christen langfristig mit einem Wechsel der Führungsposition von Petrus zu Jakobus dem Herrenbruder verbunden war, ist für den frühen Petrus eher eine liberale (jedoch auch gut jüdische) Stellung zur Torah anzunehmen. Aus der Beziehung zwischen Jesus und dem Zwölferkreis ergibt sich diese Annahme ebenfalls natürlicher, denn sonst wäre man genötigt, mit einer Überlieferung torahkritischer Aussagen Jesu an den hellenistischen Siebenerkreis zu rechnen, die am "hebräischen" Zwölferkreis vorbeigegangen wäre[3].

Das Problem zum Verständnis des Torah-Kriteriums als Beschreibung christlicher Identität liegt in der Frage nach der Selbst-Unterscheidung von anderen jüdischen Gruppen: Es gibt keine authentische christliche Formulierung des Torah-Kriteriums als binäres Kriterium oder als *hinreichendes* Einschlußkriterium. Deshalb ist unklar, ob die Einhaltung des Bundes nach diesem Verständnis für den Eintritt in das von Jesus gepredigte Gottesreich genügte, oder ob etwas Zweites dazukommen mußte.

Eine Formulierung des Torah-Kriteriums als hinreichendes Einschlußkriterium bietet nur Paulus, der jedoch zu diesem Zeitpunkt nicht mehr mit dessen Erfüllbarkeit rechnete (vgl. Röm 3,10ff gegen Phil 3,6): "Die Täter der Torah werden gerechtfertigt werden" (Röm 2,13 vgl. 2,25).

Eine christliche Selbstdefinition allein durch die Lebensgestaltung nach der Torah ist denkbar, wenn die entsprechende christliche Gruppe ihre Bundestreue als Erneuerung gegenüber mangelnder Bundestreue anderer jüdischer Gruppen verstand. Eine solche Haltung wird sichtbar hinter Mt 5,20, wenn

---

(1) Siehe oben S.28
(2) H.Kraft, Die Entstehung des Christentums, 1981 S.231-240, besonders S.236
(3) So die These von H.Kasting, Die Anfänge der urchristlichen Mission, 1969 S.101

man die Aussage im torahtreuen Kontext von V.17-19 liest[1]: "Ich sage euch: wenn eure Gerechtigkeit nicht weit über die der Pharisäer und Schriftgelehrten überfließt, werdet ihr nicht in das Reich der Himmel eingehen".

Ebenso ist der Fall denkbar, daß zu einem christlichen Selbstverständnis nach dem Torah-Kriterium konstitutiv noch weitere Ausdrucksformen gehörten, die nicht als Erfüllung der Torah verstanden wurden. Insbesondere charismatische Ausdrucksformen sind hier zu erwägen, denn sie prägten ja im Christentum nach jüdischem Ritus das Bewußtsein, eine *Erneuerungsbewegung* zu sein[2]. So ist es gut möglich, daß ein Teil der torahfrommen christlichen Gruppen gleichzeitig ein charismatisches Definitionskriterium vertrat. Ein möglicher Beleg dafür ist die schon genannte Kombination von Berufung auf jüdische Abstammung und ekstatische Ausdrucksformen in der Auseinandersetzung des zweiten Korintherbriefs[3].

1.2. "Wer Gott fürchtet und Gerechtigkeit vollbringt"

Im Verlauf der Cornelius-Erzählung Apg 10 ersetzt Lukas das von Gott für nicht notwendig erklärte Torah-Kriterium durch zwei andere Kriterienformulierungen. Eine davon umschreibt das, was hier als Gottesfürchtigen-Kriterium benannt werden soll: "Gott ist nicht parteiisch, sondern ihm ist in jedem Volk willkommen, wer ihn fürchtet ($\phi o\beta o\acute{\nu}\mu\epsilon\nu o\varsigma$ $a\mathring{\upsilon}\tau o\nu$) und Gerechtigkeit vollbringt ($\mathring{\epsilon}\rho\gamma a\zeta\acute{o}\mu\epsilon\nu o\varsigma$ $\delta\iota\kappa a\iota o\sigma\acute{\upsilon}\nu\eta\nu$)." (Apg 10,34f)

Damit wird eine religiöse und ethische Beschreibung vom Status des "Gottesfürchtigen"[4] zum vor Gott hinreichenden Einschlußkriterium für das Heil erklärt. Daß Cornelius diesem Status entsprach, hatte Lukas schon in der Einleitung festgestellt: "In Caesarea war ein Mann mit Namen Cornelius, ein Centurio aus der Kohorte, welche die italische genannt wird, fromm und gottesfürchtig ($\epsilon\mathring{\upsilon}\sigma\epsilon\beta\grave{\eta}\varsigma$ $\kappa a\grave{\iota}$ $\phi o\beta o\acute{\upsilon}\mu\epsilon\nu o\varsigma$ $\tau o\nu$ $\theta\epsilon o\nu$) mit seinem ganzen Haus; er brachte dem (jüdischen) Volk viele Almosen dar und betete immer zu Gott" (Apg 10,1f vgl. V.22).

Zur Herkunft des Gottesfürchtigen-Kriteriums

Die Kombination einer auf Gott gerichteten und einer auf Menschen bezogenen Tugend, wie Apg 10,35 sie zum Heilskriterium macht (hier: Gottesfurcht und Gerechtigkeit), war zuerst im paganen Hellenismus die stehende Wendung, um alle menschlichen Pflichten zusammenzufassen. Begriffe der Tugend gegen Gott waren dort vor allem $\epsilon\mathring{\upsilon}\sigma\epsilon\beta\epsilon\iota a$, $\mathring{o}\sigma\iota o\tau\eta\varsigma$ und die entsprechenden Adjektive; Begriffe der Tugend gegen die Menschen $\delta\iota\kappa a\iota o\sigma\acute{\upsilon}\nu\eta$, $\phi\iota\lambda a\nu\theta\rho\omega\pi\iota a$ und wiederum dazugehörige Adjektive[5].

Später in der hellenistischen Epoche begann das Judentum damit, nach der Hauptsache seiner Torah zu fragen, um sie nichtjüdischen Mitbürgern zu erklären. Philo von Alexandria, der eine Reihe von Schriften diesem Zweck widmete, griff dabei die genannte hellenistische Terminologie

---

(1) Siehe unten S.150
(2) Siehe oben S.67
(3) Siehe oben S.70
(4) Siehe oben S.35
(5) K.Berger, Die Gesetzesauslegung Jesu, 1972 S.143-149 mit Belegstellen.

auf: Er nannte zwei Hauptprinzipien (κεφαλαια) der Torah, nämlich gegenüber Gott εὐσεβεια und ὁσιοτης, gegenüber den Menschen φιλανθρωπια und δικαιοσυνη (SpecLeg II,61-63). Εὐσεβεια kann Philo noch einmal aufteilen in Gottesfurcht (φοβος) und Gottesliebe (ἀγαπη; Imm 69).

Außerdem ist wichtig, daß Philo in seiner Schrift "De Decalogo" als erster den Dekalog mit seiner Aufteilung in Gebote gegenüber Gott und Gebote gegenüber den Menschen als Essenz für die Erklärung der Torah benutzte[1].

Die wichtigste Zielgruppe solcher Zusammenfassungen der Torah waren die Gottesfürchtigen. Die Hauptprinzipien der Torah waren für sie als ethische Orientierung wichtig, und durch die begriffliche Anknüpfung an hellenistische Tugendlehre waren sie ihnen auch verständlich. Die Bezeichnung "Gottesfürchtige" gestand diesen Menschen zu, daß sie den Hauptprinzipien tatsächlich entsprachen. Das Wort formuliert eine gut biblische Tugend, die gleichzeitig im Rahmen des hellenistischen Wertesystems hohe Plausibilität besaß.

Im Judentum der Kaiserzeit wurde darüber diskutiert, ob Gottesfürchtige der endzeitlichen Heilsgemeinschaft angehören oder nicht[2]. Der Talmud zitiert Rabbi Jehuda HanNasi (um 200 n. Chr.) mit dem Ausspruch, wer sich vom Einfluß des Götzendienstes befreie, sei wie einer, der jedes Gebot der Torah praktiziere (bHul 5a/b). Die gleiche Diskussion spiegelt sich auch schon wider bei Josephus im Bericht über die Bekehrung des Königshauses von Adiabene: König Izates wurde zunächst von einem hellenistischen Juden namens Ananias beraten, er solle unbeschnitten bleiben, also den Status des Gottesfürchtigen annehmen: "Er könne, sagte er, auch außerhalb der Beschneidung die Gottheit verehren (χωρις της περιτομης το θειον σεβειν), wenn er nur überhaupt den väterlichen Sitten der Juden nacheifern wolle - dies sei bedeutender als beschnitten zu werden" (Josephus, Ant XX,41). Später legte ihm ein galiläischer Jude namens Eleazar nahe, es sei (heils-)notwendig, alle Vorschriften des Gesetzes zu befolgen, also auch, sich beschneiden zu lassen (XX,43-46). In diesem Fall ist zu berücksichtigen, daß Ananias sich wohl im Hinblick auf drohende politische Unruhen in Adiabene auf die Vorschrift berief, bei Lebensgefahr dürfte auf die Beschneidung von Proselyten verzichtet werden.

Dennoch dürfte es alles in allem so gewesen sein, daß in der innerjüdischen Diskussion ein nicht exakt und einheitlich definiertes Konglomerat von Vorschriften unterhalb der Einhaltung der ganzen Torah als hinreichendes Kriterium für die eschatologische Rettung speziell von Nichtjuden vorgeschlagen wurde. Darin enthalten war jedenfalls die gemeinhellenistische Orientierung an Tugenden gegenüber Gott und den Menschen, wobei die menschliche Seite präzisiert werden konnte auf die Einhaltung sozialer Gebote, vor allem derer des Dekalogs.

Folker Siegert hat eine weitere Gruppe von Vorschriften als verbindlich für Gottesfürchtige ins Gespräch gebracht, nämlich diejenigen kultischen Vorschriften der Torah, die auch den im Land Israel lebenden Fremden auferlegt waren[3]. Dafür spricht, daß rabbinische Zeugnisse eine weitgehende Übereinstimmung zwischen den Termini "ger toshav" (im Land wohnender Fremdling) und "jᵉre shamajim" (Gottesfürchtiger) herstellen[4]. So ist denkbar, daß diese Vorschriften präzisierten, welche Tugenden gegenüber Gott von den Gottesfürchtigen erwartet wurden.

Einerseits ist es zwar fraglich, ob das Verbot von Brand- und Schlachtopfern außerhalb des einen legitimen Kultes (Lev 17,8f) tatsächlich von den Berufsgruppen eingehalten werden konnte, aus denen Gottesfürchtige belegt sind, insbesondere von den bei Lukas zweimal genannten Centurionen der römischen Armee. Andererseits ist es auch wieder plausibel, daß eine Diskussion über

---

(1) Dazu insgesamt K.Berger, 1972 S.137-139
(2) F.Siegert, Gottesfürchtige und Sympathisanten, in: Journal for the Study of Judaism 4 (1973) S.119f; M.Simon, Art. Gottesfürchtiger, in: RAC Bd.11 (1981) Sp.1065; anders H.Kasting, 1969 S.23-27
(3) F.Siegert, 1973 S.120ff
(4) So auch M.Simon, 1981 Sp. 1066

den Zugang von Gottesfürchtigen zum endzeitlichen Heil diese Gruppe von Geboten aufs Tapet bringen mußte: ein Teil davon nennt als Strafe für ihre Übertretung die "Ausrottung" aus dem Land - so das genannte Verbot fremden Opferkultes, das Verbot von Blutgenuß und des Verzehrs von nicht geschächtetem Fleisch, sowie das Verbot von Geschlechtsverkehr mit bestimmten Verwandschaftsgraden, mit Tieren und das Verbot von homosexuellem Geschlechtsverkehr (Lev 17,8-18,30). Wenn im Judentum mit dem endzeitlichen Heil einer nichtjüdischen Personengruppe gerechnet wurde, dann war dieser Einwand unausweichlich: wie sollte jemand Beisasse der messianischen Gottesherrschaft werden können, der nach den Vorschriften der Torah nicht einmal Beisasse im Heiligen Land sein dürfte? Die im vierten Buch der sibyllinischen Orakel genannten Heilsbedingungen für Heiden legen jedenfalls nahe, daß jüdische Vorstellungen über den Zutritt von Heiden zur Heilsgemeinschaft sich in diese Richtung bewegten: Anerkennung des einen wahren Gottes, Enthaltung von Götzendienst und Götzenopfer, von Totschlag und sexuellen Verfehlungen (Sib IV,24-34.167-170).

All die offenen Fragen um diese Probleme zeigen, daß es im Judentum des 1. Jhdt. n. Chr. wahrscheinlich eine Diskussion über die eschatologische Errettung von Gottesfürchtigen und über deren Kriterien gab, aber keinesfalls eine klar und allgemeingültig festgeschriebene Regelung. Die mutmaßliche innerjüdische Diskussion aber dürfte der Kristallisationskern gewesen sein für die christliche Kriteriendiskussion zu dem Zeitpunkt, als judenchristlich geprägte Missionare die Bedingungen des Heils für ehemalige Heiden zu formulieren hatten.

Der Druck, hier zu einer klaren Regelung zu kommen, war für die christlichen Missionare ungleich größer als für die jüdischen Rabbinen: im Gegensatz zu diesen spekulierten sie nicht über ein zukünftiges Ereignis (etwa nach dem Modell der endzeitlichen Völkerwallfahrt), sondern sie hatten die Zulassung von Heiden zum Heil der bereits angebrochenen Endzeit zu verwalten. Während die Gottesfürchtigen am Rande des Judentums ohne Frage keine Vollmitglieder der Religionsgemeinschaft waren, ging es im Christentum exakt um eine solche Vollmitgliedschaft - weil die Gegenwart Endzeit war.

Wenn also im Folgenden das am häufigsten vorkommende Heilskriterium des frühen syrischen Christentums als "Gottesfürchtigen-Kriterium" bezeichnet wird, so ist damit ausdrücklich nicht die Definition eines Sympathisantenstatus gemeint, sondern ein Kriterium des Christ-Seins im vollen Sinne. Die Wahl des Begriffs enthält vielmehr die These, daß das dabei verwendete Konglomerat von Vorschriften und religiösen bzw. ethischen Ausdrucksformen einer im Fluß befindlichen innerjüdischen Diskussion um das endzeitliche Heil von Gottesfürchtigen entnommen wurde.

Dieses Konglomerat setzt sich zusammen aus Formulierungen von Tugenden gegenüber Gott und den Menschen (insbesondere dem doppelten Liebesgebot), nach der ethischen Seite hin präzisiert in den sozialen Geboten des Dekalogs, in anderen "sozialen Reihen"[1] oder auch in der "goldenen Regel". So stellte Paulus in Röm 13,9 ausdrücklich fest, daß das Gebot der auf Menschen

---

(1) Eine Gattung der israelitisch-jüdischen Tradition, bei der ähnlich wie in der zweiten Hälfte des Dekalogs zwischenmenschliche Gebote aufgelistet wurden.

gerichteten Liebe (Lev 19,18) mit den sozialen Geboten des Dekalogs identisch ist. Auf der kultischen Seite werden bei der christlichen Verwendung sehr viel deutlicher die Gebote sichtbar, deren Zugehörigkeit zu diesem Komplex im jüdischen Bereich fraglich bleiben mußte: die Gebote der Torah, deren Einhaltung auch den Fremden im Land Israel auferlegt war, und deren Übertretung mit "Ausrottung" bedroht war. Diese Gebote sind präzise zusammengefaßt im sogenannten "Aposteldekret" (Apg 15,20.29; 21,25)[1]. Die verschiedenen Begriffe für "Gottesfurcht" und "Gott fürchten" können weitere wichtige Textsignale für das Gottesfürchtigen-Kriterium sein, sie sind aber dafür nicht ausschlaggebend.

Wenn also die einzelnen Bestandteile des christlichen Gottesfürchtigen-Kriteriums sämtlich aus der jüdischen Tradition übernommen sind, so ist es nicht verwunderlich, daß frühchristliche Schriften dieses Kriterium als konsensfähig mit jüdischen Positionen darstellen: In Mk 12,28-34 verständigt Jesus sich mit einem Jerusalemer Schriftgelehrten auf das doppelte Liebesgebot gegenüber Gott und den Menschen. Die dabei gewählte Zusammenstellung von Dtn 6,5 und Lev 19,18 ist zwar vorher in jüdischen Quellen nicht belegbar, aber sie entspricht der genannten (jüdisch-) hellenistischen Tradition von Kombinationen aus Tugenden gegenüber Gott und Tugenden gegenüber den Menschen[2].

In Mk 10,17-20 sagt Jesus dem jüdischen Reichen nichts Neues, als er ihm auf die Frage nach dem Kriterium für das ewige Leben zunächst mit einer sozialen Reihe antwortet, die im wesentlichen den ethischen Geboten des Dekalogs entspricht. Der Reiche kann nur antworten: "... dies alles habe ich gehalten von Jugend an".

Die Zwei-Wege-Lehre der Didaché

Die vollständigste und detaillierteste Ausführung des Gottesfürchtigen-Kriteriums findet sich in der ersten Hälfte der Didaché. Die Themenformulierung für die Kapitel 1-6 erklärt den gesamten Inhalt dieser Kapitel zum binären Heilskriterium: "Zwei Wege gibt es, einen des Lebens und einen des Todes. Der Unterschied aber ist groß zwischen den beiden Wegen" (Did 1,1). Kapitel 1-4 beschreiben den Lebensweg, Kapitel 5 den Todesweg. Die Metaphorik von diesen zwei Wegen haben die hellenistische und die israelitisch-jüdische Tradition gemeinsam mit noch anderen kulturellen Traditionen[3]. Für die Zwei-Wege-Lehre der Didaché wird allgemein eine schriftliche Vorlage angenommen, da sich das Schema der zwei Wege und das meiste Material aus Did 1-6

---

(1) Zur Beschränkung auf Gebote mit Ausrottungsformel M.Klinghardt, Gesetz und Volk Gottes. Das lukanische Verständnis des Gesetzes nach Herkunft, Funktion und seinem Ort in der Geschichte des Urchristentums, 1988 S.186. Zur Herleitung des Aposteldekrets aus Lev 17f vorher z.B. S.Brown, The Matthean Community and the Gentile Mission, in: NT 22 (1980) S.212; vorsichtiger F.Siegert, 1973 S.135 mit Verweis auf weitere Vertreter dieser These.
(2) So K.Berger, 1972 S.142
(3) Belege dazu bei K.Niederwimmer, Die Didache, KAV I, 1989 S.83ff

mit vielen wörtlichen übereinstimmungen auch im Barnabas-Brief (18-20) und in späteren christlichen Quellen findet, ohne daß die Fassung der Did oder des Barn als Urfassung plausibel gemacht werden könnte[1].

Die Darstellung des Lebensweges beginnt mit dem doppelten Liebesgebot und der goldenen Regel (Did 1,2), womit zwei zentrale Axiome des Gottesfürchtigen-Kriteriums angesprochen sind. Die folgenden Einzelausführungen enthalten viel für das Gottesfürchtigen-Kriterium typisches Material, so die Verbotsreihe Did 2,2-7, die unter anderem alle ethischen Gebote des Dekalogs und das Unzuchtsverbot enthält; die Spruchreihe Did 3,1-6, die vor den Anfängen von Mord, Unzucht, Götzendienst, Diebstahl und Blasphemie warnt; sowie in Did 4,9f zweimal den Begriff der Gottesfurcht als etwas, was (auch) den Kindern und Sklaven zu bewahren ist. Die Darstellung des Todesweges wiederholt viel davon in der gegenteiligen Formulierung und ergänzt in einem Anhang Did 6,3 das strenge Verbot von Götzenopferfleisch. Bis auf das Verbot des Verzehrs von Blut und nicht geschächtetem Fleisch enthält Did 1-6 demnach alle für das Gottesfürchtigen-Kriterium als typisch postulierten Haupt- und Einzelgebote.

Was an ethischen Geboten von Did 1-6 über die typischen Bestandteile des Gottesfürchtigen-Kriteriums hinausgeht, steht größtenteils in dem sogenannten "Evangelieneinschub" (Did 1,3b-2,1), der nachweislich nicht zur ursprünglichen Fassung der Zwei-Wege-Lehre gehört, denn er fehlt in allen parallelen Rezeptionen der Zwei-Wege-Lehre mit Ausnahme der Apostolischen Konstitutionen, die direkt auf die Didache zurückgreifen[2]. Dieses Material hat zu einem großen Teil - eventuell vermittelt über Mt oder Lk - Parallelen in der Logienquelle oder ist Fortführung von dort gelehrten Prinzipien, z. B. Feindesliebe (Did 1,3), Gewaltverzicht (1,4), sorgloses Almosengeben (1,5; 4,5-8), Sanftmut (3,7-10).

Bei der Aussage Did 6,2 bleibt im Dunkeln, was genau damit gemeint ist: ein traditionelles Heilskriterium wird dort zu einem nicht notwendigen Einschlußkriterium und stattdessen zum Kriterium systeminterner Unterscheidung erklärt: "Wenn du das ganze Joch des Herrn (ὅλον τον ζυγον του κυριου) tragen kannst, wirst du vollkommen (τελειος) sein. Wenn du es nicht kannst, dann tu das, was du kannst (ὅ δυνῃ, τουτο ποιει)". Mögliche Interpretationen sind, daß es sich beim "Joch des Herrn" um das Torah-Kriterium[3] oder um das im zweiten Teil der Didaché wichtige Nachfolge-Kriterium[4] handelt[5] und daß dann die Gebote des Lebensweges die notwendigen Einschlußkriterien nennen; auch denkbar wäre, daß sich das ganze "Joch des Herrn" auf alle Gebote des Lebensweges einschließlich des Evangelieneinschubs bezieht[6], wobei dann wohl die Gebote des Gottesfürchtigen-Kriteriums notwendiges Einschlußkriterium für alle Christen wären.

Für die genannte Vorlage der Didaché rechnet man normalerweise mit jüdi-

(1) G.Schöllgen, Einleitung zur Didache, in: G.Schöllgen/W.Geerlings (Übers. u. Hg.), Didache; Traditio Apostolica, Fontes Christiani Bd. 1, 1991 S.36ff

(2) G.Schöllgen, 1991 S.31

(3) So A.Stuiber, "Das ganze Joch des Herrn" (Didache 6,2-3), in: Studia Patristica IV,2, TU 79, 1961 S.323ff

(4) Siehe unten S.152

(5) So A.Harnack, Lehre der zwölf Apostel nebst Untersuchungen zur ältesten Geschichte der Kirchenverfassung und des Kirchenrechts, TU 2,1.2, 1893, Prolegomena S.43; R.Knopf, Die Lehre der zwölf Apostel..., HNT Ergänzungsband Die Apostolischen Väter I, 1920 S.21

(6) So W.Rordorf/A.Tuilier (Hg. und Übers.), La Doctrine des douze apôtres (Didachè), SC 248, 1978 S.32

scher Herkunft, da ohne Zweifel alle Themen aus der jüdischen Tradition stammen und da jegliche Hinweise auf das Heilsgeschehen um Jesus Christus darin fehlen. Dieses Argument reicht jedoch m. E. nicht aus, um eine christliche Herkunft des Textes auszuschließen.

Die Intention der verwendeten Gattung liegt ganz offensichtlich darin, eine Definition von Gruppenidentität durch ausführliche Beschreibung menschlicher Verhaltensweisen zu geben. Dies konnte *weder im Judentum noch im Christentum* die vollständige Definition der Gruppenidentität sein, da in *beiden* Fällen das identitätsstiftende Heilsgeschehen nicht genannt wäre. Schon gegenüber dem israelitischen Dekalog mit seiner Verankerung im Exodus-Geschehen (Ex 20,2; Dtn 5,6.15) besteht dasselbe Defizit wie gegenüber beliebigen christlichen Vergleichstexten. Die übliche Entscheidung der Frage zwischen jüdischer und christlicher Herkunft unterliegt der Selbsttäuschung einer Religionsbetrachtung, welche die Identitätsmerkmale des eigenen (christlichen) Systems deutlicher wahrnimmt als die des fremden (jüdischen) Systems.

Die Verwendung dieser Gattung macht in *beiden* Religionsgemeinschaften dennoch Sinn, wenn der Identitätsbeschreibung eine bestimmte Stoßrichtung gegeben werden sollte: M. J. Suggs beschreibt diese als "ingroup/outgroup consciousness". Die in diesem speziellen Text gewählten Formulierungen sind ungeeignet, eine Unterscheidung von "orthodox" und "heterodox" innerhalb einer übergreifenden Religionsgemeinschaft zu definieren. Es geht um ein ziemlich absolutes innen und außen[1]. Noch genauer muß man sagen, daß sie ihre Funktion auch wesentlich darin hat, eine Conversion[2] von "außen" nach "innen" in ihrer Schlußphase abzustützen, indem sie der immer ambivalenten Entscheidung zwischen zwei Religionsgemeinschaften größtmögliche Eindeutigkeit verleiht.

Nun aber ist der genaue Zusammenhang zwischen dieser Funktion und dem verwendeten Kriterium zu beachten: beschrieben wird hier ein *heilsentscheidender* Unterschied, der nach den Geboten des Gottesfürchtigen-Kriteriums bemessen ist. Aus dem jüdischen Proselyten-Unterricht kann der Text nicht stammen, da jegliche Vorschriften aus dem inneren Bereich der jüdischen Religionsgemeinschaft fehlen, die Proselyten von Gottesfürchtigen unterscheiden (Beschneidung, Sabbat-Ruhe, spezifische Speisegebote usw.). Falls also die Quellenschrift der Zwei-Wege-Lehre jüdisch wäre, böte sie genau das, was aus sicheren jüdischen Quellen nachzuweisen oben nicht möglich war: eine recht definitive Heilszusage an Gottesfürchtige mit einer ausführlichen Zusammenstellung genau der Gruppen von Geboten, die sich im Christentum unter starkem eschatologischen Druck als das hier so genannte "Gottesfürchtigen-Kriterium" verfestigt haben. Der Text gibt diese Zusammenstellung ja unvergleichlich präziser als die nächste jüdische Parallele in Sib IV,24-34.167-170 (wobei auch in den sibyllinischen Orakeln Christliches und Jüdisches nicht mit Sicherheit zu trennen ist).

Die Existenz eines solchen jüdischen Textes ist m. E. wesentlich unwahrscheinlicher als die Existenz einer christlichen Zusammenstellung der Gebote, die aus dem fließenden jüdischen Konzept des "Gottesfürchtigen" auf eine verbindliche ethische Beschreibung von Heidenchristen übertragen wurden, auc

---

(1) M.J.Suggs, The Christian Two Ways Tradition: its Antiquity, Form and Function, in D.E.Aune (Hg.), Studies in New Testament and Early Christian Literature, FS A.P.Wikgren 1972 S.73
(2) Siehe oben S.39

wenn diese Zusammenstellung nicht gleichzeitig noch einen Abriß der Christologie enthält. Aus diesem Grund halte ich die letzte gemeinsame schriftliche Vorlage von Did 1-6 und Barn 18-20 für einen frühchristlichen Text.
Die Entstehung bzw. christliche Rezeption dieses Textes wird normalerweise in der nachapostolischen Zeit angesetzt, da er als Symptom eines moralistischen Verfalls der christlichen Botschaft beurteilt wird[1]. Wie gleich zu zeigen sein wird, ist der Ansatz seines Heilskriteriums jedoch theologiegeschichtlich *unter die Voraussetzungen des Paulus* einzuordnen. Damit ist nicht gesagt, daß der Text selbst vorpaulinisch sein muß, aber seine Konzeption ermöglicht keine Spätdatierung. Nicht einmal das sogenannte Apostelkonzil um 49 n. Chr. kann als sicherer Terminus post quem gelten[2], da die dort getroffene Absprache im Sinne des Gottesfürchtigen-Kriteriums nicht mit der Erfindung des Gottesfürchtigen-Kriteriums gleichzusetzen ist[3]. Alles Material dafür stand in der jüdischen Tradition bereit - die Frage kann also nur sein, wie lange seine christliche Rezeption wohl gedauert haben wird. So gibt es für die Entstehung der christlichen Zwei-Wege-Lehre keinen anderen festen Terminus post quem als den Übergang zur intentionalen Heidenmission in Antiochia zwischen 35 und 40 n. Chr. Eine mögliche Abfassung des hier besprochenen Textes zu einem deutlich späteren Zeitpunkt und natürlich auch an einem anderen Ort bleibt davon unberührt. Die Einschätzung der Datierung wird stark davon abhängen, ob man für die Vorlage eher die fast chaotische Materialanordnung von Barn 18-20 annimmt, oder eher die abgeklärte und dann wohl auch spätere Anordnung von Did 1-6. Diese Frage braucht hier nicht entschieden zu werden.

Die antiochenische Gemeinde um Barnabas und Paulus

Das Heilskriterium der antiochenischen Gemeinde, in deren Auftrag Barnabas und Paulus zusammen missionierten und am "Apostelkonzil" in Jerusalem teilnahmen, kann nicht einfach den paulinischen Hauptbriefen entnommen werden.

Diese vorsichtige Prämisse setzt voraus, daß man mit der Möglichkeit einer religiös-biographischen Entwicklung des Paulus auch noch nach seiner Inversion im Damaskus-Erlebnis[4] rechnet. Gegen eine solche Möglichkeit sprechen lediglich dogmatische Gründe, die zwar bis heute die Diskussion stark bestimmen, die aber dennoch historische Erkenntnis nicht trüben sollten. Historisch gesehen sind bei Menschen in pluralistischen Kulturen mit hoher Wahrscheinlichkeit permanente biographische Entwicklungen anzunehmen. Wer bei Paulus eine Entwicklung seiner Theologie auch während seiner christlichen Lebensphase als möglich zugesteht, muß dann auch auf die deutlichen Hinweise stoßen, daß es diese Entwicklung tatsächlich gab, und daß sie von erheblicher Tragweite war.

Gegen die unkontrollierte Rückprojektion von Theologie aus den paulinischen Hauptbriefen in die antiochenische Mission spricht schon allein die Tatsache,

(1) Dazu kritisch M.J.Suggs, 1972 S.73
(2) Vgl. J.-P.Audet, La Didachè. Instruction des Apôtres, 1958 S.199 über die Gleichzeitigkeit der Interpolation Did 6,3 mit 1 Kor 8-10; Röm 14 und anderen Texten.
(3) Siehe unten S.143ff
(4) Siehe oben S.40

daß die Traditionen der Apostelgeschichte über diese Zeit Barnabas immer vor "Saulus" nennen[1]. Wenn man also die antiochenische Theologie der Heidenmission nach einer bestimmten Person benennen wollte, wäre sie nicht als paulinische Theologie, sondern am ehesten als Theologie des Barnabas anzusprechen. Für diese jedoch gibt es keine direkte Quelle, denn der unter dem Namen des Barnabas überlieferte Brief ist pseudepigraphisch[2] und für die Position dieses Missionars nicht maßgeblich - abgesehen davon, daß die Darbietung des Gottesfürchtigen-Kriteriums und die Aufnahme der "Zwei-Wege-Lehre" in Barn 18-20 zufällig (?) das Richtige trifft. Dies aber muß im Folgenden anders begründet werden:

Am ehesten einschlägig für die ehemals gemeinsame Lehre von Barnabas und Paulus ist der erste Brief des Paulus an die Thessalonicher, denn er ist als einziger Paulusbrief vor dem letzten und vermutlich trennenden Besuch von Paulus in Antiochia (vgl. Apg 18,22f) zu datieren[3]. Siegfried Schulz hat herausgestellt, daß der 1 Thess eine andere "Ethik" enthalte als die späteren Paulusbriefe, und daß Paulus damit Repräsentant der "hellenistischen Kirche" sei[4]. Da der 1 Thess schon nach der Trennung von Barnabas und Paulus geschrieben wurde (vgl. Apg 15,39f), kann sich der Brief sogar schon auf halbem Wege zwischen der antiochenischen Theologie und der späteren paulinischen Theologie befinden, so daß die Unterschiede zwischen dem 1 Thess und den paulinischen Hauptbriefen für eine Rekonstruktion des antiochenischen Heilskriteriums eher noch zu verstärken sind.

Hinsichtlich des Heilskriteriums im 1 Thess ist negativ zunächst festzustellen, daß dort nicht wie in späteren Paulusbriefen der Glaube ausschlaggebend ist[5]: Christen können zwar als πιστευον—τες (1 Thess 2,10) beschrieben werden, aber der Glaubensbegriff ist ausdrücklich eingereiht in die Triade "Glaube - Liebe - Hoffnung" (1 Thess 1,3; 5,8), in der nach 1 Kor 13,13 die Liebe den Primat hat. Gerade der Widerspruch zur späteren paulinischen Theologie deutet darauf hin, daß diese Gewichtung aus der antiochenischen Tradition stammen muß.

Der 1 Thess bietet kein ausdrückliches, konditional formuliertes Heilskriterium, aber das implizite Kriterium läßt sich leicht erschließen aus dem Kontext in dem Paulus von der Wiederkunft Christi spricht:

Auf der menschlichen Seite wird Unsträflichkeit bei der Wiederkunft Jesu Christi nach 1 Thess 5,23 dadurch erreicht, daß Gott Menschen heiligt. 1 Thess 3,12f beschreibt - ebenfalls in eschatologischem Kontext - präzise, worin sich solche Heiligung äußert: in der *Liebe* zueinander und zu allen Menschen. Der direkt folgende Vers (4,1) erinnert an etwas, was Paulus den Thessalonichern früher mitgeteilt hatte, nämlich welchen Lebenswandel sie führen müssen (πως ὑμας δε

---

(1) Siehe oben S.17
(2) Vgl. dazu Ph.Vielhauer, Geschichte der urchristlichen Literatur, [3]1981 S.599ff
(3) J.Becker, Paulus, 1989 S.138ff behandelt den 1 Thess als eine Darstellung antiochenischer Theologie
(4) S.Schulz, Neutestamentliche Ethik, 1987 S.290ff
(5) Daß der 1 Thess die paulinische Rechtfertigungslehre nicht bezeugt, sondern eine davon abweichende Position vertritt, wurde dargelegt von G.Strecker, Befreiung und Rechtfertigung. Zur Stellung des Rechtfertigungslehre in der Theologie des Paulus, in: J.Friedrich W.Pöhlmann/P.Stuhlmacher (Hg.), Rechtfertigung, FS E.Käsemann, 1976 S.480ff, besonder S.487

περιπατειν), um[1] Gott zu Gefallen zu sein (ἀρεσκειν θεω). Eine dazu parallele Aussage steht als Höhepunkt des Rückblicks auf das missionarische Wirken von Paulus in 2,12: Mit gleich drei Verben beschreibt Paulus sein Eintreten für das Entscheidende: daß dem Ruf Gottes in sein Reich ein Gott würdiges Verhalten (περιπατειν... ἀξιως του θεου) entsprechen muß (vgl. zu περιπατειν noch 4,12).

Das genannte "Wie" des Lebenswandels aus 4,1 wird in 4,2 näher verdeutlicht, indem Paulus an Gebote (παραγγελιαι) durch den Kyrios Jesus erinnert. Welche Gebote dies im einzelnen sind, zählt Paulus hier nicht auf. In den folgenden Ausführungen steht jedoch *Heiligung* (ἀγιασμος V.3.4.7) gegen Begriffe wie *Unzucht* (πορνεια V.3), *Begierde* (ἐπιθυμια V.5) und *Unreinheit* (ἀκαθαρσια V.7). In V.9 fallen die Stichworte "*Bruderliebe* (φιλαδελφια)" und "*Liebe*" - womit der Bogen zurück zu 3,12f geschlossen ist.

Das Zusammenspiel all dieser Mosaiksteine ist zu deutlich, als daß man sich auf die Position zurückziehen könnte, Paulus sei auch als Autor des 1 Thess schon von der Rechtfertigung aus Glauben überzeugt gewesen, und er habe sich hier nur mit anderen Themen befaßt als mit der Rechtfertigungslehre. Das Thema menschlichen Bestehens im Gericht Gottes *fehlt* im 1 Thess ja gerade *nicht* - es ist nur *anders* beantwortet als mit der Rechtfertigung aus Glauben: Paulus bewegt sich hier deutlich (noch) im Rahmen des Gottesfürchtigen-Kriteriums, wo Liebe gegenüber Gott und den Menschen, der Dekalog und die Torahgebote für die im Land Israel lebenden Fremden das Entscheidende waren. In 1 Thess 4 weist das Stichwort ἐφιθυμια auf den Dekalog[2], ἀγαπη und φιλαδελφια auf ein Liebesgebot; das Stichwort "πορνεια" (vgl. Apg 15,20) schließlich weist auf die Torahgebote für die im Land Israel lebenden Fremden.

Von diesem letzten Stichwort her ist m. E. die Analyse von S.Schulz verfehlt, daß in 1 Thess eine "kultgesetzfreie Heidenmission" vertreten sei[3]. Der Umgang des Paulus mit "πορνεια" in 1 Kor 5,1ff, noch deutlicher in 1 Kor 6,15-20, belegt zweifelsfrei, daß "Unzucht" für ihn auch zu diesem Zeitpunkt noch ein *kultisches*, kein sozialethisches Vergehen war. Es ist richtig, daß die meisten kultischen Vorschriften der Torah nicht zum Gottesfürchtigen-Kriterium gehörten, aber sehr wohl diejenigen kultischen Vorschriften, die den im Land Israel lebenden Fremden auferlegt waren. Ich bin überzeugt davon, daß Paulus mindestens bis zu den galatischen Auseinandersetzungen keine pauschale Verwerfung kultischer Vorschriften im Sinn gekommen wäre, und daß er auch das Verbot von Blutgenuß im 1 Thess vertreten hätte, wenn die Situation in der Gemeinde eine vollständige und nicht nur eine exemplarische Aufzählung der παραγγελιαι erfordert hätte[4].

In 2 Kor 7,1 fällt sogar der Begriff "Gottesfurcht" im Zusammenhang mit noch ziemlich genau der Konzeption, wie sie im 1 Thess zu finden ist: "Nachdem wir diese Verheißungen haben, Geliebte, reinigen wir uns von aller Befleckung des Fleisches und des Geistes, indem wir Heiligkeit verwirklichen in *Gottesfurcht*

(1) Die Verbindung durch "και" ist nicht als Aneinanderreihung zu verstehen, sondern das Gefallen ist Konsequenz des Lebenswandels; so T.Holtz, Der Erste Brief an die Thessalonicher, EKK XIII, 1986 zur Stelle.
(2) Vgl. Röm 13,9: als Verb im Zusammenhang anderer Dekaloggebote
(3) S.Schulz, 1987 S.301f
(4) Weiter zum angeblichen Gegensatz von Ritualgesetz und Moralgesetz siehe unten S.141

($\dot{\epsilon}\pi\iota\tau\epsilon\lambda o\upsilon\nu\tau\epsilon\varsigma$ $\dot{\alpha}\gamma\iota\omega\sigma\upsilon\nu\eta\nu$ $\dot{\epsilon}\nu$ $\phi o\beta\omega$ $\theta\epsilon o\upsilon)$".

Nach der oben aufgestellten Prämisse, daß die antiochenische Theologie aus dem Kreis um Barnabas von den paulinischen Hauptbriefen aus eher noch jenseits des 1 Thess zu suchen ist, haben wir für Antiochia auf jeden Fall mit einer noch klareren Ausprägung des Gottesfürchtigen-Kriteriums zu rechnen als im 1 Thess. Ich möchte nicht gerade behaupten, daß die in der Didaché und im Barnabas-Brief aufgegriffene Zwei-Wege-Lehre ein Zeugnis antiochenischer Theologie sei, aber sehr groß kann der Abstand dazu nicht gewesen sein - wenigstens, was die menschliche Seite der Lehre vom Heil anbelangt.

Das vom 1 Thess herausgestrichene Konzept der Heiligkeit (insgesamt 12 Belege des Wortstammes $\dot{\alpha}\gamma\iota o\varsigma$) hat im urchristlichen Gottesfürchtigen-Kriterium außerhalb der paulinischen Briefe eher marginale Bedeutung. In der Zwei-Wege-Lehre etwa ist Heiligkeit ein hervorgehobenes Attribut der Lehrer (Did 4,2 par Barn 19,10), d. h. gerade nicht all derer, die das Heilskriterium erfüllen. Zur jüdischen Beschreibung des "Gottesfürchtigen" konnte sie auf keinen Fall gehören, denn Heiligkeit war nach jüdischem Verständnis eng angebunden an kultische Reinheit, die nur durch ein Leben nach der (ganzen) Torah aufrecht zu erhalten war. Es ist aber nur konsequent, daß Paulus als ehemaliger Pharisäer, vielleicht auch Barnabas und andere Antiochener das Konzept der Heiligkeit auf das Gottesfürchtigen-Kriterium übertrugen: im christlichen Gebrauch beschrieb dieses Kriterium ja keine unreine[1] Randgruppe mehr, sondern die Existenz von Heidenchristen, die durch die Taufe gereinigt und geheiligt waren[2].

Insgesamt also ist davon auszugehen, daß die antiochenische Heidenmission der 40er Jahre um Barnabas und Paulus die Zulassung von Nichtjuden zur Gemeinschaft und zur Hoffnung auf das eschatologische Heil nach dem Gottesfürchtigen-Kriterium betrieb. Das spätere paulinische Kriterium der Glaubensgerechtigkeit war weder in Antiochia gültig, noch wurde es von Paulus während dessen antiochenischer Periode vertreten.

Das Gottesfürchtigen-Kriterium im Licht späterer Paulusbriefe

Ein Beginn der paulinischen Mission unter dem Vorzeichen des Gottesfürchtigen-Kriteriums ist aus den späteren Paulusbriefen zu bestätigen: Paulus schrieb den 1 Thess von der neugegründeten Gemeinde in Korinth aus. Wenn die hier vertretene Hypothese richtig ist, muß er die korinthische Gemeinde *mündlich* zunächst ungefähr das gelehrt haben, was er in 1 Thess schriftlich niedergelegt hat.

---

(1) Vgl. Apg 10,28 zur Unreinheit des Gottesfürchtigen nach jüdischem Verständnis
(2) Zur frühchristlichen Reinigungssymbolik siehe oben S.50ff. S.Schulz (1987 S.323) konstatiert im 1 Thess die Übertragung des jüdischen Heiligkeitskonzeptes von kultischer Heiligkeit auf sittliche Heiligkeit. Unbeschadet dessen, was oben über das Kultgesetz gesagt wurde, ist dies der Tendenz nach richtig: Heiligkeit wird vom überwiegend kultischen Torah-Kriterium auf das überwiegend moralische Gottesfürchtigen-Kriterium übertragen.

Der zweitälteste Paulusbrief nach dem 1 Thess, über dessen Inhalt wir etwas wissen, ist der in 1 Kor 5,9 genannte, also dem 1 Kor vorangegangene Brief nach Korinth. Dieser Brief enthielt eine Warnung vor Umgang mit "Unzüchtigen", Habgierigen, Räubern oder Kultbildverehrern. Von Teilen der Gemeinde wurde dies als Aufforderung zur Absonderung von der Außenwelt verstanden. So eine Reaktion liegt besonders nahe, wenn Paulus selbst die Geltung solcher Merkmale als Definitionskriterien der Heilsgemeinschaft propagiert hatte - ähnlich wie implizit schon in 1 Thess.

Noch deutlicher läßt sich die Position zu Unzucht und Götzenopferfleisch im 1 Kor am besten von daher verstehen, daß Paulus in Korinth ursprünglich das Gottesfürchtigen-Kriterium vertreten hat.

Der Ausschluß des "Unzüchtigen" aus der Gemeinde (1 Kor 5,1ff) geschieht als Vollzug von Lev 18,8 - einem der Gebote für die im Land Israel lebenden Fremden mit Drohung der Ausrottung. Ein kultisches Gebot wird hier mit tödlichem Ernst vollstreckt. Vor dem Hintergrund des Galater- oder Römerbriefs mit ihrer Lehre von der Gerechtigkeit aus Glauben wirkt dieses Handeln gelinde gesagt sperrig. Vor dem Hintergrund des Gottesfürchtigen-Kriteriums aber war es die einzig schlüssige Reaktion auf das Geschehen in Korinth.

Als Zeichen biographischer Weiterentwicklung nach dem Bruch mit der antiochenischen Gemeinde zeigt Paulus im 1 Kor immerhin die Bereitschaft, die kultischen Gebote des Gottesfürchtigen-Kriteriums argumentativ zu begründen (so für das kultisch verstandene Unzuchtsverbot 1 Kor 6,15-20) bzw. sie einzuschränken (so für das Verbot von Götzenopferfleisch 1 Kor 8, vgl. aber 10,14ff; für nicht geschächtetes Fleisch 1 Kor 10,25-27).

Dennoch ist die Bedeutung des Gottesfürchtigen-Kriteriums insgesamt dadurch kaum gemindert: Der Lasterkatalog 1 Kor 6,9f - ausdrücklich als Ausschlußkriterium vom Reich Gottes formuliert - enthält inhaltlich Tatbestände des "Aposteldekrets" (Unzüchtige, Kultbildverehrer) wie des Dekalogs (Ehebrecher, Diebe usw.). Für die Person des Paulus selbst ist 1 Kor 9,20f nur so schlüssig zu interpretieren, daß er sich an das Gottesfürchtigen-Kriterium gebunden wußte, hier ausgedrückt durch die Wendung "ἔννομος Χριστοῦ" (1 Kor 9,21; vgl die παραγγελίας... δια του κυριου Ἰησου 1 Thess 4,2): so ist es ohne Widerspruch und ohne Unterstellung von Heuchelei verständlich, daß Paulus den Juden gegenüber wie ein unter der Torah stehender, den Heiden gegenüber als torahfrei und doch an das Gesetz Christi gebunden auftreten konnte. Die in 1 Kor 7,19 genannte "Einhaltung der Gebote Gottes" kann nicht die ganze Torah meinen[1], denn die davon unterschiedene Beschneidung gehört unlöslich in den Zusammenhang der ganzen Torah als wesentlich kultisch geprägter Lebensordnung hinein. Bei den "Geboten Gottes" wird deshalb auch hier an die im Gottesfürchtigen-Kriterium zusammengefaßten Gebote zu denken sein. So handelt es sich auch nicht um einen Rückgriff auf das heilsgeschichtlich überwundene Gesetz, sondern um ein nach dem Zusammenhang des 1 Kor weitgehend gültiges Heilskriterium.

Selbst das spätpaulinische Kriterium der Glaubensgerechtigkeit zeigt deutlich

---

(1) Gegen U.Wilckens, Zur Entwicklung des paulinischen Gesetzesverständnisses, in: NTS 28 (1982) S.159

seine Prägung vom Gottesfürchtigen-Kriterium her: Nicht wie im Johannesevangelium ein absoluter Gebrauch von Glaube ist dabei Heilskriterium, sondern Glaube gilt als Gerechtigkeit (so die paulinische Exegese von Hab 2,4 und
Gen 15,6) und führt zu Gerechtigkeit. Daß ein Mensch vor Gott "gerecht" sein
muß, ist im Denken von Paulus unaufgebbar. Nicht daß es dazu keine alternativen christlichen oder außerchristlichen Heilskriterien gegeben hätte, aber
Paulus war zu tief durch seine Herkunft vom Torah-Kriterium und später vom
Gottesfürchtigen-Kriterium geprägt, als daß er sich Heil ohne "Gerechtigkeit"
hätte vorstellen können. Zeichen der Existenz im Glauben wie auch des Geist-
besitzes blieben für Paulus immer Ausdrucksformen des Gottesfürchtigen-
Kriteriums, die deshalb ihren Wert als Einschlußkriterien (Gal 5,6.22-24; Röm
13,8-10) bzw. Ausschlußkriterien (Röm 1,18-32; Gal 5,19-21) auch in den späten Paulusbriefen behielten.

Der Weg vom Gottesfürchtigen-Kriterium zum Kriterium der Glaubensgerechtigkeit war demnach nicht zu weit, als daß er nicht in der relativ knap-
pen biographischen Spanne zwischen 1 Thess und den späten Paulusbriefen
(vermutlich 5-6 Jahre zum Römerbrief) untergebracht werden könnte. Wie
weiter unten zu zeigen sein wird, gab es in den Korintherbriefen noch ein
Zwischenstadium dazu[1]. Das voll ausgebildete Kriterium der Glaubensgerechtigkeit findet sich im Galaterbrief, im Abschnitt 3,2-4,3 des Philipperbriefs und
im Römerbrief[2]. In Kombination mit der Tatsache, daß der frühe Paulus kein
Kriterium der Glaubensgerechtigkeit vertreten hat, ergibt sich daraus, daß er
im Rahmen seiner Auseinandersetzung mit den Vertretern des Torah-
Kriteriums in Galatien zu diesem seinen spezifischen Heilskriterium fand[3]. Direkte Auslöser dürften dabei exegetische Entdeckungen an Gen 15,6 und Hab
2,4 gewesen sein (vgl. Gal 3,6.11; Röm 1,17; 4,3). Wie man aus Biographien
von anderen großen Theologen weiß, vermögen exegetische Entdeckungen in
relativ kurzer Zeit weit größere Reorganisationen von Überzeugungssystemen
zu bewirken, als man sie bei Paulus vor dem Galaterbrief und mit einer Vorbe-
reitungsphase in der korinthischen Korrespondenz unterstellen muß. Die hier
aufgezeigten theologischen Differenzen zwischen verschiedenen Phasen des
Paulus erfordern deshalb *nicht*, am üblichen Rahmen der Paulus-Chronologie

---

(1) Siehe unten S.170
(2) Belege dafür sind Gal 2,16; 3,11.26; 5,6; Phil 3,9-11; Röm 1,17; 3,22.28; 10,4.9 vgl. 14,23. 1
Kor 1,21 ist dagegen in den frühen Briefen so isoliert, daß diese Stelle nicht die Beweislast eines ausgebildeten zentralen Kriteriums der Glaubensgerechtigkeit tragen kann. In der Chronologie folge ich dabei J.Becker, Paulus, 1989 S.331 vgl. S.294ff
(3) So auch U.Wilckens, Der Brief an die Römer (Röm 1-5), EKK VI/1, 1978 S.47f, der aus
diesem Grund Gal, Röm und Phil 3 in eine enge zeitliche Nähe zueinander rückt, aber
wichtige Voraussetzungen für die Rechtfertigungslehre im christologischen Ansatz von 2 Kor
5,21 und in der Zuordnung von Gesetz und Sünde 1 Kor 15,56 findet. Ebenfalls die These einer ausbildung der Rechtfertigungslehre in den galatischen Auseinandersetzungen vertritt
G.Strecker (1976 S.480ff), jedoch verbunden mit einer anderen Annahme über die Reihenfolge der paulinischen Briefe: für ihn ist Gal der zweitälteste Brief des Paulus, so daß er ein
Fehlen der Rechtfertigungslehre nur für den 1 Thess vertreten muß.

Änderungen vorzunehmen[1].

1.3. Apostelkonzil und antiochenischer Zwischenfall

Unter diesen Voraussetzungen kann es nicht angehen, bei der historischen Rekonstruktion des sogenannten "Apostelkonzils" und des sogenannten "antiochenischen Zwischenfalls" unkritisch die Darstellung von Paulus im Galaterbrief zu übernehmen, nur weil Paulus als "Augenzeuge" glaubwürdiger als Lukas sei. Paulus war ein *Beteiligter* der damaligen Konflikte und er beschreibt sie aus seinem akuten Engagement in einem späteren, anders gelagerten Konflikt heraus.

Für die Interpretation von Apostelkonzil und antiochenischem Zwischenfall ist deshalb die Linie weiter auszuziehen, die J. D. G. Dunn in seinem Aufsatz über den antiochenischen Zwischenfall vertreten hat[2]: die antiochenische Abordnung auf dem Apostelkonzil und die antiochenische Gemeinde vor dem Eintreffen von Abgesandten des Jakobus vertraten und lebten nach Vorschriften, ähnlich wie sie vom Judentum aus für Gottesfürchtige galten.

Das von Traugott Holtz gegen die These von Dunn vorgebrachte Argument beruht auf einem mehrfachen Anachronismus: daß nämlich mit dem "allein aus Glauben" die Aufrechterhaltung "irgendwelcher Speisegebote" nicht vereinbar sei[3]. Das "sola fide" stammt ja bekanntlich in dieser Formulierung überhaupt nicht von Paulus, sondern von Luther, und muß aus Röm 1,16 und 3,22 kompiliert werden.

Was das Verhältnis zwischen dem "sola fide" und "irgendwelchen Speisegeboten" anbelangt, unterliegt die übliche protestantische Auslegung einer optischen Täuschung durch den modern gedachten Gegensatz zwischen "Moralgesetz" und "Ritualgesetz". Das Kriterium der Glaubensgerechtigkeit bei Paulus wie auch in jeder protestantischen Rezeption war immer mit der Aufrechterhaltung derjenigen Gebote verbunden, die jeweils zum axiomatischen Grundbestand des eigenen Normempfindens gehörten. Dazu haben immer auch Gebote gehört, die letztlich kultisch begründet sind: Welcher lutherische Theologe würde um des "sola fide" willen die Abschaffung des Inzuchtsverbotes fordern? Das biblische Verbot der Homosexualität bröckelt in der lutherischen Ethik erst heute und sehr langsam, wo gesellschaftlich relevante Gruppen seinen axiomatischen Charakter in Frage stellen. Der axiomatische Grundbestand des Normempfindens unterliegt dem historisch bedingten Wertwandel. Für Paulus bestand er zu keiner Zeit seines Lebens aus denselben Normen, die heutigen Theologen unhinterfragbar sind. Deshalb läßt sich auch nicht a priori sagen, daß dazu keine Speisevorschriften gehört haben können. Wie oben ausgeführt, hat Paulus das Verbot von Götzenopferfleisch m. E. in der Anfangsphase seiner Mission als axiomatische Norm vertreten und seine Geltung aufgrund der korinthischen Diskussion nur sehr zögernd gelockert. Zum Verbot von Blutgenuß gibt es von Paulus überhaupt keine Äuße-

---

(1) Versuche zur Frühdatierung des 1 Thess wie bei G.Lüdemann (Paulus der Heidenapostel, Bd.I: Studien zur Chronologie, 1980 S.264) sind dafür unnötig. Das von Lüdemann in diesem Zusammenhang vorgetragene eschatologische Argument ist nicht plausibel: die dort angenommene Zeitspanne von fast einem Jahrzehnt seit Tod und Auferstehung Jesu ist immer noch viel zu lang, als daß Paulus dem Problem von vor der Parusie verstorbenen Christen bis zu seiner Gründungspredigt in Thessaloniki noch nicht begegnet sein könnte. Erst recht unwahrscheinlich ist, daß diese Frage für viel kürzeren Zeitspanne von der Gründungspredigt bis zum 1 Thess *erstmals* in der Geschichte des Urchristentums auftrat. Die von Lüdemann eingeführte Voraussetzung, daß Paulus selbst sich dieses Problems bei der Gründungspredigt nicht bewußt gewesen sei, muß deshalb falsch sein.
(2) J.D.G.Dunn, The incident at Antioch (Gal 2,11-18), in: JSNT 18 (1983) S.3-57
(3) T.Holtz, Der Antiochenische Zwischenfall, in: NTS 36 (1986) S.354 = ders., Geschichte und Theologie des Urchristentums. Gesammelte Aufsätze, 1991 S.181

rung. Dies wird aufgrund der rekonstruierten Zusammenhänge am ehesten so zu verstehen sein, daß Paulus nie durch irgendwelche innerchristlichen Auseinandersetzungen gezwungen war, die Geltung dieser Vorschrift für alle Christen in Frage zu stellen.

Die in der Forschung zumeist angenommene scharfe Grenzziehung zwischen Ritualgesetz und Moralgesetz hat eine wesentliche Quelle im Barnabas-Brief: dort wird ausdrücklich das wörtliche Verständnis bestimmter Gebote der Torah für falsch erklärt und ihr Inhalt auf christliche Ausdrucksformen spiritualisiert bzw. auf Gebote, die im Christentum gültig geblieben sind. Die dabei gezogenen Grenzlinie ist jedoch nur scheinbar die zwischen Ritualgesetz und Moralgesetz - in Wirklichkeit handelt es sich um die Grenze zwischen dem Gottesfürchtigen-Kriterium und der ganzen Torah. Deutlich läßt sich dies gerade an den von Holtz angeführten Speisegeboten zeigen: Was in Barn 10 spiritualisiert wird, sind *ausschließlich* Speisegebote aus den Katalogen Lev 11 und Dtn 14, deren Übertretung nach jüdischem Verständnis durch Reinigung und Sühne heilbar war, und die den Fremdlingen überhaupt nicht auferlegt waren. Unerwähnt bleiben dagegen die Speisegebote aus Lev 17, deren Übertretung im Judentum als unheilbar galt, die auch den Fremdlingen unter Androhung von Ausrottung auferlegt waren und deren christliche Rezeption das "Apostoldekret" bezeugt. Hätte der Barnabas-Brief nicht diese in der christlichen Diskussion viel relevanteren Gebote zuallererst erwähnen müssen, wenn es ihm wirklich um die Grenze zwischen Ritualgesetz und Moralgesetz gegangen wäre? Außerdem gehören zu den Geboten, auf die hin die Speisegebote in Barn 10 spiritualisiert werden, an zentraler Stellung die Verbote von "Unzucht" und "Knabenschändung" - deren bleibend kultisches Verständnis im frühen Christentum seine Wurzel eben in dem Katalog Lev 17f hat!

Der dritte Anachronismus in dem Argument von Holtz beruht immerhin auf der Darstellung von Paulus selbst, ist aber nichts desto weniger ein Anachronismus: die Verbindung zwischen dem Kriterium der Glaubensgerechtigkeit und der historischen Situation des antiochenischen Zwischenfalls. Paulus stellt diese Verbindung her, indem er seine antiochenische Rede gegen Petrus (Gal 2,14bff) als ein Plädoyer für das Kriterium der Glaubensgerechtigkeit gestaltet. Paulus mochte wohl wünschen, daß es schon in Antiochia um seine exegetische Entdeckung der Glaubensgerechtigkeit gegangen sei, aber dies ist vom 1 Thess und von den Anhaltspunkten in den beiden Korintherbriefen her nicht möglich. Die Schwierigkeit für das Verständnis von Apostelkonzil und antiochenischem Zwischenfall ergibt sich dabei nicht erst aus dem Vergleich zwischen Paulus und der Apg, sondern als Problem innerhalb der Paulusbriefe. Dem entspricht die bekannte Spannung schon innerhalb von Gal 2,14bff: der Anfang der Rede an Petrus ist markiert, ihr Ende dagegen nicht. Sie mündet nahtlos in die Argumentation des Paulus den Galatern gegenüber. Der Anfang V.14b-16a mit seiner Unterscheidung zwischen Juden und "Sündern aus den Heiden" ist dagegen sogar vom Gottesfürchtigen-Kriterium her (vgl. Joh 9,31) besser zu verstehen als vom Kriterium der Glaubensgerechtigkeit her (vgl. Röm 2,17ff)[1].

Das sogenannte Apostelkonzil

Als bei den torahfreien Heidenchristen von Antiochia erstmals jüdische Christen mit dem Torah-Kriterium auftraten (Apg 15,1f), reagierten Paulus und Barnabas mit Empörung (στασις) und streitbarer Anfrage (ζητησις). Damit waren Vertreter des Gottesfürchtigen-Kriteriums in einen zunächst einseitigen

---

(1) Vgl. G.Theißen, Judentum und Christentum bei Paulus, in: M.Hengel/U.Heckel (Hg.), Paulus und das antike Judentum 1991 S.337

Konflikt getreten gegenüber Menschen, die (auch) von Heidenchristen das Torah-Kriterium verlangten.
Verfechter eines Torah-Kriteriums auch für Heidenchristen waren gegenüber den Vertretern des Gottesfürchtigen-Kriteriums in der souveräneren Position: Das jüdische Verständnis bedurfte nur einer geringen Anpassung, damit Christentum nach dem Gottesfürchtigen-Kriterium als Vorstufe zum Christentum nach dem Torah-Kriterium aufgefaßt werden konnte[1], ebenso wie der Status des Gottesfürchtigen mögliche Vorstufe zum Status des Proselyten war. Vertreter des Torah-Kriteriums mußten deshalb von sich aus gar keinen Konflikt beginnen, da für ihr Selbstverständnis eine arrangierende Verhältnisbestimmung von Über- und Unterordnung genügte. So sind im Galaterbrief, der als Gegner genau eine solche Position voraussetzt, keine zuverlässigen Spuren gegnerischer Polemik zu finden[2]. Das gegnerische Verständnis von Vorstufe und Vollendung dürfte sich widerspiegeln in Gal 3,3: "So unverständig seid ihr - nachdem ihr angefangen habt (ἐναρχομαι) im Geist, vollendet (ἐπιτελεομαι) ihr jetzt im Fleisch?".

Der in Antiochia von Paulus und Barnabas eröffnete Konflikt wurde zum Anlaß für das sogenannte Apostelkonzil in Jerusalem. In der Parallelüberlieferung durch Paulus im Galaterbrief wird derselbe Konflikt in subjektiver Darstellung erkennbar: Paulus gibt zunächst nur an, wegen einer Offenbarung (ἀποκαλυψις) nach Jerusalem gezogen zu sein (Gal 2,2). Die eingedrungenen "Falschbrüder" in V.4 aber, die gekommen waren, "unsere Freiheit auszuspähen, die wir in Christus Jesus haben", müssen sich auf den Vorgang in Antiochia beziehen. So dürfte die "Offenbarung" die Art meinen, wie Paulus das Zustandekommen seiner konfligierenden Verhältnisbestimmung diesen Christen gegenüber erfahren hatte.

Auf dem Apostelkonzil selbst werden von beiden Berichten übereinstimmend nicht die drei Säulenapostel Jakobus, Petrus und Johannes als die eigentlichen Gegner von Paulus und Barnabas dargestellt, sondern eine christliche Gruppe, die sich wie in Antiochia, so auch in Jerusalem für das Torah-Kriterium stark machte (in Apg 15,5 gläubiggewordene Pharisäer; Gal 2,4 scheint zu meinen, daß die in Antiochia aufgetretenen "Falschbrüder" als Konfliktpartei in Jerusalem anwesend waren).
Paulus sagt nichts über die ursprüngliche Position von Jakobus, Petrus und Johannes. Der latent aggressive Ton, in dem Gal 2,6 von ihnen spricht, muß sich nicht auf Schwierigkeiten beziehen, die vor dem Apostelkonzil bestanden: die später aufgetretenen Schwierigkeiten können einen solchen Ton hinreichend begründen. Lukas geht vom Ergebnis der vorangegangenen Diskussion Apg 11,1-18 aus, daß nämlich die beschneidungsfreie Mission bei den Jerusalemer Autoritäten schon vor dem Apostelkonzil anerkannt war. Diesen Stand der Dinge brachte nach seiner Darstellung Petrus in die Verhandlungen des "Apostelkonzils" ein (Apg 15,7-11).

Als Ergebnis nennt Paulus, daß ihm keine Auflagen gemacht wurden (Gal 2,6), daß die Geltungsbereiche der Missionen untereinander aufgeteilt wurden (2,9)

---

(1) So G.Theißen, 1991 S.340
(2) Das Bestehen auf dem Apostolat direkt durch Jesus Christus in Gal 1,11f ist kein tragfähiger Beleg für gegnerische Polemik. Schließlich war es kein angreifbarer Makel, *kein* unmittelbarer Apostel zu sein (auch die Gegner waren dies vermutlich nicht). Polemisch auswertbar wäre dieses Argument erst, wenn Paulus seinen Apostolat schon früher den Galatern gegenüber herausgestellt hätte, und die Gegner ihn hartnäckig bestritten. Dagegen spricht aber die Formulierung mit "ich mache euch bekannt..." in V.11

und daß die Gemeinden der antiochenischen Mission eine Kollekte für Jerusalem beschaffen sollten (2,10). Nach Apg 15,22-29 war Ergebnis des Konzils das sogenannte "Aposteldekret", also ein Teil des Gottesfürchtigen-Kriteriums, was laut Apg 15,20 auf den Vorschlag des Jakobus hin beschlossen wurde.

Unter der Voraussetzung, daß Paulus, Barnabas und Titus als Vertreter des Gottesfürchtigen-Kriteriums nach Jerusalem kamen, besteht zwischen den beiden Berichten nicht der fundamentale Widerspruch, der in der Regel zwischen ihnen gesehen wird[1]: Als Ergebnis der Versammlung wäre dann anzunehmen, daß die nach dem Gottesfürchtigen-Kriterium betriebene Heidenmission der antiochenischen Gemeinde von den Jerusalemer Säulenaposteln anerkannt wurde. So konnte Paulus im Galaterbrief mit Recht darauf verweisen, daß ihm wie der ganzen antiochenischen Gemeinde damals nichts auferlegt wurde gegenüber dem, was sie ohnehin praktizierten[2]. Lukas wird zumindest damit Recht haben, daß die den Fremden im Land Israel unter Androhung der Ausrottung gebotenen kultischen Vorschriften implizit in der Absprache von Jerusalem enthalten waren, weil damals keine der beteiligten christlichen Gruppen auf die Idee gekommen wäre, ihre Geltung für Heidenchristen aufzuheben. Gut denkbar wäre auch, daß sie als der auf jüdischer Seite umstrittenste Aspekt am Status der Gottesfürchtigen einer ausdrücklichen Vergewisserung durch die Jerusalemer torahtreue Gemeinde bedurften.

Unwahrscheinlich ist lediglich die Darstellung, daß die Bestimmungen des Aposteldekrets auf den Vorschlag des Jakobus hin erst als *etwas Neues* eingeführt worden sein sollen. Bei der Formulierung des Lukas ist fraglich, ob er dies gemeint hat. Wenn dem so wäre, ließe es sich ohne weiteres von der lukanischen Konzeption her verstehen, daß alle wichtigen Schritte der Missionsgeschichte von Jerusalem ausgegangen sein müssen. Da Lukas zu seiner eigenen Zeit nicht mehr mit der selbstverständlichen Geltung der Bestimmungen des "Aposteldekrets" rechnen konnte (mit Sicherheit waren ihm die Nikolaiten bekannt als eine Gruppe, die das Aposteldekret bestritten[3]), konnte ihm auch die Idee eines historischen Anfangspunktes ihrer Geltung kommen - und den mußte er natürlich in Jerusalem suchen.

Die Mehrheitsmeinung in der theologischen Forschung löst die angenommene Spannung zwischen lukanischer und paulinischer Darstellung hinsichtlich der Ergebnisse des "Apostelkonzils" dahingehend auf, daß für das "Aposteldekret" ein anderer historischer Ort gesucht wird - in der Regel die Situation nach dem "antiochenischen Zwischenfall". Das Problem an dieser Lösung ist jedoch (abgesehen vom schon dargestellten Befund der frühen paulinischen Briefe), daß die hin-

---

(1) Z.B. H.Conzelmann, Geschichte des Urchristentums, [5]1983 S.72
(2) Daß Paulus und die Jerusalemer Urgemeinde zur Zeit des Apostelkonzils in der hier diskutierten Frage nicht weit voneinander entfernt waren, hat auch G.Strecker (1976 S.481) so gesehen, obgleich er den Konsens nicht besonders genau benennt: Strecker erschließt aus dem 1 Thess, daß Paulus in seiner Frühzeit die Torah als Adiaphoron gehandhabt habe (480), und daß "in dem verhältnismäßig offenen Urteil über die Geltung des jüdischen Gesetzes" die Übereinstimmung zwischen Paulus und den Jerusalemern bestanden habe.
(3) Siehe unten S.185

ter dem "antiochenischen Zwischenfall" zutage getretenen Schwierigkeiten auch durch die Einführung des "Aposteldekrets" als Neuerung nicht hätten beseitigt werden können[1].
Für die Aussage von Paulus in Gal 2,6 (keine Auflagen auf dem Apostelkonzil) ist damit nur gewonnen, daß Paulus eine Halbwahrheit sagt: es wäre dann zwar richtig, daß Paulus zu *genau diesem Zeitpunkt* keine Auflagen hat hinnehmen müssen, aber er würde das für den Kontext seiner Argumentation dennoch einschlägige Aposteldekret verschweigen[2]. Diese Schwierigkeit ist zum Ansatzpunkt für zwei von der Mehrheitsmeinung abweichende jüngere Lösungsversuche geworden: Gerd Lüdemann und Matthias Klinghardt kommen (anscheinend unabhängig voneinander) zu dem Schluß, daß zwischen den gemischten Gemeinden vom Typ Antiochias und den primär heidnischen Missionsgemeinden des Paulus zu unterscheiden sei, und daß das Aposteldekret nur für gemischte Gemeinden gemeint sei. Lüdemann sieht deshalb in Barnabas als Vertreter der antiochenischen Gemeinde den eigentlichen Empfänger des Aposteldekrets[3], während Klinghardt an die petrinische Mission denkt, die entgegen der lukanischen Tendenz stärker von Jakobus abzurücken sei. Klinghardt unterscheidet dabei zwischen zwei Modellen für die Zulassung von Heiden zum Christentum - dem "Reinheitsmodell" des Dekrets für petrinische Gemeinden und dem "Gerechtigkeitsmodell" der Kollektenabsprache für paulinische Gemeinden[4]. Das Problem dieser beiden Lösungsversuche liegt einerseits darin, daß es für eine so grundsätzliche Unterscheidung zwischen paritätisch gemischten und mehrheitlich heidnischen Gemeinden in den Quellen keinen Anhalt gibt, und daß der jüdische Anteil an paulinischen Missionsgemeinden dafür heruntergespielt werden muß[5]. Noch schwerer wiegt, daß die Annahme eines solchen rein funktionalen Einsatzes des Aposteldekrets (Rücksichtnahme auf Juden in der Gemeinde) an der Bedeutung der von Klinghardt selbst entdeckten "Ausrottungsformeln" für die Bestimmungen des Aposteldekrets scheitert: wenn Heidenchristen speziell diejenigen Bestimmungen auferlegt bekommen, deren Übertretung aus der Torah mit der Ausrottung aus dem Land Israel bedroht ist, dann *müssen* diese Bestimmungen als heilsentscheidend gedacht worden sein, nicht nur als ein Gebot der Rücksichtnahme. Die Art der paulinischen Argumentation gegen "πορνεια" in 1 Kor 5,1ff und 6,15-20 gibt auf jeden Fall besseren Aufschluß über die Begründungszusammenhänge dieser Bestimmungen aus jüdischer Sicht, als die Argumentation von 1 Kor 8,1ff, wo Paulus die tief in seinem jüdischen Denken verwurzelte Begründung des Verbots von Götzenopferfleisch bereits hat aufgeben müssen und nun darum bemüht ist, wenigstens mit sozialethischen Argumenten noch die völlige Freigabe von Götzenopferfleisch zu verhindern. Aus diesem Grund ist es m. E. unvorstellbar, daß die Jerusalemer Säulenapostel einen Teil der Heidenchristen von den Bestimmungen des "Aposteldekrets" ausdrücklich hätten ausnehmen können.

Vor dem Hintergrund der vorhandenen Lösungsansätze bekommt also das hier vorgestellte, aus der Analyse der Kriterienformulierungen frühchristlicher Schriften gewonnene Modell als ein Nebenprodukt noch den Vorteil, daß es die mit den geringsten Schwierigkeiten belastete Lösung für die Problematik des Apostelkonzils anbieten kann. In Gal 2 hätte Paulus dann nur verschwiegen, daß er sich *in der Zwischenzeit* unter dem Druck von Gegnern in der korinthischen Gemeinde ein Stück weit aus dem Konsens gelöst hat, der zur Zeit des Apostelkonzils noch zwischen Jakobus, Petrus, Barnabas und ihm selbst bestand. Dieses Schweigen ist jedoch weit weniger sträflich als das von der Mehrheitsmeinung angenommene: Für Paulus hatte die Lockerung der im

---

(1) Siehe unten S.146
(2) Dieses Problem wird auch oft gesehen, z.B. bei R.Pesch, Das Jerusalemer Abkommen und die Lösung des antiochenischen Konflikts..., in: P.G.Müller/W.Stenger (Hg.), Kontinuität und Einheit, FS F.Mußner, Freiburg u.a. 1981 S.105-122
(3) G.Lüdemann, Paulus der Heidenapostel, Bd.I. Studien zur Chronologie, 1980 S.98f
(4) M.Klinghardt, Gesetz und Volk Gottes. Das lukanische Verständnis des Gesetzes nach Herkunft, Funktion und seinem Ort in der Geschichte des Urchristentums, 1988 S.217f
(5) Vgl. dazu die Argumentation bei Lüdemann, 1980 S.98f

"Aposteldekret" enthaltenen Bestimmungen vermutlich gar keine unmittelbare Relevanz für das, was er unter der Prämisse der Glaubensgerechtigkeit lehrte denn die Ethik des Gottesfürchtigen-Kriteriums blieb zu wesentlichen Teilen in der Glaubensgerechtigkeit enthalten[1]. Deshalb kann man von Paulus nich verlangen, daß er hier auf seine korinthischen Zugeständnisse hätte zu spre chen kommen müssen, von der seine galatischen Leser wahrscheinlich ga nichts wußten. Weiter ist das, was Paulus verschweigt, in diesem Fall ein weite rer Ausdruck seiner Selbständigkeit gegenüber Jerusalem (d. h. er verzichte auf ein zusätzliches Argument für die Unabhängigkeit, die er gerade zu bewei sen im Begriff ist), während er nach der Mehrheitsmeinung ein Gegenargu ment dazu verschweigen würde, nämlich eine seinen Behauptungen ent gegenstehende Entscheidung der Jerusalemer Autoritäten mit Relevanz für di paulinische Mission (der Paulus sich freilich widersetzt hätte).

Der sogenannte antiochenische Zwischenfall

Wenn nun also die Absprache von Jerusalem darin bestand, daß die torahtreue Jerusalemer Gemeinde die Heidenmission nach dem Gottesfürchtigen-Kriteri um anerkannte, so zeigte sich die Problematik des vermeintlichen Konsense erst im Nachhinein:

Aus jüdischer Sicht ermöglichten die für die Fremden im Land Israel und fü Gottesfürchtige gültigen kultischen Vorschriften keine Tischgemeinschaft zwi schen Juden und Gottesfürchtigen. So setzt es die Darstellung von Apg 10 vor aus, wo die Tischgemeinschaft mit dem Gottesfürchtigen Cornelius für Petru anfangs unvorstellbar war (besonders Apg 10,28)[2].

Neben den (nach jüdischen Verständnis unsühnbaren[3]) Speisegeboten, die wahrscheinlich Jude und Gottesfürchtige, jedenfalls aber Judenchristen und Heidenchristen nach dem Gottes fürchtigen-Kriterium gemeinsam hatten, gab es schließlich noch eine Fülle von weiteren Speisege boten, deren Übertretung zwar durch Sühne und Reinigung heilbar waren, die aber dennoch ei gemeinsames Essen von Juden und Heiden zum Risiko der Verunreinigung für Juden werde ließ: so die Verbote bestimmter Tierarten (z. B. Schwein, Kamel, viele Vogelarten usw., vgl. Le 11; Dtn 14,3-21; Apg 10,10-14) und das Verbot der Kombination von Milch- und Fleischproduk ten (vgl. Ex 23,19; 34,26; Dtn 14,21). Außerdem hätten Juden in solchen Fällen nicht davon ausge hen können, daß das Eßgeschirr nach den Vorschriften der Torah und der Halakha rein war (vgl Lev 11,32ff; 15,12; Mk 7,4; Mt 23,25), und die Berührung durch unreine Hände von Heidenchri sten hätte das Eßgeschirr ohnehin unrein gemacht (vgl. Mk 7,5).

Für Judenchristen, die selbst nach jüdischem Ritus lebten und ihren nicht christlichen Volksgenossen gegenüber gesellschaftsfähig bleiben wollten, muß te deshalb die auf dem Apostelkonzil vereinbarte Trennung der Missionssphä ren selbstverständlich die Entstehung weitgehend getrennter Gemeinschafte bedeuten. So sieht es eine vorlukanische Tradition, die in Apg 15,14 verarbeite ist: Jakobus spricht von einem "Volk aus den Heiden (λαος ἐξ ἐθνων)", wa

---

(1) Siehe oben S.139
(2) Vgl. S.Brown, The Matthean Community and the Gentile Mission, in: NT 22 (1980 S.212
(3) Siehe oben S.142

gegen die Interessen des Lukas ursprünglich nur bedeutet haben kann: ein Volk *neben* dem jüdischen Volk[1].

Für Lukas selbst ist das Problem zwar schon vor dem Apostelkonzil beseitigt, da in Apg 11,18 die nach jüdischem Ritus lebenden Christen von ihrem Vorwurf gegen Petrus 11,3 abrückten, er hätte nicht mit Heiden essen dürfen. Daß die Schwierigkeit aber entgegen der lukanischen Darstellung keineswegs schon geklärt war, zeigt der Bericht von Paulus über den sogenannten antiochenischen "Zwischenfall" (Gal 2,11ff), den Lukas bezeichnenderweise nicht erwähnt:

In der Gemeinde von Antiochia wurde Tischgemeinschaft zwischen Judenchristen und Heidenchristen gehalten, d. h. das Torah-Kriterium war nicht nur den Heidenchristen nicht auferlegt worden, sondern Judenchristen wie Paulus und Barnabas hatten auch für ihre eigene Person das Torah-Kriterium und das Leben nach jüdischem Ritus verlassen um der Einheit der Gemeinde willen. Sie aßen mit den Heidenchristen zusammen aus Geschirr, das spätestens durch die Berührung eines Heidenchristen nach jüdischem Verständnis unrein wurde. Ob sie sich auch am Genuß von Fleischsorten beteiligten, die für Juden verboten waren, kann nur Gegenstand freier Spekulation sein. Entscheidend für den Tatbestand ist jedenfalls, daß sie die Benutzung "unreinen" Geschirrs hingenommen haben müssen. Als Petrus nach Antiochia kam, hielt er es ebenso. Nach der Intervention von Christen aus dem Umkreis des Jakobus aber trennten sich Petrus, Barnabas und andere antiochenische Judenchristen von der Tischgemeinschaft mit den Heidenchristen und hielten sich wieder an ein Christentum nach jüdischem Ritus (Gal 2,12f).

Während also auf dem Apostelkonzil das für Heidenchristen geltende Heilskriterium einvernehmlich zwischen Jakobus, Petrus, Johannes, Barnabas und Paulus geregelt werden konnte (bzw. vorhandenes Einvernehmen bestätigt wurde), stand nun die für geborene Juden gültige Identitätsbeschreibung auf dem Spiel:

Die Position von Paulus war damals offensichtlich, daß für alle Christen das Gottesfürchtigen-Kriterium hinreichendes Einschlußkriterium sein müsse - auch für die Judenchristen[2]. Jakobus vertrat demgegenüber entschieden die Meinung, daß zwar für Heidenchristen das Gottesfürchtigen-Kriterium hinreichendes Einschlußkriterium sei, für geborene Juden aber das Torah-Kriterium als notwendiges Einschlußkriterium galt (vgl. Apg 21,24f).

Für Paulus war diese Position unannehmbar. Die Einheit der in Antiochia gewachsenen Gemeinde - an der nach seinem Verständnis von Gemeinde nicht gerüttelt werden durfte - wäre unter diesen Umständen nur um den Preis zu retten gewesen, daß sich auch die Heidenchristen dem Torah-Kriterium unter-

---

(1) S.Brown, 1980 S.207
(2) Vgl. J.D.G.Dunn, 1983 S.25

warfen (so Gal 2,14b), d. h. sämliche Reinheitsvorschriften der Torah einhielten. Damit wäre der Erfolg des Apostelkonzils aus der Sicht von Paulus aufgehoben gewesen: die Anerkennung der torahfreien Heidenmission hätte keine praktische Relevanz gehabt, wenn Heidenchristen sich die volle Gemeinschaft mit Judenchristen doch über die Einhaltung der Torah hätten erkaufen müssen.

Nur deswegen konnte Paulus den antiochenischen Zwischenfall als Parallele zur galatischen Auseinandersetzung heranziehen, wo anders als in Antiochia das für Heidenchristen gültige Kriterium direkt in Frage stand.

Von der jüdischen Rechtslage her ist deutlich, daß die als Mehrheitsmeinung in der Forschung vertretene Neueinführung des Aposteldekrets in dieser Situation keine Abhilfe hätte schaffen können: das Problem der kultisch unreinen Hände von Heidenchristen, damit das Folgeproblem von unreinem Geschirr und unreinen Speisen hätte weiter bestanden. Judenchristen wären weiter der Frage ihrer Volksgenossen ausgesetzt gewesen: "Warum halten sich Eure Schüler nicht an die Halakha, sondern essen mit unreinen Händen? (vgl. Mk 7,5) - und sie hätten weiter den Anschluß an die jüdische Gesellschaft verpaßt. Abgesehen davon hätte zu einer Absprache für die Tischgemeinschaft in gemischten Gemeinden unbedingt die Vereinbarung gehören müssen, daß bei gemeinsamen Mahlzeiten ein streng jüdischer Speiseplan einzuhalten war.

Paulus erwartete nach Gal 2,12f von denjenigen Judenchristen, die ohnehin nicht mehr streng nach dem jüdischen Ritus lebten, daß sie diese Lebensweise auch gegenüber der Position des Jakobus durchhielten. In der Konsequenz dieser Forderung mußte jedoch liegen, von *allen* Judenchristen in antiochenischen bzw. paulinischen Missionsgebieten eine torahfreie Lebensweise zu verlangen um der Einheit der Gemeinden willen[1]. Darin bekommt die paulinische Position ihrerseits eine intolerante Tendenz.

Diese findet sich zwar nicht ausdrücklich in den Paulusbriefen (vgl. als starkes Gegengewicht sogar 1 Kor 9,20), aber spätestens bei Ignatius ist dieses Argument zur Polemik gegen jede Form von Christentum nach jüdischem Ritus geworden: "Wenn wir nämlich bis jetzt nach dem Gesetz leben, geben wir zu, die Gnade nicht empfangen zu haben" (IgnMg 8,1). Ignatius denkt dabei nicht nur an Heidenchristen, sondern auch an die Aufgabe des jüdischen Ritus durch Judenchristen: "Wenn nun die aus den alten Riten (ἐν παλαιους πραγμασιν) sich umgewandt haben und zur Neuheit der Hoffnung gekommen sind, nicht mehr den Sabbat halten, sondern gemäß dem Herrentag leben..." (IgnMg 9,1). Deshalb gilt für alle Christen: "Stellt also den schlechten Sauerteig weg, der alt geworden ist und bitter, und tauscht den neuen Sauerteig dagegen ein, welcher ist Jesus Christus..." (IgnMg 10,2)

Paulus selbst ist zumindest von Judenchristen schon so verstanden worden, die das Torah-Kriterium für sich selbst nicht aufgeben wollten. In Apg 21,21 nennt Jakobus einen Vorwurf gegen Paulus, der bei den judäischen torahtreuen Christen kursierte: "Sie sind über dich unterrichtet worden, daß du Abfall (ἀποστασις) von Mose lehrst alle unter den Heiden lebenden Juden, indem du sagst, sie sollen ihre Kinder nicht mehr beschneiden und nicht nach den Gesetzen wandeln".

Durch diesen Vorwurf wurde der zunächst einseitige Konflikt[2] zu einem ge-

---

(1) Vgl. S.Brown, 1980 S.209
(2) Siehe oben S.142

genseitigen: Während die Geltung des Gottesfürchtigen-Kriteriums für Heidenchristen in der Position des Jakobus enthalten war und für Vertreter der torahtreuen Heidenmission leicht unter die eigene Position unterzuordnen war, mußte ein im Sinne von Apg 21,21 verstandener Paulinismus von allen Gruppierungen des Christentums nach jüdischem Ritus als Angriff gegen die eigene Identität aufgefaßt werden. Als Ausdruck dieses Konflikts ist wohl zu werten, daß Lukas weder von der Annahme der paulinischen Kollekte durch die Jerusalemer torahtreue Gemeinde berichtet (sie wurde also offensichtlich abgelehnt)[1], noch von einer Intervention der Kreise um Jakobus zugunsten von Paulus nach dessen Verhaftung.

1.4. Die petrinisch-matthäische Synthese

Leider gibt es keine weiteren Nachrichten darüber, welche Position Petrus *nach* dem antiochenischen Zwischenfall eingenommen hat. Paulus überwarf sich bald darauf mit der antiochenischen Gemeinde und kehrte niemals mehr dorthin zurück. Petrus dagegen blieb nach altkirchlicher Überlieferung in Antiochia[2]. Diese Umstände sprechen nicht dafür, daß Petrus sich von der damaligen Position des Paulus überzeugen ließ (Gottesfürchtigen-Kriterium für Juden- und Heidenchristen; Einheit der Gemeinden). Eher wird er einen Mittelweg zwischen der Position des Jakobus (Torah-Kriterium für Judenchristen; Gottesfürchtigen-Kriterium für Heidenchristen; weitgehend getrennte Gemeinden) und der des frühen Paulus versucht haben: so viel Gemeindeeinheit wie möglich bei gleichzeitiger Respektierung des Torah-Kriteriums als des regulären Weges für Judenchristen.

Für eine solche Position bietet das Matthäus-Evangelium einige Anhaltspunkte, allerdings aus dem Abstand von mehreren Jahrzehnten. Dem Evangelisten gilt Petrus als eine hohe Autorität (Mt 16,17-19), und er geht selbst eine ähnliche Gratwanderung, wie sie auch für Petrus zu vermuten ist: er unternimmt den Versuch, das Gottesfürchtigen-Kriterium gemeinsam mit dem Torah-Kriterium innerhalb *einer* christlichen Gemeinschaft lebbar zu halten[3]. Matthäus vermeidet es, sich dabei in eine Richtung festzulegen. Ich vermute, daß manche Unklarheiten der Matthäus-Exegese[4] vom Evangelisten beabsichtigt sind, da er Vertretern eines strengen Torah-Kriteriums keinen Anlaß zum Schisma geben wollte.

Die für Matthäus alles übergreifende Formulierung der Zutrittsbedingung zum Reich der Himmel nennt Mt 7,21: In das Reich der Himmel wird eingehen,

---

(1) So G.Lüdemann, Zum Antipaulinismus im frühen Christentum, in: EvTh 40 (1980), S.446f

(2) Pseudo-Clementinen Hom 20,23 bzw. Rec. 10,68-71; Origenes, In Luc. Hom. 6

(3) Vgl. E.K.Ch.Wong, Juden- und Heidenchristen im Matthäusevangelium. Die interkulturelle Theologie des Matthäusevangelisten und seine bikulturelle Gemeinde, Diss. Heidelberg 1991

(4) Vgl. den Überblick bei U.Luz, Die Erfüllung des Gesetzes bei Matthäus, in: ZThK 75 (1978) S.400

"wer den Willen meines Vaters im Himmel tut (ὁ ποιων το θελημα του πατρος μου)"[1] (vgl. Mt 21,31; außerdem Joh 7,17; 9,31; Mk 3,35 par EvThom 99). Diese Formulierung ist offen für eine inhaltliche Füllung sowohl im Sinne des Gottesfürchtigen-Kriteriums als auch des Torah-Kriteriums.

Mt 5,17-19 verarbeitet traditionelle Aussagen eines Christentums nach dem Torah-Kriterium und vertritt eine Position, die sogar gemessen am pharisäischen Spektrum noch legalistisch ist[2]. V.19 schließt dabei die Interpretation aus, daß die Torah nur von Christus, nicht von den Christen zu erfüllen sei. Vor diesem Hintergrund wäre das, was nach 28,20 allen Völkern zu halten gelehrt werden soll, nicht weniger als die ganze Torah.

Die Torah aber hat für Mt eine klare Mitte, in der sie "hängt". Diese Mitte kann er einmal in die Worte der durch Rabbi Hillel aus dem Hellenismus vermittelten goldenen Regel[3] kleiden (7,12), dann in Fortsetzung der markinischen Aussage als das doppelte Liebesgebot benennen (22,37-40) oder er kann sie mit eigenen Worten als "gerechtes Urteil (κρισις), Erbarmen (ἐλεος) und Treue (πιστις)" (23,23) formulieren. Die Positionen der strengen Torahtreue (5,17ff) und der Konzentration auf eine Mitte widersprechen sich für Mt nicht, sondern sie bedingen sich gegenseitig: durch die Zunahme an Gesetzlosigkeit (ἀνομια) erkaltet die Liebe (Mt 24,12). Darin stimmt Matthäus mit einer breiten Strömung des rabbinischen Judentums überein: zwischen der Geltung aller Einzelgebote und ihrer Unterordnung unter besonders wichtige Gebote besteht kein Gegensatz[4].

Entscheidend ist dabei: es ist *zu wenig*, die Torah nur äußerlich zu erfüllen, vielmehr ist äußere Sichtbarkeit sogar zu vermeiden (Mt 6,4.6.18). Es ist zu wenig, die Torah von ihren Einzelbestimmungen her zu beachten, sie muß vielmehr von ihrer Mitte her erfüllt werden - ohne daß deswegen die Einzelbestimmungen wegfallen würden (23,23). Die Vorstellung einer Mitte der Torah aber deckt sich weitgehend mit dem Gottesfürchtigen-Kriterium.

Eine genauere Zuordnung zwischen Torah-Kriterium und Gottesfürchtigen Kriterium bei Mt müßte sich daran entscheiden, auf welche Gebote bekehrte Heidenchristen verpflichtet werden. In Bezug auf das wichtigste Bundeszeichen der Torah aber schweigt Matthäus: von der Beschneidung ist im ganzen Matthäus-Evangelium nicht die Rede[5].

Stattdessen steht an einem der Höhepunkte des Evangeliums das Wort an Simon Bar Jona: "Ich gebe dir die Schlüssel des Reiches der Himmel: was du au

---

(1) G.Barth, Das Gesetzesverständnis des Evangelisten Matthäus, in: Bornkamm/Barth/ Held, Überlieferung und Auslegung im Matthäusevangelium, 1961 S.54ff; A.Sand, Das Gesetz und die Propheten..., 1974 S.106ff; B.Gerhardsson, "An ihren Früchten sollt ihr sie erkennen" in: EvTh 42 (1982) S.118.
(2) U.Luz, 1978 S.411
(3) So K.Berger, 1972 S.142
(4) So U.Luz, 1978 S.400
(5) Vgl. oben S.80

Erden binden wirst, soll auch im Himmel gebunden sein, und was du auf Erden lösen wirst, soll auch im Himmel gelöst sein" (Mt 16,19). Die Anwendung des Begriffspaares "binden" und "lösen" auf die Kirchenzucht hat sich erst im christlichen Gebrauch entwickelt (vgl. Mt 18,18). Nach jüdischem Verständnis bezog es sich auf die Torah-Auslegung und meinte "verbieten" und "erlauben[1].

Vom geschichtlichen Standort des Evangelisten aus war es schon ein historisches Faktum, was Petrus bindend verbieten und was er erlauben würde: Bei all seinen Versuchen, zwischen Gottesfürchtigen-Kriterium und Torah-Kriterium weiter zu vermitteln, wird er mit Sicherheit an dem Konsens des "Apostelkonzils" festgehalten haben, daß nämlich den Heidenchristen nicht *mehr* aufzuerlegen sei als das Gottesfürchtigen-Kriterium. Von Beschneidung und jüdischem Ritus hat er sie mit Sicherheit freigestellt[2].

Den Sorgen von Vertretern eines strengen Torah-Kriteriums, daß die nichtjüdischen Christen durch eine solche Lehre (vgl. Mt 5,19: "wer auch nur eines dieser geringsten Gebote auflöst und die Menschen entsprechend lehrt..." !) in unverantwortlicher Weise der Verwerfung durch Gott überlassen und dem Hades ausgeliefert würden, stellte Matthäus das massive Offenbarungswort Christi entgegen: die Pforten des Hades werden sich nicht stärker erweisen als die auf Petrus gegründete Kirche (16,18).

Zur Beziehung zwischen Mt 5,19 und 16,19 ist zweierlei zu beachten: Zum einen ist Mt 5,19 im Gegensatz zu 5,20 nicht als Ausschlußkriterium formuliert[3]: der hier getadelte Lehrer eines torahkritischen Christentums steht immer noch besser da als jemand, der die Torah ohne Konzentration auf ihre Mitte einhält. Die Integration des Gottesfürchtigen-Kriteriums ist damit in sublimer Weise vorbereitet[4]. Zum anderen kennt Mt das Prinzip, daß Aussagen Jesu durch spätere Aussagen heilsgeschichtlich überholt werden. Nachweisbar ist dies im Verhältnis zwischen Mt 10,5 und Mt 28,19[5]. In diesem Sinne kann Mt die rätselhafte Doppelung von "bis der Himmel und

---

(1) U.Luz, Das Evangelium nach Matthäus, EKK I/2, S.465
(2) Eine Verbindung zwischen Mt 16,19 und der Position des Petrus in der innerchristlichen Diskussion um das Gesetz zieht auch H.Thyen (Studien zur Sündenvergebung, 1970 S.232 unter Berufung auf G.Bornkamm). Bornkamm und Thyen sehen dabei vor allem eine Frontstellung gegen den Antinomismus.
(3) Mit G.Strecker, Die Bergpredigt, 1984 S.60 würde ich unbedingt ernstnehmen, daß Mt hier nicht ein Ausschlußkriterium, sondern eine Rangordnung im Himmel meint. Die Unterscheidung zwischen beidem spielt im Ganzen des Evangeliums eine zu große Rolle, als daß Mt nur "aus Gründen des rhetorischen Gleichklangs" (so U.Luz, 1978 S.410) das Eine geschrieben und das Andere gemeint haben könnte.
(4) Die in der Forschungsgeschichte vertretene Position, daß speziell Paulus mit dem "Kleinsten im Himmelreich" gemeint sei (laut G.N.Stanton, The Origin and Purpose of Matthew's Gospel, in: ANRW II 25.3 S.1908 zuerst J.Weiß unter Berufung auf die Selbstbezeichnung des Paulus in 1 Kor 15,9) hat ein gewisses Recht darin, daß Paulus entschiedener als Petrus die Aufhebung des Torah-Kriteriums auch für geborene Juden praktizierte und lehrte. Allerdings ist Paulus damit Exponent einer christlichen Richtung, zu der genauso Stephanus, Markus und andere gehörten (so U.Luz, 1978 S.411).
(5) U.Luz, 1978 S.429; vgl. dazu oben S.22ff

die Erde vergehen" und "bis alles geschieht" in 5,18 als einen Hinweis gemeint haben, daß auch ein Geschehen vor dem Weltende schon für Heidenchristen die uneingeschränkte Geltung der Torah heilsgeschichtlich überholen kann[1].

Alles in allem scheint Matthäus in der Tradition des Petrus also zwei Anliegen verfolgt zu haben, die nicht ohne weiteres vereinbar waren: einerseits wollte er den nach jüdischem Ritus lebenden Christen ihre Tradition bewahren und sie beruhigen, daß ihnen und ihren Kindern die Torah nicht genommen werden sollte; andererseits brauchte er bei ihnen aber auch einen Spielraum an Toleranz dafür, daß Heidenchristen anders leben konnten - und das alles anscheinend innerhalb jeweils derselben Gemeinden. Es ist fraglich, wie lange solche Ausgleichsbemühungen gelingen konnten.

2. Nachfolge-Kriterium und Sympathisanten-Kriterium

2.1. "Wer nicht sein Kreuz nimmt und mir nachfolgt"

Die zweite Hälfte der Didaché stellt an christliche Apostel und Propheten Anforderungen, die gegenüber den dargestellten, direkt aus dem Judentum übernommenen Kriterien einen neuen Bereich eröffnen: Die Gemeinden sollen Apostel und Propheten nach der "Lebensweise des Herrn (τροπος κυριου)' beurteilen (Did 11,8). Verse 5f.9-12 desselben Kapitels nennen einzelne Merkmale, woran diese Lebensweise zu erkennen ist: Von den genannten Rollenträgern wurde eine heimatlose Wanderexistenz erwartet, und zentral war der Gedanke, daß man sich an diesen Diensten nicht bereichern können sollte.

Zwei Nachträge dazu in Did 12 und 13 zeigen die schrittweise Aufweichung dieser Bestimmungen: Did 12 spricht von allen, die im Namen Christi in die Gemeinde kommen. Sie sollen sich niederlassen dürfen, sollen aber selbst für ihren Lebensunterhalt sorgen. Kapitel 13 regelt speziell für Propheten und Lehrer, die sich in der Gemeinde niederlassen wollen, daß sie Anspruch auf Lebensunterhalt haben.

Was in der Didaché eher als Spätphase erscheint und auf eine bestimmte Personengruppe beschränkt ist, gibt in der Logienquelle und in anderen frühen jesuanischen Traditionen das entscheidende Charakteristikum christlicher Identität überhaupt. Die wichtigsten Merkmale davon sind Heimatlosigkeit, Besitzlosigkeit, Familienlosigkeit und Martyriumsbereitschaft. Ein so orientiertes christliches Selbstverständnis bezeichnete Gerd Theißen als "Wanderradikalismus"[2]. Seiner Entstehung nach gehört der Wanderradikalismus nach Galiläa, aber die Entfaltung seiner Traditionen läßt ein frühes Wirken von Wanderradikalen auch im syrischen Raum annehmen. Georg Kretschmar ha

(1) zur Forschungsdiskussion U.Luz, 1978 S.406-408
(2) G.Theißen, Wanderradikalismus, in: ZThK 70 (1973) S.252ff = ders., Studien zur Soziologie des Urchristentums, ²1983 S.86ff. Ich greife den Begriff des "Wanderradikalismus" au und nicht den der "Wandercharismatiker" (G.Theißen, Soziologie des Urchristentums, ⁵198 S.14ff), um Nachfolge-Kriterium und charismatisches Kriterium (siehe unten S.17 unterscheidbar zu halten: Die Träger des Nachfolge-Kriteriums waren Charismatiker, abe nur in Ausnahmefällen vertraten sie ein charismatisches Kriterium zur Selbstdefinition ihre christlichen Identität.

die zentrale Bedeutung der Nachfolge Jesu für das Selbstverständnis des Wanderradikalismus im syrisch-palästinischen Raum aufgezeigt[1]. In Anlehnung daran sei hier das zur Definition wanderradikaler Identität verwendete frühchristliche Heilskriterium als "Nachfolge-Kriterium" bezeichnet.

Ohne direkte Kriterienformulierung zeigen zwei zusammenhängende Apophtegmata der Logienquelle viel vom Selbstverständnis des Wanderradikalismus: "Und einer sagte zu ihm: 'Ich will dir nachfolgen, wohin du auch gehst'. Und Jesus sagte ihm: 'Die Füchse haben ihre Schlupfwinkel und die Vögel des Himmels ihre Nester, der Menschensohn aber hat keinen Ort, wo er sein Haupt hinlegen kann'. Ein anderer sagte zu ihm: '(Herr), erlaube mir, zuerst wegzugehen und meinen Vater zu begraben'. Jesus aber sagte ihm: 'Folge mir nach und laß die Toten ihre Toten begraben'"[2].

Andere Aussagen formulieren die Axiome des Wanderradikalismus deutlicher als Kriterien, von denen das Heil und die Zugehörigkeit zu Jesus abhängen: "Eines fehlt dir: geh hin, verkaufe was du hast und gib es den Armen, dann wirst du einen Schatz im Himmel haben. Auf, folge mir nach!" (Mk 10,21). "Wer nicht Vater, Mutter, Sohn und Tochter haßt, kann nicht mein Jünger sein. Wer nicht sein Kreuz nimmt und mir nachfolgt, kann nicht mein Jünger sein. Wer sein Leben finden will, wird es verlieren, und wer es um meinetwillen verliert, wird es finden"[3].

Einordnung des Wanderradikalismus

An solchen Aussagen wird deutlich, daß das Konzept des Wanderradikalismus eine Größe ist, die mit den beiden bisher vorgestellten christlichen Identitätsbeschreibungen verglichen werden muß (und mit den drei noch folgenden): Es handelt sich wie dort um einen bestimmten Typ christlicher Selbstdefinition, wo die Zugehörigkeit zur Gruppe durch Ein- und Ausschlußkriterien geregelt ist.

Diese Erkenntnis macht Modifikationen bei der Aufnahme von Theißens Theorie des Wanderradikalismus erforderlich, vermag aber gleichzeitig auch Mißverständnisse klären zu helfen, von denen die Diskussion um Theißens Analysen belastet ist:

Die umstrittenste theoretische Voraussetzung bei Theißen ist die Annahme einer "Präventivzensur"[4], durch die aus mündlichen Überlieferungen ausgeschieden wird, was in der Situation der Überlieferungsträger keinen Ort mehr findet. Dagegen wendet Thomas Schmeller ein: "Die Wissenssoziologie nimmt zwar an, daß religiös-sittliche Ideen als Legitimation bestimmter sozialer Gegebenheiten entstehen bzw. Verbreitung finden. Die Zuordnung bleibt dabei aber stets sehr allgemein: Der soziale Kontext bildet die Plausibilitätsbasis oder -struktur für die sich durchset-

---

(1) G.Kretschmar, Zur Frage nach dem Ursprung frühchristlicher Askese, in: K.S.Frank (Hg.), Askese und Mönchtum in der Alten Kirche, 1975 S.176
(2) So die Rekonstruktion des Q-Textes aus Mt 8,19-22 par Lk 9,57-60 bei D.Zeller, Kommentar zur Logienquelle, ²1986 S.45
(3) So die Rekonstruktion aus Mt 10,37-39 par Lk 14,26f; 17,33 bei D.Zeller, 1986 S.50.
(4) G.Theißen, 1973 S.247 = 1983 S.81 Anm. 8

zenden weltanschaulichen Überzeugungen; wie *eng* aber der Zusammenhang zwischen sozialer
und ideeller Wirklichkeit ist und welche *konkreten* Auswirkungen beispielsweise bestimmte ökonomische Rahmenbedingungen auf das religiös-sittliche Denken haben, wird offen gelassen. Die
Wissenssoziologie postuliert jedenfalls kein *unmittelbares* sozial begründetes Interesse der Träger
religiöser Traditionen an diesen, erlaubt deshalb auch keinen direkten Rückschluß von gegebe-
nen Traditionen auf die soziale Situation der betreffenden Tradenten"[1]. Dieser Einwand ist richtig, sofern er sich allgemein auf "weltanschauliche Überzeugungen" bezieht.

Definitionskriterien zur Herstellung religiöser Gruppenidentität sind jedoch etwas Konkreteres
als irgendwelche weltanschaulichen Überzeugungen. Die in einem Definitionskriterium beschriebene Wirklichkeit muß mit der tatsächlichen Befindlichkeit der Gruppe übereinstimmen. An-
dernfalls wirkt die Identitätsbeschreibung kontraproduktiv, d. h. sie zerstört, was sie eigentlich
schützen sollte. Genau in diesem Sinne stellt Theißen fest, daß ein Wort wie Lk 14,26 (par Mt
10,37 = das bereits zitierte Gebot zum Haß gegen Familienangehörige) "absolut untauglich zur
Regelung alltäglichen Verhaltens"[2] sei. Die soziale Identität christlicher Hausgemeinden, die auf
ein gewisses Maß an Familienfrieden angewiesen waren, würde durch ein solches Definition nicht
gestützt, sondern gefährdet. In welchem Maße die an das Definitionskriterium gebundene Wirklichkeit ausgerechnet in ihrer *sozialen* Dimension von diesem Zusammenhang betroffen ist, hängt
vom *Inhalt* des Definitionskriteriums ab: das Nachfolge-Kriterium hat nun einmal einen weitgehend *das Sozialverhalten betreffenden Inhalt*. Bei anderen Definitionskriterien ist dies nicht unbedingt so: Das Torah-Kriterium beispielsweise würde kontraproduktiv wirken, wenn es die
Gruppenidentität auf einer Farm zur Schweinemast regeln müßte. In diesem Fall wäre etwas Anderes als das Sozialverhalten von derselben Schwierigkeit betroffen.

Der von Theißen als "Präventivzensur" bezeichnete Mechanismus ist also nicht bei jeder religiösen Tradition uneingeschränkt als heuristisches Prinzip zur Bestimmung der Tradentengruppe
geeignet, aber bei den Traditionen des Nachfolge-Kriteriums sehr wohl. Auch der Hinweis auf
Spiritualisierung und bildliche Auslegung von Traditionen des Nachfolge-Kriteriums widerlegt
dies nicht: Theißen verweist ja gerade auf solche Anpassungen an die Gemeindeverhältnisse als
Beispiele dafür, *wie* "Präventivzensur" funktioniert[3]. Entscheidend ist dabei, daß die Formulierungen der Traditionen bei der Anpassung *verändert* werden mußten (sonst könnten wir die Anpassung ja nicht nachweisen). Wanderradikale sind jedoch zwingend als Überlieferungsträger anzunehmen bei *nicht angepaßten* Formulierungen wie Lk 14,26.

Damit ist zugleich die Grenze des Arguments festgestellt: es vermag keinesfalls ein Überlieferungsmonopol für Jesus-Logien zu begründen. Vielmehr gilt es lediglich für nicht-angepaßte Formulierungen des Nachfolge-Kriteriums und für Worte, die in einem überlieferungsgeschichtlichen
Zusammenhang mit diesen stehen. Ein solcher Zusammenhang ist immerhin für einen großen
Teil des Spruchmaterials aus der Logienquelle zu vermuten: in größerem Umfang als irgendeine
andere urchristliche Schrift bewahrte Q die Definitionskriterien des Wanderradikalismus in einer
nicht oder kaum an seßhafte Gemeinden angepaßten Form. Deshalb kann der Verfasser von Q
nur einen sehr geringen Abstand zu Wanderradikalen gehabt haben. Wenn dem so ist, wird er ihrer Überlieferung dann auch einen großen Teil seiner Logiensammlung verdanken.

An dem Mißverständnis, daß ein Überlieferungsmonopol gemeint sei, hat Theißen einen Eigen-
anteil: er spricht häufig von "den" Worten Jesu[4] und er zieht den Kreis von urchristlichen Gruppen sehr weit, für deren Verhalten und Traditionen das Modell des Wanderradikalismus eine Erklärung bieten soll.

An dieser Stelle ist eine Modifikation oder Klarstellung notwendig: Wanderradikalismus als eine durch Definitionskriterien geregelte Form urchristlicher
Identität hat es von Anfang an immer nur als eine christliche Identitäts-

(1) Th.Schmeller, Brechungen. Urchristliche Wandercharismatiker im Prisma soziologisch
    orientierter Exegese, 1989 S.63 - Hervorhebungen von Schmeller.
(2) G.Theißen, 1973 S.248 = 1983 S.82
(3) G.Theißen, 1973 S.247 = 1983 S.81 Anm. 8
(4) An exponierter Stelle z. B. G.Theißen, 1973 S.249 = 1983 S.83; 1973 S.256 = 1983 S.90

beschreibung unter mehreren konkurrierenden Identitätsbeschreibungen gegeben. Die wichtigen uns namentlich bekannten Figuren und Gruppen des frühesten Christentums waren *keine* Vertreter des Wanderradikalismus im Sinne einer durch Kriterien definierten christlichen Identitätsbeschreibung. Die beiden vorher besprochenen christlichen Identitätsbeschreibungen nach dem Torah-Kriterium und nach dem Gottesfürchtigen-Kriterium sind mit dem Nachfolge-Kriterium weitgehend unvereinbar, denn diese Kriterien zwingen nicht nur zur Einbeziehung vieler seßhafter Menschen in die "In-Group" christlicher Identität, sondern manche ihrer Forderungen passen auch schlecht mit einem Wanderleben der Überlieferungsträger zusammen. Die jüdische Halakha muß ja viele Gebote so auslegen, daß sie auf Reisen nicht oder nur abgewandelt gelten. Deshalb ist es im Rahmen eines torahfrommen Selbstverständnisses wenig sinnvoll, sich gleichzeitig an ein Ethos rastloser Heimatlosigkeit zu binden: die Didaché verlangt ja von Aposteln und Propheten, daß sie spätestens nach dem zweiten Aufenthaltstag weiterziehen (Did 11,5)!

Die Jerusalemer Säulenapostel, der hellenistische Siebenerkreis und die für Antiochia genannten Propheten und Lehrer einschließlich Barnabas und Paulus waren sämtlich keine Vertreter des Nachfolge-Kriteriums, sondern sie gründeten feste Gemeinden nach dem Torah- und/oder Gottesfürchtigen-Kriterium, hielten sich in der Regel längere Zeit in diesen Gemeinden auf und bestimmten auch ihre eigene christliche Identität weitgehend nach dem Torah- oder Gottesfürchtigen-Kriterium. Paulus bildete dabei eine nur relative Ausnahme, indem er seine eigene Person in manchem nach Maßstäben beurteilte, die dem Nachfolge-Kriterium ähnlich waren: er lebte selbst ehelos und hielt dies auch für die bessere Lebensform, sofern jemand dazu in der Lage ist (1 Kor 7,1.7f). Neben dieser Keuschheit versteht er auch die von ihm ertragenen Notlagen als Wesensmerkmale seines Apostolats (2 Kor 6,4ff). Seine Askese hat den Sinn, nicht selbst einem Ausschlußkriterium zu verfallen, während er anderen predigt (1 Kor 9,27). Dabei muß er sich jedoch seiner Gemeinde gegenüber noch für seine Ehelosigkeit und Anspruchslosigkeit verteidigen (1 Kor 9,4ff) - offensichtlich wurde er mit anderen Missionaren verglichen (u. a. den Herrenbrüdern und Petrus!), die noch weniger als er das Ethos des Wanderradikalismus vertraten.

So ist Thomas Schmeller grundsätzlich darin Recht zu geben, daß die Verbreitung des Wanderradikalismus einzuschränken, seine Formen zu differenzieren und der Schwerpunkt seiner strengsten Form (vertreten durch die Logienquelle, Notizen des Mt und die Didaché) in Syrien-Palästina zu suchen ist.[1]

Konfliktpotential für Antiochia

Im Gegensatz zu Paulus selbst hat die am Gottesfürchtigen-Kriterium orientierte Gemeinde von Antiochia offenbar ein negatives Verhältnis zum Nach-

---

(1) Th.Schmeller, 1985 S.102f

folge-Kriterium gehabt. Dies ist wie folgt zu begründen:

1 Kor 13,1-3 bietet einen Katalog von christlichen Ausdrucksformen, denen sämtlich eine Bedeutung als hinreichende Einschlußkriterien bestritten wird. Ihre Erfüllung nützt nichts, wenn das eine notwendige und zentrale Einschlußkriterium nicht erfüllt ist: die Liebe. Gemessen wird in diesem Text also an der höchsten Norm des Gottesfürchtigen-Kriteriums, die sowohl das dort geforderte Verhältnis zu Gott als auch das Verhältnis zu den Menschen umfassend beschreiben konnte. Bei den als hinreichende Einschlußkriterien bestrittenen Ausdrucksformen handelt es sich in allen Fällen um zentrale Merkmale anderer, vom Gottesfürchtigen-Kriterium unterschiedener christlicher Identitätsbeschreibungen. So ist davon auszugehen, daß der Text eine polemische Funktion hat für die Abgrenzung der eigenen Identität gegenüber abweichenden Selbstdefinitionen. Das Nachfolge-Kriterium ist dabei angegriffen mit den Worten: "Wenn ich all meinen Besitz verfüttere und meinen Leib hingebe, damit ich in Brand gesteckt werde, habe aber die Liebe nicht, so nützt es mir nichts" (1 Kor 13,3). Darin sind die Merkmale Besitzlosigkeit und Martyriumsbereitschaft polemisch dargestellt.

Für den Text 1 Kor 13 und speziell für die hier involvierten Verse 1-3 stellt sich die Frage, wie weit sie von Paulus selbst verfaßt sind und wie weit Paulus damit auf Traditionen seiner syrischen Herkunftsgemeinden zurückgreift. Daß das Hohelied der Liebe sinnvoll in seinen Kontext eingebettet ist, sollte nicht bestritten[1] und deshalb auch nicht als Argument in dieser Frage verwendet werden. Als ein Text ohne ausdrückliche Theologie und Christologie fällt es innerhalb des Corpus Paulinum auf, steht aber nicht allein[2]. Die Form der Verse 1-3 bestimmt Oda Wischmeyer als "Wertepriamel", bestehend aus drei Sätzen von einer Struktur, welche die jüdische und jüdisch-hellenistische Weisheitsliteratur gern verwendete[3]. Formale Gesichtspunkte sprechen demnach nicht gegen eine Verfasserschaft des Paulus, aber vermögen sie auch nicht zu beweisen.

Inhaltlich fällt jedoch auf, daß die Abwertung von Besitzverzicht und Martyriumsbereitschaft weder zum Anliegen von Paulus den Korinthern gegenüber paßt (vgl. 2 Kor 8f), noch zu seiner Selbstdarstellung gegenüber anderen christlichen Missionaren (2 Kor 6,10 vgl. 11,7ff; 1 Kor 9,12.18; Phil 1,21 usw.). Damit ist zwar immer noch nicht ausgeschlossen, daß die genaue Formulierung von Paulus selbst stammen kann, aber er spricht hier doch zumindest in Traditionstreue zu dem christlichen Selbstverständnis, das er in Antiochia vermittelt bekam - oder er zitiert eben ein Traditionsstück dieses Selbstverständnisses: die Liebe (zu Gott und zu den Menschen) ist der zentrale und für das jüngste Gericht bedeutsamste Wert; alles, was andere frühchristliche Selbstverständnisse in den Mittelpunkt rücken, ist der Liebe untergeordnet und hat für sich allein keine eschatologische Relevanz.

Wenn dem so ist, liegt in 1 Kor 13,1-3 eine wertvolle Quelle über andere christliche Identitätsbeschreibungen vor, die in der Umgebung Antiochias vertreten waren und von denen die antiochenische Gemeinde sich absetzen mußte. Unter anderem gab es in Syrien dann christliche Gruppen, für die Besitzverzicht und Martyriumsbereitschaft im Sinne des Nachfolge-Kriteriums konstitutiv waren.

---

(1) Dazu O.Wischmeyer, Der höchste Weg. Das 13. Kapitel des 1. Korintherbriefs, 1981 S.27ff
(2) O.Wischmeyer, 1981 S.230ff
(3) O.Wischmeyer, 1981 S.209 und S.177ff

Nicht nur als zufällig am gleichen Ort konkurrierende christliche Identitätsbeschreibung stand das Nachfolge-Kriterium in Spannung zum Gottesfürchtigen-Kriterium (und zum Torah-Kriterium), sondern auch inhaltlich: Besitzverzicht zugunsten der Armen ließ sich zwar noch gut als Steigerung des
Almosengebotes darstellen.

So konnte das judenchristliche Nazaräerevangelium die Forderung Jesu an die (dort zwei) reichen Jünglinge sogar unter das Torah-Kriterium subsummieren. Zu dem einen sagt Jesus: "... wie
kannst du sagen: Torah und Propheten habe ich erfüllt? Steht doch in der Torah geschrieben:
Liebe deinen Nächsten wie dich selbst, und siehe: viele deiner Brüder, Söhne Abrahams, starren
vor Schmutz und sterben vor Hunger - und dein Haus ist voll von vielen Gütern, und gar nichts
kommt aus ihm heraus zu ihnen..."[1].

Die Aufforderung zur Trennung von der Familie und zur Ehelosigkeit mußte
dagegen als offener Verstoß gegen eine ganze Reihe von Forderungen der Torah erscheinen, unter anderem gegen das Dekalog-Gebot, die Eltern zu ehren.
So hat es in der Rezeptionsgeschichte dieser Logien allerhand Bemühungen
zum Ausgleich gegeben. Das Thomasevangelium überliefert die Aufforderung
zum Haß gegen Familienangehörige in zwei Fassungen. Eine davon lautet:
"Wer seinen Vater und seine Mutter nicht haßt wie ich, wird nicht mein Jünger
sein können. Und wer seinen Vater und seine Mutter nicht liebt wie ich, wird
nicht mein Jünger sein können. Denn meine Mutter... meine wahre Mutter gab
mir das Leben" (EvThom 101[2]; vgl. aber EvThom 55). Der genaue Sinn dieses
Logions braucht hier nicht diskutiert zu werden - jedenfalls soll das Eltern-
gebot auf einer anderen Ebene von Wahrheit wieder eingehalten werden, während es auf der Ebene des Literalsinns übertreten wird. An solchen Spannungen in der Rezeptionsgeschichte wird deutlich, daß die wanderradikale
Jesusbewegung zunächst weit weniger an der Treue zur israelitischen Tradition
orientiert war als die beiden zuerst vorgestellten christlichen Selbstverständnisse. Unter den Bedingungen von radikaler Erwartung der Gottesherrschaft galten ihr andere Maßstäbe, die dem rabbinischen Judentum anstößig sein
mußten, aber auch christlichen Gruppen mit näher am Judentum orientierter
Selbstdefinition.

Auffällig ist in diesem Zusammenhang die Parallele zu einem außerbiblischen Überzeugungssystem, das auf seine Weise traditionelle Maßstäbe paganer Frömmigkeit verletzte: der kynische
Wanderradikalismus[3]. Wie dort symbolisiert die Heimatlosigkeit auch bei den christlichen Wanderradikalen einen Bruch und Konflikt mit der Umwelt. Ihre Lebensweise, ihre Bindungen und
auch ihre religiösen Normen werden abgelehnt.

---

(1) Zitiert nach Ph.Vielhauer/G.Strecker, Judenchristliche Evangelien, in: Hennecke/
    Schneemelcher, Neutestamentliche Apokryphen in deutscher Übersetzung, Bd.I Evangelien,
    5. Aufl. 1987 S.135, Fragment 16
(2) Übersetzung nach O.Betz/T.Schramm, Perlenlied und Thomasevangelium, 1985
(3) Siehe oben S.12. Zur Analogie zwischen christlichem und kynischem Wanderradi-
    kalismus vgl. G.Theißen, Soziologie der Jesusbewegung, 51988 S.20; ders., Wanderradikalis-
    mus..., in: ZThK 70 (1973) S.255f = ders., Studien zur Soziologie des Urchristentums, 1983
    S.89f;

Entwicklung zum Enkratismus

Wie in der Didaché sichtbar wurde, beschränkten viele christliche Gruppen ab der zweiten Hälfte des 1. Jhdts. das Nachfolge-Kriterium auf eine Sonderexistenz nur bestimmter Rollenträger - in diesem Fall der Apostel und Propheter Andere christliche Traditionsstränge behielten das Nachfolge-Kriterium in der Weise bei, daß asketisches Leben die einzige Form des Christ-Seins blieb - sc das Christentum, das im Thomasevangelium seinen Niederschlag fand[1]. Aller dings sind dort nicht mehr alle Merkmale des Wanderradikalismus gleicherma ßen hervorgehoben, sondern die Schwerpunkte haben sich deutlich verscho ben: die Forderung der Heimatlosigkeit ist in den Hintergrund getreter (EvThom 14 setzt sie voraus; Logion 42 scheint sie zu spiritualisieren), geger die Martyriumsbereitschaft polemisieren einzelne Logien sogar (EvThom 7 vgl. 60).

Die Forderung konzentriert sich auf die Familienlosigkeit, präzisiert als sexuel le Askese. Im syrischen Gebiet östlich des Euphrat um Edessa, Nisibis und Ha tra ist diese Position bis ins vierte Jahrhundert hinein als christliche Mehrheits meinung nachweisbar: In den Thomasakten, bei Aphrahat und in der Traditionen, die Ephraem Syrus zugrundeliegen, ist Ehelosigkeit Vorausset zung der Taufe[2].

Im EvThom ist die Thematik sexueller Askese unter den Begriff des Eins-Seins gefaßt, während Sexualität als Gespaltenheit empfunden wird:

"Wenn ihr die zwei zu einem macht, und wenn ihr das Innere wie das Äußere macht und das Äu ßere wie das Innere und das Obere wie das Untere, und wenn ihr das Männliche und das Weibli che zu einem Einzigen macht, damit das Männliche nicht (mehr) männlich und das Weibliche nicht (mehr) weiblich ist..., dann werdet ihr eingehen in das Reich (EvThom 22; vgl. 75; 79; 106 114). In Abwandlung der Tradition von Mk 10,15 wird solche Geschlechtslosigkeit außerdem ir das Bild des Kind-Seins gefaßt: "Seine Jünger sagten: Wann wirst du uns erscheinen und wanr werden wir dich sehen? Jesus antwortete: Wenn ihr euch nicht mehr schämt und eure Kleider nehmt und sie unter eure Füße legt wie die kleinen Kinder und darauf tretet" (EvThom 37 vgl. 21 22)[3].

Tatian und die Bewegung der Enkratiten behandelten noch deutlicher jeder Geschlechtsverkehr als Ausschlußkriterium, indem sie Ehe und Porneia gleich setzten (Irenäus, AdvHaer I,28,1).

Tatians Diatessaron vermeidet es, Joseph als Ehemann Marias erscheinen zu lassen[4]. Die Prophetin Hanna ist in den sieben Jahren ihrer Ehe Jungfrau geblieben (Diatessaron pers. p. 22) Das ehelose Leben aus dem Streitgespräch Jesu mit den Sadduzäern wird auf das irdische Leber

(1) J.M.Robinson (On Bridging the Gulf from Q to the Gospel of Thomas, in: Ch.W.Hed rick/R.Hodgson (Hg.), Nag Hammadi, Gnosticism & Early Christianity, 1986 S.137ff) vertrit m. E. mit Recht die Auffassung, daß EvThom gemeinsam mit Q, Mt und Did ein soziologi sches Substratum zeigt, das sich durch Osmose von Palästina nach Syrien ausbreitete und das später in Gnostizismus und Mönchtum einmündete.
(2) A.Vööbus, A History of Ascetism..., Bd.I 1958 S.90-97
(3) H.C.Kee, "Becoming a child"... , in: JBL 82 (1963), S.313
(4) Liège Diatessaron p.21; Diatessaron ital. p.27; Diatessaron pers. p.16; dazu A.Vööbus, A History of Ascetism..., 1958 S.42

von Christen bezogen (Liège Diatessaron p. 473f). Durch eine Glosse zu Mt 19,4-9 ist die fleischliche Einheit von Mann und Frau nicht mehr Gottes Wille, sondern Adams Erfindung[1]. Folgerichtig soll Tatian die Verwerfung Adams gelehrt haben (Irenäus, AdvHaer I,28,1).

Tatian vertrat außerdem Besitzlosigkeit[2] und den Verzicht auf Fleisch und Wein. Der Gebrauch des Wortes "Wein" ist im Diatessaron vermieden[3], und für das Abendmahl hat Tatian den Wein durch Wasser ersetzt (Epiphanius, Panarion 46,1).

2.2. "Im Namen dessen, daß ihr des Christus seid"

Gerd Theißen rechnet komplementär zum Wanderradikalismus mit "Sympathisanten" in Dörfern und Städten, die keine eigenen Leitungsstrukturen besaßen und von daher auf die Wanderradikalen als Apostel, Propheten und Lehrer angewiesen waren. Umgekehrt brauchten die Wanderradikalen die "Sympathisanten" für ihre Versorgung mit lebenswichtigen Gütern[4]. Aus dem bisher schon über den Wanderradikalismus Ausgeführten ergibt sich, daß auch das von Theißen als Belege für solche Sympathisanten herangezogene Material zu weit gefaßt ist: Bei ihrer Beschreibung legt Theißen großes Gewicht auf Konzessionen an die jüdische Umwelt, die dem christlichen Selbstbewußtsein widersprochen hätten, die aber in Kauf genommen werden konnten, da die Wanderradikalen sozusagen stellvertretend für ihre Sympathisanten das abweichende Ethos Jesu lebten[5].

Im Gegensatz zu Theißens Darstellung meine ich, daß sich die Anleihen christlicher Gruppen an die normative Tradition des Judentums nicht (zumindest normalerweise nicht) als uneigentliche christliche Identität verrechnen lassen. Zu massiv sind die christlichen Identitätsbeschreibungen nach dem Torah-Kriterium und nach dem Gottesfürchtigen-Kriterium in frühchristlichen Schriften, und zu aufwendig waren die Konflikte, die allein schon *zwischen* diesen beiden christlichen Selbstdefinitionen ausgefochten werden mußten.

Außerdem möchte ich auch nicht den Gemeinde-Begriff uneingeschränkt übernehmen, der bei Theißen eng mit dem des Sympathisanten verbunden ist: Sympathisanten gelten dort als "Sympathisanten in Ortsgemeinden"[6], so daß die Entstehung einer Sympathisantenszene mit der Ausbildung christlicher Gemeinden in eins gesetzt wird. M. E. muß beides zumindest begrifflich klar auseinandergehalten werden, wenn nicht in den Anfängen Sympathisantenszene und Gemeinde sogar als strenge Alternativen zueinander zu sehen sind.

---

(1) So A.Vööbus, 1958 S.43 zu Liège Diatessaron p.317
(2) Diatessaron pers. p.222; dazu A.Vööbus, 1958 S.35; 40f
(3) A.Vööbus, 1958 S.41
(4) G.Theißen, Soziologie der Jesusbewegung. Ein Beitrag zur Entstehungsgeschichte des Urchristentums, [5]1988 S.21-26
(5) G.Theißen, 1988 S.22f
(6) G.Theißen, 1988 S.21

Heilsbedeutung der Unterstützung von Wanderradikalen

Trotz dieser Einschränkungen halte ich es prinzipiell für richtig, mit einer Sympathisantenszene komplementär zum Wanderradikalismus zu rechnen. Die soziologische Zuordnung beider Größen zueinander macht Sinn und ist auch biblisch belegbar. Im Umkreis der Logien, die den Wanderradikalismus definieren, finden sich auch Worte, die ziemlich eindeutig den Status solcher Sympathisanten beschreiben und ihm eine Wertigkeit geben, die mit dem Gedanken ihrer Verurteilung im Endgericht nicht vereinbar wäre. Markus überliefert die eschatologische Verheißung an die Unterhalt-gewährenden Sympathisanten mit Worten, die schon einmal zitiert wurden: "Wer euch einen Becher Wasser zu trinken gibt im Namen dessen, daß ihr des Christus seid (ἐν ὀνόματι ὅτι Χριστοῦ ἐστε): Amen, ich sage euch, daß sein Lohn nicht verloren geht" (Mk 9,41)[1].

Die Logienquelle bietet parallel dazu eine sehr viel allgemeinere und damit auch für Spiritualisierung anfälligere Formulierung: "Wer euch aufnimmt, nimmt mich auf; und wer mich aufnimmt, nimmt den auf, der mich gesandt hat" (Mt 10,40 par). Spätestens im Rahmen der johanneischen Gesandten-Christologie (Joh 13,20) findet sich dieses Logion in einen Kontext eingepaßt, wo sein Bezug zu Sympathisanten verschwunden und eine Umschreibung empfangender Glaubenshaltung daraus geworden ist. In der Logienquelle jedoch war der Kontext noch erhalten, der die Beziehung zwischen Wanderradikalen und Sympathisanten anzeigte: dort werden die Boten Jesu angewiesen, in jedem Ort in ein Haus einzukehren, diesem Haus einen wirkmächtigen Shalom-Segen zuzuwenden und zu essen und zu trinken, was es dort gibt. Der Friedenswunsch wird wirksam, sofern der Hausvater ihm korrespondiert, sofern er ein "Sohn des Friedens" ist. Anderenfalls kehrt der Shalom um zu den Boten (Lk 10,5-7 par). Das hier angesprochene Korrespondenzverhältnis zwischen dem Shalom der Boten ("εἰρήνη ὑμῶν") und dem Shalom des Gastgebers ("υἱός εἰρήνης") beinhaltet mit Sicherheit (auch) die Austauschbeziehung, die zwischen Wanderradikalen und Sympathisanten entstehen sollte, indem die einen das Heilshandeln Jesu weitergaben, die anderen Unterkunft und Verpflegung gewährten. Bezogen auf den ganzen Ort faßt Lk 10,10-12 par Mt 10,14f (Q) noch einmal die Verweigerung von solcher Aufnahme als hinreichendes Ausschlußkriterium: "Wenn sie euch aber nicht aufnehmen, geht aus jener Stadt heraus und schüttelt den Staub von euren Füßen. Ich sage euch: Sodom wird es an jenem Tag erträglicher gehen als jener Stadt"[2]. Daß auch dabei die Gewährung von Unterkunft eine wesentliche Rolle spielte, zeigt die Parallele aus dem Sondergut des Lukas (9,51ff), wo Jesus und seine Jünger in einem samaritanischen Dorf Herberge suchen, aber nicht bekommen, und wo die Zebe-

---

(1) Siehe oben S.36
(2) So die Rekonstruktion des Q-Textes bei D.Zeller, Kommentar zur Logienquelle, 1984 S.46

däussöhne vorschlagen, das Dorf nach dem Vorbild Sodoms mit Feuer vom Himmel zu strafen (V.54).

Die Logienquelle hat für die Beziehung zwischen Wanderradikalen und Sympathisanten weitgehend die Mission am Volk Israel im Blick. Nichtjüdische Menschen nennt sie vor allem im Irrealis und in der eschatologischen Zukunftsschau, doch dabei zeichnet sie ein sehr positives Bild von ihnen: "Wenn in Tyros und Sidon die Wunder geschehen *wären*, die unter euch geschehen *sind*, *wären* sie längst in Sack und Asche umgekehrt. Doch Tyros und Sidon wird es im Gericht erträglicher gehen als euch"[1] (Lk 10,13f par). "Viele *werden* von Osten und Westen kommen und mit Abraham, Isaak und Jakob im Reich Gottes zu Tisch liegen, die Söhne des Reiches aber werden hinausgeworfen werden[2] (Mt 8,11f par).

Eine Relevanz des herausgearbeiteten Sympathisanten-Kriteriums auch für Heidenvölker zeigt die matthäische Rede vom Endgericht. In der dritten Szene werden "alle Völker" vor Jesus als den Weltenrichter geführt. Dann werden sie danach beurteilt, was sie "einem der geringsten Brüder" Jesu getan haben: Ob sie ihm Essen, Trinken, Kleidung und Unterkunft gewährt haben, und ob sie ihm in Krankheit und Gefangenschaft beistanden (Mt 25,31-46). In seiner Rezeptionsgeschichte ist dieser Text zumeist im Rahmen dessen gedeutet worden, was hier als "Gottesfürchtigen-Kriterium" dargestellt wurde: als ein Beispiel tätiger christlicher Nächstenliebe. Diese Interpretation ist nicht verwunderlich und auch nicht falsch, da ja die komplementäre Beziehung zwischen Wanderradikalen und Sympathisanten in der Sozialstruktur der Kirche nicht erhalten blieb.

Bei näherem Hinsehen zeigt sich, daß es sich bei den sogenannten "Werken der Barmherzigkeit" um exakt die Unterstützung handelt, auf die Wanderradikale von ihren Sympathisanten angewiesen waren: Essen, Trinken und Unterkunft brauchten sie täglich; auf ein geschenktes Gewand waren sie angewiesen, wenn das *eine* nach ihrem Ethos zulässige Gewand (Mt 10,10 par 9,3) von der Reise verschlissen war, und in Krankheit und Gefangenschaft konnten sie durch die Radikalität ihres Lebensstils leicht geraten (vgl. nur den Peristasen-Katalog 2 Kor 6,4-10 des viel weniger radikal lebenden Paulus). Dabei ist nicht ausgeschlossen, daß der Text *auch* an die Hilfeleistung gegenüber anderen Bedürftigen denkt, aber Modell des Bedürftigen sind bei dieser Kombination von Bedürfnissen mit Sicherheit die christlichen Wanderradikalen. Dazu fügt sich zwanglos die Bezeichnung der Empfänger als die "geringsten Brüder" Jesu.

Auch die bei *diesen* Kriterien merkwürdige binäre Formulierung erklärt sich bei einer ursprünglichen Verwendung als Sympathisanten-Kriterium: unterlassene Hilfeleistung ist in der Gerichtsszene als das allein hinreichende Ausschlußkriterium herausgestellt. Im Rahmen des Gottesfürchtigen-Kriteriums

---

(1) So die Rekonstruktion des Q-Textes bei D.Zeller, 1984 S.46
(2) So die Rekonstruktion des Q-Textes bei D.Zeller, 1984 S.87

war man gewohnt, erst aktive Vergehen wie Unzucht und Diebstahl als hinreichende Ausschlußkriterien herauszustellen. Im Rahmen des Sympathisanten-Kriteriums dagegen besteht Übereinstimmung mit der auch sonst belegbaren Formulierung eines hinreichenden Ausschlußkriteriums: "Wenn sie euch aber nicht aufnehmen...". Weiter ist schon öfters die merkwürdig indirekte Beziehung zu Jesus in dem Gerichts-Kriterium aufgefallen. Hier wird keinerlei Form auch nur der Kenntnis Jesu zum notwendigen Einschlußkriterium gemacht. Damit wird ganz offensichtlich *eschatologisches Heil für heidnische Nichtchristen definiert* - unter der einzigen Voraussetzung, daß Unterstützung und Unterkunft gewährt wurde. Dies entspricht genau dem imputativen Schema, wie in der gesamten Tradition des Sympathisanten-Kriteriums die Beziehung zu christlichen Wanderradikalen als Beziehung zu Jesus und weiter als Beziehung zu Gott angerechnet wurde: "Wer euch aufnimmt, nimmt mich auf; und wer mich aufnimmt, nimmt den auf, der mich gesandt hat" (Mt 10,40 par). Dieser Zusammenhang bestärkt die bereits vorgetragene Auslegung, dabei nicht gleich vorrangig an eine spirituelle Aufnahme im Sinne von Joh 13,20 zu denken.

Das bis hierher Dargelegte genügt, um die Existenz eines frühchristlichen Sympathisanten-Kriteriums zu begründen, das im syrisch-palästinischen Raum nicht nur auf gebürtige Juden, sondern auch auf Heiden angewandt wurde. Was hier definiert wurde, ist keine explizit christliche Identität, sondern eine Sympathisanten-Identität, die nur komplementär zur Identität der Wanderradikalen beschreibbar ist, die aber dennoch eschatologisches Heil in Aussicht stellt.

Neben dem Gegenüber von Torah-Kriterium und Gottesfürchtigen-Kriterium ist diese eine zweite Form, wie die gegeneinander abgestufte Identität von Juden und Gottesfürchtigen im Christentum eine Entsprechung fand. Dabei ist der Unterschied genau zu beachten: Im Jerusalemer Konzept der Gruppe um Jakobus den Herrenbruder[1] wurde *inhaltlich* die Abstufung von Jude und Gottesfürchtigem in eine doppelte christliche Identitätsbeschreibung für Juden- und Heidenchristen übernommen. *Formal* jedoch wurde etwas Anderes daraus, nämlich das Zugeständnis, daß zwei auserwählte Völker (vgl. "ἐξ ἐθνῶν λαός" in Apg 15,14) relativ gleichberechtigt, aber getrennt voneinander das Heil erwarten. Genauso war es möglich, das Gottesfürchtigen-Kriterium unabhängig vom Torah-Kriterium als das für alle Christen allein hinreichende Heilskriterium herauszustellen (so die Position des frühen Paulus) - das Gottesfürchtigen-Kriterium war also als völlig selbständige Identitätsbeschreibung benutzbar, anders als der Status des Gottesfürchtigen im Judentum.

Umgekehrt verhält es sich mit der Beziehung von Nachfolge- und Sympathisanten-Kriterium zur abgestuften Identität von Juden und Gottesfürchtigen: *inhaltlich* sind es andere und teilweise zum jüdischen Wertesystem in Wider-

---

(1) Siehe oben S.147

spruch stehende Merkmale, die hier zur Identitätsbeschreibung herausgehoben wurden. *Formal* dagegen ist das Abstufungsverhältnis relativ genau erhalten geblieben: Wie der Status des Gottesfürchtigen ist die durch das Sympathisanten-Kriterium definierte Identität ein echter Sympathisanten-Status, d. h. in dieser Gestalt ist er nicht für sich allein existenzfähig. Der Status des Gottesfürchtigen steht und fällt mit der Synagoge; der Status des hier definierten Sympathisanten steht und fällt mit der Existenz von christlichen Wanderradikalen.

Wirkungsgeschichtlicher Ausblick auf das Thomas-Christentum

Die im Sympathisanten-Kriterium aufgebrochene Offenheit des Wanderradikalismus über seine eigene Identitätsbeschreibung hinaus läßt sich verstärkt in der weiteren Entwicklung des ostsyrischen und mittelasiatischen Christentums beobachten: Wie erwähnt, war das von Syrien aus nach Osten abstrahlende Christentum sehr stark von einer Modifikation des Nachfolge-Kriteriums bestimmt. Mindestens bis zum Ende des dritten Jahrhunderts blieben Christ-Sein und Taufe an die sexuelle Enthaltsamkeit gebunden. Die Thomasakten, im 3. Jhdt. in Edessa entstanden, erzählen die legendäre Indien-Mission des Apostels Thomas ganz unter dem Aspekt, daß die Überwindung sexueller Bedürfnisse durch Jesus Christus den Weg für die Taufe freimacht. Geschlechtsverkehr (auch in der Ehe) wird als Verfallenheit an die vergängliche Welt beurteilt und der Hochzeit mit dem unvergänglichen Bräutigam gegenübergestellt (vgl. Acta Thomae 12; 14; 28; 34; 51f; 66f; 84: 103; 124; 135; 144).

In Spannung zu diesem rigorosen Kriterium aber zeigen die Thomasakten eine erstaunliche Freiheit im Gedanken an eschatologische Errettung auch daran vorbei, wofür allerdings kein zweites, weiteres Kriterium eigens formuliert wird: Einem Mundschenk des Königs von Sandaruk, der Thomas auf die Backe schlug, wird prophezeit, daß er in dieser Welt die schlagende Hand verlieren würde, daß ihm aber in der kommenden Welt vergeben würde (Acta Thomae 6). Dies setzt voraus, daß mit der eschatologischen Errettung des (ungetauften) Mundschenks gerechnet werden konnte. Die Seele von Gad, dem Bruder des indischen Königs Gudnaphar, wird bei seinem Tod von Engeln zum Himmel getragen - ebenfalls ohne vorausgehende Taufe oder Bekehrung (Acta Thomae 22). Diese Szene dient zwar dazu, den Palast im Himmel offenbar zu machen, den Thomas für den König durch Werke der Barmherzigkeit gebaut hatte, aber bei strenger Anwendung von Taufe und Nachfolge als Heilskriterium könnte sie dennoch so nicht erzählt werden.

Noch umfassender schließlich wird Christus in Kapitel 10 dargestellt als derjenige, der in die Unterwelt hinabgestiegen ist[2], ihre Tore geöffnet hat und ihre Gefangenen herausgebracht hat - ohne daß dabei irgendein Heilskriterium genannt wäre. Dieses Motiv findet sich öfters im syrischen Christentum[3]. Es hatte anscheinend große Bedeutung für die Ausstrahlung des Christentums auf seine nichtchristliche Umgebung, denn ein buddhistischer Text (Karandavyuha) aus Nordwest-Indien im 3. Jhdt. n. Chr. überträgt eben die Idee des Descensus ad inferos auf den Bodhisattva Avalokiteśvara - ohne daß das Motiv vorher in der buddhistischen Lehre belegbar wäre[4]. So hat vermutlich das Christentum (direkt oder vermittelt durch Mani?) auf Menschen fremder Religion in Indien eingewirkt mit genau der Lehre, die auch seine Offenheit gegenüber fremdreligiösen Sympathisanten am besten begründen konnte.

---

(1) A.F.J.Klijn, The Acts of Thomas, 1962 S.30
(2) Die auf die älteste Version zurückgehende griechische Fassung unterscheidet dabei nicht besonders zwischen Welt und Unterwelt: in beiden werden die Menschen als Gefangene gesehen, und die Sendung Christi führt von den Höhen bis in den Hades.
(3) So A.F.J.Klijn, 1962 S.189 mit Verweis unter anderem auf Oden Salomos 17,8f und Aphrahat XII,6.
(4) H.-J.Klimkeit, Die Kenntnis apokrypher Evangelien in Zentral- und Ostasien, in: A. van Tongarloo / S.Giversen (Hg.), Manichaica selecta, FS J.Ries, 1991 S. 151

Zuschreibung von Glauben an Sympathisanten

Über das relativ sicher zum Sympathisanten-Kriterium Feststellbare hinaus sei nun eine Hypothese vorgelegt, von deren Plausibilität ich die Existenz des Sympathisanten-Kriteriums nicht abhängig machen will. M. E. kann sie dennoch einen wichtigen Beitrag zum tieferen Verstehen des Sympatisanten-Kriteriums, zur Einordnung sonst schwer verständlicher Kriterienformulierungen und zum Gesamtbild frühchristlicher Identitätssuche in Syrien beitragen.

Die bisherigen Erkenntnisse zum Nachfolge- und Sympathisanten-Kriterium lassen wichtige Fragen offen: Wie verhält sich die manchmal sehr enge Selbstdefinition des Wanderradikalismus mit binären, allein heilsentscheidenden Kriterienformulierungen zu der aufgefundenen erstaunlichen Offenheit für Sympathisanten? Damit hängt eine zweite Frage zusammen: wie ist die dargestellte imputative Zuschreibung christlichen Heils an die Sympathisanten zu denken - dieses indirekte Christus-Verhältnis, wo die Beziehung zu christlichen Wanderradikalen als Beziehung zu Christus und zu Gott angerechnet wird? Wie weit ist darin eine explizite oder implizite Christus-Beziehung vorausgesetzt?

Zur ersten Frage: Das paradoxe Wort vom Verlieren und Erhalten des Lebens (Mt 10,39 par Lk 17,33 (Q), vgl. Mk 8,35) stand in der Logienquelle wahrscheinlich in direktem Zusammenhang mit der Aufforderung zum Haß gegen die eigene Familie[1]. Damit ist die Aussicht auf das Leben geradezu binär an die Erfüllung des Nachfolge-Kriteriums angebunden. Ähnliches legt das Logion von der engen Pforte nahe (Lk 13,23f par Mt 7,13f).

Hinzu kommt das strenge Begrenzungsprinzip Mt 12,30 par Lk 11,23 (Q): "Wer nicht für mich ist, der ist gegen mich, und wer nicht mit mir sammelt, der zerstreut". Dieses Wort hat offensichtlich direkt die Formulierung des Gegenteils provoziert - die markinische Begründung des Sympathisanten-Kriteriums: "Wer nicht gegen uns ist, der ist für uns" (Mk 9,40 im direkten Zusammenhang mit der Lohnverheißung an die Trank-Spender V.41). Wahrscheinlich sind beide Formulierungen auf dem Boden des Wanderradikalismus gewachsen, denn das Sympathisanten-Kriterium Mk 9,40f ist ja auf die Unterstützung von Wanderradikalen bezogen. Folglich muß der Widerspruch zwischen den beiden Prinzipien Mt 12,30par und Mk 9,40 Ausdruck einer Diskussion *innerhalb des Wanderradikalismus* sein.

Der urchristliche Wanderradikalismus hatte zumindest in der Anfangszeit keinen Auftrag, Menschen für eine neue Religionsgemeinschaft zu sammeln. Wie Jesus selbst riefen die Wanderradikalen zur Umkehr und bildeten das Kommen des Reiches Gottes durch Heilungen und Exorzismen ab (Mt 10,8 par Lk 10,9), aber sie gründeten keine andere Gemeinschaft als ihren eigenen, durch räumliche Zerstreuung sehr lockeren Verband der Nachfolger Jesu. Dadurch war im urchristlichen Wanderradikalismus die Möglichkeit angelegt, christliche

---

(1) So D.Zeller, 1984 S.50

Selbstdefinition streng auf das eigene Verhaltensmuster zu begrenzen: Wer nicht nachfolgte, dem fehlte etwas (vgl. Mk 9,38; 10,21). Diese enge Begrenzung dürfte kaum im Handeln Jesu selbst angelegt sein, aber sie lag dort nahe, wo die Nachfolge Jesu in Besitzlosigkeit, Familienlosigkeit, Heimatlosigkeit und Martyriumsbereitschaft zum Maßstab des Handelns seiner Jünger wurde.

Zwei Faktoren aber dürften dazu beigetragen haben, daß sich das Nachfolge-Kriterium im Kreis der Wanderradikalen nicht dauerhaft als einzige Möglichkeit der endzeitlichen Rettung halten ließ: Einerseits die tätige Hilfe, die den Wanderradikalen von ihren Sympathisanten entgegengebracht wurde und die allein ihnen das besitzlose Leben ermöglichte; andererseits eine zusätzliche Norm, die in ihren überlieferten Jesuslogien enthalten war, die auf das eigene Verhaltensmuster zu beschränken aber den Erfahrungen widersprechen mußte: Glauben als Vertrauensglauben und Bekenntnisglauben.

Beides ist in seinen ältesten Verwendungen zur christlichen Identitätsbeschreibung eng an die Lebensweise der Wanderradikalen gebunden. Die eindeutig älteste Formulierung eines Bekenntnis-Kriteriums - noch dazu in *binärer* Formulierung - ist wegen ihrer archaischen Menschensohn-Vorstellung als echtes Jesuswort verdächtig[1]: "Jeder, der sich zu mir bekennt vor den Menschen, zu dem wird auch der Menschensohn sich bekennen vor den Engeln Gottes. Wer mich aber vor den Menschen verleugnet, der wird verleugnet werden vor den Engeln Gottes" (Lk 12,8f par Mt 10,32f; vgl. die Formulierung nur als Ausschlußkriterium Mk 8,38). Die ersten Adressaten dieses Wortes waren wahrscheinlich die Jünger Jesu, die seine Lebensweise teilten. Im Kontext der Logienquelle, des Mt und des Lk geht ihm die Aufforderung zur Sorglosigkeit voran, die für den Begründungszusammenhang des gesamten Nachfolge-Kriteriums wichtig ist. Dennoch ist Bekenntnis etwas, wofür Wanderradikale kein Monopol behalten konnten. Es wäre überhaupt nicht zu verhindern gewesen, daß auch Sympathisanten verbal ihr eigenes Leben zu dem Jesus in Beziehung setzten, dessen Wundermacht sie an sich selbst oder an Menschen ihres Dorfes erlebt hatten. Außerdem enthält das Logion schon jene imputative Struktur, die später für das Sympathisanten-Kriterium kennzeichnend wurde: die Formulierung unterscheidet zwischen Jesus und dem kommenden Menschensohn, aber das bekennende Verhalten gegenüber Jesus wird auf das Verhältnis zu dem kommenden Menschensohn angerechnet. Die Ausbildung eines Sympathisanten-Kriteriums zieht diese imputative Struktur noch eine Stufe weiter aus.

Für den Glauben als Vertrauensglauben fehlt im ältesten Christentum eine ausdrückliche Kriterienformulierung. Das überlieferungsgeschichtlich wohl älteste Logion, das die Bedeutung des Vertrauensglaubens dennoch stark hervorhebt, ist das Wort vom Glauben wie ein Senfkorn. In der matthäischen Fassung hängt daran die Verheißung des Berge-Versetzens (Mt 17,20). In der

---

(1) So F.Hahn, Christologische Hoheitstitel ³1966 S.33

schon besprochenen antiochenischen Polemik gegen verschiedene konkurrierende christliche Identitätsbeschreibungen (1 Kor 13,1-3)[1] findet sich genau dieser bergeversetzende Glaube erwähnt, und zwar direkt vor Besitzverzicht und Martyriumsbereitschaft, also vor den beiden erwähnten identitätsstiftenden Ausdrucksformen des Wanderradikalismus. Das Logion vom bergeversetzenden Glauben muß demnach schon in den 40er Jahren zur Identitätsbeschreibung einer christlichen Gruppe in oder um Antiochia gehört haben, und wahrscheinlich war es eng an den Wanderradikalismus gebunden. Dafür spricht auch der Inhalt der Verheißung: für seßhafte Menschen wäre das Berge-Versetzen ein im Grunde nutzloses Schauwunder gewesen. Wanderradikale in der gebirgigen Gegend von Galiläa, Phönikien und Westsyrien aber mochten wohl schon wünschen, daß sie Berge versetzen könnten, um ihr Ziel leichter und gefahrloser zu erreichen. Schließlich unterstützt auch eine abgewandelte Formulierung des Logions im Thomas-Evangelium den Zusammenhang zum Wanderradikalismus: dort haftet die Verheißung des Bergeversetzens an der sexuellen Askese (EvThom 106 vgl. aber EvThom 48).

Auch der Vertrauensglaube aber ließ sich nicht an das Verhaltensmuster des Wanderradikalismus binden, sondern die christlichen Wunderheiler und Exorzisten erlebten ihn immer wieder bei den Menschen, die sich ihnen anvertrauten. So findet sich zwar kein ausgeführtes Glaubenskriterium, aber immerhin eine deutliche Verknüpfung zwischen Vertrauensglauben und soteria (Rettung/Heil) in synoptischen Wundergeschichten durch die Formel: "Dein Glaube hat dich gerettet ($\dot{\eta}$ $\pi \iota \sigma \tau \iota \varsigma$ $\sigma o \upsilon$ $\sigma \varepsilon \sigma \omega \kappa \varepsilon \nu$ $\sigma \varepsilon$)" (Mk 5,34 par; 10,52 par; Lk 17,19)[2]. In zwei von drei Fällen hat sich das, was dabei als Glaube bezeichnet wird, am Anfang der Begegnung dadurch geäußert, daß Jesus um Hilfe angerufen wurde (Mk 10,47; Lk 17,13). Glaube ist hier die Hinwendung zum Wundertäter, die in ihm den einzigen Helfer sieht und unbeirrbar nach der Hilfe trachtet - durch aktive Schritte auf Jesus zu, durch Proskynese oder durch Geschrei.

Solchen Glauben müssen auch die nachösterlichen Wanderradikalen immer wieder bei ihren Sympathisanten erlebt haben: Menschen wurden durch das Vertrauen auf die Wundermacht Jesu von Krankheiten und Dämonen frei Diese Rettungs-Erfahrungen an Sympathisanten können nicht ohne Einfluß auf die Vorstellung geblieben sein, daß auch das endzeitliche Heil nicht nur den Nachfolgern Jesu, sondern auch ihren Sympathisanten galt.

---

(1) Siehe oben S.156
(2) Nach Th.Söding (Glaube bei Markus. Glaube an das Evangelium, Gebetsglaube und Wunderglaube im Kontext der markinischen Basileiatheologie und Christologie, 1985 S.487 ist diese Formel markinisch, aber sie bringt auf den Punkt, was auch schon die vormarkinische Wundertradition über den Vertrauensglauben ausgedrückt hat. Die Leistung des Evangelisten bestand laut Söding darin, die Wunderüberlieferung durch das christologische Grundkerygma zu interpretieren und so "Vertrauensglaube" und "Bekenntnisglaube" schärfer aufeinander zu beziehen (S.506).

Dabei darf man sich nicht der Illusion hingeben, daß durch solchen Vertrau-
ensglauben mitsamt seinen Ausdrucksformen "Anrufung" und "Bekenntnis" die
Anbindung von Sympathisanten an einen klar umrissenen christlichen Sinnzusammenhang zu gewährleisten war - oder gar ihre Herauslösung aus paganen
Sinnzusammenhängen, sofern es sich um Heiden handelte.
Urchristliche Wanderradikale und schon Jesus selbst haben bei heidnischen
Menschen einen Glauben im Sinne unbeirrbaren Zutrauens erlebt, der zu retten vermochte. "Auch ich bin ein Mensch unter einer Macht, und ich selbst habe unter mir Soldaten. Wenn ich zu dem einen sage 'geh', dann geht er. Wenn
ich zu dem anderen sage 'komm', dann kommt er. Wenn ich zu meinem
Knecht sage 'tu dies', dann tut er es" (Mt 8,9 par Lk 7,8). Der Centurio von Kapernaum gebrauchte ein Modell aus seiner eigenen römisch geprägten Lebenswelt, um Jesus zu erklären, was er von ihm erwartete. Sage keiner, daß hier ein
Mensch gezeigt wird, der sich gerade von seinen überkommenen Überzeugungen trennte und seine heidnische Religiosität zurückließ.
Solche Erfahrungen waren für die Jesusbewegung überraschend und erforder-
ten ein Umdenken. Die Erzählung sagt über Jesus selbst, daß er sich "verwun-
derte" - und daß er sich tief beeindruckt zeigte: "er sagte zu denen, die ihm
nachfolgten (!): 'Amen, ich sage euch: bei niemandem habe ich solchen Glauben in Israel gefunden'" (Mt 8,10).
Es spielt keine Rolle, wo genau diese Erzählung vom Centurio ihre historischen Wurzeln hat. Sie spiegelt in dem hier hervorzuhebenden Punkt jedenfalls
eine Erfahrung, die an die Anfänge der Jesusbewegung zurückreicht: ein Vertrauensglaube, der zu retten vermochte, wurde gerade auch in der heidnischen
Sympathisantenszene erlebt, d. h. bei den Menschen, die jene im zweiten Kapitel beschriebene Übernahme weniger christlicher Ausdrucksformen in eine ansonsten heidnische Religiosität vertraten. Es gibt keine Anhaltspunkte dafür,
daß die frühesten christlichen Wanderradikalen in Syrien unter ihren heidnischen Sympathisanten feste Gemeindestrukturen und ein Bekehrungsverständ-
nis im Sinne der "Conversion" ausbreiteten, bevor sie mit deren endzeitlicher
Errettung aufgrund von Unterhaltsleistungen und vertrauensvoller Anrufung
zu rechnen begannen.
Aufgrund dieser Überlegungen sei als Hypothese formuliert: Die Anfänge einer Wertschätzung von Glaube, Anrufung Jesu und Bekenntnis als Merkmale
christlicher Identitätsbeschreibung liegen im Wanderradikalismus von Syrien
und Palästina. Die Zuschreibung dieser Merkmale auch an die in heidnischen
Bindungen verbleibende Sympathisantenszene förderte die Vorstellung von der
endzeitlichen Errettung dieser Sympathisanten und bahnte eine Annäherung
zwischen der unkontrollierbaren Sympathisantenszene und den fester geprägten torahfreien Gemeinden an. Dieser Prozeß mündete langfristig in die Ab-
sorbtion von Sympathisanten an torahfreie Gemeinden. Zur Zeit der Evangelisten Markus und Matthäus jedoch war dieser Vorgang jedenfalls noch nicht

abgeschlossen: beide vermitteln den Eindruck einer aktuell existierenden Sympathisantenszene.

Damaskus: Gemeinde oder Sympathisantenszene?

Nachdem die Apostelgeschichte von der Christusbegegnung des Paulus vor Damaskus berichtet hat, wechselt der Schauplatz zu einem damaszenischen Christen namens Hanania. In einer Vision wird Hanania beauftragt, zu Paulus zu gehen und ihn von seiner Blindheit zu heilen. Hanania kann während der Vision antworten und Einwände vorbringen. Dabei verwendet er zwei verschiedene Bezeichnungen für die Anhänger Jesu: die Jerusalemer Gemeinde nennt er "Heilige", die Anhänger in Damaskus dagegen "alle, die deinen Namen anrufen" (ἐπικαλουμενοι το ὀνομα σου Apg 9,14). Der Titel der "Heiligen" wird bestätigt durch den Sprachgebrauch von 1 Kor 16,1, 2 Kor 8,4; 9,1.12; Röm 15,25.26.31 als ein aller Wahrscheinlichkeit nach authentischer Titel, der in einem speziellen Sinne die torahtreuen Christen von Jerusalem bezeichnen konnte - neben einer allgemeineren Verwendung, die auch andere Christen einschloß[1].

Verhält es sich mit der Anrufung des Herrn ebenso, daß wir hier auf ein authentisches Stück vom Selbstverständnis der damaszenischen Christen stoßen? Die Anrufung des Namens (des Kyrios) kommt in der Apostelgeschichte insgesamt viermal vor (noch 2,21; 9,21; und 22,16). Drei Stellen handeln ausdrücklich von den damaskenischen Anhängern Jesu, während die vierte in einem längeren Joel-Zitat steht und die alttestamentliche Grundlage für eine Verwendung der Anrufung des Kyrios als Kriterium des Heils bildet: "Jeder, der den Namen des Herrn anruft, wird gerettet werden (πας ὁς ἀν ἐπικαλεσηται το ὀνομα κυριου σωθησεται)" (Apg 2,21 = Joel 3,5). So ist es gut möglich, daß hier ein in Damaskus hochgehaltenes Identitätsmerkmal erhalten ist[2].

Die Anrufung des Kyrios ist in der Forschungsgeschichte vielfach als Ausdruck einer hellenistischen "Kultgemeinde" interpretiert worden, d. h. als Zentrum eines Vorrats von Ausdrucksformen, der stark in Analogie zu paganer Religionsausübung bereichert worden sein soll, wobei jedoch eine fest gefaßte Gemeinschaftsstruktur vorausgesetzt wurde. Diese Vorstellung wurde stark von der Bedeutung geprägt, die der Kyrie-Ruf und verwandte Ausdrucksformen in der altkirchlichen Liturgie bekamen. Eine solche wirkungsgeschichtlich gesteuerte Interpretation kann jedoch täuschen: die Anrufung eines Namens gehört zu den marginalsten religiösen Ausdrucksformen überhaupt. Sie läßt sich fast beliebig von einem Verwendungszusammenhang in einen anderen verpflanzen. Man denke nur an die reichlich bezeugte Benutzung jüdischer Gottesnamen in der hellenistischen Magie weit über die Grenzen des Judentums hinaus. Deshalb ist es unzulässig, von der Anrufung des Kyrios auf einen damit angeblich

(1) Siehe oben S.138
(2) Mit einer christlichen Selbstbezeichnung "die den Namen des Kyrios Jesus anrufen" rechnet unabhängig von einer Ortsbestimmung Ph.Vielhauer, Geschichte der urchristlichen Literatur, ³1981 S.24

mitgesetzten religiösen Sinnzusammenhang zu schließen.

Über die Christen - oder vorsichtiger: über die Anhänger Jesu in Damaskus - wirft die Apostelgeschichte ansonsten keine historisch zuverlässigen Informationen ab, welche die Existenz einer "Gemeinde" im eigentlichen Sinne absichern könnten: Die Darstellung des Ananias als torahfrommer Christ (Apg 22,12) ist zweifelhaft, denn sie liegt in der Tendenz des Lukas. Selbst die Tatsache, daß Paulus in Damaskus eine Taufe empfing, läßt sich nicht aus einer Parallele der Paulusbriefe belegen. Die Information kann also auf einer selbstverständlichen Annahme des Lukas beruhen.

Noch auffälliger ist ein Schweigen der Apostelgeschichte über Damaskus: Lukas berichtet dort von keiner Gemeindegründung durch die aus Jerusalem vertriebenen "Hellenisten" wie in anderen Städten und Gegenden des syrischen Raumes. Es ist deshalb mehrfach eine Gemeindegründung von Galiläa aus vorgeschlagen worden[1], auf die erst später hellenistische Impulse folgten. Das Schweigen des Lukas reicht allerdings noch weiter: er vermeidet in allen drei Berichten über die Bekehrung des Paulus konsequent den Begriff "Gemeinde" (ἐκκλεσια), wenn er von den Anhängern Jesu in Damaskus spricht. Dagegen nennt er "Jünger" (Apg 9,10.19), "die dort waren" (οἱ ἐκεισε ὀντες Apg 22,5), "die dem 'Weg' angehörten" (τινες της ὁδου ὀντες Apg 9,2) oder eben als Selbstbezeichnung: "die den Namen des Herrn anrufen". Insgesamt weist der Sprachgebrauch des Lukas hinsichtlich Damaskus also erhebliche Merkwürdigkeiten auf: dreimal verwendet er eine Sonderbezeichnung, die er sonst nirgends gebraucht, und sein Standardbegriff für die Versammlung von Christen fehlt.

So legt sich der Verdacht nahe, daß Lukas für Damaskus tatsächlich von einer anderen christlichen Sozialform und Identitätsbeschreibung wußte, als er sie für die meisten anderen Schauplätze seiner Darstellung voraussetzen konnte. Die Nähe zu Galiläa und die Art der Selbstbezeichnung legen es nahe, dabei an das Zusammenspiel von Wanderradikalen und ihren ortsgebundenen Sympathisanten zu denken: Anrufung des Kyrios ist eine der wenigen christlichen Ausdrucksformen, die mit Sicherheit auch zum religiösen Ausdruck von Sympathisanten gehören konnten.

Die Paulusbriefe bieten keine Aussagen über Damaskus, die diesen Verdacht entkräften könnten. Auch hier fehlt völlig die Rede von einer damaszenischen "ekklesia". Die einzige eventuell verwertbare Angabe besteht darin, daß Paulus in Damaskus vom nabatäischen Statthalter verfolgt wurde, daß er sich aber retten konnte, indem er in einem Korb außen an der Stadtmauer hinuntergelassen wurde (2 Kor 11,32f). Dieses Hinunterlassen ist passivisch konstruiert (ἐχαλασθην). Es enthält also kein Subjekt, das sicher auf getaufte Christen und eine Gemeinde schließen ließe. Aufgrund solcher Zurückhaltung muß auch

---

(1) Z.B. M.Hengel, Zur urchristlichen Geschichtsschreibung, 1979 S.66-68; F.F.Bruce, Men and Movements, 1979 S.78

hier die Möglichkeit offen gehalten werden, daß es sich gar nicht um Christen nach dem späteren Verständnis von Paulus handelte, sondern um Sympathisanten.

Für die Selbstbezeichnung "die den Herrn anrufen" als mutmaßliches damaszenisches Identitätsmerkmal bietet Paulus jedoch eine erstaunliche Bestätigung: In 1 Kor 12,3 vertritt er die Anrufung des Kyrios Jesus als Definitionskriterium, und zwar in massiver binärer Formulierung: "Deshalb mache ich euch bekannt, daß niemand, der im Geist Gottes redet, sagt: Fluch sei Jesus ('Ανάθε−μα Ἰησοῦς), und niemand sagen kann: Herr (ist) Jesus (Κύριος Ἰησοῦς), wenn nicht im Heiligen Geist".

Die Anrufung des bzw. das Bekenntnis zum Kyrios Jesus ist in dieser Formulierung nicht direkt zum Kriterium des Heils gemacht, sondern sie ist Zeichen für das Sein im Heiligen Geist, das wiederum Zugehörigkeit zur Heilsgemeinschaft bedeutet. Dieser Umweg erklärt sich aus der Gesprächssituation in 1 Kor 12: Paulus setzte sich auseinander mit Christen, die ein charismatisches Kriterium vertraten in dem Sinne, daß die Zugehörigkeit zur Heilsgemeinschaft an bestimmten charismatischen Ausdrucksformen erkannt wird, vor allem an der Glossolalie[1]. Paulus erkannte in seinem Argument prinzipiell die Geltung des charismatischen Kriteriums an, aber er ordnete ihm die Anrufung des Kyrios kontrollierend über: an ihr wird in hinreichender Weise erkennbar, daß jemand im Heiligen Geist spricht. Bei einer solchen Deutung erübrigt sich die Frage nach einem historischen Anhalt des "Anathema Jesus": Paulus mußte hier um jeden Preis binär formulieren, um zu betonen, daß kein Bedarf nach einem weiteren Zugehörigkeitskriterium neben der Anrufung mehr bestand. Nur so konnte die Forderung nach einer ergänzenden Orientierung an der Glossolalie umfassend abgewehrt werden. Deshalb führte Paulus eine Formulierung an, die ihm als sachliches Gegenteil der Anrufung des Kyrios Jesus erschien, und machte sie zum hinreichenden Ausschlußkriterium.

Innerhalb der religiösen Biographie von Paulus ist es plausibel, daß ein in Damaskus erworbenes Kriterium der Anrufung sich an dieser Stelle Geltung verschaffte: Wie oben ausgeführt, vertrat Paulus in seiner Rolle als antiochenischer Heidenmissionar das Gottesfürchtigen-Kriterium. Im 1 Thess ist weder von der Vorstellung der Glaubensgerechtigkeit eine Spur zu finden, noch von der jetzt aufgezeigten Anrufung des Herrn als Definitionskriterium. Mit der vollen Loyalität zum antiochenischen Gottesfürchtigen-Kriterium wäre dies auch nicht vereinbar gewesen. Nachdem Paulus aber mit der antiochenischen Gemeinde gebrochen hatte (vermutlich aus Zweifel an deren eigener Treue zum Gottesfürchtigen-Kriterium), erschien die Anrufung des Kyrios sofort in seinen schriftlichen Äußerungen, ohne daß erklärbar wäre, an welchem Ort mit eigenständigem christlichem Selbstverständnis Paulus ein zentrales Definitionskriterium *neu* erlernt haben sollte. So macht es Sinn, daß Paulus dieses Kriterium bereits *vor* seiner antiochenischen Phase in Damaskus kennengelernt hatte, daß es während seiner Bindung an die fest geprägte antiochenische Gemeinde ruhte und sich nach der Trennung von Antiochia erneut in Erinnerung brachte.

Im 1 Kor wendet sich Paulus an eine Gemeinde, die er einst das Gottesfürchtigen-Kriterium gelehrt hatte. Nun aber sind sowohl in diese Gemeinde konkurrierende christliche Überzeugungen eingedrungen, als auch hat Paulus seine eigene Haltung zum Gottesfürchtigen-Kriterium relati-

---

(1) Siehe unten S.180

viert: Schon im Präskript des 1 Kor plaziert Paulus die Selbstdefinition durch Anrufung des Kyrios Jesus Christus neben der vorher den Korinthern vermittelten Selbstdefinition antiochenischen Stils: "Der Ekklesia Gottes in Korinth, den Geheiligten in Christus Jesus, berufenen Heiligen, mit allen, die den Namen unseres Herrn Jesu Christi anrufen (τοις ἐπικαλουμενοις το ὀνομα του κυριου ἡμων Ἰησου Χριστου) an jedem Ort..." (1 Kor 1,2). Die binäre Kriterienformulierung 1 Kor 12,3 führt Paulus ausdrücklich ein als etwas, was er der Gemeinde bei seiner ersten Tätigkeit als antiochenischer Missionar nicht mitgeteilt hat, sondern ihr jetzt erst bekannt macht ("γνωριζω ὑμιν")!

Mit diesen biographischen Erwägungen ist die relative Nähe des Paulus zum Nachfolge-Kriterium zusammen zu sehen, die er in den Maßstäben für seine eigene Person aufweist: Ebenso wie die Anrufung des Kyrios konnte er auch die sexuelle Askese und die Betonung der Leidensnachfolge als christliche Identitätsmerkmale nicht aus Antiochia mitgebracht haben, denn die antiochenische Gemeinde hatte ein negatives Bild vom Wanderradikalismus und mußte dies bei ihrer noch verhältnismäßig großen Wertschätzung jüdischer Tradition auch haben[1]. Von daher liegt es nahe, daß Paulus *beides* in Damaskus kennengelernt hat: das Ethos der Wanderradikalen und die knappe, um Vertrauensglaube, Bekenntnis, Anrufung und Hilfeleistungen gruppierte christliche Substanz ihrer Sympathisanten.

Aufgrund dieses Befundes erscheint es gerechtfertigt, an der Hypothese festzuhalten, daß die "Anrufung des Kyrios" in Damaskus Hinweis auf eine Sympathisantenszene ist. Von daher kann die Identitätsbeschreibung "die den Namen des Herrn anrufen" als Ergänzung des Gesamtbefundes zum Sympathisanten-Kriterium herangezogen werden.

Dabei ist nun nicht unbedingt zu behaupten, daß alle hier für das Sympathisanten-Kriterium genannten Identitätsmerkmale ein ähnlich fest in sich zusammengefügtes Konglomerat bilden wie etwa das Gottesfürchtigen-Kriterium. Eher handelt es sich um eine lose Zusammenstellung von relativ wenig aufwendigen Bezugnahmen auf Jesus. Als eine gewisse Klammer um diese Merkmale kann vielleicht das Zutrauen zum *Namen* Jesu gesehen werden: Der Name fand sich bereits genannt in der Formulierung: "Wer euch einen Becher Wasser zu trinken gibt im Namen dessen, daß ihr des Christus seid...", und nun ausdrücklich wieder in der Anrufung des Kyrios-Namens. Außerdem muß auch für die Heilungen und Exorzismen von Wanderradikalen an Sympathisanten unterstellt werden, daß der Name Jesu dabei für beide Seiten entscheidende Bedeutung hatte. Dafür spricht allein schon die Tatsache, daß der Exorzismus auf den Namen Jesu von fremden Exorzisten kopiert wurde (Mk 9,38 vgl. Apg 19,13). Nach der Darstellung des Markus akzeptierte Jesus diese Tatsache mit der gleichen Toleranz, die auch das Sympathisanten-Kriterium begründet: "Hindert ihn nicht daran! Niemand kann nämlich eine Machttat (δυναμις) *in meinem Namen* vollbringen, und bald darauf schlecht von mir sprechen" (Mk 9,39).

---

(1) Siehe oben S.155

Ausblick auf die paulinische Glaubensgerechtigkeit

Die Rückbesinnung auf dieses Erbe ist für Paulus ein katalytisches Durchgangsstadium geblieben. Auf seine Gemeinden in Kleinasien und im ägäischen Raum wäre das Zusammenspiel von Wanderradikalen und Sympathisanten nicht mehr anwendbar gewesen, und in seinen späteren Briefen hat er das Kriterium der Glaubensgerechtigkeit als seine eigenständige Lehre von der endzeitlichen Errettung entwickelt[1].

Dennoch scheint das Kriterium der Anrufung des Kyrios ein entscheidender Faktor dafür gewesen sein, daß Paulus in Gen 15,6 und Hab 2,4 das Kriterium der Glaubensgerechtigkeit entdecken konnte.

Dies wird deutlich aus der Darstellung in Röm 10: Direkt vor einer Formulierung der Anrufung als Heilskriterium mit dem bekannten Joel-Zitat (V.12f; dabei V.13 = Joel 3,5) steht die Aussage: "Wenn du mit deinem Mund bekennst (ὁμολογήσης): 'Herr ist Jesus' (κυριον ᾿Ιησουν) und in deinem Herzen glaubst, daß Gott ihn aus den Toten auferweckt hat, *wirst du gerettet werden* (σωθήσῃ)" (Röm 10,9f). Dazwischen steht in Vers 11 nur noch ein Zitat aus Jes 28,16 als Beleg für die Errettung durch Glauben. Demnach hält Paulus dafür, daß die Ausdrucksform der Anrufung mit seinem Kriterium der Glaubensgerechtigkeit zusammengehört, und außerdem mit der Ausdrucksform des Bekenntnisses.

Röm 10,9ff gilt als zentraler Beleg für die Benennung von zwei sehr frühen christlichen Formel-Gattungen, den "Pistis-Formeln" und den "Homologien"[2], wobei die Akklamation "Kyrios Jesus" als Untergattung zu letzteren gerechnet wird[3]. Dabei ist jedoch fraglich, ob der Glaubens-Begriff (pistis) und die Formel von Tod und Auferweckung in dem, worauf Paulus hier zurückgreift, wirklich so eng verbunden waren, wie die Benennung der Gattung dies suggeriert. Die Gefahr an dieser Rekonstruktion ist nämlich, daß Pistis vom auf Jesus gerichteten Vertrauensglaube zu einem Gedankeninhalt reduziert wird. Die hier vorgelegte Rekonstruktion macht dagegen deutlich, daß Paulus mit seiner Erhebung des Glaubens zum entscheidenden christlichen Identitätsmerkmal auf wesentlich mehr und wesentlich Differenzierteres zurückgreift, als nur auf christologische Formeln - und daß er dies bei seiner Argumentation in Röm 10 auch im Blick hatte.

Über die Argumentationsfigur in Röm 10 hinaus ist auch die imputative Struktur der paulinischen Glaubensgerechtigkeit ein Hinweis darauf, daß Paulus hier auf ein Denkmodell aus dem Sympathisanten-Kriterium zurückgreift: auf die gleiche Weise, wie dort das Verhältnis zu Jesu Boten als Verhältnis zu Jesus selbst und zu Gott angerechnet wird[4], so wird hier unter Berufung auf Gen 15,6 der Glaube als die Gerechtigkeit angerechnet, die vor Gott gilt (Röm 4,3ff; Gal 3,6ff). In beiden Fällen wäre die imputative Struktur mißverstanden, wenn man das "anrechnen als..." deuten würde als "anrechnen anstatt...". So-

---

(1) Siehe oben S.139
(2) So W.Kramer, Christos Kyrios Gottessohn, 1963 S.15ff in Weiterführung von H.Conzelmann, Was glaubte die frühe Christenheit? in: Schweizerische theologische Umschau 25 (1955) S.64f
(3) Ph.Vielhauer, 1981 S.23ff
(4) Siehe oben S.160

wohl die Hilfsbereiten in Mt 25,31-46; Mk 9,41 als auch die aus Glauben Gerechten bringen nicht einen Ersatz anstelle des von Gott Gewollten dar, sondern sie entsprechen in nicht-intentionaler Weise genau dem, was Gott will.

Wenn nun der paulinische Glaubensbegriff tatsächlich einen wesentlichen Teil seiner Vorgeschichte in den Glaubenserfahrungen von Wanderradikalen und ihren Sympathisanten hätte, so ergäben sich daraus weitreichende Konsequenzen: Das Zusammenspiel von Nachfolge-Kriterium und Sympathisanten-Kriterium setzt die antiochenische Entscheidung für eine gezielte Heidenmission nicht voraus. Eher ist es - soweit der Bereich des Judentums verlassen wurde - in dem unvorbereiteten Umgang mit den eigenen Wirkungen auf Nichtjuden beheimatet. Es gehört in den gleichen Bereich wie das Modell der Extensivierung[1] als oberflächlichste Form einer Veränderung persönlicher Religiosität bei der Begegnung mit christlicher Botschaft. Die Wundergeschichte über den Centurio von Kapernaum ist Paradigma für beides: für erstaunliche Erfahrungen mit dem Glauben von Sympathisanten[2] und für die Extensivierung als "Bekehrungsmodell"[3]. Die Aufnahme christlicher Elemente zusätzlich zu einer weiterbestehenden heidnischen Religiosität ist darin nicht ausgeschlossen, sondern als Möglichkeit eingeschlossen. Und wo diese Möglichkeit bestand, muß sie auch praktiziert worden sein, denn sie gehörte zu den Selbstverständlichkeiten der zeitgenössischen religiösen Kultur.

Im vorangegangenen Kapitel hatten wir gesehen, daß die heidenchristlichen Missionsgemeinden ihre Schwierigkeiten mit solcher Aufnahme von christlichen Elementen in fremdreligiöse Sinnzusammenhänge hatten und sich dagegen abgrenzten[4]. Dies gilt auch für Paulus, der sich darum bemühte, daß Bewußtsein seiner Heidenchristen für die Tragweite ihrer Conversion zu schärfen.

Die Rezeption des Sympathisanten-Kriteriums innerhalb der frühchristlichen Kriteriendiskussion (insbesondere bei Paulus, Markus und Matthäus) aber verlangt ein Stück Differenzierung dieses Befundes: hier gab es offensichtlich eine Rückwirkung von Erfahrungen aus der Sympathisantenszene bis hinein in das Herz torahfreier christlicher Theologie.

Sofern man überhaupt von "Synkretismus" im Zusammenhang mit dem frühen Christentum sprechen will[5], kann man deshalb gerade den Höhepunkt neutestamentlicher Theologie nicht davon loslösen. Es ist ein Irrtum, zu meinen, in Paulus und dem reformatorischen Bekenntnis habe man eine solide Basis dafür, mit dem Stein des Synkretismus-Prädikates auf Andere zu werfen. In dieser Hinsicht sitzen vermutlich alle Christen doch in demselben Glashaus.

---

(1) Siehe oben S.54ff
(2) Siehe oben S.167
(3) Siehe oben S.55
(4) Siehe oben S.106
(5) Zur Diskussion darüber siehe oben S.119

2.3. Die Synthese des Markus und sein Konflikt mit anderen christlichen Gruppen

Im Markusevangelium gehört die einzige binäre Kriterienformulierung zur Tradition des Nachfolge-Kriteriums, zeigt aber eine Tendenz zur Verinnerlichung: "Wer nämlich sein Leben ($\psi\upsilon\chi\eta$) retten will, wird es verderben; wer aber sein Leben verderben wird wegen mir und wegen des Evangeliums, wird es retten." (Mk 8,35).

Das Nachfolge-Kriterium ist bei Markus so abgewandelt, daß es nicht an die Lebensweise von Wanderradikalen oder an einen enkratitischen Radikalismus gebunden ist, sondern auf normale Gemeindeglieder angewandt werden kann[1]. Mk 15,41 nähert die Begriffe von Nachfolge und Diakonia einander an; 8,34 beschreibt Nachfolge als Selbstverleugnung und Leidensbereitschaft ohne Verbindung zu einer sozial entwurzelten Lebensform, und in 2,15 besteht Nachfolge in der Tischgemeinschaft mit Jesus. 12,44 bewertet das Almosen einer armen Witwe (exemplarisch für einfache Gemeindeglieder) als Besitzverzicht im Sinne des Nachfolge-Kriteriums. Der Zusammenhang von Mk 8,34-38 ist so komponiert, daß Nachfolge sich im Verzicht auf Reichtum und im Bekenntnis konkretisieren kann.

Das Sympathisanten-Kriteriums wird von Markus als hinreichendes Einschlußkriterium hochgehalten in der Verheißung an Menschen, die den Nachfolgern Jesu auch nur einen Becher Wasser gereicht haben (Mk 9,41), oder annähernd auch in der Formel "Dein Glaube hat dich gerettet"[2]. Nach dieser Seite hin sind die Konturen ebenfalls fließender geworden: Bartimäus als einer, der zunächst Jesus um Hilfe *angerufen* hatte und durch seinen Glauben gerettet wurde, entwickelte sich am Ende selbst zum *Nachfolger* Jesu (Mk 10,52).

Der Gesamtbefund des Markusevangeliums vermittelt den Eindruck, daß seine südsyrischen Gemeinden - ähnlich wie es schon für Damaskus rekonstruiert wurde - zunächst als Sympathisantengruppen von Wanderradikalen entstanden und aus der Spanne zwischen Nachfolge-Kriterium und Sympathisanten-Kriterium lebten. Inzwischen aber waren sie längst auch mit der Mission der Jerusalemer Hellenisten in Verbindung gekommen und mit dem in diesen Kreisen vertretenen Gottesfürchtigen-Kriterium: Beispiele dafür liefern das Lehrgespräch über das doppelte Liebesgebot (Mk 12,28ff) und die Aufzählung der sozialen Dekaloggebote (Mk 10,19). Die Integration dieser Missions-Tradition und dieses christlichen Selbstverständnisses hat mit Sicherheit dazu beigetragen, daß in den markinischen Gemeinden sowohl das Nachfolge-Kriterium als auch das Sympathisanten-Kriterium nivelliert wurden in Richtung auf die mitt-

---

(1) So D.Lührmann, Das Markusevangelium, HNT 3, 1987 S.177; G.Theißen, Lokalkolorit und Zeitgeschichte in den Evangelien, 1989 S.300f
(2) Siehe oben S.166

lere Ebene einer normalen Religionszugehörigkeit[1].

Charakteristisch für Markus ist insgesamt ein geradezu pluralistischer Umgang mit verschiedenen christlichen Selbstverständnissen. Das öffnende Prinzip "wer nicht gegen uns ist, der ist für uns" (Mk 9,40) ist nicht nur ein Lippenbekenntnis, sondern läßt sich überprüfen in der konkreten Zuordnung verschiedener christlicher Selbstverständnisse zueinander.

Nachdem Jesus in seiner Begegnung mit dem Reichen zunächst Gebote des Gottesfürchtigen-Kriteriums als hinreichendes Einschluß-Kriterium genannt hatte (Mk 10,19), konfrontiert er den Reichen auf dessen Anfrage hin auch mit dem Nachfolge-Kriterium (V.21). Einen Moment lang sieht es dann so aus, als müßten das Gottesfürchtigen-Kriterium und das Nachfolge-Kriterium unversöhnlich aufeinanderprallen (V.23-25). Die Pointe der markinischen Erzählung aber ist der Schluß, der doch noch eine Integration ermöglicht: "'Wer kann dann gerettet werden?' Jesus aber sah sie an und sagte: 'Bei den Menschen ist es unmöglich, aber nicht bei Gott. Bei Gott ist nämlich alles möglich'" (V.26b.27).

Dieser Schluß ist doch wohl so zu verstehen, daß Markus Gott nicht an die Begrenztheit eines bestimmten christlichen Heilskriteriums gebunden wissen will, und speziell, daß es Heil auch gibt am Nachfolge-Kriterium vorbei, das Wanderradikale in die Identitätsbeschreibung markinischer Gemeinden eingebracht hatten.

Eine solche Auslegung liegt besonders nahe von dem parallelen Fall in Mk 9,38f her: Der hier dargestellte Jünger Johannes hielt es offensichtlich für ausgemacht, daß Zugehörigkeit allein nach dem Nachfolge-Kriterium entschieden wird. Deshalb verbot er dem fremden Exorzisten das Wirken im Namen Jesu, weil er nicht "nachfolgte". Damit war ursprünglich wohl ein Exorzist gemeint, der nicht die Lebensweise des Wanderradikalismus teilte. Welchen religiösen Hintergrund er ansonsten mitbrachte, ist im Text nicht überliefert. Das Verhalten von Johannes wäre besonders verständlich, wenn es sich um einen Fall von Exorzismus in der Sympathisantenszene handelte, d. h. um die Übernahme des Exorzismus auf den Namen Jesu in einen fremdreligiösen Sinnzusammenhang. Auch hier relativiert der markinische Jesus die Geltung des Nachfolge-Kriteriums mit der öffnenden Aussage: "Hindert ihn nicht daran! Niemand kann nämlich eine Machttat in meinem Namen vollbringen, und bald darauf schlecht von mir sprechen".

Trotz solcher pluralistischer Tendenzen ist es für Markus nicht einerlei, nach welcher Façon die Menschen selig werden. Im Markusevangelium wird ein Konflikt sichtbar, den er vor allem mit dem petrinischen Christentum führt und mit dessen Vorstellung von christlichem Heil[2].

Schon oft ist bemerkt worden, daß sich im Markusevangelium mehr Kritik an Jüngern Jesu findet, als mit einer ehrlichen Darstellung der eigenen Leitfiguren oder mit dem Messiasgeheimnis zu erklären ist. Deshalb wird Th. J. Weeden grundsätzlich Recht haben mit seiner These, daß Markus einen Konflikt mit innerchristlichen Gegnern führte, welche die Autorität von Jüngern aus dem Zwölferkreis in Anspruch nahmen, besonders des Petrus[3].

Weeden erschließt als gegnerische Position eine Theios-Aner-Christologie, welche der Leidenstheologie bei Mk entgegenstehen soll. Anhaltspunkte für einen solchen Konflikt in der Gegenwart des Mk sind ihm die Warnungen vor Pseudomessiassen und Pseudopropheten Mk 13,6.21f,

---

(1) Siehe oben S.35ff zu den verschiedenen Intensitäten möglicher Bindungen an Religionssysteme
(2) Siehe dazu oben S.149ff
(3) Th.J.Weeden, Die Häresie, die Markus zur Abfassung seines Evangeliums veranlaßt hat, in: R.Pesch (Hg.), Das Markusevangelium, 1979 S.242ff; vgl. ders., Mark - Traditions in Conflict, 1979 besonders S.26ff

die durch "Zeichen und Wunder" die Auserwählten irreführen wollen[1]. Diese Belege sind allerdings kaum geeignet, die Position des Evangelisten zu klären, da sie einer vormarkinischen Vorlage zuzurechnen sind[2]: Die Terminologie der Erwählung findet sich bei Mk nur im engeren Kontext dieser Aussage. Das von Weeden über das Begriffspaar "Zeichen und Wunder" angesprochene charismatische Kriterium hat Mk sich zwar nicht zu eigen gemacht, aber er konnte es immerhin integrieren, indem sowohl Jesus als Wundertäter und Exorzist den Volksüberlieferungen nachgezeichnet wird, als auch der fremde Exorzist eine positive Wertung erfährt. Das einzige unter den frühchristlichen Kriterien des syrischen Raumes, auf das Mk nicht positiv Bezug nimmt, ist das Torah-Kriterium (vgl. Mk 2,27f u.a.). Deshalb ist es aussichtsreicher, den Sinn der markinischen Jüngerkritik in dieser Richtung zu suchen[3].

In der markinischen Verklärungsgeschichte (Mk 9,2-8) schlägt Petrus vor, eine gleichrangige Zuordnung zwischen Mose, Elia und Jesus in Form von drei Hütten auf dem Berg auszudrücken (Mk 9,5). In der direkten religiösen Umwelt des Markus war dies eine eindeutige Ausdrucksform für ein Arrangement zwischen verschiedenen religiösen Teilsystemen: In einem heiligen Bezirk von Deir el-Kala'a auf einem Berg oberhalb von Beirut standen mehrere Kapellen, die verschiedenen Gottheiten geweiht waren, unter anderem dem Erdbebengott Baal Marcod und seiner als Juno interpretierten Gefährtin[4].

Markus kommentiert den Vorschlag einer solchen Zuordnung zwischen jüdischer Torah, jüdischer Prophetie und christlicher Botschaft sehr eindeutig: "Er (Petrus) wußte nämlich nicht, was er sagen sollte..." (Mk 9,6). Der weitere Verlauf der Verklärungsszene bestätigt diese Kritik an Petrus - Jesus allein wird von Gott designiert als der, auf den die Jünger hören sollen (V.7). Elia und Mose dagegen verschwinden (V.8), d. h. sie verschwinden auch als gleichrangige Autoritäten neben Jesus, die für die Lebensordnung der Gemeinde verbindlich wären.

Mit dem Vorschlag einer gleichrangigen Zuordnung zwischen Mose, Elia und Jesus ist ein charakteristischer Zug am petrinischen Christentum aus markinischer Sicht treffend beschrieben: der Versuch eines Ausgleichs zwischen Torah-Kriterium und Gottesfürchtigen-Kriterium, zwischen Respekt vor der Torah als Lebensordnung und einer Möglichkeit endzeitlicher Rettung an der Torah vorbei. Matthäus als der Evangelist, für den Petrus die meiste Autorität besitzt, idealisiert genau den Ausgleich zwischen Tradition und Jesusbotschaft, den Mk kritisiert: Als Zusammenfassung der Gleichnisrede über das Himmelreich heißt es bei ihm: "Deswegen ist jeder Schriftgelehrte, der über das Himmelreich unterrichtet ist, ähnlich einem Menschen, einem Hausherrn, der aus seinem Schatz Neues und Altes hervorholt" (Mt 13,52). Die markinische Logientradition dagegen hat ein völlig anderes Bild von solchen Zuordnungen zwischen "alt" und "neu": ein ungewalkter Flicken auf ein altes Kleid; neuer Wein in alte Schläuche (Mk 2,21f) - das kann nicht gutgehen.

Für Markus ist die Möglichkeit eines torahfreien Heidenchristentums untrennbar mit dem Leiden Christi verbunden, wie denn auch die Bereitschaft zur Leidensnachfolge bei ihm das einzige binär formulierte Heilskriterium ist. Hinweise darauf, daß der Tod Jesu bei Mk speziell den Heiden für ihren Zu-

(1) Th.J.Weeden, Die Häresie..., 1979 S.246
(2) So J.Gnilka, Das Evangelium nach Markus, EKK II/2 (1979) S.194
(3) Ähnlich É.Trocmé, La Formation de d'Évangile selon Marc, 1963 S.86ff; K.Tagawa, Miracles et Évangile. La pensée personelle de l'évangéliste Marc, 1966 S.174ff
(4) N.Jidejian, Beirut through the Ages, 1973 S.50

gang zur Heilsgemeinde zugutekommt, sind z. B. die Tempelreinigung am Beginn der Passionsgeschichte, die eine Benutzung des Vorhofs der Heiden als Bethaus ermöglichen soll (Mk 11,17), und die Verknüpfung der Salbung Jesu auf seinen Tod mit einer Ankündigung der weltweiten Mission (Mk 14,9)[1]. Der erste, der von Jesu Leiden und Sterben aus zur Erkenntnis seiner Gottessohnschaft kommt, ist ein Heide: Der Centurio vor dem Kreuz[2].

Deshalb ist es nicht verwunderlich, daß Markus dieselbe Figur des Petrus benutzt, um sowohl die zu große Kompromißbereitschaft gegenüber der Geltung jüdischer Tradition zu kritisieren als auch die Gegenposition zu seiner eigenen Leidenstheologie: Nach der ersten Leidensankündigung "nahm Petrus (Jesus) beiseite und fing an, ihm Vorhaltungen zu machen" (Mk 8,32). Daraufhin sagt der markinische Jesus zu Petrus: "Geh weg von mir, Widersacher ('Satan'), denn du denkst nicht das, was Gottes ist, sondern das der Menschen". Beide Szenen - die erste Leidensankündigung und die Verklärung, jeweils mit Kritik an Petrus - lokalisiert Mk außerdem in heidnischer Gegend, die zum Verbreitungsgebiet markinischer Gemeinden gehören dürfte.

Weitere Jüngerkritik bei Markus trifft insbesondere die beiden Männer, die zusammen mit Petrus zu den drei Säulenaposteln in Jerusalem gehört hatten, die also auf dem sogenannten "Apostelkonzil" die Jerusalemer Gemeinde vertreten hatten: Johannes der Zebedaide und Jakobus der Herrenbruder[3].

Johannes ist einer der beiden Zebedäussöhne, die bei Mk darum bitten, in der Herrlichkeit zur Rechten und zur Linken Jesu sitzen zu dürfen. Die Kritik Jesu daran verbindet Markus wiederum mit seiner Leidenstheologie: "Ihr wißt, daß diejenigen, die unter den Heidenvölkern zu herrschen scheinen, sie unterjochen, und ihre Großen Machtmißbrauch üben. So soll es unter euch nicht sein, sondern wer unter euch groß sein will, sei euer Diener, und wer unter euch der Erste sein will, sei der Sklave aller. Der Menschensohn ist nämlich nicht gekommen, um sich bedienen zu lassen, sondern um zu dienen und sein Leben zu geben als Lösegeld anstelle von vielen" (Mk 10,42-45 vgl. 9,35; 10,31)[4]. Die Parallele zwischen der Kritik an Petrus und der Kritik an den Zebedäussöhnen ist nicht zu übersehen: beide richten sich auf das Unverständnis gegenüber dem Sinn von Jesu Passion.

Auf Jakobus den Herrenbruder und eventuell auch auf die nach ihm der Jerusalemer torahtreuen Gemeinde vorstehenden Verwandten Jesu (vgl. Euseb, HistEccl III,11,1) ist die Darstellung der Verwandten Jesu in Mk 3,20f.31-35 gemünzt[5]: sie bezeichnen Jesus als verrückt (V.21) und werden von Jesus zurückgesetzt gegenüber denen, die den Willen Gottes tun (V.34f). Die Polemik wird dadurch erhöht, daß Mk in einer von ihm viel benutzten Technik die Dar-

---

(1) So J.M.Robinson, Das Geschichtsverständnis des Markusevangeliums (1956), in: ders., Messiasgeheimnis und Geschichtsverständnis, 1989 S.99; vgl. E.Schweizer, Die theologische Leistung des Markus, in: EvTh 24 (1964) S.353 und F.Hahn, Das Verständnis der Mission im Neuen Testament, 1963 S.96ff
(2) Dazu K.Stock, Theologie der Mission bei Markus, in: K.Kertelge (Hg.), Mission im Neuen Testament, 1982 S.142
(3) Vgl. É.Trocmé, 1963 S.100ff
(4) Dazu J.B.Tyson, The Blindness of the Disciples, in: JBL 80 (1961) S.262
(5) J.B.Tyson, 1961 S.265

stellung der Verwandten Jesu als Rahmen für die Beelzebul-Kontroverse verwendet hat. Dies kann ein Hinweis darauf sein, daß die markinischen Gemeinden sich auch vom torahtreuen Christentum den Vorwurf gefallen lassen
mußten, der in der Beelzebul-Kontroverse gegen Jesus erhoben wurde: Den
Vorwurf, fremdreligiöse Elemente oder gar einen fremdreligiösen Interpretationsrahmen in das Christentum hineinzutragen[1]. Falls die Entstehung der
markinischen Gemeinden aus dem Zusammenspiel von Wanderradikalen und
Sympathisanten hier richtig gesehen ist, hätte ein solcher Vorwurf an diese
Adresse sogar eine gewisse, zumindest historische Berechtigung.

Die Beelzebul-Kontroverse und die markinische Verklärungsgeschichte haben
eine genau symetrische Konfliktstruktur: Auf der einen Seite der jüdisch-
judenchristliche Vorwurf, torahfreie Christen (für die Jesus bei Mk steht) hätten eine zu starke Bindung an heidnische Traditionen; auf der anderen Seite
der Vorwurf torahfreier Christen, die Gegenseite wäre zu stark an jüdische
Traditionen gebunden. Beide Vorwürfe sind geprägt von der Sorge um die jeweils eigene Identität und vom Schmerz über Grenzverletzungen, die man der
Gegenseite anlastete. Beide Vorwürfe ließen sich neuzeitlich mit demselben
Wort formulieren: Synkretismus.

Die Frage, welcher von beiden Seiten dieses Konflikts man sich denn wohl vom Standpunkt heutiger Forschung aus anschließen sollte, offenbart viel von der Problematik einer wissenschaftlichen Verwendung des Synkretismus-Begriffs. Beide haben theologische Gründe und objektive
Tatsachen für sich. Ein wissenschaftliches und/oder theologisches Urteil darüber kann man sich
aber nur bilden, indem man die jeweilige subjektive Sichtweise entweder übernimmt oder verwirft[2].

3. Charismatisches Kriterium und Erkenntnis-Kriterium

Unter diesen Stichworten sind nun noch abschließend zwei frühchristliche
Identitätsbeschreibungen darzustellen, deren Relevanz für Syrien weniger breit
belegbar ist als in den bisher beschriebenen vier Fällen. Die Hinweise darauf
sind dennoch stark genug, daß das charismatische Kriterium und das
Erkenntnis-Kriterium hier nicht übergangen werden können. Als Zugang zu
den damit definierten christlichen Selbstverständnissen wird es nötig sein, ausführlich auch auf Belegmaterial aus anderen Regionen einzugehen, namentlich
aus den paulinischen Missionsgemeinden, die personell immerhin in enger Beziehung zu Syrien standen.

Die erneute Zusammenfassung von charismatischem Kriterium und Erkenntnis-Kriterium zu einem Paar von christlichen Selbstdefinitionen ist in diesem
Fall nicht so zu verstehen, daß damit wiederum ein Verhältnis zwischen beiden
Größen im Sinne einer Abstufung angezeigt werden sollte. Eher tendierten
beide Identitätsbeschreibungen unabhängig voneinander und auch gemeinsam
dazu, sich selbst als die wahre und vollständige Identität von Christentum auf-

---

(1) Siehe oben S.105
(2) Siehe oben S.119

zufassen, andere christliche Selbstverständnisse dagegen als Vorstufe dazu. So verbanden sich beide häufig mit einem elitären Bewußtsein.

3.1. "Welche den Heiligen Geist empfangen haben"

Bei der Vorstellung des Gottesfürchtigen-Kriteriums anhand der Cornelius-Erzählung (Apg 10,34f) wurde angedeutet, daß Lukas noch eine zweite Kriterienformulierung ins Feld führt, um die Ungültigkeit des Torah-Kriteriums als notwendigem Heilskriterium zu besiegeln. Davon soll nun die Rede sein.

Während der Rede des Petrus wurden Cornelius und seine Freunde mit dem Charisma der Zungenrede oder Glossolalie begabt. Daraufhin sagte Petrus: "Kann etwa jemand das Wasser verweigern und sie nicht taufen, welche den Heiligen Geist empfangen haben wie wir auch?" (Apg 10,47) Nach dem darin vertretenen Standpunkt ist das Auftreten von Glossolalie hinreichendes Einschlußkriterium für die Heilsgemeinschaft, was durch die Taufe nur noch zu bestätigen ist.

S. Brown sieht darin einen historischen Kern: der Anlaß für den Übergang zur torahfreien Heidenmission könnte gewesen sein, daß bei christlichen Predigten in syrischen Diaspora-Synagogen Glossolalie nicht nur bei Juden, sondern auch bei dort anwesenden Gottesfürchtigen auftrat und als Zeichen für den Willen Gottes zur Einbeziehung von Heiden gewertet wurde[1].

Dennoch ist diese lukanische Darstellung nicht unbedingt historisch zuverlässig, denn Lukas ist im ganzen Neuen Testament der Autor mit dem stärksten eigenen Interesse am charismatischen Kriterium. Zungenrede und Geistbegabung zieht sich als ein häufig wiederkehrendes Motiv durch seine Darstellung von Urgemeinde und weltweiten Missionserfolgen, und ihm ist daran gelegen, dies als identitätsstiftendes Merkmal des Christentums herauszustellen[2] - in einem Maße, wie es von anderen neutestamentlichen Autoren nicht geteilt wird. Es steht zwar kaum in Zweifel, daß es im frühesten Christentum Syrien-Palästinas charismatische Ausdrucksformen gab (nichtzuletzt bei den Wanderradikalen), aber es ist fraglich, in welchem Maße und wo dies tatsächlich ein identitätsstiftendes Merkmal war. Vor allem ist fraglich, wo und von wem charismatische Ausdrucksformen als *notwendiges* Einschlußkriterium herausgestellt worden sind, so wie Lukas wohl verstanden sein will mit seiner Darstellung der Ephesos-Jünger, deren (Wieder-)Taufe in Glossolalie und Prophetie zum Ziel kommt (Apg 19,1-7).

Paulus war mit Sicherheit kein Verächter charismatischer Ausdrucksformen. Am Ende seines literarischen Wirkens konnte er sogar die Geistbegabung als binäres Kriterium formulieren: "Wenn jemand den Geist Christi nicht hat, der ist nicht sein... Wieviele nämlich vom Geist Gottes getrieben werden (ὄσοι γαρ πνευματι θεου ἀγονται), diese sind Söhne Gottes" (Röm 8,9.14).

---

(1) S.Brown, The Matthean Community and the Gentile Mission, in: NT 22 (1980), S.204
(2) Kim Hee-Seong, Die Geisttaufe des Messias. Eine kompositionsgeschichtliche Untersuchung zu einem Leitmotiv des lukanischen Doppelwerkes..., Dissertation Heidelberg 1992, besonders S.255

Was dagegen einzelne charismatische Ausdrucksformen betrifft, bestritt Paulus in der Auseinandersetzung mit Gegnern in Korinth, daß sie zur Unterscheidung des Christlichen vom Nichtchristlichen brauchbar sind. Dazu erinnert er an die ekstatischen Phänomene in den heidnischen Religionen, denen die korinthischen Christen früher angehörten (1 Kor 12,1f). Direkt im nächsten Satz folgt die schon besprochene binäre Formulierung für die Anrufung des Kyrios als ein Definitionskriterium, das dem charismatischen Kriterium kontrollierend übergeordnet ist[1]: Die Anrufung ist allein hinreichendes Zeichen für das Wirken des Heiligen Geistes. Der Name Jesu vermag auf jeden Fall trennschärfer abzugrenzen als ekstatische Ausdrucksformen, die auch Äußerungen paganer Religiosität sein könnten.

Weiter ist laut Paulus der Ausweis durch Erscheinungen und Offenbarungen "nicht nützlich" (οὐ συμφέρον 2 Kor 12,1) und die nach Apg 10,46 im Rahmen charismatischer Selbstdefinition als Einschlußkriterium benutzte Glossolalie ist anderen charismatischen Ausdrucksformen unterzuordnen (1 Kor 14,5 vgl. 12,28-31).

Für den Rückschluß auf die Kriteriendiskussion in Syrien kann diese Auseinandersetzung deswegen relevant sein, weil die Argumentation des 1 Kor einen oder mehrere fremde Missionare mit charismatischer Selbstdefiniton annehmen läßt. Damit stellt sich die Frage, woher diese(r) Missionar(e) kam(en).

Eine endogene Entwicklung der paulinischen Missionsgemeinde zum charismatischen Selbstbewußtsein, wie Vielhauer sie postuliert[2], ist vor dem Hintergrund einer Gemeindegründung nach dem Gottesfürchtigen-Kriterium weit weniger wahrscheinlich als nach dem üblichen Bild von der frühen paulinischen Mission, denn gerade in Korinth standen charismatisches Kriterium und Gottesfürchtigen-Kriterium in Konflikt miteinander[3]. Die korinthische Gemeinde zog nach Paulus schnell weitere Missionare an: Apollos wirkte mit Sicherheit dort (1 Kor 3,6), Petrus vielleicht auch (vgl. 1 Kor 1,12; 9,5). Fraglich bleibt, ob die Liste der in Korinth durchgereisten Missionare damit schon abgeschlossen ist, oder ob noch mehr Anlässe für fremde Einwirkungen anzunehmen sind. Petrus kommt wohl kaum als derjenige in Frage, der eine charismatische Selbstdefinition nach Korinth getragen hat. Sein Beitrag zum Klima paulinischer Missionsgemeinden dürfte am ehesten gewesen sein, daß er in ihrer Identität verunsicherte Judenchristen zur Treue gegenüber ihren angestammten Traditionen ermutigte[4] (vgl. als mögliche paulinische Stellungnahme dazu 1 Kor 7,17-19).

Die Frage ist von daher, ob die charismatisch geprägte Identitätsbeschreibung mancher Korinther auf Apollos zurückzuführen ist, oder auf einen anderen, uns unbekannten Missionar. Falls sich die charismatische Gruppe in der Aufzählung der Parteien 1 Kor 1,12 hinter dem "Ich gehöre zu Christus" verbirgt oder falls sie dort ganz fehlt, wird man in ihrer Näherbestimmung kaum über Spekulationen hinauskommen.

Paulus informiert uns darüber, daß Apollos *nach* ihm selbst in Korinth wirkte (1 Kor 3,6), d. h. wohl als der nächste dort auftretende Missionar. Aus 1 Kor 16,12 geht hervor, daß Paulus Apollos gegenüber nicht weisungsbefugt war, daß Apollos also nicht wie etwa Timotheos und Titus zu seinen untergebenen Schülern gehörte. Paulus nennt Apollos jedoch auch nicht "Apostolos". Die-

---

(1) Siehe oben S.170
(2) Ph.Vielhauer, Geschichte der urchristlichen Literatur, [3]1981 S.139 unter Verweis auf R.Reitzenstein, Hellenistische Mysterienreligionen, [3]1927 S.333ff
(3) Siehe unten S.181
(4) Siehe oben S.149

se Tatsache spricht dafür, daß Apollos weder die christliche Selbstdefinition vertrat, der Paulus selbst sich zugehörig fühlte, noch diejenige der palästinischen Auferstehungszeugen, unter denen nach 1 Kor 15,7 "alle Apostel" enthalten sind. So ist die Identität des Apollos aller Wahrscheinlichkeit nach außerhalb des Spektrums zu suchen, daß sich zwischen Torah-Kriterium und Gottesfürchtigen-Kriterium erstreckte.

Da Paulus angibt, nicht zum Taufen gesandt zu sein (1 Kor 1,17) und in Korinth nur wenige Christen getauft zu haben (1 Kor 1,14-16), wird vor allem Apollos dort als Täufer aufgetreten sein, was auch der Metaphorik des "Begießens" in 1 Kor 3,6 tieferen Sinn gäbe. Sofern dies richtig beobachtet ist, muß auf Apollos auch die von Paulus kritisierte Lehre zurückzuführen sein, für die Identität eines Christen sei wichtig, *von wem* er getauft ist (vgl. 1 Kor 1,13)[1].

Noch ein zweites Mal setzt Paulus sich mit der korinthischen Taufauffassung auseinander, was an dieselbe Adresse gerichtet sein dürfte: "Unsere Väter wurden... alle auf Mose getauft ($\dot{\epsilon}\beta\alpha\pi\tau\iota-\theta\eta\sigma\alpha\nu$)..., alle aßen dieselbe geistliche ($\pi\nu\epsilon\nu\mu\alpha\tau\iota\kappa o\varsigma$) Speise und alle tranken denselben geistlichen Trank..., aber an den meisten hatte Gott keinen Gefallen, sie kamen nämlich in der Wüste um" (1 Kor 10,1-5). Mit diesem Argument begründet Paulus, daß der Empfang von Taufe und Abendmahl allein kein hinreichendes Einschlußkriterium ist. Dies setzt voraus, daß jemand anderes Taufe und Abendmahl zumindest tendentiell als hinreichende Merkmale christlicher Identität vertreten hatte. Als dieser Jemand kommt nach dem inneren Zeugnis der Paulusbriefe vor allem Apollos in Betracht - immerhin spielt die "Taufe auf Mose" wiederum auf das Taufkonzept an, bei dem die Person des Täufers eine wichtige Rolle spielt. Damit seine Konzeption von Taufe und Eucharistie nicht verkürzt zu stehen kommt, ist das Stichwort "pneumatikos" hier zu beachten: Offensichtlich *weil* er Taufe und Abendmahl als pneumatische Ausdrucksformen dachte, konnten er sie als hinreichende Einschlußkriterien darstellen - doch wohl im Zusammenhang mit anderen charismatischen Ausdrucksformen? Paulus begründet seinen Widerspruch gegen die Beurteilung von Taufe und Abendmahl als hinreichende Heilskriterien mit dem Gottesfürchtigen-Kriterium: Er warnt vor Begierde (10,6), Kultbildverehrung (10,7), verbotenem Geschlechtsverkehr ($\pi o\rho\nu\epsilon\iota\alpha$; 10,8) und anderen Taten, mit denen das Volk in der Wüste gegen Gottes Willen verstieß. Auch hier muß an irgendeinem Anhalt an der gegnerischen Position gehabt haben, daß Paulus das Gottesfürchtigen-Kriterium gegen sie ausspielte. Dies wird natürlich nicht bedeuten, daß die andere Seite in allen genannten Punkten gegen das Gottesfürchtigen-Kriterium verstieß, aber daß sie ihre christliche Identität nicht (auch) über das Gottesfürchtigen-Kriterium definierte. Damit paßt zusammen, was vorher schon über Apollos als Nicht-Apostel aus der Sicht des Paulus gesagt wurde.

Wie verhalten sich diese Anhaltspunkte nun zum Apollos-Bild der Apostelgeschichte? Kann Apollos der Vertreter einer pneumatischen Taufauffassung und damit auch im weiteren Sinne Vertreter einer charismatischen Selbstdefinition des Christentums gewesen sein? Auf den ersten Blick scheint es nicht so, denn in Apg 18,25 wird als sein Mangel dargestellt, daß er nur die Taufe des Johannes kannte, die laut Apg 19,3ff die Taufe auf den Namen Jesu mit dem Heiligen Geist nicht gleichwertig ist.

Jedoch ist deutlich, daß Lukas ein tendenziöses Bild von Apollos zeichnet: Nach Apg 18,26 wurde Apollos von Aquila und Priszilla unterrichtet, die mit Paulus zusammengearbeitet hatten. Von einer so engen Lehrverbindung läßt der 1 Kor nichts erkennen[2]. Weiter vermeidet Lukas ein Zusammentreffen von Paulus und Apollos in Ephesos (Apg 19,1), welches jedoch nach 1 Kor 16,12 zu einem späteren Zeitpunkt stattgefunden hat, den Lukas nicht mehr erwähnt. Die Apostelgeschichte interessiert sich nur noch dafür, daß Paulus in Ephesos auf "Jünger" traf, die keine Taufe außer der des Johannes kannten (19,3) - womit suggeriert wird, daß hier der Mangel des Apollos noch nachwirkt[3], während er bei Apollos selbst schon behoben ist. In Spannung zu dem

---

(1) So W.Thießen, Christen in Ephesus. Die historische und theologische Situation in vorpaulinischer und paulinischer Zeit und zur Zeit der Apostelgeschichte und der Pastoralbriefe, Dissertation Heidelberg 1990 S.60f

(2) W.Thießen, 1990 S.50

(3) M.Wolter, Apollos und die ephesinischen Johannesjünger (Act 18,24-19,7), in: ZNW 78 (1987) S.68-71; vgl. Kim Hee-Seong, 1992 S.247

Mangel der Johannestaufe steht, daß laut Apg 18,25 Apollos "brennend im Heiligen Geist" redete, d. h. sehr wohl Träger eines Charismas war. Dies spricht dafür, daß ein von Lukas verwende-
tes Traditionsstück eine positive Sicht von Apollos als Charismatiker hatte[1].

Demnach lag es in der Absicht von Lukas, Apollos gegenüber Paulus abzuwerten in genau der
Qualität, die Apollos eigentlich besonders auszeichnete, und dies anhand einer Ausdrucksform zu
tun, in deren Handhabung und Interpretation Paulus und Apollos sich unterschieden: anhand der
Taufe. Eine auf vergleichbare Weise eingefärbte Darstellung bietet Lukas für Simon Magos, der
(in Spannung zu Apg 8,11) laut Apg 8,18 an sich einen Mangel gegenüber dem apostolischen
Charisma des Petrus verspürt haben soll.

Die Informationen aus Paulus und der Apostelgeschichte stimmen also darin überein, daß Apollos sich vor allem in der Tauflehre und -praxis von Paulus unterschied. Die lukanische Darstellung eines pneumatologischen Mangels an der Apollos-Taufe ist als tendenziös erkennbar, so daß
die von Paulus in 1 Kor 10 kritisierte pneumatische Tauflehre durchaus die des Apollos sein
kann. W. Thießen erhebt zwar als einen wichtigen Unterschied, daß nach der Auffassung des
Apollos der Geist an das Amt des Wandermissionars gebunden gewesen sei und sich nicht in der
Taufe mitgeteilt habe[2], aber m. E. dürfte auch diese Charakteristik noch lukanische Tendenz sein
- oder Apollos war eben doch nicht der Urheber der korinthischen Tauflehre, wie sie sich in 1
Kor 10 widerspiegelt.

Es lassen sich also eine Reihe von Indizien dafür auflisten, daß Apollos die korinthische Tauflehre und ihr charismatisches Selbstverständnis initiiert hat, aber es läßt sich kein schlüssiger Beweis
führen. Falls aber Apollos der für Korinth entscheidende Träger einer charismatischen Selbstdefinition gewesen ist, wäre damit für die geographische Herkunft dieser christlichen Identitätsbeschreibung immer noch nicht allzu viel gewonnen: Von Apg 18,24 erfahren wir, daß Apollos
aus Alexandria stammte. Da diese Angabe eng in das positive Apollos-Bild eingebunden ist, wird
sie der vorlukanischen Tradition entstammen und zuverlässig sein. Das kann natürlich bedeuten,
daß Apollos Vertreter eines ägyptischen Christentums war, über das jedoch zu dieser Zeit keine
verläßlichen und informativen Quellen vorhanden sind. Genauso gut kann Apollos auch an einem
anderen Ort seine Inversion vom (hellenistischen) Judentum zum Christentum erlebt haben. Der
syrisch-palästinische Raum könnte dann eine gewisse Wahrscheinlichkeit für sich verbuchen, da
dort zur fraglichen Zeit das Christentum am weitesten ausdifferenziert war und da Apollos *zuerst*
in Ephesos, *danach* in Korinth auftrat, was bei Benutzung des Land- bzw. Küstenweges über Palästina und Syrien eine sinnvolle Reihenfolge ist.

Insgesamt muß eine solche Herleitung des charismatischen Kriteriums in Korinth mit zu vielen Unbekannten rechnen, als daß die Hypothese eines syrischen Ursprungs dadurch plausibel gemacht werden könnte. Deutlich sollte bis
hierher nur geworden sein, daß mit der *Möglichkeit* ernsthaft zu rechnen ist.
Außerdem sind auch für keine andere Gegend bessere Gründe anzuführen.
Für Kleinasien ist eine autochthone theologische Entwicklung zu diesem frühen Zeitpunkt nicht wahrscheinlich zu machen, über Ägypten wissen wir
nichts, und das römische Christentum dieser Zeit kennen wir vor allem durch
die Gestalten von Prisca und Aquila und durch Rückschlüsse aus dem Römerbrief, die ebenfalls keine Hinweise auf ein ausgeprägtes charismatisches Selbstverständnis hergeben.

Für Syrien dagegen gibt es noch weitere Anhaltspunkte, wenn auch nur spärlich aus dem Mund von konkurrierenden Gruppen: 1 Kor 13,1-3 wurde schon
zweimal angeführt als Ausdruck der Abgrenzung antiochenischer Christen ge-

(1) So M.Wolter, 1987 S.62
(2) W.Thießen, 1990 S.91f

genüber anderen frühchristlichen Selbstverständnissen[1]. In der Liste von Ausdrucksformen, die nicht als hinreichende Zeichen der Zugehörigkeit zum Heil
taugen ("nichts nützen" usw.) stehen an erster und zweiter Stelle Glossolalie
(V.1) und Prophetie (V.2). Eine Aufführung in diesem Text an so prominenter
Stelle setzt voraus, daß es in Antiochia oder Umgebung christliche Gruppierungen gab, welche in genau diesen Ausdrucksformen maßgebliche Zeichen
für Geistbesitz und Heil sahen.

Parallel dazu belegt auch die matthäische Tradition durch ihre Gegenposition
für Syrien die Existenz von Kreisen, die sich im Endgericht auf ihre charismatischen Begabungen zu stützen gedachten - oder denen Mt zumindest dies unterstellte: "Viele werden an jenem Tag zu mir sagen: "Herr, Herr, haben wir
nicht in deinem Namen prophezeit, in deinem Namen Dämonen ausgetrieben,
und in deinem Namen viele Machttaten ($\delta\upsilon\nu\alpha\mu\epsilon\iota\varsigma$) getan?" (Mt 7,22). Laut
Matthäus wird Christus diesen Charismatikern das zentrale matthäische Krite-
rium in seiner Fassung als Ausschlußkriterium vorhalten: "Geht weg von mir,
ihr Täter der Gesetzlosigkeit" (7,23). Diese Darstellung weist darauf hin, daß
die hier gemeinte christliche Gruppierung ihr charismatisches Selbstverständnis nicht mit dem Torah-Kriterium und vermutlich auch nicht mit dem Gottesfürchtigen-Kriterium verband - ähnlich wie die Gegner des Paulus in Korinth
zur Zeit des 1 Kor dies aller Wahrscheinlichkeit nach auch nicht taten.

In 1 Kor 13 ist die Auseinandersetzung mit der Überbewertung charismatischer Ausdrucksformen durch die Korinther der eigentliche Anlaß dafür, warum Paulus das Hohelied der Liebe an dieser Stelle in den 1 Kor einbindet.
Dies ist der Punkt, an dem seine eigene, aus dem Kontext erkennbare Absicht
mit der Intention des antiochenischen Traditionsstückes übereinstimmt (im
Gegensatz zu der Abwertung von Besitzverzicht und Glauben, die nicht im
eigenen Interesse des Paulus liegen konnten). Dies bedeutet, daß zumindest
Paulus subjektiv in der korinthischen Hochschätzung der Geistesgaben etwas
wiedererkannte, was es auch in oder um Antiochia gab - dort jedoch nicht innerhalb der eigenen, an das Gottesfürchtigen-Kriterium gebundenen Gemeinde, sondern außerhalb von ihr. Dieses Moment des Wiedererkennens erhöht
wesentlich die Wahrscheinlichkeit dafür, daß sich viel von dem in Korinth über
das charismatische Kriterium Erkennbaren auf Syrien übertragen läßt - und
daß es vielleicht dort sogar seinen Ursprung hatte.

3.2. "Wer die Bedeutung dieser Worte findet"

Nächst den Ausdrucksformen des charismatischen Kriteriums enthält der vor-
paulinisch-antiochenische Katalog ungültiger Heilskriterien die beiden Stichworte "Geheimnisse" (Mysteria) und "Erkenntnis" (Gnosis): "wenn ich alle Geheimnisse kenne und alle Erkenntnis ..." (1 Kor 13,2).
Diese Begriffe sind Spuren einer weiteren Möglichkeit von urchristlichem

---

(1) Zur Begründung siehe oben S.156

Selbstverständnis, das sich in den neutestamentlichen Schriften insgesamt recht wenig ausdrückt. Wenn jedoch "Geheimnis" und "Erkenntnis" in dem alten Text so ernst genommen wurden wie Ausdrucksformen einer charismatischen oder wanderradikalen Selbstdefinition, so kann dies ein Hinweis darauf sein, daß die Selbstdefinition über Erkenntnis im Syrien der 40er Jahre eine wichtigere Rolle spielte, als die reine Quantität neutestamentlicher Belege ahnen läßt.

Die Frage ist allerdings, was in diesem Zusammenhang mit "Gnosis" gemeint ist. Es wäre kurzschlüssig, darin einfach das Selbstverständnis einzutragen, das gnostische Strömungen erst in der zweiten Hälfte des zweiten Jahrhunderts halbwegs weit ausgebildet erkennen lassen[1]. Die frühesten Belege für mutmaßlich gnostisierende Tendenzen in diesem Sinne aus dem syrischen Raum sind Polemiken des Ignatius von Antiochia gegen eine doketische Christologie[2]: "Werdet also taub, wenn euch jemand von etwas anderem als von Jesus Christus redet, der aus dem Geschlecht Davids ist, der aus Maria wahrhaft geboren wurde, der aß und trank, wahrhaft verfolgt wurde unter Pontius Pilatus, wahrhaft gekreuzigt wurde und starb, während die im Himmel, die auf der Erde und die unter der Erde zusahen; der auch wahrhaft auferweckt wurde von den Toten, indem ihn sein Vater auferweckte... Wenn er aber, wie einige Gottlose - d.h. Ungläubige - sagen, zum Schein (το δοκεῖν) gelitten hat - sie selbst sind zum Schein - wofür bin ich gebunden, wofür wünsche ich mit den Tieren zu kämpfen?" (IgnTrall 9-10; zur antidoketischen Polemik vgl. IgnEph 7,1; IgnSm 2). Etwa in dieselbe Zeit zu Beginn des zweiten Jahrhunderts[3] weisen die Nachrichten bei Irenäus über Satornil (dort "Saturnius"), der aus Antiochia stammte, in Syrien auftrat (AdvHaer I,24,1) und eine eben solche doketische Lehre über Christus vertreten haben soll (ebd. I,24,2). Daß Ignatius die Lehren von Satornil kannte und sie mit seiner Polemik gemeint hat, ist gut möglich, kann aber für unseren Zusammenhang auf sich beruhen.

Gegenüber diesen ersten einigermaßen gesicherten gnostisierenden Tendenzen bleibt eine Spanne von ungefähr 70 Jahren, für die frühe neutestamentliche Traditionen wie 1 Kor 13,2 die Beweislast ältester Belege tragen müßten, wollte man daraus eine vor- oder nebenchristliche Gnosis in der ersten Hälfte des ersten Jahrhunderts erschließen. Diese Beweislast vermag keine der in Frage kommenden Belegstellen zu tragen. Deshalb bevorzuge ich es, das frühchristliche Erkenntnis-Kriterium unabhängig von der Hypothese solcher frühen gnostischen Strömungen zu interpretieren. Wahrscheinlich ist jedoch, daß das frühchristliche Erkenntnis-Kriterium mit zu den Voraussetzungen späterer gnostischer Systeme gehört.

Im paulinischen Kontext des 1 Kor ist Gnosis vor allem als prophetische Erkenntnis verstanden (12,8; 14,6). Da in 1 Kor 13,2 Gnosis und Mysteria mit der Prophetie in einem Satz zusammengefaßt sind, ist auch für die syrische Vorgeschichte am ehesten an prophetische Erkenntnis zu denken. Die Vermutung liegt von daher nahe, daß charismatische Selbstdefinition und Selbstdefinition über Erkenntnis in dem hier angesprochenen Bereich in Beziehung zueinander standen.

In Korinth war der Anspruch auf Erkenntnis deutlich mit der Verwerfung von Ausdrucksformen des Gottesfürchtigen-Kriteriums verbunden: Das unbedenkliche Essen von Götzenopferfleisch wurde ausdrücklich so begründet (1 Kor 8,1.10), vermutlich auch die abweichende Sexualmoral (vgl. 1 Kor 5). 1 Kor 8,

---

(1) Vgl. die Überlegungen zur Entwicklung der simonianischen Bewegung oben S. 111ff
(2) So P.Weigandt, Der Doketismus im Urchristentum und in der theologischen Entwicklung des zweiten Jahrhunderts, Dissertation Heidelberg 1961 S.57f
(3) Vgl. die Datierung Satornils bei K.Rudolph, Die Gnosis, ³1990 S.319

setzt als gegnerische Position voraus, daß das Essen von Götzenopferfleisch geradezu zur Ausdrucksform von Erkenntnis aufgewertet wurde. Erkenntnis bedeutet in diesem Zusammenhang die Einsicht in die Nicht-Existenz von religiöser Wirklichkeit neben dem jüdisch-christlichen Gott (1 Kor 8,4). Die Frontstellung zwischen Erkenntnis-Kriterium und Forderungen des Gottesfürchtigen-Kriteriums paßt damit zusammen, daß auch das charismatische Kriterium in einer Spannung zum Gottesfürchtigen-Kriterium erschien. Dadurch erhält die Vermutung Auftrieb, daß in Korinth wie wohl auch in Syrien beides aufeinander bezogen war.

Neben dem oder zusätzlich zum Hintergrund in charismatischer Prophetie kommen Philosophie und Popularphilosophie als geistesgeschichtlicher Rahmen für den hier zu behandelnden "Gnosis"-Begriff in Betracht: Verwerfung von kultischen Ausdrucksformen aus Einsicht war auch in außerchristlichen Philosophien verbreitet. Unter Berufung darauf erschließt Roman Heiligenthal einen aufgeklärt-skeptischen Hintergrund für frühchristliche Verwerfungen von kultischen Ausdrucksformen bzw. Geboten[1]. Eine Übernahme von Selbstverständnis und Ausdrucksformen aus dieser Richtung ist historisch jedenfalls noch viel wahrscheinlicher als die Annahme, daß es sich um Erkenntnis im Sinne späterer gnostischer Bewegungen handelt.

Zu den Anhaltspunkten aus 1 Kor 13,2 für die frühe Anwesenheit einer solchen christlichen Identitätsbeschreibung im syrischen Raum paßt die Charakterisierung und Herleitung der "Nikolaiten" bei Irenäus: Sie verwarfen das Verbot von Götzenopferfleisch und das Verbot von "Porneia", also genau die Gebote des Gottesfürchtigen-Kriteriums, die in Korinth von Christen unter Berufung auf "Erkenntnis" verworfen waren. Durch die Apokalypse des Johannes sind Nikolaiten am Ende des 1. Jhdt. in Pergamon bezeugt (Apk 2,14f). Wenn aber Irenäus richtig angibt, daß sie sich von Nikolaos aus dem hellenistischen Siebenerkreis herleiteten (AdvHaer I,26,3)[2], werden sie zuerst im syrischen Raum aufgetreten sein, bevor sie weiter nach Kleinasien und vermutlich auch nach Griechenland wirkten. Über Nikolaos heißt es in Apg 6,5, daß er Proselyt aus Antiochia war. Mit einer Wirksamkeit dieser Gruppe in oder um Antiochia würde sich erklären, daß Paulus schon mit einem antiochenischen Traditionsstück auf die Herausforderung von Nikolaiten oder deren Geistesverwandten antworten konnte, als deren Einfluß die Gemeinde von Korinth erreicht hatte.

Auch die Kombination mit charismatischem Selbstverständnis wäre bei einer Herkunft aus dem hellenistischen Siebenerkreis gut verständlich: in den Nachrichten über Stephanus ist enthalten, daß er "Zeichen und Wunder" tat und in Weisheit und (Heiligem) Geist redete (Apg 6,10). Über Philippus wird unter anderem berichtet, daß er in Samaria "Zeichen" tat (Apg 8,6), daß er vom Geist entrückt wurde (Apg 8,39) und daß seine vier Töchter Prophetinnen waren (Apg 21,9). Ein direkter Zusammenhang zwischen der Entstehung des torahfreien Christentums insgesamt und dem charismatischen Kriterium ist nicht auszuschließen[3].

Der nikolaitische und der eventuell damit identische korinthische Widerstand gegen zwei Gebote des Gottesfürchtigen-Kriteriums ist nicht einfach "Liberti-

(1) R.Heiligenthal, Wer waren die "Nikolaiten"? in: ZNW 82 (1991) S.137, vor allem mit Verweis auf Plutarch, De Superstitione 166 A-B
(2) Dazu bestätigend F.F.Bruce, Men and Movements, 1979 S.52
(3) Vgl. die These von S.Brown, die oben S.179 erwähnt wurde.

nismus". Vielmehr zeigt sich hier eine abweichende Auffassung über die Inkulturation jüdischer Normen in einen hellenistischen Kontext. Vor dem Hintergrund von 1 Kor 5,1 ist bei "Porneia" in den hier einschlägigen Auseinandersetzungen nicht an sexuelle Freizügigkeit zu denken, sondern in erster Linie an Ehe bzw. Konkubinat innerhalb verbotener Verwandschaftsgrade - d. h. an "Inzucht". 1 Kor 6,15f spricht dann zwar auch vom sexuellen Umgang mit Prostituierten, aber dabei bleibt fraglich, ob dies wirklich der Punkt ist, in dem sich die Standpunkte unterschieden.

Die Grenzen von "Inzucht" waren im moralischen Empfinden verschiedener Völker sehr unterschiedlich abgesteckt. Die syrische und griechische Auffassung darüber war weniger streng als die jüdische und auch die römische: Lukian erwähnt, daß nach syrischem Recht eine Ehe zwischen Geschwistern möglich war (Sacr 5; gemeint sind Kinder desselben Vaters von verschiedenen Müttern, was nach Lev 18,11 verboten war), und Achilleus Tatios erzählt für Tyros im 2. Jhdt. n. Chr. einen konkreten Fall, wo eine solche Ehe geplant war (I,3,2). Zwischen Stiefmutter und Stiefsohn (wie in 1 Kor 5,1 vorausgesetzt) konnte nach römischem Recht keine gültige Ehe geschlossen werden[1], solche Beziehungen kamen aber anscheinend auch in der römischen High Society vor[2]. Eine jüdisch-rabbinische Haltung in Bezug auf "Inzucht" bei Proselyten war weniger streng als bei geborenen Juden, mit Hinweis darauf, daß die Neugeburt als Jude frühere Verwandtschaft auslösche[3].

In unserem Zusammenhang braucht nicht der konkrete Fall in Korinth umfassend diskutiert zu werden einschließlich der Behauptung von Paulus, daß es so etwas selbst unter den Heiden nicht gebe[4]. Es geht vielmehr um die grundsätzliche Position der Nikolaiten mit ihrem mutmaßlichen Ursprung als Gruppierung des syrischen Christentums. Wenn später jüdische Rabbinen das Inzuchtsverbot für Proselyten abmildern konnten, so erscheint eine ähnliche Position des syrisch-hellenistischen Proselyten Nikolaos für Heidenchristen nicht abwegig. Unterstellt werden müßte ihm dafür im syrischen Raum nur die Entscheidung, daß bekehrte Heidenchristen bei ihrer übernommenen Moralauffassung zum Inzuchtsproblem bleiben konnten, während Paulus, Barnabas, Petrus und Jakobus übereinstimmend im Rahmen des Gottesfürchtigen-Kriteriums die Übernahme der Bestimmungen aus Lev 18,6ff forderten.

In Korinth wurde der Sachverhalt noch einmal komplizierter, wenn die zunächst an das syrisch-hellenistische Moralempfinden angepaßte nikolaitische Entscheidung in den Bereich des strengeren römischen Eheverständnisses weiterverpflanzt wurde (Korinth war zu dieser Zeit römische Kolonie).

Als Begründung dieser Entscheidung ist m. E. prophetische Erkenntnis eine plausible Lösung, analog zur Verwerfung des Verbots von Götzenopferfleisch 1 Kor 8. Wie die Apostelgeschichte unter anderem in Kapitel 10 berichtet, wurde die schrittweise Abkehr christlicher Gruppen von den Reinheitsvorschriften der Torah durch charismatische Erfahrungen vorangetrieben. Dasselbe wird auch gelten für die Entscheidung, in der vermutlich Nikolaos einen Schritt weiter ging, als Lukas es mit seiner Loyalität dem Gottesfürchtigen-Kriterium gegenüber hätte unterschreiben können. Das Muster ist genau iden-

---

(1) G.Delling, Art. Ehehindernisse, in: RAC IV, S.680-691

(2) Cicero, Pro Cluentio 14f nennt eine Ehe zwischen Schwiegermutter und Schwiegersohn, die er moralisch verurteilt; dazu W.Schrage, Der erste Brief an die Korinther, EKK VII/1 (1991) S.370

(3) So H.Strack/P.Billerbeck, Kommentar zum Neuen Testament aus Talmud und Midrasch, Bd. III S.358

(4) Zur Forschungsdiskussion vgl. W.Schrage, a.a.O.

tisch mit dem der Cornelius-Erzählung: Inkulturation der christlichen Botschaft in fremde kulturelle Bedingungen unter Aufgabe von Reinheitsvorschriften der Torah.

Zu dem oben über die Person des Apollos ausgeführten[1] kommt aufgrund dieser Erwägungen nun noch eine zusätzliche Möglichkeit hinzu, die jedoch ebenfalls offen bleiben muß: Wenn in Korinth charismatische Selbstdefinition, Kritik am Gottesfürchtigen-Kriterium und Betonung prophetischer Erkenntnis so eng miteinander verflochten waren, wenn aber gleichzeitig für die Modifikation des Gottesfürchtigen-Kriteriums aus "Erkenntnis" nikolaitischer Einfluß oder das direkte Auftreten von Nikolaiten in Korinth erwogen werden müssen, dann stellt sich die Frage, ob Apollos selbst der nikolaitischen Gruppe angehörte oder ihr nahe stand. Dies steht und fällt jedoch nicht mit den oben dargelegten Beobachtungen, denn die mutmaßliche pneumatische Tauflehre von Apollos könnte sich in Korinth auch erst nachträglich mit nikolaitischem Gedankengut verbunden haben, wobei beide Selbstdefinitionen sich über die Betonung charismatischer Ausdrucksformen als Identitätsmerkmale getroffen hätten.

Das Erkenntnis-Kriterium hat vor allem dort hohe Wellen geschlagen, wo es mit dem Gottesfürchtigen-Kriterium zusammenprallte: In der antiochenischen Tradition 1 Kor 13,1-3 und bei Paulus, später unter namentlicher Nennung der Nikolaiten in der Apokalypse des Johannes und bei Irenäus.

In der Tradition des Markus-Evangeliums waren die Bedingungen für eine Rezeption des Erkenntnis-Kriteriums andere: Eine christliche Gemeinschaft, die aus der fruchtbaren Spannung von Nachfolge-Kriterium und Sympathisanten-Kriterium entstanden war, konnte durch Fragen jüdischer Reinheitsvorschriften kaum in Wallung gebracht werden. Die Sympathisanten waren nach jüdischen Maßstäben ohnehin unrein, und die jüdischstämmigen Wanderradikalen kehrten trotzdem bei ihnen ein, weil für sie unter den Bedingungen des herannahenden Gottesreiches ganz andere Fragen entscheidend waren.

Eine kleine Spur scheint das Erkenntnis-Kriterium dennoch im Markus-Evangelium hinterlassen zu haben. In der markinischen Jüngerunterweisung zur Gleichnistheorie heißt es: "Euch ist das Geheimnis ($\mu\nu\sigma\tau\eta\rho\iota\sigma\nu$) des Reiches Gottes gegeben. Jenen aber, die draußen sind, geschieht alles in Gleichnissen, damit sie blicken und doch nicht sehen, damit sie hören und nicht verstehen, auf daß sie sich nicht bekehren und ihnen nicht vergeben wird" (Mk 4,11f). Die matthäische Parallele ergänzt im ersten Satz sogar den Begriff "erkennen" (Mt 13,11).

Mit der Unterscheidung von "innen" und "außen" sowie mit dem Rückgriff auf die Verstockungstheorie Jesajas (vgl. Jes 6,9f) ist hier angedeutet, daß die Kenntnis vom "Geheimnis" des Reiches Gottes ein christliches Identitätsmerkmal sein soll. Die heilsentscheidende Vergebung ist damit verknüpft.

Der Zusammenhang des Markusevangeliums zeigt jedoch, daß Markus diese Aussagen kritisch verwendet: die Verstockungstheorie aus Jes 6,9 wird sowohl auf Gegner Jesu (Mk 3,5; 10,5) als auch auf seine Jünger (6,52; 8,17f) angewandt, und manche Fernstehenden verstehen Jesus besser als seine Jünger (vgl. Mk 14,6; 15,39)[2]. Demnach hat Markus das Erkenntnis-Kriterium in der

---

(1) Siehe oben S.180ff
(2) M.A.Beavis, Mark's Audience. The Literary and Social Setting of Mark 4,11-12, 1989 S. 160ff

gleichen Weise in sein Evangelium eingebaut, wie es insgesamt für seinen Umgang mit fremden christlichen Identitätsbeschreibungen typisch ist: Es ist seinem eigenen Konzept von gemeindlicher Leidensnachfolge produktiv zugeordnet; es wird anerkannt, aber darf genauso wenig wie andere Kriterien verabsolutiert werden[1].

Das Thomasevangelium geht in der Verwerfung religiöser Ausdrucksformen weiter als die Nikolaiten; es zeigt aber auch, daß dies in der Thomas-Tradition nicht immer so war. EvThom 27 nimmt noch positiv auf Sabbat und Fasten bezug, allerdings schon nicht mehr im wörtlichen Sinne - Fasten ist Metapher für Askese[2]: "Wenn ihr nicht der Welt (gegenüber[3]) fastet, werdet ihr das Königreich nicht finden. Wenn ihr nicht den Sabbat zum Sabbat macht, werdet ihr den Vater nicht sehen". Logion 6 antwortet auf die Jüngerfrage nach Fasten, Gebet, Almosen und Speisevorschriften mit einem Gebot der Wahrhaftigkeit und mit der goldenen Regel: "Tut nicht, was euch verhaßt ist". EvThom 104 verschiebt ähnlich wie Mk 2,20 Gebet und Fasten auf einen anderen Zeitpunkt. EvThom 14 verwirft solche Ausdrucksformen ganz: "Wenn ihr fastet, werdet ihr euch Sünde erzeugen. Und wenn ihr betet, werdet ihr verurteilt werden. Und wenn ihr Almosen gebt, werdet ihr eurem Geist[4] schaden"[5].

Im Hintergrund dieses Selektionsverhaltens steht ein Erkenntnis-Kriterium ebenso deutlich, wie es für die mutmaßlichen Nikolaiten von Korinth zu rekonstruieren ist: "Wenn ihr meine Jünger werdet und meine Worte hört, werden diese Steine euch dienen. Denn ihr habt fünf Bäume im Paradies, die sich nicht bewegen im Sommer und im Winter und deren Blätter nicht abfallen. *Wer sie erkennt, wird den Tod nicht schmecken*" (EvThom 19 vgl. 18; 1; 67).

Mit dieser Verwendung des Erkenntnis-Kriteriums und mit dessen Verbindung zur sexuellen Askese[6] ist im Thomasevangelium späteres gnostisches Gedankengut deutlicher vorbereitet als in den Anhaltspunkten innerhalb des neutestamentlichen Kanons. Dennoch sollte auch hier noch nicht von Gnosis im Sinne gnostischer Bewegungen gesprochen werden.

Das vom Erkenntnis-Kriterium geprägte Selbstverständnis schlägt sich auch nieder in der Auseinandersetzung zwischen thomanischem Christentum und petrinischem Christentum. Das Thomasevangelium drückt dies aus durch eine dem synoptischen Bericht vom Petrusbekenntnis gegenüber sehr eigenwillige Darstellung desselben Ereignisses. Verschiedene Jüngerantworten lauten hier: "Simon Petrus sagte zu ihm: du gleichst einem gerechten Engel. Matthäus sagte zu ihm: Du gleichst einem weisen, einsichtigen Menschen. Thomas sagte zu

(1) Siehe oben S.175
(2) So M.Fieger, Das Thomasevangelium, 1991 S.108f
(3) Der griechische Originaltext hat an dieser Stelle überhaupt keine Präposition
(4) Im Original Plural, was im Deutschen nur sinnentstellend wiedergegeben könnte.
(5) Übersetzungen nach Betz/Schramm, Perlenlied und Thomasevangelium, 1985
(6) Besonders unter Verwendung des Bildes vom Kind-Sein für sexuelle Askese EvThom 46: "Wer unter euch klein wird, der wird das Königreich erkennen und größer sein als Johannes".

ihm: Meister, mein Mund kann es ganz und gar nicht ertragen zu sagen, wem du gleichst". Daraufhin nimmt Jesus Thomas beiseite und sagt ihm drei Worte. Als die anderen Jünger Thomas danach fragen, antwortet er: "Wenn ich euch eins der Worte sage, die er mir gesagt hat, werdet ihr Steine nehmen und auf mich werfen, und Feuer wird aus den Steinen schlagen und euch verbrennen" (EvThom 13). Aus dem letzten Satz wird deutlich, daß auch im Thomasevangelium das an Erkenntnis orientierte Selbstverständnis nicht eines charismatischen Einschlags ermangelt.

3.3. Die Synthese des Johannes und seine Beziehung zu anderen christlichen Gruppierungen

In der Auslegung des Johannesevangeliums werden gewöhnlich zwei Charakteristika als sperrig empfunden, die direkt mit den beiden zuletzt vorgestellten frühchristlichen Heilskriterien zu tun haben: Einerseits die Reden des johanneischen Jesus, die Rudolf Bultmann von einer gnostisch geprägten Offenbarungsredenquelle her verstehen wollte[1]; andererseits die zum Teil von johanneischen Eigenarten relativ unberührten Wundergeschichten, für deren Ursprung zuerst A. Faure eine eigenständige Wunderquelle annahm[2], der Bultmann den Namen "Semeia-Quelle" gab[3].

An dieser zweiten Hypothese wird mit Recht kritisiert, daß eine Rekonstruktion des Textbestandes anders als bei der Logienquelle auch nicht annähernd gelingen will. Unterstellt man jedoch, daß Johannes eine andere Technik der Redaktion angewandt hat als die synoptischen Evangelisten[4], so muß die Hypothese einer Vorlage für die Wundergeschichten dennoch offengehalten werden.

An der Einbindung von Offenbarungsreden einerseits und "Semeia" andererseits stellt sich die Frage nach der Haltung des Evangelisten zum Erkenntnis-Kriterium und zum charismatischen Kriterium.

Ein weiterer Hinweis auf Nähe zum charismatischen Kriterium wird oft als *spätere* Bearbeitung aus dem eigentlich johanneischen Selbstverständnis ausgegrenzt: Bezugnahmen auf Taufe und Abendmahl in Joh 3 und Joh 6. Im Gegensatz zu den Wundergeschichten, für die Anklänge an das charismatische Kriterium nur aus der Betonung des Zeichenbegriffs entnommen werden können (mit Zählung in Joh 2,11 und 4,54), enthalten diese Texte echte Kriterienformulierungen: "Amen, amen ich sage dir, wenn jemand nicht geboren wird aus Wasser und Geist, kann er nicht in das Reich Gottes eingehen" (Joh 3,5). Das Verhältnis zum sonst gleich formulierten Kriterium einer Geburt "von oben" in Joh 3,3 (Ausdruck eines Erkenntnis-Kriteriums?) mag im Moment

---

(1) R.Bultmann, Das Evangelium nach Johannes, [19]1968 S.4 rechnet mit einer Quelle ähnlich den Oden Salomonis; nach ebd. S.93 soll der Evangelist die Reden historisiert haben, indem er sie mit dem Leben Jesu verflocht
(2) A.Faure, Die alttestamentlichen Zitate im 4. Evangelium und die Quellenscheidungshypothese, in: ZNW 21 (1922) S.99-121, bes. S.112
(3) R.Bultmann, 1968 S.78
(4) Vgl. dazu J.M.Robinson, Die johanneische Entwicklungslinie, in: H.Köster/J.M.Robinson, Entwicklungslinien durch die Welt des frühen Christentums, besonders S.228f

dahingestellt bleiben - auffällig ist jedenfalls die Ähnlichkeit zwischen Joh 3,5 und der charismatischen Taufauffassung, die 1 Kor 10,1f für eine christliche Gruppierung in Korinth erkennen ließ. Noch stärker ist die Korrespondenz zu 1 Kor 10 in der Formulierung von Abendmahls-Teilnahme als Heilskriterium (Joh 6,53f), die sogar als *binäres* Kriterium formuliert ist und damit exakt das Gegenteil von dem aussagt, was Paulus in 1 Kor 10,3-5 vertritt: "Amen, amen ich sage euch: wenn ihr nicht das Fleisch des Menschensohnes eßt und sein Blut trinkt, habt ihr kein Leben in euch. Wer mein Fleisch ißt und mein Blut trinkt, hat ewiges Leben und ich werde ihn am letzten Tag auferstehen lassen".

Im Kontext nehmen sowohl Paulus als auch Joh 6 auf die wunderbare Speisung in der Wüste Bezug, nur mit unterschiedlicher Absicht: Paulus unterstreicht die Analogie zum Abendmahl (und zur Taufe), um dann aus der Verwerfung der Wüstengeneration folgern zu können, daß auch Taufe und Abendmahl das Heil *nicht* garantieren. Die johanneische Brotrede dagegen betont die Überbietung der Wüstenspeise durch Jesus (Joh 6,49ff.58), denn ihr geht es darum, daß die Abendmahls-Teilnehmer im Gegensatz zur Wüstengeneration nicht sterben werden.

Wenn nun also die Position von Joh 6,53-58 sich so genau von Gegnern des Paulus um 50 n. Chr. vertreten findet, wenn weiter die dafür verantwortlichen Missionare oder eine ihnen verwandte christliche Gruppierung in Konkurrenz standen zu den antiochenischen Vorläufern der späteren großkirchlichen Mehrheitsmeinung[1] - dann erscheint es nicht gerade als die beste Lösung, in Joh 6,53-58 eine großkirchliche Überarbeitung des Johannesevangeliums zu sehen. Schließlich legen die Ausführungen im vorangegangenen Abschnitt es nahe, daß ein für typisch johanneisch gehaltenes Interesse an Erkenntnis und dieses charismatisch-sakramentale Selbstverständnis im frühesten Christentum eher konvergieren als divergieren.

Um solche Einzelbefunde jedoch richtig einordnen zu können, ist eine Sichtung des Gesamtbestandes an Kriterienformulierungen im Johannesevangelium notwendig. Dabei wird zu überprüfen sein, ob das johanneische Christentum tatsächlich eine so esoterische, von den breiten Strömungen abgelegene Tendenz hat, wie oft angenommen wird. Die hier vertretene These sei schon vorweg angedeutet: Im Johannes-Evangelium findet sich eine Synthese aus auch sonst im syrischen Urchristentum vorfindlichen Identitätsbeschreibungen. Erkenntnis und Charismen stehen dabei aber *nicht* im Zentrum; für die spezifisch johanneische Färbung christlicher Identität sind sie relevant, aber nicht allein entscheidend.

Das konkurrenzlos zentrale Heilskriterium im Johannesevangelium ist ein Glaubens-Kriterium. Es findet sich zweimal in binärer Formulierung: "Wer an ihn glaubt, wird nicht gerichtet, wer aber nicht glaubt, ist schon gerichtet, weil er nicht zum Glauben gekommen ist an den Namen des eingeborenen Sohnes Gottes (Joh 3,18 vgl. 3,36). Weiter steht der Glaube achtmal als hinreichendes Einschlußkriterium (1,12b; 3,15.16; 6,40.47; 12,36.46; 20,31 vgl. 6,28f), der Unglaube je einmal als hinreichendes Ausschlußkriterium (8,24) und als notwen-

---

(1) Siehe oben S.181

diges Ausschlußkriterium (in 10,25f impliziert). Mit dieser starken Bezeugung des Glaubens-Kriteriums sind die Verhältnisse im Johannesevangelium eindeutiger geklärt als in irgendeiner anderen frühchristlichen Schrift.

In der syrischen Tradition ist kein Vorbild für ein ausdrückliches Glaubens-Kriterium überliefert. Ob das johanneische Glaubens-Kriterium selbst sich auf syrischem Boden entwickelt hat, ist nicht mehr entscheidbar, da nur die Anfänge der johanneischen Tradition deutlich mit dem syrischen Raum verbunden sind, während besonders die Rezeptionsgeschichte des Joh dafür spricht, daß die spätere Entwicklung in Kleinasien stattgefunden haben könnte[1].

Eine Einwirkung des paulinischen Glaubens-Kriteriums auf Johannes ist gut denkbar unter der Voraussetzung, daß die johanneische Tradition in Ephesos den paulinischen Missionsraum erreicht hat. Allerdings ist ein wichtiger Unterschied festzuhalten: Paulus konstruiert das dem Glaubenden gewährte Heil mit dem Umweg über den Gerechtigkeitsgedanken. Glaube wird als Gerechtigkeit zugerechnet, und wer gerecht ist, wird gerettet. Das Glaubens-Kriterium des Johannes dagegen ist ein absolutes: wer glaubt, hat das Leben.

Weitere johanneische Kriterienformulierungen betonen die Heilsnotwendigkeit Jesu. Sie unterstreichen damit, was auch das Glaubens-Kriterium durch seine inhaltliche Bestimmung verlangt: Glaube, "ὅτι ἐγω εἰμι (daß ich es bin)" (8,24). So überrascht es nicht, daß manche der charakteristischen ἐγω εἰμι-Sätze des Johannesevangeliums als Heilskriterien formuliert sind: "Ich bin der Weg und die Wahrheit und das Leben. Niemand kommt zum Vater, wenn nicht durch mich" (Joh 14,6 vgl. 10,9; 15,5f).

Trotz starker Verinnerlichung verzichtet das Johannesevangelium nicht darauf, religiöse und ethische Ausdrucksformen als Kriterien der Zugehörigkeit zu benennen. Sie sind nicht direkt Heilskriterien, aber sie sind Kennzeichen dessen, was Heilskriterium ist. "Amen, amen ich sage euch, wer an mich glaubt, wird die Werke (ἐργα), die ich tue, auch tun, und er wird größere als diese tun" (Joh 14,12). Genauso ist die Liebe untereinander Zeichen für die Zugehörigkeit zu Jesus (13,35); das Einhalten der Gebote Jesu ist Kennzeichen der Liebe (14,15-17.21.23; 15,10).

Die Stellung des johanneischen Glaubens-Kriteriums gegenüber der syrischen Tradition erscheint zunächst sehr isoliert. Es läßt sich aber zeigen, daß ähnlich wie beim paulinischen Kriterium der Glaubensgerechtigkeit auch hier eine Verbindungslinie zur syrischen Tradition besteht.

Das Kapitel über den Blindgeborenen (Joh 9) spiegelt deutlich ein Stück der Kriteriendiskussion im syrischen Raum einschließlich Judäa wieder - und ein Stück Geschichte des johanneischen Christentums:

Das Torah-Kriterium findet sich als hinreichendes Ausschlußkriterium im Mund pharisäischer Gegner Jesu: "Dieser Mensch ist nicht von Gott, weil er den Sabbat nicht hält" (Joh 9,16). Dem steht im gleichen Vers die Auffassung "anderer" entgegen, die das charismatische Kriterium als hinreichendes Ein-

---

(1) Vgl. M.Hengel, The Johannine Question, 1989 S.74; siehe auch oben S.19

schlußkriterium ins Feld führen: "Wie kann ein sündiger Mensch solche Zeichen tun?". Dasselbe Argument in abgewandelter Form verwendet auch Joh 10,21 und am deutlichsten Joh 3,2 - eine Aussage von Nikodemos, dem jüdischen Sympathisanten Jesu: "Niemand kann nämlich diese Zeichen tun, die du tust, wenn nicht Gott mit ihm ist"[1].

Die Ausdrucksform des Bekenntnisses, die uns zuerst bei den Wanderradikalen und ihren Sympathisanten als Identitätsmerkmal begegnet ist, findet sich in Joh 9,22 als hinreichender Grund des Ausschlusses aus dem Judentum aufgeführt: "Die Juden hatten nämlich schon beschlossen, daß, wenn jemand ihn als Christus bekennen würde, er aus der Synagoge ausgeschlossen werden sollte". Das Gottesfürchtigen-Kriterium schließlich findet sich im Mund des Blindgeborenen selbst, und zwar in binärer Formulierung: "Wir wissen, daß Gott nicht auf Sünder hört, sondern wenn jemand gottesfürchtig ($\theta\varepsilon o\sigma\varepsilon\beta\eta\varsigma$) ist und den Willen Gottes tut, auf den hört er" (9,31).

Der Blindgeborene ist Identifikationsgestalt einer johanneischen oder proto-johanneischen Gruppe. Das geht daraus hervor, daß er sich von jüdischen Gegnern widerspruchslos als Jünger Jesu bezeichnen läßt (9,28 vgl. V.27), daß er das zitierte Gottesfürchtigen-Kriterium unmotiviert in der 1. Person *plural* formuliert[2] und daß er in V.39 als Paradigma für die beim Eintritt in das Christentum geschehende religiöse Veränderung hingestellt wird. Jesus sagt dort: "Zu einem Gericht bin ich in die Welt gekommen, damit *die nicht Sehenden sehen* und die Sehenden blind werden".

Ich möchte deshalb annehmen, daß zumindest eine johanneische Traditionslinie vom Gottesfürchtigen-Kriterium herkommt und als erstes zusätzliches Identitätsmerkmal das Bekenntnis aus dem Sympathisanten-Kriterium aufgenommen hat. Der in Joh 9,34 reflektierte Synagogenausschluß[3] der hier chiffrierten christlichen Gruppe ist nicht so zu verstehen, daß er wegen der Selbstdefinition über das Gottesfürchtigen-Kriterium geschehen sei. Eher dürfte diese Gruppe in einer Situation besonderer Herausforderung die Notwendigkeit zum Bekenntnis gesehen haben und dem Ausschlußkriterium zum Opfer gefallen sein, das in V.22 angekündigt wurde.

Das Johannesevangelium bewahrt in Erinnerung, daß die Entwicklung vom Gottesfürchtigen-Kriterium zum Glaubens-Kriterium mit der Situation des Synagogenausschlusses zusammenhing. Nach seinem Ausschluß Joh 9,34 wird der Blindgeborene von Jesus auf das Glaubens-Kriterium verpflichtet: "Jesus

---

(1) Das charismatische Kriterium findet sich bei Joh nur so, daß die Semeia Jesu von sympathisierenden Juden als Zeichen seiner göttlichen Sendung verstanden werden. Dennoch können die genannten Aussagen als charismatisches Kriterium identifiziert werden, da ihre Formulierung als hinreichende Einschlußkriterien eindeutig ist und die johanneischen Semeia Jesu durch Bezugnahmen auf Jes 11 deutlich charismatischen Charakter haben (so W.J.Bittner, Jesu Zeichen im Johannesevangelium, 1987 S.139ff und S.245ff).
(2) Vgl. das johanneische "wir" in Joh 1,14; 3,11; 21,24
(3) Vgl. oben S.101ff

hörte, daß sie ihn hinausgestoßen hatten, und als er ihn antraf, sprach er: Glaubst du an den Menschensohn?... Er aber sprach: Ich glaube, Herr! und warf sich vor ihm nieder" (V.35.38).

Wenn man auf diese Weise Joh 9 als Teil der Geschichte johanneischen Christentums liest, stimmt die Beziehung des Joh zu Petrus erstaunlich gut damit zusammen.

Das Johannesevangelium erinnert an eine enge Beziehung zwischen seiner Figur des Lieblingsjüngers und Petrus: Petrus erfragt über den Lieblingsjünger, wer der Verräter ist (Joh 13,24; 21,20), beide waren nach der Gefangennahme und Kreuzigung Jesu zusammen (vorausgesetzt in 20,2, deshalb war es vermutlich der Lieblingsjünger, mit dem Petrus nach der Darstellung des Evangeliums zum Hof des Hohenpriesters ging 18,15f), Petrus und der Lieblingsjünger laufen zusammen zum leeren Grab (20,3-10), der Lieblingsjünger teilt Petrus zuerst sein Erkennen des Auferstandenen am See Tiberias mit (21,7), und Petrus erkundigt sich nach dem weiteren Geschick des Lieblingsjüngers (21,21f). Damit ist der Lieblingsjünger - sofern er nicht mit Johannes identisch ist - bewußt an die Stelle gerückt, die nach anderen neutestamentlichen Traditionen Johannes, der Sohn des Zebedäus, einnimmt: Lukas berichtet gemeinsame Auftritte von Petrus und Johannes in Apg 3,1-11; 4,13.19; 8,14; Markus kennt die Dreiergruppe Petrus, Jakobus (der Zebedaide) und Johannes (Mk 5,37; 9,2ff; 14,33); Paulus nennt die drei Säulenapostel Jakobus (der Herrenbruder vgl. Gal 1,19), Kephas (Petrus) und Johannes (Gal 2,9). Jakobus Zeb. kann mit dem Lieblingsjünger nicht gemeint sein, da er lange vor Petrus hingerichtet wurde (gegen Joh 21,21f), während dies für Johannes nicht belegt ist[1].

Neben der Beziehung zwischen den Jüngern wird darin auch eine Nähe zwischen johanneischen und petrinischen Gruppen des Christentums ausgedrückt sein: Das johanneische Christentum definierte sich in seiner durch den Blindgeborenen chiffrierten Linie über das Gottesfürchtigen-Kriterium und es zeigt außerdem deutliche Spuren einer durch den jüdischen Ritus geprägten Vergangenheit[2]; für das petrinische Christentum ist ebenfalls die Geltung des Gottesfürchtigen-Kriteriums und eine nicht mehr ganz klare Rolle des jüdischen Ritus darüber hinaus zu rekonstruieren[3].

Die Endgestalt des Johannesevangeliums aber hat eine sehr konfliktgeladene Haltung zu Petrus bzw. zum petrinischen Christentum: weit schärfer als die Jüngerkritik des Markus zerstört Joh den petrinischen Anspruch auf das Christusbekenntnis. Was Petrus in Joh 6,69 bekennt, ist der "Heilige Gottes", ein Titel, der sich im NT nur noch Mk 1,24 par Lk 4,34 findet - im Mund eines Dämons. Den gleichen Titel trägt Simson in Ri 16,17 LXX. Wer diesen Titel auf Jesus übertrug, hat wohl kaum wie der johanneische Blindgeborene mit seinem Bekenntnis (Joh 9,32 vgl. 9,22) einen Synagogenausschluß riskiert[4]. Den Christus selbst zu erkennen und zu bekennen bekommt Petrus bei Joh gar keine Chance: Petrus wird gleich damit eingeführt, daß sein Bruder Andreas ihm mitteilt: "'Wir haben den Messias gefunden' - das ist übersetzt: der Christus" (1,41). Schallender könnte eine Ohrfeige gegen die Tradition des Petrus-

(1) Das fehlende Martyrium des Johannes in Apg 12,2 dürfte historisch zuverlässiger sein als der indirekte Rückschluß aus Mk 10,39, der dagegen ins Feld geführt wird (F.Spitta, Die neutestamentliche Grundlage... (1910), in: K.H.Rengstorf (Hg.), Johannes und sein Evangelium, 1973 S.310 gegen E.Schwartz, Über den Tod der Söhne Zebedaei (1904), ebd. S.204f
(2) Siehe oben S.68
(3) Siehe oben S.149ff
(4) Die in dieser Version des Petrusbekenntnisses liegende Abwertung hat die kirchliche Tradition wohl gespürt, wie die vielen abweichenden Textvarianten belegen.

bekenntnisses kaum ausfallen.

Die mit den Synoptikern gemeinsame Tradition von der dreimaligen Verleugnung des Petrus (Joh 18,15-18.25-27; Ankündigung in Joh 13,37f) baut Joh weiter aus, indem er sie mit der dreimaligen Frage des Auferstandenen an Petrus konfrontiert, ob dieser ihn liebt[1]. Dabei werden drei verschiedene Formulierungen verwendet in absteigender Reihenfolge, d. h. Jesus fragt Petrus jedesmal nach *weniger* Liebe, als dieser ihm schon bestätigt hat (21,15-17). Für Leser, denen entgangen sein sollte, daß dies nicht zur Ehre des Petrus gesagt ist, bemerkt Joh noch ausdrücklich, daß Petrus selbst über diese Fragen betrübt wurde (21,17).

Solche auf das Bekenntnis zielende antipetrinische Polemik wird verständlich unter der Annahme, daß johanneisches und petrinisches Christentum einst eng verbunden waren, daß aber in der Bekenntnissituation, die zum Synagogenausschluß einer johanneischen Gruppe führte, das petrinische Christentum nicht mit ihm den Synagogenausschluß in Kauf nahm. Diese Annahme wird durch das Matthäusevangelium bestätigt: dieses zeigt ein stark petrinisch geprägtes Christentum mit innerjüdischem Selbstverständnis[2] in derselben Generation wie das Johannesevangelium.

Gezielt entwertet wird vom Johannesevangelium auch die alte Tradition von Petrus als dem ersten Auferstehungszeugen (1 Kor 15,5[3]; Lk 24,34): Die erste Begegnung mit dem Auferstandenen hat Maria Magdalena. Petrus ist nur beteiligt an den Erscheinungen im Jüngerkreis, wobei ihn in 21,7 erst der Lieblingsjünger darauf aufmerksam machen muß, daß der unbekannte Mann am Ufer der Kyrios ist. Im Wettlauf zum leeren Grab Joh 20,3ff behält der Lieblingsjünger den Vorrang, als erster am Grab gewesen zu sein, von der Vorkammer aus in das Grab hineingeschaut zu haben und als erster geglaubt zu haben (20,8), während Petrus nur den Vorrang zugesprochen bekommt, sich als erster durch Betreten des Grabes rituell verunreinigt zu haben (20,6) - vielleicht eine dezente Anspielung an das petrinische Bemühen, wenigstens einen Rest des jüdischen Reinheitskonzeptes in seiner Identitätsbeschreibung zu bewahren.

Interessant ist in diesem Zusammenhang, daß die antipetrinische Polemik des Johannesevangeliums im petrinischen Christentum sehr wohl verstanden wurde. Das in petrinisch-matthäischer Tradition stehende Nazaräerevangelium antwortete darauf mit aller Deutlichkeit: "Wenn ihr an meiner Brust seid und den Willen meines Vaters in den Himmeln nicht tut, werde ich euch von meiner Brust stoßen"[4]. Im Klartext: Das Privileg des johanneischen Lieblingsjüngers, an der Brust Jesu zu ruhen (vgl. Joh 13,23.25), ist nichts nütze, wenn dabei das zentrale matthäische Kriterium (Mt 7,21) nicht erfüllt wird.

Neben der konkreten Polemik gegen das petrinische Christentum zeigt Johannes ein starkes Interesse an der Einheit aller Christen (so vor allem Joh 10,16; 17,20-23). Eine Verhältnisbestimmung, die dies stützt, ist in Joh 4,38 die Ehrerbietung an eine christliche Gruppe, welche schon *vor* dem johanneischen Christentum in Samaria missioniert hat. Darin ist die zeitgenössische Hochachtung für historische Priorität mitzuhören.

---

(1) Zur petruskritischen Deutung der Perikope vgl. A.Stimpfle, Blinde sehen, 1990 S.260
(2) Siehe oben S.71
(3) Nach H.Conzelmann, Der Erste Brief an die Korinther, KEK V, ²1981 S.307-309 eine frühe Formel einer griechischsprachigen Gemeinde
(4) Zitiert nach Ph.Vielhauer/G.Strecker, Judenchristliche Evangelien, in: Hennecke/Schneemelcher, Neutestamentliche Apokryphen Bd.I, 1987 S.134 (Fragment 6)

Falls die Darstellung in Apg 8 einen historischen Hintergrund hat, könnte in Joh 4,38 das auf den Evangelisten Philippus zurückgehende Christentum gemeint sein[1]. Der bei Joh gegenüber den Synoptikern sehr stark hervorgehobene Apostel Philippus ist nach Joh 12,21 jemand, der besonders gut für Griechen zugänglich ist. Joh kann deshalb bei dieser Figur außerdem an das mit dem Evangelisten Philippus verbundene torahfreie Christentum in griechischen Küstenstädten Palästinas und in Samaria gedacht haben. Für die Identität von Apostel und Evangelist im Verständnis des Joh (oder sogar in Wirklichkeit) spricht, daß hier nicht wie bei anderen im Urchristentum mehrfach vorkommenden Namen eine Unterscheidung durch Beinamen ermöglicht wird[2]. Johannes hat zu seinem Philippus ein positives Verhältnis: er reiht ihn entgegen der synoptischen Tradition unter die erstberufenen Jünger ein (1,43) und läßt ihn wie Andreas auf Anhieb die Messianität Jesu begreifen (1,45f)[3].

In der johanneischen Erzählung vom Blindgeborenen waren vier der im frühesten syrischen Christentum vorkommenden Selbstdefinitionen nachweisbar, nicht aber das Nachfolge-Kriterium und das Erkenntnis-Kriterium.

Eine ausdrückliche Formulierung des Erkenntnis-Kriteriums im Mund welcher Person auch immer fehlt bei Joh völlig. In die Richtung des Erkentnis-Kriteriums weist nur die häufige Verwendung des Verbs "erkennen", davon einige Male an Schlüsselstellen johanneischer Theologie.

Die Beziehung zwischen dem guten Hirten und seinen Schafen ist eine Beziehung der Kenntnis (Joh 10,14.15.27). Die Welt dagegen zeichnet aus, daß sie Jesus nicht erkennt (Joh 1,10 vgl. 3,10; 7,27; 8,27.55; 10,6; 14,17). Auch die Jünger erkennen vieles nicht, besonders am Abschiedszeichen der Fußwaschung (13,7.12) und in den Abschiedsreden (14,7.9; 16,17). Bessere Erkenntnis durch den Heiligen Geist wird ihnen angekündigt (14,17.20; 16,13 vgl. 16,23). Am weitesten in Richtung eines Erkenntnis-Kriteriums geht Joh 17,3 mit einer Art Kurzformel der johanneischen Theologie: "Das ist das ewige Leben, daß sie *erkennen* dich, den einzigen wahren Gott, und den du gesandt hast: Jesus Christus". Auch hier wird die Erkenntnis nicht als Bedingung des ewigen Lebens formuliert, sondern mit ihm gleichgesetzt. Sie ist eher Konsequenz als Voraussetzung. Ein gewisser Durchbruch dorthin ist damit erreicht, daß Jesus über seine Jünger feststellt: "*Jetzt* haben sie *erkannt*, daß alles, was du mir gegeben hast, von dir ist... sie haben (meine Reden) angenommen und *wahrhaft erkannt*, daß ich von dir ausgegangen bin, und sie sind zum Glauben gekommen, daß du mich gesandt hast (17,7).

Das Nachfolge-Kriterium, das ebenfalls in Joh 9 nicht vorkommt, ist in Joh 12,25f (vgl. 8,12) direkt in die johanneische Selbstdefinition übernommen. Analog zur ursprünglichen Komplementarität von Nachfolge-Kriterium und Sympathisanten-Kriterium kennt auch die johanneische Selbstdefinition eine Unterscheidung von zwei Rangstufen innerhalb der Gemeinschaft derer, die das Heil erwarten dürfen. Dabei hat aber die Lebensweise des Nachfolge-Kriteriums ihre Bedeutung als Faktor interner Unterscheidung verloren zugunsten von Erkenntnis, Bekenntnis und Liebe.

---

(1) So O.Cullmann, Samarien und die Anfänge der christlichen Mission, in: ders., Vorträge und Aufsätze 1925-1962, 1966 S.238f

(2) H.O.Stölten (Zur Philippuslegende, in: Jahrbücher für protestantische Theologie 17 (1891) S.150-152) sieht in Joh 12,21 die "erste sichere Spur" für die "Verwechslung" der beiden Philippus-Gestalten, die ab Papias (III,1) ganz allgemein wird; siehe dazu A.de Santos Otero, Jüngere Apostelakten, in: Hennecke/Schneemelcher, Neutestamentliche Apokryphen Bd.II, [5]1989 S.425

(3) G.Schille (Die urchristliche Kollegialmission, 1967 S.129f) sieht in Philippus und Andreas ein in Syrien tätiges Apostelpaar.

Ein Konzept von zwei Stufen deutet sich schon im Prolog an mit seinen zwei Zeugnissen des Täufers (Joh 1,7.14f)[1]. Das johanneische Mißverständnis-Motiv ist in einem Teil der Fälle eine Differenzierung innerhalb derer, die an Jesus glauben. Auf diese Weise wird die Erkenntnis zum Kriterium der inneren Unterscheidung (z. B. Joh 8,30-36, wo zum Glauben gekommene Juden aufgefordert werden, nun auch die Wahrheit zu *erkennen*)[2]. Eine ähnliche Bewertung des *Bekenntnisses* wird deutlich etwa in der Bemerkung Joh 12,42f: "Dennoch kamen auch von den Herrschenden viele zum Glauben an ihn (ἐπίστευσαν εἰς αὐτόν), aber wegen der Pharisäer bekannten sie nicht (οὐχ ὡμολόγουν), damit sie nicht aus der Synagoge ausgeschlossen würden. Sie liebten nämlich die Doxa (Meinung, Ehre, Herrlichkeit) der Menschen mehr als die Doxa Gottes".

Der Lieblingsjünger und Petrus sind für das Johannesevangelium Exponenten der zwei Stufen christlicher Existenz: Petrus versagt im entscheidenden Moment das Bekenntnis, er steht in Erkenntnis und Liebe hinter dem Lieblingsjünger, aber er erfüllt durch sein Martyrium das Nachfolge-Kriterium, wozu der Lieblingsjünger vermutlich keine Gelegenheit bekam (Joh 21,18f vgl. 21,22f). Die zweite Abschiedsrede bringt gegenüber der ersten eine Aufwertung des Martyriums (Joh 15,13), so daß sich nach ihren Maßstäben ein besseres Petrusbild ergibt als ohne sie.

Ein esoterischer Zug läßt sich am Johannesevangelium also in gewisser Hinsicht feststellen, insofern innerhalb der größeren Gemeinschaft von Glaubenden noch eine Abstufung nach Erkenntnis, Bekenntnis und Liebe besteht. Insgesamt aber ist die Identitätsbeschreibung des johanneischen Christentums keine unabhängige Sonderentwicklung gegenüber anderen christlichen Selbstverständnissen ihrer Umgebung. Sie steht vielmehr in einem breiten Strom christlicher Gruppierungen, deren Selbstverständnis sich aus den Heilskriterien des ältesten syrischen Christentums speiste.

Charismatisches Kriterium und Erkenntnis-Kriterium, deren Bedeutung für das Johannesevangelium am Eingang dieses Abschnitts besonders angefragt wurde, sind je auf ihre Weise in das johanneische Selbstverständnis integriert, dürften aber für dessen Entstehung eher Nebenlinien gewesen sein. Insofern macht die Annahme Sinn, daß der Evangelist sich dabei auf schriftliche oder mündliche Vorlagen aus christlichen Gruppierungen bezogen haben kann, die nicht selbst im johanneischen Christentum aufgegangen sind. Dagegen ist es m. E. eine unnötige Hypothese, das charismatische Verständnis von Taufe und Abendmahl in Joh 3,5 bzw. 6,53ff auf eine *nachträgliche* Bearbeitung des Evangeliums zurückzuführen. Die Integrationskraft des Evangelisten gegenüber frühchristlichen Selbstverständnissen ist groß genug, daß auch die Verarbeitung dieser Traditionslinie ihm selbst zuzutrauen ist.

---

(1) Vgl. G.Theißen, Autoritätskonflikte in den johanneischen Gemeinden. Zum «Sitz im Leben» des Johannesevangeliums, in: Diakonia, Gedenkschrift für B. Stogiannos, 1988 S.56
(2) Vgl. die These von A.Stimpfle (Blinde Sehen. Die Eschatologie im traditionsgeschichtlichen Prozeß des Johannesevangeliums, 1990), daß Johannes den "Sehenden" eine präsentische Eschatologie vermittelt, die "Nicht Sehenden" aber absichtlich im Sinne einer futurischen Eschatologie irreleitet.

4. Zusammenfassung

Wie die Fiktion eines einheitlichen christlichen Missionsverständnisses und die Fiktion einer gleichförmigen Entstehung des christlichen Religionssystems hält auch die Fiktion einer einheitlichen christlichen Identitätsbeschreibung dem biblischen Befund an Formulierungen von Heilskriterien nicht stand. Der Mehrzahl christlicher Wege zur Einbeziehung von "Heiden" entspricht auch eine Mehrzahl von Konzepten, worauf es *letztlich* im Christentum ankommt. Der eschatologische Ernst dieser Frage läßt gleich zu Beginn der christlichen Missionsgeschichte Probleme erkennen, die nicht ohne weiteres zugunsten christlicher Einheit für Adiaphora erklärt werden konnten.

Gemessen am gesamten Spektrum urchristlicher Selbstverständnisse ist dabei der in der Forschungsgeschichte sehr hoch bewertete Unterschied zwischen Jakobus und dem frühen Paulus ein eher geringfügiger: Bei wesentlicher Übereinstimmung über das für Heidenchristen gültige Heilskriterium betrifft er "nur" die Frage, welche Bedeutung die Torah für geborene Juden haben soll. Auch die dabei aufgeworfene Alternative zwischen Torah-Kriterium und Gottesfürchtigen-Kriterium hat einen vergleichsweise geringen Unterschied zu überbrücken, da es sich noch um die beiden christlichen Heilskriterien mit der größten Nähe zum Selbstverständnis des rabbinischen Judentums handelt. In dem Streit zwischen Jakobus und Paulus zeigt sich ein Phänomen, das auch an anderen Stellen der frühchristlichen Geschichte zu beobachten ist: die härtesten Auseinandersetzungen werden zwischen noch relativ nah miteinander verwandten Gruppen geführt. So ist Streit kein Hinweis auf besonders unüberbrückbare Differenzen, sondern ein Zeichen dafür, daß man die Bemühung um den Gegner noch nicht aufgegeben hat. Diese Erkenntnis ist entsprechend auch auf frühe jüdisch-christliche Auseinandersetzungen anzuwenden.

Im Einzelnen lassen sich für das frühe syrische Christentum sechs verschiedene, jeweils um zentrale Heilskriterien gescharte christliche Identitätsbeschreibungen rekonstruieren. Drei Paare von solchen Identitätsbeschreibungen sind jeweils in sich eng voneinander abhängig und haben sich offensichtlich in fruchtbarer Spannung aneinander entwickelt.

Das erste solche Paar sind das Torah-Kriterium und das Gottesfürchtigen-Kriterium. Sie haben gemeinsam, daß sie jeweils relativ vollständig aus dem Judentum übernommen wurden: das eine beschrieb dort die Zugehörigkeit von Juden zur Heilsgemeinschaft, das andere entstammt einem kontrovers diskutierten Vorschlag, endzeitliches Heil auch für sympathisierende Heiden anzunehmen. Im Christentum dagegen beschreibt das Gottesfürchtigen-Kriterium keinen Sympathisantenstatus, sondern einen Status der vollen Zugehörigkeit als Konsequenz der hereingebrochenen Endzeit.

Das Torah-Kriterium besteht inhaltlich in der Teilhabe an der jüdischen Lebens-, Kult- und Versöhnungsordnung, wofür die Beschneidung als Bundeszeichen bei Männern und die Sabbatfeier als herausragende Unterscheidungs-

merkmale von der religiösen Umwelt besonders wichtig waren. Das Gottes
fürchtigen-Kriterium hat sein Zentrum im Gebot der Liebe gegenüber Gott
und den Mitmenschen, wobei sich das Erste konkretisiert in den kultischen
Geboten für die im Land Israel lebenden Fremden, deren Übertretung mit
"Ausrottung" bedroht war (auf christlicher Seite zusammengefaßt im soge
nannten "Aposteldekret"), das Zweite vor allem in den sozialen Geboten des
Dekalogs.

In der Spannung zwischen Torah-Kriterium und Gottesfürchtigen-Kriterium
entfalteten sich die von den Jerusalemer "Hellenisten" gegründeten Missions
gemeinden, vor allem die Gemeinde in Antiochia. Außerdem scheint die judäi
sche Hauptstadt Caesarea Maritima für die Diskussion zwischen diesen
Kriterien wichtig gewesen zu sein.

Das zweite Paar von christlichen Identitätsbeschreibungen hatte seine Kristalli
sationspunkte im Nachfolge-Kriterium und im Sympathisanten-Kriterium. Das
Nachfolge-Kriterium entwickelte sich aus dem Wanderradikalismus, den Jesu
selbst durch seine Lebensweise hervorgerufen hatte, und der mehr an der je
suanischen Naherwartung interessiert war als an rabbinischer Torah
Auslegung. Typisch dafür waren der Verzicht auf Besitz, Familie und Heimat
sowie die Bereitschaft zum Martyrium. Für das Sympathisanten-Kriterium
wurde hier vorgeschlagen, daß es die Anrufung des Kyrios und das Bekenntnis
zu Jesus mit umfaßte als Ausdruck eines Vertrauensglaubens, der sich gerade
auch bei heidnischen Sympathisanten fand. Das Erlebnis von Heilungen und
Exorzismen unter dieser Gruppe bewog anscheinend christliche Wanderradi
kale dazu, auch allen denen endzeitliche Rettung zuzusprechen, die vertrau
ensvoll Christus um Hilfe anriefen, die ihn als den endzeitlichen Menschen
sohn bzw. als den Kyrios bekannten und die ihnen selbst (den Wanderradika
len) gastliche Aufnahme gewährten.

Die Verbreitung dieser beiden christlichen Selbstverständnisse ging von Gali
läa aus, erfaßte anscheinend die daran angrenzenden Gebiete Südsyriens und
bekam vermutlich ein erstes städtisches Zentrum in Damaskus.

Das dritte Paar christlicher Selbstdefinitionen umfaßt das charismatische Kri
terium und das Erkenntnis-Kriterium. Deren eigenständige Erwähnung ist
nicht so zu verstehen, als hätten charismatische Ausdrucksformen und (pro
phetische Offenbarungs-) Erkenntnis in anderen christlichen Gruppen nur eine
unwesentliche Rolle gespielt. Auch der Missionserfolg des Wanderradikalis
mus und die Entwicklung des am Torah- und Gottesfürchtigen-Kriterium ori
entierten Christentums beruhten ganz entscheidend auf Heilungen, Exorzis
men, Prophetie und Ekstase.

Als Kriterien des christlichen Heils ins Zentrum gerückt wurden Charismen
und (damit eng verbunden) Erkenntnis aber vor allem dort, wo sie in Konflikt
zum Gottesfürchtigen-Kriterium traten - wo sie als Legitimation für den Ge
nuß von "Götzenopferfleisch" und für die Abwandlung des Inzuchtverbotes

herangezogen wurden. Grundlegendes Axiom bestimmter, prophetisch inspirierter Gruppen war offensichtlich, der Wirksamkeit Gottes alles und entsprechend der Wirksamkeit fremder Gottheiten nichts zuzutrauen. So kam es gleichzeitig zur Hochschätzung von Taufe und Abendmahl als wirksame Heilsgaben und zur Geringschätzung von Auswirkungen einer Teilnahme an heidnischen Kultmahlzeiten.

Diese Vorgänge sind aufgrund unserer Quellenlage in Korinth besonders greifbar, dürften aber im Norden Syriens ihren Ursprung gehabt haben. Sofern die altkirchlichen Nachrichten über die Nikolaiten zutreffen, sind sie insbesondere mit dem Antiochener Nikolaos aus dem hellenistischen Siebenerkreis in Verbindung zu bringen.

Beginnend mit dem sogenannten Apostelkonzil ist im Christentum zwischen Jerusalem und Antiochia das Bewußtsein dafür gewachsen, daß übergreifende Absprachen verschiedener christlicher Gruppen über eine gemeinsame christliche Identität notwendig waren. Dadurch kam eine Entwicklung in Gang, die zu fortschreitender Integration unterschiedlicher christlicher Heilskriterien führte, aber auch zur Ausgrenzung von Positionen, die bei Einigungsprozessen außen vor gelassen wurden.

Die weitere Geschichte des Christentums in diesem Raum nach dem Weggang des Paulus ist am besten von der Annahme her zu verstehen, daß eine Allianz zwischen Jakobus dem Herrenbruder in Jerusalem und Petrus dem Felsenapostel in Antiochia ein innerchristlich so entscheidender Faktor wurde, daß christliches Selbstverständnis nur noch in Anlehnung an oder in Auseinandersetzung mit dieser Allianz geprägt werden konnte. Dies ist festzustellen im Matthäusevangelium, bei Markus, bei Johannes, im Thomasevangelium und auch in dem, was die Auseinandersetzung zwischen Paulus und dem syrischen Christentum nicht zur Ruhe kommen ließ.

Der Konsens zwischen Jakobus und Petrus ruhte zumindest auf der Geltung des Gottesfürchtigen-Kriteriums für Heidenchristen und darauf, daß den Judenchristen ihre Treue zur Torah nicht abspenstig gemacht werden sollte. Dies hat bis in die neutestamentliche Kanonbildung hinein so entscheidende Wirkung gehabt, daß zwei damit explizit ausgeschlossene christliche Gruppen in den Schriften des Neuen Testaments nur noch als Gegner erscheinen: auf der einen Seite die radikalen Vertreter eines Torah-Kriteriums auch für Heidenchristen; auf der anderen Seite die Nikolaiten mit ihrer wohl charismatisch begründeten Außerkraftsetzung von Geboten des Gottesfürchtigen-Kriteriums.

Insgesamt aber bedeutet der neutestamentliche Kanon nicht Vereinheitlichung, sondern Bewahrung von innerchristlicher Pluralität. Deshalb ist es wichtig, sich auch um ein ernsthaftes Verstehen derjenigen urchristlichen Anliegen zu bemühen, die nicht mit eigenen Schriften in den Kanon eingegangen sind.

In den schriftlichen Urkunden aus dem frühen syrischen Christentum sind zumeist mehrere der ursprünglichen sechs Heilskriterien miteinander zu einem Gesamtkonzept verbunden. Zwischen den einzelnen schriftlichen Zeugnissen aber gibt es Unterschiede darin, *welche* Kriterien dabei jeweils als gültig bzw. als ungültig ausgewählt wurden. Dies sei anhand von einigen Beispielen tabellarisch veranschaulicht:

	1 Kor 13	Apg 10	Mk	Joh 9	Mt-Tradition
Torah-Krit.	–	ungültig	ungültig	ungültig	gültig
Gottesf.-Kr.	gültig	gültig	anerkannt	gültig	gültig
Nachfolge-Kr.	ungültig	–	gültig	–	–
Sympath.-Kr.	ungültig	–	gültig	gültig	ungültig
Charism. Kr.	ungültig	gültig	anerkannt	anerkannt	ungültig
Erkenntn.-Kr.	ungültig	–	anerkannt	–	–

Auch für die Art, *wie* unterschiedliche christliche Selbstverständnisse miteinander integriert werden, gab es sehr verschiedene Konzepte.

Das Matthäusevangelium ist das deutlichste Beispiel für eine argumentative Integration: Torah-Kriterium und Gottesfürchtigen-Kriterium sollen innerhalb derselben Gemeinden lebbar gehalten werden. Dies wird argumentativ untermauert durch das gut jüdische Modell von der Mitte der Torah und durch das Logion von der "Schlüsselgewalt", die Petrus für seine Torah-Auslegung besonders den Heiden gegenüber bekommen hat. Die bleibende Spannung zwischen zwei konkurrierenden christlichen Selbstverständnissen wird dabei weitgehend überspielt.

Markus dagegen vertritt eine pluralistische Integration: Die Herkunft seiner Gemeinden aus dem Zusammenspiel von Wanderradikalen und Sympathisanten bleibt deutlich erkennbar, aber anhand konkreter außenstehender Personen wird die Möglichkeit von Rettung auch durch konkurrierende Kriterien aufgezeigt. Der Reiche (Mk 10,17ff) und der Schriftgelehrte (Mk 12,28ff) stehen dabei für das Gottesfürchtigen-Kriterium, der fremde Exorzist (Mk 9,38f vielleicht für das charismatische Kriterium. Ähnlich wird mit dem Erkenntnis Kriterium verfahren, das zunächst in der Gleichnistheorie Mk 4,11f vorgestellt aber dann in seiner Anwendbarkeit auf die Jünger problematisiert wird. Ehe entsprechen ihm Gestalten wie der Centurio unter dem Kreuz (Mk 15,39).

Johannes schließlich betreibt am deutlichsten eine synthetische Integration

Aus dem Zusammentreffen von Gottesfürchtigen-Kriterium und dem Bekenntnis als Identitätsmerkmal in einer entscheidenden geschichtlichen Situation (Synagogen-Ausschluß) entsteht etwas Neues: das johanneische Glaubens-Kriterium. Auf ähnlichem Wege ist auch (mit Sicherheit außerhalb Syriens) das paulinische Kriterium der Glaubensgerechtigkeit entstanden. Das Glaubens-Kriterium ist bei Johannes die absolut dominierende Kriterienformulierung, aber es vermag außer den beiden genannten Traditionen auch noch charismatisches Kriterium, Nachfolge-Kriterium und Erkenntnis-Kriterium an sich zu binden als Merkmale des Glaubens.

Ergebnis und Ausblick

Die kulturelle Umwelt des frühesten Heidenchristentums war in einer Weise durch religiöse Pluralität gekennzeichnet, wie es für unsere eigene europäische Kultur erst am Ende des zwanzigsten Jahrhunderts wieder sichtbar wird. So haben wir heute bessere Bedingungen als noch am Beginn oder in der Mitte dieses Jahrhunderts, die Bedeutung solcher Pluralität für die Identitätssuche des entstehenden Christentums richtig einzuschätzen.

Wie bei jeder aus der eigenen Zeit gewonnenen Verstehenshilfe für frühere geschichtliche Epochen besteht auch hierbei natürlich die Gefahr, daß dem Zeitgeist zu viel Macht über das Verstehen eingeräumt wird. Dennoch bleibt es sicher ein Schritt in die richtige Richtung, wenn wir uns aufgrund von vertieftem Verständnis religiöser Pluralität von einigen Scheinkonstanten trennen, die in der neutestamentlichen Wissenschaft zum Teil bis heute als unhinterfragtes Erbe einer religiös einförmigeren Gesellschaft überliefert werden.

Ich selbst habe zu Beginn meiner Arbeit an dieser Untersuchung noch sehr viel mehr entlang ausgetretener Pfade gedacht und mußte mich vom biblischen Text erst mühsam korrigieren lassen. Mein ursprünglicher Ansatzpunkt war der Missionsbefehl Mt 28,18-20 mit seinem allumfassenden Geltungsanspruch, und ich dachte, daß sich von da aus die Möglichkeiten christlicher Verhältnisbestimmungen gegenüber Fremdreligionen eng begrenzen ließen. Wer auch immer beim Lesen der vorliegenden Darstellung das Ergebnis allein auf das investierte Vorverständnis zurückführen möchte, möge dies bedenken.

Eine weitreichende Scheinkonstante insbesondere der lutherischen Exegese beruht auf der Lehre von der Rechtfertigung des Glaubenden als Materialprinzip der Schrift. Diese Lehre hat gerade unser Jahrhundert stark beherrscht, da Rudolph Bultmann sie mit seiner existentialen Interpretation des Neuen Testaments in einer der Zeit angepaßten Form wiederholte. Zwar war gerade Bultmann sich dessen bewußt, daß die Rechtfertigungslehre *nicht* aus dem ganzen Neuen Testament zu belegen ist, aber als hermeneutischer Schlüssel prägte sie doch das Schriftverständnis als ganzes und für eine ganze Generation.

Speziell auf Paulus wurde und wird größtenteils noch das Axiom angewandt, daß er von seiner Bekehrung an, d. h. mit seinem ganzen Corpus von Briefen für die Rechtfertigung des Glaubenden einstehen müsse, und daß nicht etwa erst eine biographische Entwicklung *innerhalb seiner Schriften* ihn dorthin geführt haben dürfte. Hierin ist noch viel umfassender Ernst zu machen mit der Erkenntnis, die schon William Wrede treffend in ein Bild aus der fremdreligiösen Umwelt des Paulus gefaßt hat (indem er gerade die paulinische Rechtfertigungslehre von diesem Bild distanzierte): "Athene sprang gewappnet in voller Kraft aus dem Haupte des Zeus hervor. So ist die Theologie des Paulus nicht entstanden. Sie ist gewachsen und geworden, und wir begreifen sie wie alles Geschichtliche nur in dem Maße wirklich, als wir in ihr Werden hineinsehen"[1]. Aufgrund der hier vorgelegten Darstellung läßt sich dies dahin präzisieren: Wie viele andere Menschen in einer religiös pluralen Welt hat Paulus eine bewegte religiöse Entwicklung durchlaufen, und die Entdeckung der Gerechtigkeit aus Glauben steht erst am Umbruch zur letzten Phase seiner Biographie.

Was für die frühen Paulusbriefe und ihre Rückschlußmöglichkeiten auf syrische Wurzeln paulinischer Briefe stimmt, das trifft sinngemäß auch auf die Auslegung anderer neutestamentlicher

---

(1) W.Wrede, Paulus, ²1907 S.79

Schriften zu. Unter den Zeugnissen des syrischen Christentums ist es vor allem das Matthäus-evangelium, das entgegen seinen eigenen Absichten von protestantischen Exegeten oft paulinisie-rend ausgelegt wurde. Darauf hat B. Przybylski meines Erachtens mit Recht hingewiesen [1].

Wenn auf diese Weise die selbstverständlich wertvolle Spitzenleistung neute-stamentlicher Theologie bei Paulus zum Maßstab und Auslegungsprinzip für alles übrige wurde, so geriet damit die lange und mühsame Identitätssuche des Heidenchristentums in Syrien aus dem Blick, die zu Paulus führte, aber eben nicht nur zu Paulus, sondern auch zu Markus, Matthäus, Johannes, Lukas, Ignatius und vielen anderen. Die Gewichte in der Geschichte des Urchristen-tums verschieben sich nicht unerheblich, wenn man darin die Besonderheiten einer religiös pluralen Welt als Verstehenshilfen zuläßt.

Die Arbeitshypothese dieser Untersuchung war, daß zwischen den drei in den einzelnen Kapiteln behandelten Problemkreisen ein Zusammenhang besteht: Zwischen dem Übergang des Christentums zur Heidenmission, der Verände-rung des Christentums durch die Begegnung mit seiner heidnischen Umwelt und der Entfaltung innerchristlicher Pluralität.

Nach der Beschäftigung mit diesen Problemkreisen im einzelnen darf die Ar-beitshypothese aufs Ganze gesehen als bestätigt gelten. Weder die Mission, noch die Inkulturation der Botschaft Jesu in eine heidnische Umwelt, noch die innerchristliche Pluralität können umfassend beschrieben werden, ohne die je-weils anderen Aspekte mitzubedenken.

Zu relativieren ist dabei im Rückblick die Betonung der syrischen Hauptstadt Antiochia in der Forschungsgeschichte dieser Problemkreise. Die Bedeutung der dortigen christlichen Gemeinde liegt vermutlich darin, daß einige ihrer Missionare sich als erste zu einer *gezielten oder intentiona-len* Heidenmission entschlossen haben. Damit begannen sie die Initiative zurückzugewinnen in ei-nem Vorgang, der längst in Gang gekommen war: der Wirkung von Jesu Botschaft und Handeln auf Nichtjuden. Die gezielte Mission führte zu einem neuen Typ von Christentum als einer relativ eigenständigen Religion und trug damit zweifellos zur innerchristlichen Pluralität bei. Die darauf-hin in Antiochia begonnenen bzw. ausgetragenen Konflikte umfassen jedoch nur einen Ausschnitt des insgesamt durch innerchristliche Pluralität im syrischen Raum vorhandenen Konfliktpoten-tials.

Das gesamte Spektrum der hier zu behandelnden Entwicklungsvorgänge kommt erst in den Blick, wenn auch die *unkontrollierbaren* Wirkungen der christlichen Botschaft als eigenständige Größe berücksichtigt werden. Das an-tiochenische Christentum bemühte sich darum, solchen unkontrollierbaren Wirkungen durch gezielte Mission zuvorzukommen bzw. sie nachträglich in ei-ne kontrollierbare Gemeindestruktur einzubinden. Das weiterbestehende Problem von oberflächlich "christianisierten" Heiden verlor es dabei aber ten-denziell aus dem Blick.

---

(1) B.Przybylski, Righteousness in Matthew and his World of Thought, 1980 S.105

204

> Mission, Inkulturation und innerchristliche Pluralität machen gemeinsam die Dynamik christlicher Identitätsproblematik, Identitätssuche und Identitätsfindung aus. Der Wirkungszusammenhang zwischen Mission, Inkulturation und Pluralität ist nicht auf nur einer (am Bild Antiochias oder an späteren christlichen Selbstverständlichkeiten orientieren) Linie zu betrachten. Vielmehr entsprechen den *verschiedenen* Optionen aus der innerchristlichen Pluralität schon *verschiedene* Optionen im Missions- und Bekehrungsverständnis und *verschiedene* Modelle der Inkulturation von Christentum in neue religiös-kulturelle Zusammenhänge.

Was wir durch die spätere westliche Entwicklung des Christentums als allein maßgeblich zu betrachten uns angewöhnt haben, war in der ersten christlichen Generation Syriens nur eine Linie am Rand eines Spektrums:

Nach der Reihenfolge der hier gewählten Kapiteleinteilung beginnt diese Linie bei einem radikalen Verständnis von Bekehrung als Conversion, wo die Hinwendung zum Christentum gleichzeitig die Abkehr von allen früheren religiösen Bindungen bedeutet. Sie setzt sich fort in einem Typ von Inkulturation, wo das Christentum um größtmögliche Eigenständigkeit seines Vorrats an Ausdrucksformen bemüht ist und es so gut wie möglich vermeidet, konkrete jüdische oder heidnische religiöse Äußerungen einfach für die eigene Religiosität mitzubenutzen (wie es in der religiösen Umwelt als selbstverständlich galt). Man kann dieses Wesensmerkmal eine "antisynkretistische" Tendenz nennen. Schließlich im Gegenstandsbereich des dritten Kapitels entspricht dem ein christliches Selbstverständnis, das die Einzigartigkeit Jesu Christi herausstreicht und (in verschiedenen Größenverhältnissen zueinander) sowohl den Glauben an Jesus Christus zum Heilskriterium macht, als auch ein Leben nach Jesu ethischen Maßstäben.

Je nach Zugehörigkeit zu einer heutigen christlichen Konfession wird es unterschiedlich ausfallen, welches Verhältnis von Glaube und Ethik dabei als der "vordere" Rand des innerchristlichen Spektrums empfunden wird. Katholiken werden eher zu einem integrierenden Konzept neigen, während Protestanten den Glauben betonen werden. Jedenfalls neigen wir aus der Sicht heutiger konfessioneller Gegensätze leicht dazu, den frühesten innerchristlichen Pluralismus - wo er überhaupt eingestanden wird - auf die Alternative von "Glaube" und "Werke" zu verkürzen.

Der gegenüberliegende Rand des Spektrums frühchristlicher Zusammenhänge von Missionsverständnis, Inkulturation und gruppenspezifischer Selbstdefinition beginnt bei einem Modell von "Bekehrung", das der zeitgenössischen Übung von Pilgerschaft entnommen ist: die Zuwendung zu einem fremden Zentrum religiöser Anziehungskraft als "Extensivierung" der eigenen religiösen Überzeugungen, ohne daß man sich dabei gleichzeitig von den angestammten religiösen Traditionen abwenden würde. Manche neutestamentlichen Erzählungen von Begegnungen zwischen Heiden und Jesus zwingen zu der Einsicht, daß ihnen ein solches Modell zugrundeliegt. Die Folge dieser Extensivierungen war, daß die betreffenden Menschen nicht zu "Christen" im Sinne einer gegenüber Fremdem abgeschlossenen religiösen Überzeugung wurden, sondern daß sie nur einige Elemente christlicher bzw. jesuanischer Religiosität in ihre ansonsten heidnische Religionsausübung übernahmen. Gegenüber Jesus und seinen Nachfolgern nahmen sie eine Art Sympathisantenstatus ein. Die Untersuchung im dritten Kapitel hat ergeben, daß auch dieser Haltung ein frühchristliches "Heilskriterium" entsprach: Christliche Wandercharismatiker rechneten mit einer endzeitlichen Errettung auch derer, die sich ihrer Wundermacht vertrauensvoll zuwandten, die Jesus als den Kyrios anriefen und die seinen Nachfolgern Unterkunft und Verpflegung gewährten (Sympathisanten-Kriterium).

An diesem gegenüberliegenden Rand des frühchristlichen Spektrums ergibt sich für unsere heutige Interpretation eine theologische Schwierigkeit: Es ist eindeutig, daß die dort angesiedelten Menschen etwas betrieben, was man nach modernem Sprachgebrauch gern "Synkretismus" nennt und was auch schon innerhalb der neutestamentlichen Schriften zur Genüge kritisiert wurde: Die Kombination von christlichen, jüdischen und heidnischen Elementen innerhalb derselben religiösen Überzeugung und Praxis.

Die Existenz sowohl von biblischen Erzählungen nach dem Modell der "Extensivierung" als auch eines frühchristlichen Heilskriteriums, das mit der Rettung von Sympathisanten rechnete, sollte jedoch dafür hellhörig machen, daß die Verwerfung der "synkretistischen" Sympathisantenszene nur *eine* Stimme innerhalb der frühchristlichen Pluralität war - die Stimme freilich, die sich später durchgesetzt hat.

Es gibt im neutestamentlichen Kanon keine ausdrückliche Parteinahme *für* die Übernahme christlicher Elemente in eine ansonsten weitgehend heidnisch bleibende Religiosität. Keine der sich im Neuen Testament äußernden christlichen Gruppen hatte Grund dazu, solche Strömungen von sich aus zu *fördern*. Daß die Spanne neutestamentlicher Positionen ihnen gegenüber aber von der klaren Ablehnung immerhin bis zur Toleranz und zur Einbeziehung in die Heilserwartung reichte, ist theologisch bedeutsam.

Da uns das Neue Testament nun einmal als Dokument innerchristlicher Pluralität überliefert wurde, ist in Fragen christlicher Selbstabgrenzung nach außen hin nicht irgendeine beliebig ausgewählte Schriftstelle allein maßgeblich, sondern das Spektrum aller einschlägigen neutestamentlichen Positionen ist abzuwägen. Sonst werden leicht Innengrenzen mit Außengrenzen verwechselt.

Für die Auseinandersetzung des Christentums mit fremden Religionen hält das Neue Testament nicht nur die als antisynkretistische Belegstellen viel strapazierten Texte bereit, sondern es bietet auch Modelle für einen Umgang mit Jesus und seiner Botschaft, die bei näherem Hinsehen vor der herrschenden Theologie unseres zwanzigsten Jahrhunderts als anrüchig gelten müssen. Dazu gehören die Erzählungen von den Magiern aus dem Osten, von der Syrophönikierin oder vom Centurio aus Kapernaum.

Die Konsequenz daraus für christlichen Umgang mit fremden Religionen ist wiederum sicherlich kein Relativismus. Keine neutestamentliche Position fordert dazu auf, religiöse Traditionen zu vereinerleien. Deshalb möchte ich auch ausdrücklich davor warnen, meine Ergebnisse dahingehend mißzuverstehen, daß man nun wieder munter die Wurzeln frühchristlicher Theologie in irgendwelchen fremdreligiösen Denkmodellen ausmachen dürfte, die in irgendeiner Hinsicht mit irgendeinem christlichen Gedanken verwandt sind.

Andererseits aber läßt sich am Neuen Testament auch nicht eine Korrelation bewahrheiten, die bei vielen heutigen Christen dem Verhalten gegenüber Fremdreligionen als handlungsleitendes Axiom zugrundezuliegen scheint: Die Annahme nämlich, daß nur eine schroffe Ablehnung von allem Fremden die christliche Lehre rein bewahren könne, während größere Offenheit automatisch zu Verwässerung führen müsse. Unter den hier untersuchten frühchristlichen Positionen vertreten die Nikolaiten das Maximum an Bestreitung fremdreligiöser Wirklichkeit, während das Matthäusevangelium für den größten Respekt gegenüber Fremdem steht. Läßt sich aber so ohne weiteres sagen, daß die (im Neuen Testament *nur* als Gegner bezeugten) Nikolaiten eine "reinere" Lehre vertraten als das Matthäusevangelium?

Zu den für unsere heutige christliche Identität höchst relevanten Einsichten des Matthäus-Evangeliums gehört auf jeden Fall, daß intentionale und nicht-intentionale Mission zusammengehören: die unbeabsichtigte und unvermeidbare Ausstrahlung der Jünger Jesu als Stadt auf dem Berge und als Licht der Welt (Mt 5,14) einerseits, andererseits die planvolle Lehre unter allen Völkern mit dem Ziel, auch sie zu Schülern Jesu zu machen (Mt 28,18-20). Diese Weisheit mußte sich in der Geschichte der christlichen Mission bitter bestätigen durch tausendfache Versuche, die nicht-intentionale Mission zu überspringen: wo der gezielten christlichen Mission nicht der Ruf von überraschend hereingebrochenem Heil meilenweit vorauseilt, hat sie erstens schlechte Voraussetzungen und richtet zweitens zumeist mehr Schaden als Nutzen an.

Die Konsequenzen daraus prallen allerdings hart mit festgefahrenen dogmatischen Vorstellungen westlicher Theologie zusammen: Selbsternannte Rechtgläubige beschreiben sogenannte "Synkretismen" als ihre eigene Gegen-Identität und übersehen dabei, daß bei der Inkulturation des Evangeliums in neue Kulturräume - angefangen mit dem heidnischen Syrien zur Zeit des Neuen Testaments - immer die als Synkretismus verdächtigen Phänomene einen Nährboden bildeten, ohne den "Orthodoxien" gar nicht lebensfähig gewesen wären. Was hätte Paulus theologisch tatsächlich erreichen können ohne die Glaubenserfahrungen von synkretismusverdächtigen Gestalten, wie sie etwa die Erzählung über den Centurio von Kapernaum paradigmatisch festhält?

So wird es dem Erfahrungsschatz unserer Heiligen Schriften nicht gerecht, wenn man aus dem Neuen Testament undifferenzierte Beurteilungen fremder

Religionen und ein unbeugsames christliches Selbstbewußtsein im Angesicht der Anderen herleitet. Die nicht-intentionale Ausstrahlung jesuanischen und christlichen Gedankengutes über die Grenzen der Kirche hinaus hat - wo sie geschehen konnte - religionsgeschichtliche und weltgeschichtliche Bewegungen ersten Ranges angestoßen. Neben der schwer faßbaren Ausstrahlung des zentralasiatischen Christentums auf den Buddhismus sind hier in erster Linie die Entstehung des Islam unter dem Einfluß von Judentum und syrisch-arabischem Christentum zu nennen, sowie die hinduistische Reform im Indien des 19. und 20. Jahrhunderts. Das Überzeugungssystem von Mahatma Ghandi ließe sich aus christlich-theologischer Sicht ohne weiteres als "Synkretismus" beschreiben - aber welcher westliche Christ hätte die religiöse und moralische Integrität, dies tun zu dürfen?

Die große theologische Aufgabe steht dem Christentum weitgehend noch bevor, die vielschichtigen Wirkungen seines eigenen "Licht-der-Welt-Seins" ins rechte Licht zu rücken. Weder eine Tendenz zur Vereinnahmung in der Rede vom "anonymen Christentum" nach dem Vaticanum II und Karl Rahner, noch die schroffe Ablehnung aller Religion in der Wirkungsgeschichte des frühen Karl Barth kann dieser Aufgabe gerecht werden.

Vor der genannten Aufgabe mag uns westliche Christen vor allem die Frage nach dem Kriterium des endzeitlichen Heils zurückschrecken lassen. Wir haben keinen Grund, diese Frage zu vernachlässigen. Wir haben aber auch keinen Grund, sie mit vorgefertigten Meinungen zu beantworten, die der Fülle des neutestamentlichen Zeugnisses nicht gerecht werden. Konfessionelle Entscheidungen darüber sind zwar unverzichtbare Hilfen, sich *innerhalb* einer Gemeinschaft des Heils zu vergewissern, aber sie dürfen nicht dazu verleiten, die Frage nach dem Heil für Andere auf die Frage nach ihrer Konformität mit der je eigenen, sogar innerchristlich nur partikularen Identität zu reduzieren.

Als Beispiel für die Komplexität dieser Problematik sei der Islam imLichte der frühchristlich-syrischen Kriteriendiskussion betrachtet: Muslime halten Jesus für einen der Propheten - ähnlich wie die in Mk 8,27f genannten Menschen aus dem Volk, das Gerüchte über Jesu Wunder tradierte. Mit dieser Parallele befinden wir uns schon mitten in der Sympathisantenszene aus dem Syrien zur Zeit des Neuen Testaments. Weiter hat der Islam religiöse Forderungen, die sehr nahe bei dem stehen, was hier als Gottesfürchtigen-Kriterium herausgearbeitet wurde - ja sich von dort aus sogar in Richtung auf ein Glaubenskriterium bewegen (das sich allerdings nicht auf das Herr-Sein Jesu richtet):

"Nicht darin besteht Tugend, daß ihr euer Antlitz nach Osten oder Westen kehrt, sondern wahrhaft gerecht ist der, welcher an Gott glaubt und an den jüngsten Tag und an die Engel und an das Buch und die Propheten und der aus Liebe zu Gott Geld aufwendet für die Unterstützung der Angehörigen und für die Waise und den Bedürftigen und für den Pilger und die, die um milde Gaben bitten, und für den Loskauf von Gefangenen, und der das Gebet verrichtet und die Armenabgabe zahlt; sowie jene, die ihr Versprechen halten, wenn sie eins gegeben haben, und die in Armut und Krankheit und Kriegszeit standhalten, die sind es, die sich redlich bewährt haben und sie sind die *Gottesfürchtigen*". (Koran, Sure 2,172)[1].

Es darf nicht darum gehen, den Islam christlich zu vereinnahmen. Dennoch drängt sich die Beobachtung auf, daß der Islam mit seiner Position nicht außerhalb dessen steht, was im frühesten syrischen Heidenchristentum als Kriterien christlichen Heils diskutiert wurde, sondern daß er weit in den Bereich christlich *umstrittener* Identität hineinragt.

Die Konsequenzen daraus sind völlig offen, da es ja um Fragen geht, die in unserem eigenen Schriftenkanon Gegenstand von harten Diskussionen sind. Notwendig ist aber jedenfalls, daß wir unser Verhältnis zu dieser Religion - und von da aus weiter unser Verhältnis zu entfernteren Fremdreligionen - in stärkerem Maße theologisch verantwortlich klären und uns dabei weniger darauf verlassen, daß unsere Tradition uns dafür passende Denk- und Handlungsmodelle zur Verfügung stellt.

---

(1) Übersetzung nach M. S. Abdullah, Islam für das Gespräch mit Christen, Gütersloh 1992

Literaturverzeichnis

1. Primärliteratur, Übersetzungen und Quellensammlungen:

Achilleus Tatios:

K.Plepelits (Übers.), Achilleus Tatios, Leukippe und Kleitophon (Bibliothek der griechischen Literatur Bd.11), Stuttgart 1980

E.Vilborg (Hg.), Achilles Tatius, Leucippe and Clitophon, Göteborg 1955

Apuleios:

J.A.Hanson, (Hg. u. Übers.), Apuleius, Metamorphoses in two volumes, Cambridge (Mass.)/London 1989

Didaché:

G.Schöllgen/W.Geerlings (Übers. u. Hg.), Didache; Traditio Apostolica, Fontes Christiani Bd. 1, Freiburg u. a. 1991

W.Rordorf/A.Tuilier (Hg. u. Übers.), La doctrine des douze Apôtres (Didachè), Sources chrétiennes 248, Paris 1978

Euseb:

P.Haeuser (Übers.), Des Eusebius Pamphili Bischofs von Caesarea Kirchengeschichte, Bibliothek der Kirchenväter 2.Reihe Bd.I, München 1932

K.Mras (Hg.), Eusebius Werke, 8.Band II.Teil (Die griechischen christlichen Schriftsteller der ersten Jahrhunderte), Berlin 1956

Flavius Josephus:

H.Clementz (Übers.), Des Flavius Josephus Jüdische Altertümer, Wiesbaden [4]1982

H.Endrös (Übers.)/G.Wirth (Hg.), Flavius Josephus, Der jüdische Krieg, München [2]1982

H.St.J.Thackeray (Hg. u. Übers.), Josephus in Nine Volumes, London 1966-69

Ignatius:

P.Th.Camelot, (Hg. und Übers.), Ignace d'Antioche, Polycarpe de Smyrne. Lettres. Martyre de Polycarpe, Sources chrétiennes 10, Paris [3]1958

H.Urs v.Balthasar (Übers.), Die Apostolischen Väter. Clemens von Rom, Ignatius von Antiochien, Polykarp von Smyrna, Christliche Meister 24, Einsiedeln 1984

Inschriften

Academia Inscriptionum et Litterarum Humaniorum (Hg.), Corpus Inscriptionum Semiticarum, Teil 2 Inscriptiones Aramaicas Continens, Bd.1 Inscriptiones Assyriae et Babylonicae, Paris 1889

Academia Inscriptionum et Litterarum Humaniorum (Hg.), Corpus Inscriptionum Semiticarum, Teil 2 Inscriptiones Aramaicas Continens, Bd.2 Inscriptiones Nabataeae, Paris 1907

Academia Inscriptionum et Litterarum Humaniorum (Hg.), Corpus Inscriptionum Semiticarum, Teil 2 Inscriptiones Aramaicas Continens, Bd.3 Inscriptiones Palmyrene, Paris 1926

Academia Inscriptionum et Litterarum Humaniorum (Hg.), Inscriptiones Graecae ad res romanas pertinentes, Paris 1906ff

Commission du Corpus Inscriptionum Semiticarum (Hg.), Répertoire d'épigraphie sémitique, Bd.VII, Paris 1936

W.Dittenberger (Hg.), Sylloge Inscriptionum Graecarum, Bd.III, Hildesheim [4]1960

W.Dittenberger (Hg.), Orientis Graeci Inscriptiones Selectae. Supplementum Sylloges Inscriptionum Graecarum, Vol.II, Leipzig 1905

C.Dunant, Le sanctuaire de Baalshamin à Palmyre, Bd.III: Les Inscriptions, Neuchatel 1971

M.Gawlikowski (Hg.), Recueil d'inscriptions palmyréniennes provenant de fouilles syriennes et polonaises récentes à Palmyre, 1974

F.Hiller v.Gaertringen (Hg.), Inscriptiones Graecae, Bd. IV/1 Inscriptiones Epidauri, Berlin 1929

J.Jalabert/R.Mouterde (Hg.), Inscriptions Grecques et Latines de la Syrie, Bd.I Commagène et Cyrrhestique, Paris 1929ff

J.Jalabert/R.Mouterde (Hg.), Inscriptions Grecques et Latines de la Syrie, Bd.II Chalcidique et Antiochène, Paris 1939

J.Jalabert/R.Mouterde (Hg.), Inscriptions Grecques et Latines de la Syrie, Bd.III,1 Région de L'Amanus. Antioche, Paris 1950

J.Jalabert/R.Mouterde (Hg.), Inscriptions Grecques et Latines de la Syrie, Bd.III,2 Antioche (Suite). Antiochéne, Paris 1953

J.Jalabert/R.Mouterde/C.Mondésert (Hg.), Inscriptions Grecques et Latines de la Syrie, Bd.IV Laodicée. Apamène, Paris 1955

J.-P.Rey-Coquais (Hg.), Inscriptions Grecques et Latines de la Syrie, Bd.VI: Baalbek et Beqa', Paris 1969

J.-P.Rey-Coquais (Hg.), Inscriptions Grecques et Latines de la Syrie, Bd.VII: Arados et régions voisines, Paris 1970

M.Sartre (Hg.), Inscriptions Grecques et Latines de la Syrie, Bd.XIII: Bostra, Paris 1982

W.H.Waddington (Hg.), Inscriptions Grecques et Latines de la Syrie, Paris 1870

Irenäus:

E.Klebba (Übers.), Des heiligen Irenäus fünf Bücher gegen die Häresien, Buch I-III, Bibliothek der Kirchenväter Bd.3, Kempten/München 1912

A.Rousseau/L.Doutreleau (Hg. u. Übers.), Irénée de Lyon, Contre les hérésies. Livre I, Bd.II texte et traduction. Sources chrétiennes 264, Paris 1979

Joseph und Aseneth:

Chr.Burchard (Übers.), Joseph und Aseneth, Jüdische Schriften aus hellenistisch-römischer Zeit, Bd.II/4 Gütersloh 1983

Justin:

G.Rauschen (Übers.), Die beiden Apologien Justins des Märtyrers, in: Frühchristliche Apologeten und Märtyrerakten. Aus dem Griechischen und Lateinischen übersetzt, Bd.I, Bibliothek der Kirchenväter Bd.12, München 1913 S.55-155

A.Wartelle (Hg. u. Übers.), Saint Justin, Apologies, Paris 1987

Kelsos:

Th.Keim, Kelsos, Wahres Wort. Älteste Streitschrift antiker Weltanschauung gegen das Christentum vom Jahr 178 n.Chr wiederhergestellt..., Neudruck Aalen 1969

Lukian:

H.W.Attridge/R.A.Oden (Hg.), The Syrian Goddess (De Dea Syria), attributed to Lucian, Missoula, Montana 1976

H.Floerke (Bearb.), Lukian, Sämtliche Werke, 5 Bände, Berlin 1922

A.M.Harmon/K.Kilburn/M.D.MacLeod (Hg. und Übers.), Lucian in eight Volumes, Cambridge (Mass.)/London 1969-79

K.Jacobitz (Hg.), Lucianus, Nachdruck der Ausgabe Leipzig 1839, Hildesheim 1966

K.Mras (hg. und Übers.), Die Hauptwerke des Lukian, München [2]1980

Maximus von Tyros:

H.Hobein (Hg.), Maximi Tyrii Philosophumena, Leipzig 1910

Nazaräerevangelium:

Ph.Vielhauer/G.Strecker, Judenchristliche Evangelien, in: E.Hennecke (Begr.)/ W.Schneemelcher (Hg.), Neutestamentliche Apokryphen in deutscher Übersetzung, Bd.I Evangelien, ⁵1987 S.114-147

Numenius:

E.des Places (Hg. und Übers.), Numénius, Fragments, Paris 1973

Origenes:

M.Borret (Hg. u. Übers.), Origène, Contra Celse Bd.III: Livres V et VI, Sources chrétiennes 146, Paris 1969

M.Borret (Hg. u. Übers.), Origène, Contra Celse Bd.IV: Livres VII et VIII, Sources chrétiennes 150, Paris 1969

H.-J.Sieben (Hg. u. Übers.), Origenes, In Lucam Homiliae, Fontes Christiani 4/1, Freiburg u. a. 1991

Petrusevangelium:

M.G.Mara (Hg. und Übers.), Évangile de Pierre, Sources Chrétiennes 201, Paris 1973

Chr.Maurer/W.Schneemelcher, Petrusevangelium, in: E.Hennecke (Begr.)/ W.Schneemelcher (Hg.), Neutestamentliche Apokryphen in deutscher Übersetzung, Bd.I Evangelien, ⁵1987 S.180-188

Philon von Byblos:

H.W.Attridge/R.A.Oden (Hg.), Philo of Byblos, The Phoenician History, Washington D.C. 1981

J.Sirinelli/E.des Places (Hg.), Eusèbe de Césarée, La préparation évangélique. Introduction générale, Livre I, Sources chrétiennes Vol 206, Paris 1974

Plutarch:

F.C.Babbitt (Hg.), Plutarch's moralia in sixteen volumes, Bd.II, Cambridge (Mass.)/London 1971

Qumran-Schriften:

J.Maier/K.Schubert, Die Qumran-Essener. Texte der Schriftrollen und Lebensbild der Gemeinde, München-Basel 1982

Rufin:

Th.Mommsen (Hg.), Die lateinische Übersetzung des Rufinus, in: E.Schwartz (Hg.), Eusebius Werke, Bd. 2 Die Kirchengeschichte, zweiter Teil, CGS Bd. 9,2, Leipzig 1908

Strabo:

H.L.Jones (Hg.), The Geography of Strabo in eight volumes, with an english translation, London 1966

Tatian:

R.C.Kukula (Übers.), Tatians des Assyrers Rede an die Bekenner des Griechentums, in: Frühchristliche Apologeten und Märtyrerakten. Aus dem Griechischen und Lateinischen übersetzt, Bd.I, Bibliothek der Kirchenväter Bd.12, München 1913 S.175-257

E.Preuschen (Übers.), Tatians Diatessaron aus dem arabischen übersetzt, hg.v.A.Pott, Heidelberg 1926

212

M.Whittaker (Hg. u. Übers.), Tatian, Oratio ad Graecos and Fragments, Oxford 1982

Theophilos von Antiochia:

G.Bardy (Hg.)/J.Sender (Übers.), Théophile d'antioche. Trois livres à Autolykos, Sources chrétiennes 20, Paris 1948

J.Leitl (Übers.), Des heiligen Theophilus, Bischofs von Antiochien, Drei Bücher an Autolykus, in: Frühchristliche Apologeten und Märtyrerakten Bd.II, Bibliothek der Kirchenväter Bd.14, Kempten/München 1913

Thomasakten:

A.F.J.Klijn, The Acts of Thomas. Introduction - Text Commentary, Leiden 1962

M.Lipinski, Konkordanz zu den Thomasakten, Frankfurt a. M. 1988 (darin griechische Textausgabe als Anhang)

Thomasevangelium:

O.Betz/T.Schramm, Perlenlied und Thomasevangelium. Texte aus der Frühzeit des Christentums, Zürich u.a. 1985

B.Blatz, Das koptische Thomasevangelium, in: E.Hennecke (Begr.)/W.Schneemelcher (Hg.), Neutestamentliche Apokryphen in deutscher Übersetzung, Bd.I Evangelien, [5]1987 S.91-113

A.Guillaumont/H.-Ch.Puech/G.Quispel/W.Till/Y.Abd al Masih (Hg. und Übers.), Evangelium nach Thomas, Leiden 1959

J.-E.Menard, L'Évangile selon Thomas, Nag Hammadi Studies V, Leiden 1975

2. Sonstige Literatur

Ahn Byung-Mu, Draußen vor dem Tor. Kirche und Minjung in Korea. Theologische Beiträge und Reflexionen, hg.v.W.Glüer, Göttingen 1986

K.Aland, Über den Glaubenswechsel in der Geschichte des Christentums, Berlin 1961

B.Altaner/A.Stuiber, Patrologie. Leben, Schriften und Lehre der Kirchenväter, Freiburg/Basel/Wien [8]1978

F.Altheim, Römische Religionsgeschichte, Bd.2, Baden-Baden 1953

Y.Amir, Die Begegnung des biblischen und des philosophischen Monotheismus als Grundthema des jüdischen Hellenismus, EvTh 38 (1978), S.2-19

Y.Amir, Wie verarbeitete das Judentum fremde Einflüsse in hellenistischer Zeit?, in: Judaica 38 (1982) S.150-163

S.Angus, The Mystery-Religions and Christianity. A Study in the Religious Background of early Christianity, London 1925

F.Annen, Heil für die Heiden. Zur Bedeutung und Geschichte der Tradition vom besessenen Gerasener, FTS 20, Frankfurt 1976

G.Anrich, Das antike Mysterienwesen in seinem Einfluß auf das Christentum, Göttingen 1894

E.Arens, The Ηλθον-Sayings in the Synoptic Tradition. A Historico-Critical Investigation, Freiburg (Schweiz)/Göttingen 1976

A.H.Armstrong, The Self-Definition of Christianity in Relation to Later Platonism, in: E.P.Sanders (Hg.), Jewish and Christian Self-Definition, Bd.I: The Shaping of Christianity in the Second and Third Centuries, Philadelphia 1980 S.74-99

P.Aubin, Le problème de la "Conversion". Étude sur un terme commun à l'Hellénisme et au Christianisme des trois premiers siècles, Paris 1963

J.-P.Audet, La Didachè. Instruction des Apôtres, Paris 1958

K.Axenfeld, Die jüdische Propaganda als Vorläuferin und Wegbereiterin der urchristlichen Mission, in: Missionswissenschaftliche Studien. FS G.Warneck, Berlin 1904, S.1-80

J.v.Baal/W.E.A.v.Beek, Symbols for Communication. An Introduction to the Anthropological Study of Religion, 1971

Th.P.v.Baaren, Science of Religion as a Systematic Discipline: Some Introductory Remarks, in: Th.P.v.Baaren/H.J.W.Drijvers (Hg.), Religion, Culture and Methodology, Papers of the Groningen Working-Group for the Study of Fundamental Problems and Methods of Science of Religion, Den Haag/Paris 1973

Th.P.v.Baaren, A Few Essential Remarks Concerning Positive and Negative Relations between Gods, in: H.G.Kippenberg (Hg.), Struggles of Gods, Papers of the Groningen Work Group for the Study of the History of Religion, Berlin/New York/Amsterdam 1984, S.7-12

H.Baltensweiler, Das Gleichnis von der selbstwachsenden Saat (Markus 4,26-29) und die theologische Konzeption des Markusevangeliums, in: F.Christ (Hg.), Oikonomia. Heilsgeschichte als Thema der Theologie, FS O.Cullmann, Hamburg 1967 S.69-75

J.Balty/J.Ch.Balty, Apamée de Syrie, archéologie et histoire I. Des origines à la Tétrarchie, in: ANRW II,8 (1977) S.129

J.Balty, L'Oracle d'Apamee, in: L'Antiquité classique 50 (1981)

G.Bardy, Menschen werden Christen. Das Drama der Bekehrung in den ersten Jahrhunderten, übers.u.hg.v. J.Blank, Freiburg 1988

C.K.Barrett, Der Zweck des 4.Evangeliums, in: ZSTh 22 (1953), S.257-273

C.K.Barrett, Die Umwelt des Neuen Testaments. Ausgewählte Texte, hg. und übers.v. C.Colpe, Tübingen 1959

C.K.Barrett, Das Johannesevangelium und das Judentum, Stuttgart 1970

C.K.Barrett, The House of Prayer and the Den of Thieves, in: E.E.Ellis/E.Gräßer (Hg.), Jesus und Paulus, FS W.G.Kümmel, Göttingen 1975 S.13-20

C.K.Barrett, Jews and Judaizers in the Epistles of Ignatius, in: R.Hamerton-Kelly/R.Scroggs (Hg.), Jews, Greeks and Christians. Religious Cultures in Late Antiquity, FS W.D.Davies, Leiden 1976 S.220-244

C.K.Barrett, Das Evangelium nach Johannes, KEK Sonderband, Göttingen 1990

G.Barth, Das Gesetzesverständnis des Evangelisten Matthäus, in: G.Bornkamm/G.Barth/H.J. Held, Überlieferung und Auslegung im Matthäusevangelium, Neukirchen [6]1970 S.54-154

K.Barth, Kirchliche Dogmatik Bd.I/2, Zollikon 1938

K.Barth, Kirchliche Dogmatik Bd.IV/3.1, Zollikon-Zürich 1959

H.W.Bartsch, Die "Verfluchung" des Feigenbaums, in: ZNW 53 (1962) S.256-260

W.W.Graf Baudissin, Adonis und Esmun. Eine Untersuchung zur Geschichte des Glaubens an Auferstehungsgötter und an Heilgötter, Nachdruck Osnabrück 1971

G.Baudler, Erlösung von Stiergott. Christliche Gotteserfahrung im Dialog mit Mythen und Religionen, München/Stuttgart 1989

D.R.Bauer, The Structure of Matthew's Gospel. A Study in Literary Design, Sheffield 1988

K.Bauer, Antiochia in der ältesten Kirchengeschichte, Tübingen 1919

W.Bauer, Rechtgläubigkeit und Ketzerei im ältesten Christentum, Tübingen 1934

G.Baumbach, Die Mission im Matthäus-Evangelium, in: ThLZ 92 (1967) Sp.889-893

A.Baumgarten, The phoenician history of Philo of Byblos. A Commentary, EPRO 89, Leiden 1981

F.Chr.Baur, Die Christuspartei in der korinthischen Gemeinde, der Gegensatz des petrinischen und paulinischen Christentums in der alten Kirche, der Apostel Petrus in Rom, in: Tübinger Zeitschrift für Theologie 1831 S.61-206 = ders., Ausgewählte Werke in Einzelausgaben, hg.v. K.Scholder, Bd.1: Historisch-kritische Untersuchungen zum Neuen Testament, 1963 S.1-146

F.Chr.Baur, Paulus, der Apostel Jesu Christi. Sein Leben und Wirken, seine Briefe und seine Lehre, Bd.I, hg.v.E.Zeller, Leipzig [2]1866

K.Baus, Von der Urgemeinde zur frühchristlichen Großkirche, in: H.Jedin (Hg.), Handbuch der Kirchengeschichte Bd.I, Sonderausgabe Freiburg 1985, S.71-479

M.A.Beavis, Mark's Audience. The Literary and Social Setting of Mark 4,11-12, Sheffield 1989

J.Becker, Das Evangelium nach Johannes. Kapitel 1-10, ÖTK 4/1, Gütersloh/Würzburg 1979

J.Becker, Das Evangelium nach Johannes. Kapitel 11-21, ÖTK 4/2, Gütersloh/Würzburg ²1984

J.Becker, Paulus. Der Apostel der Völker, Tübingen 1989

A.Ben-David, Jerusalem und Tyros. Ein Beitrag zur palästinensischen Münz- und Wirtschafts-geschichte, Basel/Tübingen 1969

W.J.Bennett, The Herodians of Mark's Gospel, in: NT 17 (1975), S.9-14

K.Berger, Die Amen-Worte Jesu. Eine Untersuchung zum Problem der Legitimation in apoka-lyptischer Rede, Berlin 1970

K.Berger, Die Gesetzesauslegung Jesu. Ihr historischer Hintergrund im Judentum und im Alten Testament, Teil I: Markus und Parallelen, Neukirchen 1972

K.Berger, Die impliziten Gegner. Zur Methode des Erschließens von Gegnern. in: D.Lührmann/G.Strecker (Hg.), Kirche, FS G.Bornkamm, Tübingen 1980

K.Berger, Hellenistisch-heidnische Prodigien und die Vorzeichen in der jüdischen und christli-chen Apokalyptik, in: ANRW II 23,2 (1980) S.1429-1469

K.Berger, Exegese des Neuen Testaments. Neue Wege vom Text zur Auslegung, Heidelberg ²1984

K.Berger, Formgeschichte des Neuen Testaments, Heidelberg 1984

K.Berger, Hellenistische Gattungen im Neuen Testament, ANRW II 25.2 (1984) S.1031-1432 und 1831-1885

K.Berger, Art. Gnosis/Gnostizismus I. in: TRE Bd. 13 (1984), S.519-535

K.Berger/C.Colpe (Hg.), Religionsgeschichtliches Textbuch zum Neuen Testament, Göttingen 1987

K.Berger, Einführung in die Formgeschichte, Tübingen 1987

K.Berger, Art. Heiden, Heidenchristentum, in: EKL Bd. 2 (1990), Sp.407-410

K.Berger, Zur Kritik der Theorie der impliziten Axiome, in: W.Huber/E.Petzold/Th.Sundermeier (Hg.), Implizite Axiome. Tiefenstrukturen des Denkens und Handelns, Mün-chen 1990, S.229-245

P.L.Berger, Der Zwang zur Häresie. Religion in der pluralistischen Gesellschaft, Frankfurt a.M. 1980

J.Bergmann, Beitrag zur Interpretatio Graeca, in: S.Hartmann (Hg.), Syncretism, Uppsala 1969

R.Bergmeier, Die Gestalt des Simon Magus in Act 8 und in der simonianischen Gnosis. Aporien einer Gesamtdeutung, in: ZNW 77 (1986) S.267-275

Berliner Arbeitskreis für koptisch-gnostische Schriften, in: K.-W.Tröger (Hg.), Gnosis und Neues Testament, Berlin 1973 , S.13ff

U.Berner, Der Begriff "Synkretismus" - Ein Instrument historischer Erkenntnis? in: Saeculum 30 (1979) S.68-85

U.Berner, Untersuchungen zur Verwendung des Synkretismus-Begriffes, Wiesbaden 1982

U.Berner, Gegenstand und Aufgabe der Religionswissenschaft, ZRGG 35 (1983) S.97ff

U.Berner, Religiöser Pluralismus als Problem christlicher Theologie, in: C.Elsas/H.G.Kippenberg (Hg.), Loyalitätskonflikte in der Religionsgeschichte, FS C.Colpe, Würzburg 1990 S.176-185

U.Berner, Synkretismus und Inkulturation, in: H.P.Siller (Hg.), Suchbewegungen. Synkretismus - kulturelle Identität und kirchliches Bekenntnis, Darmstadt 1991 S.130-144

W.D.Berner, Initiationsriten in Mysterienreligionen, im Gnostizismus und im antiken Judentum, Diss.theol., Göttingen 1972

R.Bernhardt, Ein neuer Lessing? - Paul Knitters Theologie der Religionen, in: EvTh 49 (1989), S.516-527

R.Bernhardt, Die Absolutheit des Christentums, Gütersloh 1990

H.D.Betz, Lukian von Samosata und das Neue Testament, TU 76, 1961

H.D.Betz, Lukian von Samosata und das Christentum in: H.D.Betz, Hellenismus und Urchristentum, Gesammelte Aufsätze I, Tübingen 1990

H.D.Betz, Neues Testament und griechisch-hellenistische Überlieferung, in: C.Elsas/ H.G.Kippenberg (Hg.), Loyalitätskonflikte in der Religionsgeschichte, FS C.Colpe, Würzburg 1990 S.225-231

H.W.Beyer, Die Apostelgeschichte, NTD Bd.5, Göttingen 41947

K.Beyschlag, Zur Simon-Magus-Frage, in: ZThK 68 (1971), S.395-426

K.Beyschlag, Simon Magus und die christliche Gnosis, WUNT 16, Tübingen 1974

U.Bianchi, Probleme der Religionsgeschichte, Göttingen 1964

U.Bianchi, Das Problem der Ursprünge des Gnostizismus und die Religionsgeschichte, in: K.Rudolph (Hg.), Gnosis und Gnostizismus, WdF 262, Darmstadt 1975 S.601-625

E.Bickermann, Der Gott der Makkabäer, Berlin 1937

E.Bickermann, Un document relatif à la persécution d'Antiochos IV Epiphanes, in: Revue de l'histoire des religions 115 (1937) S.188-223

L.Bieler, ΘΕΙΟΣ ANHP. Das Bild des "göttlichen Menschen" in Spätantike und Frühchristentum, Wien 1935

H.Bietenhard, Die syrische Dekapolis von Pompeius bis Trajan, ANRW II,8 (1977)

W.J.Bittner, Jesu Zeichen im Johannesevangelium. Die Messias-Erkenntnis im Johannesevangelium vor ihrem jüdischen Hintergrund, Tübingen 1987

C.J.Bjerkelund, Tauta Egeneto. Die Präzisierungssätze im Johannesevangelium, Tübingen 1987

B.Blackburn, Theios Aner and the Markan Miracle Traditions. A Critique of the Theios Aner Concept as an Interpretative Background of the Miracle Traditions Used by Mark, Tübingen 1991

J.Blank, Zum Problem "Häresie und Orthodoxie" im Urchristentum, in: G.Dautzenberg/ H.Merklein/K.Müller (Hg.), Zur Geschichte des Urchristentums, QD 87, Freiburg 1979 S.142-160

J.Blinzler, "Zur Ehe unfähig..." - Auslegung von Mt 19,12, in: ders., Aus der Welt und Umwelt des Neuen Testaments, Gesammelte Aufsätze I, Stuttgart 1969 S.20-40

J.Blinzler, Kind und Königreich Gottes (Mk 10,14f), in: ders., Aus der Welt und Umwelt des Neuen Testaments, Gesammelte Aufsätze I, Stuttgart 1969 S.41-53

J.Blinzler, Zum Geschichtsrahmen des Johannesevangeliums, in: ders., Aus der Welt und Umwelt des Neuen Testaments, Gesammelte Aufsätze I, Stuttgart 1969 S.94-107

O.Böcher, Jüdischer Sternglaube im Neuen Testament, in: B.Benzig/ O.Böcher/G.Mayer (Hg.), Wort und Wirklichkeit. Studien zur Afrikanistik und Orientalistik, Teil I, Meisenheim 1976, S.51-66

O.Böcher, Lukas und Johannes der Täufer, in: Studien zum Neuen Testament und seiner Umwelt, Seria A Bd.4 (1979) S.27-44

O.Böcher, Matthäus und die Magie, in: L.Schenke (Hg.), Studien zum Matthäusevangelium, FS W.Pesch, Stuttgart 1988 S.11-24

A.Böhlig, Zur Struktur gnostischen Denkens, in: ders., Gnosis und Synkretismus. Gesammelte Aufsätze zur spätantiken Religionsgeschichte, 1.Teil, Tübingen 1989, S.3-24

A.Böhlig, Einheit und Zweiheit als metaphysische Voraussetzungen für das Enkratieverständnis in der Gnosis, in: ders., Gnosis und Synkretismus. Gesammelte Aufsätze zur spätantiken Religionsgeschichte, 1.Teil, Tübingen 1989, S.25-53

P.Chr.Böttger, Der König der Juden - das Heil für die Völker. Die Geschichte Jesu Christi im Zeugnis des Markusevangeliums, Neukirchen-Vluyn 1981

P.Chr.Böttger, Paulus und Petrus in Antiochien. Zum Verständnis von Gal 2,11-21, in: NTS 37 (1991) S.77-100

J.Bompaire, Lucien écrivain. Imitation et création, Paris 1958

W.Bousset, Die Religionsgeschichte und das Neue Testament, in: ThR 7 (1904) S.265-277.311-318.353-365

W.Bousset, Die Mission und die sogenannte Religionsgeschichtliche Schule, Göttingen 1907

W.Bousset, Christentum und Mysterienreligionen, in: ThR 15 (1912) S.41-61

W.Bousset, Die Religionsgeschichte und das Neue Testament, in: ThR 15 (1912), S.251-278

W.Bousset, Kyrios Christos, Geschichte des Christusglaubens von den Anfängen des Christentums bis Irenäus, Göttingen 1913

W.Bousset, Jesus der Herr. Nachträge und Auseinandersetzungen zu Kyrios Christos (FRLANT 25), Göttingen 1916

W.Bousset, Kyrios Christos, Geschichte des Christusglaubens von den Anfängen des Christentums bis Irenäus, Göttingen ²1921

F.Bovon, Tradition et rédaction en Actes 10,1-11,18, in: ThZ 26 (1970) S.22-45

G.W.Bowersoc, Social and Economic History of Syria under the Roman Empire, in: J.-M.Dentzer/W.Orthmann (Hg.), Archeologie et histoire de la Syrie, Bd.II: La Syrie de l'époque achéménide à l'avènement de l'Islam, Saarbrücken 1989, S.63-80

J.Bowman, The Gospel of Mark. The New Christian Jewish Passover Haggadah, Leiden 1965

J.Bowman, Samaritanische Probleme. Studien zum Verhältnis von Samaritanertum, Judentum und Urchristentum, Stuttgart u.a. 1967

E.Brandenburger, Markus 13 und die Apokalyptik, FRLANT 134, Göttingen 1984

H.Braun, "Umkehr" in spätjüdisch-häretischer und in frühchristlicher Sicht, in: ZThK 50 (1953) S.243-258

H.Braun, Der Sinn der neutestamentlichen Christologie, in: ZThK 54 (1957), S.341-377

H.Braun, Spätjüdisch-häretischer und frühchristlicher Radikalismus. Jesus von Nazareth und die essenische Qumransekte, Bd.1 Das Spätjudentum, Tübingen 1957

H.Braun, Spätjüdisch-häretischer und frühchristlicher Radikalismus. Jesus von Nazareth und die essenische Qumransekte, Bd.2 Die Synoptiker, Tübingen 1957

C.Breytenbach, Nachfolge und Zukunftserwartung nach Markus. Eine methodenkritische Studie, AThANT 71, Zürich 1984

C.Breytenbach, Das Markusevangelium als episodische Erzählung. Mit Überlegungen zum "Aufbau" des zweiten Evangeliums, in: F.Hahn (Hg.), Der Erzähler des Evangeliums. Methodische Neuansätze in der Markusforschung, Stuttgart 1985, S.137-170

R.v.d.Broek, Popular Religious Practices and Ecclesiastical Policies in the Early Church, in: P.H.Vrijhof/J.Waardenburg (Hg.), Official and Popular Religion. Analysis of a Theme for Religious Studies, Den Haag/Paris/New York 1979

R.v.d.Broek, Frühchristliche Religion, in: M.J.Vermaseren, Die orientalischen Religionen im Römerreich, Leiden 1981

I.Broer, Noch einmal: Zur religionsgeschichtlichen "Ableitung" von Jo 2,1-11, in: Studien zum Neuen Testament und seiner Umwelt, Serie A Bd.8, Linz 1983, S.103-123

St.H.Brooks, Matthew's Community. The Evidence of his Special Sayings Material, Journal for the study of the New Testament supplement series 16, Sheffield 1987

S.Brown, The Matthean Community and the Gentile Mission, in: NT 22 (1980), S.193-221

I.Browning, Jerash and the Decapolis, London 1982

N.Brox, Zur christlichen Mission in der Spätantike, in: K.Kertelge (Hg.), Mission im Neuen Testament (QD 93), Freiburg 1982 S.190-237

F.F.Bruce, Further Thoughts on Paul's Autobiography (Galatians 1:11-2:14), in: E.E.Ellis/ E.Gräßer (Hg.), Jesus und Paulus, FS W.G.Kümmel, Göttingen 1975 S.21-29

F.F.Bruce, Men and Movements in the Primitive Church. Studies in Early Non-Pauline Christianity, Exeter 1979

E.Brunner, Geschichte oder Offenbarung, in: ZThK 21 (1925) S.266-278

G.W.Buchanan, The Samaritan Origin of the Gospel of John, in: J.Neusner (Hg.), Religions in Antiquity. Essays in Memory of E.R.Goodenough, Leiden 1968, S.149-175

R.Bultmann, Urchristentum und Religionsgeschichte, in: ThR NF 4 (1932), S.1-21

R.Bultmann, Jesus und Paulus, in: Beiheft 2 zu EvTh (1936), S.68-90 = ders., Exegetica, Tübingen 1967 S.210-229

R.Bultmann, Das Urchristentum im Rahmen der antiken Religionen, Zürich 1949

R.Bultmann, Das Urchristentum im Rahmen der antiken Religionen, ⁵1986

R.Bultmann, Das Evangelium des Johannes, KEK, Göttingen ¹⁹1968

R.Bultmann, Zur Frage nach den Quellen der Apostelgeschichte, in: New Testament Essays. Studies in Memory of T.W.Manson, 1959 S.68-80 = ders., Exegetica, Tübingen 1967, S.412-423

R.Bultmann, Theologie des Neuen Testaments, Tübingen ⁸1980

Chr.Burchard, Untersuchungen zu Joseph und Asenath, Tübingen 1965

Chr.Burchard, Der dreizehnte Zeuge. Traditions- und kompositionsgeschichtliche Untersuchungen zu Lukas' Darstellung der Frühzeit des Paulus, FRLANT 103, Göttingen 1970

Chr.Burchard, Formen der Vermittlung christlichen Glaubens im NT. Beobachtungen anhand von κηρυγμα, μαρτυρια und verwandten Wörtern, in: EvTh 38 (1978) S.313-339

W.Burkert, Antike Mysterien. Funktionen und Gehalt, München 1990

T.A.Burkill, The Syrophoenician Woman. The congruence of Mark 7,24-31, in: ZNW 57 (1966), S.23-37

T.A. Burkill, The historical develepment of the story of the Syrophoenician woman, NT 9 (1967), S.161-177

V.Burr, Tiberius Julius Alexander, Bonn 1955

R.Busemann, Die Jüngergemeinde nach Markus 10. Eine redaktionsgeschichtliche Untersuchung des 10.Kapitels im Markusevangelium, Königstein/Bonn 1983

H.Frhr.v.Campenhausen, Die Askese im Urchristentum, Tübingen 1949

H.Frhr.v.Campenhausen, Die Idee des Martyriums in der alten Kirche, Göttingen ²1964

J.M.van Cangh, La multiplication des pains dans l'Évangile de Marc. Essai d'exégèse globale, in: M.Sabbe u.a.(Hg.), L'Évangile selon Marc. Tradition et Rédaction. Nouvelle édition augmentée, Leuven 1988 S.309-346

P.Canivet, Le christianisme en Syrie des origines à l'avènement de l'islam, in: J.-M.Dentzer/W.Orthmann (Hg.), Archeologie et histoire de la Syrie, Bd.II: La Syrie de l'époque achéménide à l'avènement de l'Islam, Saarbrücken 1989, S.117-148

J.Carmignac, Les Horoscopes de Qumran, in: RQ 5 (1964/65), S.199-217

M.Caster, Lucien et la pensée religieuse de son temps, Paris 1937

H.Chadwick, Die Kirche in der antiken Welt, Berlin 1972

K.Christ, Geschichte der römischen Kaiserzeit, München 1988

W.A.Christian, Oppositions of Religious Doctrines. A Study in the Logic of Dialogue among Religions, London 1972

K.W.Clark, Die heidenchristliche Tendenz im Matthäusevangelium, in: J.Lange (Hg.), Das Matthäusevangelium, 1980 S.103-111

C.Clemen, Der Einfluß der Mysterienreligionen auf das älteste Christentum, Gießen 1913

C.Clemen, Die Reste der primitiven Religion im ältesten Christentum, Gießen 1916

C.Clemen, Religionsgeschichtliche Erklärung des Neuen Testaments. Die Abhängigkeit des ältesten Christentums von nichtjüdischen und philosophischen Systemen, Nachdruck der 2.Auflage 1924, Berlin/New York 1973

C.Clemen, Lukians Schrift über die Syrische Göttin, Der Alte Orient 37 (1938)

218

C.Clerc, Les théories relatives au culte des images chez les auteurs grecs du IIme siècle après J.-C., Paris 1915

J.B.Cobb, The Structure of Christian Existence, New York 1979

C.Colpe, Die religionsgeschichtliche Schule Bd.I. Darstellung und Kritik ihres Bildes vom gnostischen Erlösermythos, Göttingen 1961

C.Colpe, Die Vereinbarkeit historischer und struktureller Bestimmungen des Synkretismus, in: A.Dietrich (Hg.), Synkretismus im syrisch- persischen Kulturgebiet, Göttingen 1975

C.Colpe, Art. "Hypsistos", in: Der Kleine Pauly, Bd.2 Sp.1291f

C.Colpe, Syncretism and Secularization. Complementary and Antithetical Trends in New Religious Movements?, in: History od Religions 17 (1977), S.158-176

C.Colpe: Einführung in die Geschichte und neue Perspektiven, in: M.J.Vermaseren, Die orientalischen Religionen im Römerreich, Leiden 1981

C.Colpe, Art. Syncretism, in: M.Eliade (Hg.), The Encyclopedia of Religion, Vol.14, New York 1987

C.Colpe, Die älteste judenchristliche Gemeinde, in: J.Becker u.a., Die Anfänge des Christentums. Alte Welt und neue Hoffnung, Stuttgart 1987 S.59-79

C.Colpe, Das Siegel der Propheten. Historische Beziehungen zwischen Judentum, Judenchristentum, Heidentum und frühem Islam, Berlin 1990

Y.Congar, Souci du salut des païens et conscience missionaire dans le christianisme postapostolique et préconstantinien, in: Kyriakon Bd.I (FS J.Quasten), Münster 1970 S.3-11

W.Conn, Christian Conversion. A Developmental Interpretation of Autonomy and Surrender, New York/Mahwah 1986

C.A.Contreras, Christian Views of Paganism, in: ANRW II 23.2 (1980), S.974ff

H.Conzelmann/A.Lindemann, Arbeitsbuch zum Neuen Testament, Tübingen [5]1980

H.Conzelmann, Der erste Brief an die Korinther, KEK Bd.V, Göttingen [2]1981

H.Conzelmann, Geschichte des Urchristentums, NTD Ergänzungsreihe Bd.5, Göttingen [5]1983

O.L.Cope, Matthew. A Scribe Trained for the Kingdom of Heaven, CBQ Monograph Series 5, Washington D.C. 1976

V.Corwin, S.Ignatius and Christianity in Antioch, New Haven 1960

L.C.Crockett, Luke 4,25-27 and the Jewish-Gentile Relations in Luke-Acts, in: Journal of Biblical Literature 88 (1969), S.177-183

O.Cullmann, Secte de Qumran, Hellénistes des Actes et Quatrième Évangile, in: Les manuscrits de la Mer Morte, Colloque de Strasbourg 25-27 mai 1955, Travaux du centre d'études supérieures spécialisé d'histoire des religions de Strasbourg, Paris 1957, S.61-74

O.Cullmann, Samarien und die Anfänge der christlichen Mission. Wer sind die "'alloi" von Joh 4,38? in: Vorträge und Aufsätze 1925-1962, Tübingen/Zürich 1966, S.232-240

O.Cullmann, Von Jesus zum Stephanuskreis und zum Johannesevangelium, in: E.E.Ellis/E.Gräßer (Hg.), Jesus und Paulus, FS W.G.Kümmel, Göttingen 1975 S.44-56

F.Cumont, Die orientalischen Religionen im römischen Heidentum, nach der 4.frz.Aufl. bearb.v. A.Burckhardt-Brandenberg, Stuttgart 1959

R.Dabelstein, Die Beurteilung der 'Heiden' bei Paulus, Beiträge zur biblischen Exegese und Theologie Bd.14, Frankfurt a.M./Bern/Cirencester 1981

P.Dalbert, Die Theologie der hellenistisch-jüdischen Missionsliteratur unter Ausschluß von Philo und Josephus (ThForsch 4), Hamburg 1954

G.Dautzenberg, Der Wandel der Reich-Gottes-Verkündigung in der urchristlichen Mission, in: G.Dautzenberg/H.Merklein/K.Müller (Hg.), Zur Geschichte des Urchristentums, QD 87, Freiburg 1979 S.11-32

F.N.Davey, The gospel according to St.John and the Christian mission. in: G.H.Anderson (Hg.), The Theology of the Christian Mission, New York/London 1961, S.85-93

W.D.Davies, The Setting of the Sermon on the Mount, Cambridge 1964

B.Dehandschutter, La parabole des vignerons homicides (Mc XII,1-12) et l'Évangile selon Thomas, in: M.Sabbe u.a.(Hg.), L'Évangile selon Marc. Tradition et Rédaction. Nouvelle édition augmentée, Leuven 1988 S.203-220

A.Deissmann, Licht vom Osten. Das Neue Testament und die neuentdeckten Texte der hellenistisch-römischen Welt, 3 Tübingen 1909

G.Delling, Art. Ehehindernisse, in: RAC Bd.IV, S.680-691

J.Denker, Die theologiegeschichtliche Stellung des Petrusevangeliums, Bern/ Frankfurt 1975

J.-M.Dentzer, Le sanctuaire syrien, in: J.-M.Dentzer/W.Orthmann (Hg.), Archeologie et histoire de la Syrie, Bd.II: La Syrie de l'époque achéménide à l'avènement de l'Islam, Saarbrücken 1989, S.297-322

J.D.M.Derrett, Law in the New Testament. The Syrophoenician Woman and the Centurion of Capernaum, in: NT 15 (1973) S.161-186

J.D.M.Derrett, Simon Magus (Act 8,9-24), in: ZNW 73 (1982), S.52-68

F.Dexinger, Limits of Tolerance in Judaism. The Samaritan Example, in: A.I.Baumgarten/ A.Mendelson/E.P.Sanders (Hg.), Jewish and Christian Self-Definition, Bd.II: Aspects of Judaism in the Greco-Roman Period, London 1981 S.88-114

M.Dibelius, Die urchristliche Überlieferung von Johannes dem Täufer, Göttingen 1911 S.88ff

M.Dibelius, An die Thessalinicher I. II. An die Philipper, HNT 11, Tübingen 31937

M.Dibelius, Die Formgeschichte des Evangeliums, hg.v.G.Bornkamm, Tübingen 61971

M.Dibelius, Die Apostelgeschichte als Geschichtsquelle, in: ders., Aufsätze zur Apostelgeschichte, Göttingen 1951 S.91-95

M.Dibelius, Die Bekehrung des Cornelius, in: ders., Aufsätze zur Apostelgeschichte, Göttingen 1951 S.96-107

M.Dibelius, Die Mahl-Gebete der Didache, in: Botschaft und Geschichte. Gesammelte Aufsätze II, Tübingen 1956 S.117-127

M.Dibelius, Geschichte der urchristlichen Literatur, Neudruck hg.v. F.Hahn, München 1975

H.Dieckmann, Antiochien, ein Mittelpunkt urchristlicher Missionstätigkeit, Aachen 1920

A.Dihle, Neues zur Thomas-Tradition, in: Jahrbuch für Antike und Christentum 6 (1963) S.54-70 = A.Dihle, Antike und Orient. Gesammelte Aufsätze, Heidelberg 1984, S.61-77

A.Dihle, Die griechische und lateinische Literatur der Kaiserzeit. Von Augustus bis Justinian, München 1989

E.Dinkler, Zur Geschichte des Kreuzsymbols, in: ZThK 48 (1951), S.148-172

C.H.Dodd, The Interpretation of the Fourth Gospel, Cambridge 61963

C.H.Dodd, Historical Tradition in the Fourth Gospel, Cambridge 1963

E.R.Dodds, Numenius and Ammonius, in: Entretiens sur l'antiquité classique 5 (1960), S.3-32

E.R.Dodds, Die Griechen und das Irrationale, Darmstadt 1970

E.R.Dodds, Heiden und Christen in einem Zeitalter der Angst. Aspekte religiöser Erfahrung von Mark Aurel bis Konstantin, Übers. H.Fink-Eitel, Frankfurt a.M. 1985

H.Dörrie, Die Wertung der Barbaren im Urteil der Griechen: Knechtsnaturen? Oder Bewahrer und Künder heilbringender Wahrheit? in: Antike und Universalgeschichte = Festschrift H.E.Stier, Münster 1972, S.146-175

H.Dörrie, Zur Methodik antiker Exegese, in: ZNW 65 (1974) S.121-138

H.Dörrie, Art. Numenius 4, in: Der kleine Pauly (1979), Bd.4 Sp.192ff

G.Downey, A History of Antioch in Syria, 1961

G.Downey, Ancient Antioch, Leiden/Princeton 1963

F.G.Downing, Ethical Pagan Theism and the Speeches in Acts, in: NTS 27 (1981) S.544-563

H.J.W.Drijvers, Die Ursprünge des Gnostizismus als religionsgeschichtliches Problem, in: K.Rudolph (Hg.), Gnosis und Gnostizismus, WdF 262, Darmstadt 1975 S.798-841

220

H.J.W.Drijvers, Das Heiligtum der arabischen Göttin Allat im westlichen Stadtteil von Palmyra, in: Antike Welt 7/3 (1976), S.28-38

H.J.W.Drijvers, Kults and Beliefs at Edessa, Leiden 1980

H.J.W.Drijvers, Die Dea Syria und andere syrische Gottheiten im Imperium Romanum, in: M.J.Vermaseren, Die orientalischen Religionen im Römerreich, Leiden 1981

H.J.W.Drijvers, East of Antioch. Studies in Early Syriac Christianity, London 1984

A.J.Droge, Homer or Moses? Early Christian Interpretations of the History of Culture, Tübingen 1989

D.L.Dungan, Reactionary Trends in the Gospel Producing Activity of the Early Church: Marcion, Tatian, Mark, in: M.Sabbe u.a.(Hg.), L'Évangile selon Marc. Tradition et Rédaction. Nouvelle édition augmentée, Leuven 1988 S.179-202

J.D.G.Dunn, The Incident at Antioch (Gal 2,11-18), in: JSNT 18 (1983), S.3-57

J.D.G.Dunn, What was the Issue between Paul and "Those of the Circumcision"? in: M.Hengel/U.Heckel (Hg.), Paulus und das antike Judentum. Tübingen-Durham-Symposion im Gedenken an den 50. Todestag Adolf Schlatters, Tübingen 1991, S.295-317

J.Dupont, Λαος ἐξ ἐθνων, in: NTS 3 (1956/7), S.47-49

J.Dupont, Les sources du livre des Actes. État de la question, Bruges/Paris 1960

J.Dupont, Les trois apocalypses synoptiques. Marc 13; Matthieu 24-25; Luc 21, Paris 1985

A.Duprez, Jésus et les Dieux guerrisseurs, CRB12, Paris 1970

R.Dussaud, Topographie historique de la Syrie antique et médiévale, 1927

H.-J.Eckstein, "Denn Gottes Zorn wird vom Himmel her offenbar werden". Exegetische Erwägungen zu Röm 1,18, in: ZNW 78 (1987), S.74-89

M.J.Edwards, Atticizing Moses? Numenius, the Fathers and the Jews, in: VigChr 44 (1990), S.64-75

R.Egger, Josephus Flavius und die Samaritaner. Eine terminologische Untersuchung zur Identitätsklärung der Samaritaner, NTOA 4, Freiburg (Schweiz)/ Göttingen 1986

W.Egger, Frohbotschaft und Lehre. Die Sammelberichte des Wirkens Jesu im Markusevangelium, Frankfurt a.M. 1976

O.Eissfeldt, Tempel und Kulte syrischer Städte in hellenistisch-römischer Zeit, Leipzig 1941

O.Eissfeldt, Art und Aufbau der Phönizischen Geschichte des Philo von Byblos, in: Syria 33 (1956), S.88-98

M.Eliade, Die Religionen und das Heilige. Elemente der Religionsgeschichte, Salzburg 1954

M.Eliade, Geschichte der religiösen Ideen, Bd.II, Freiburg u.a. 1979

V.Eller, The Beloved Disciple. His Name, his Story, his Thought, Grand Rapids (Michigan) 1987

C.Elsas, Art. Hellenistisch-römische Religion, in: EKL Bd.2 (1990), Sp.481-488

C.Elsas, Argumente zur Ablehnung des Herrscherkults in jüdischer und gnostischer Tradition, in: C.Elsas/H.G.Kippenberg (Hg.), Loyalitätskonflikte in der Religionsgeschichte, FS C.Colpe, Würzburg 1990 S.269-281

M.Elze, Tatian und seine Theologie, Göttingen 1960

A.Faure, Die alttestamentlichen Zitate in 4. Evangelium und die Quellenscheidungshypothese, in: ZNW 21 (1922) S.99-121

A.Feldtkeller, Das entstehende Heidenchristentum im religiösen Umfeld Syriens zur Prinzipatszeit, Dissertation Heidelberg 1991

A.Feldtkeller, Der Synkretismus-Begriff im Rahmen einer Theorie von Verhältnisbestimmungen zwischen Religionen, in: EvTh 52 (1992) S.224-245

H.-M.Féret, Pierre et Paul à Antioche et à Jérusalem. Le «conflit» des deux Apôtres, Paris 1955

A.J.Festugière, Antioche païenne et chrétienne, Paris 1959

M.J.Fiedler, Gerechtigkeit im Matthäus-Evangelium, in: Theologische Versuche 8 (1977), S.63-75

M.Fieger, Das Thomasevangelium. Einleitung, Kommentar und Systematik, Münster 1991

J.A.Fitzmyer, The Gospel According to Luke. Introduction, Translation and Notes, Bd.I, New York 1981

W.Foerster, Herr ist Jesus. Herkunft und Bedeutung des urchristlichen Kyriosbekenntnisses, Gütersloh 1924

J.Fossum, Sects and Movements, in: A.D.Crown, The Samaritans, Tübingen 1989, S.293-389

J.W.Fowler, Stages of Faith. The Psychology of Human Development and the Quest of Meaning, San Francisco 1981

J.W.Fowler, Theologie und Psychologie in der Erforschung der Glaubensentwicklung, in: Concilium 18 (1982) S.444ff

H.-J.Fraas, Die Religiosität des Menschen. Ein Grundriß der Religionspsychologie, Göttingen 1990

R.T.France, The Formula Quotations of Matthew 2 and the Problem of Communication, in: NTS 27 (1981), S.233-251

H.Frankemölle, Zur Theologie der Mission im Matthäusevangelium, in: K.Kertelge (Hg.), Mission im Neuen Testament (QD 93), Freiburg 1982 S.93-129

W.H.C.Frend, The Gospel of Thomas. Is Rehabilitation Possible?, in: JThS 18 (1967) S.13-26; abgedruckt in: ders., Town and Country in the Early Christian Centuries, London 1980

W.H.C.Frend, Der Verlauf der Mission in der Alten Kirche bis zum 7.Jahrhundert, in: H.Frohnes/U.W.Knorr (Hg.), Kirchengeschichte als Missionsgeschichte, Bd.I: Die Alte Kirche, München 1974

W.H.C.Frend, Town and Countryside in Early Christianity, in: Studies in Church History 16 (1979), S.25-42; abgedruckt in: ders., Town and Country in the Early Christian Centuries, London 1980

W.H.C.Frend, Art.: Bekehrung I, in: TRE Bd.V (1980), S.440-457

W.H.C.Frend, The Rise of Christianity, London 1984

S.Freyne, Unterdrückung von seiten der Juden. Das Mattäusevangelium als eine frühe christliche Antwort, in: Concilium 24 (1988), S.462-467

W.Freytag, Zur Psychologie der Bekehrung bei Primitiven (1932), in: Reden und Aufsätze I, 1961, S.170-193

E.Frézouls, Observations sur l'urbanisme dans l'Orient syrien, in: Annales archéologiques de Syrie 21 (1971), S.231-248

G.Friedrich, Die beiden Erzählungen von der Speisung in Mark.6,31-44; 8,1-9, in: ThZ 20 (1964), S.10-22

A.Fuchs, Die Entwicklung der Beelzebulkontroverse bei den Synoptikern. Traditionsgeschichtliche und redaktionsgeschichtliche Untersuchung von Mk 3,22-27 und Parallelen, verbunden mit der Rückfrage nach Jesus, Linz 1980

H.Fuchs, Der geistige Widerstand gegen Rom in der antiken Welt, Berlin ²1964

J.G.Gager, Moses in Greco-Roman paganism, Nashville 1972

J.G.Gager, Kingdom and Community. The Social World of Early Christianity, Eaglewood Cliffs, 1975

J.G.Gager, Some Notes on Paul's Conversion, in: NTS 27 (1981), S.697-703

L.Gaston, The Messiah of Israel as Teacher of the Gentiles, in: Interpretation 29 (1975), S.25-40

M.Gawlikowski, Les temples dans la Syrie à l'époque hellénistique et romaine, in: J.-M.Dentzer/W.Orthmann (Hg.), Archeologie et histoire de la Syrie, Bd.II: La Syrie de l'époque achéménide à l'avènement de l'Islam, Saarbrücken 1989, S.323-346

C.Geertz, Dichte Beschreibung, Beiträge zum Verstehen kultureller Systeme, Frankfurt a.M. 1983

J.Geffcken, Der Bilderstreit des heidnischen Altertums, in: Archiv für Religionswissenschaft 19 (1916/19), S.286-316

H.-W.Gensichen, Art.: Bekehrung V, in: TRE Bd.V (1980), S.483-486

B.Gerhardsson, "An ihren Früchten sollt ihr sie erkennen". Die Legitimitätsfrage in der matthäischen Christologie, in: EvTh 42 (1982), S.113-126

H.Giesen, Der verdorrte Feigenbaum - Eine symbolische Aussage? Zu Mk 11,12-14.20f, in: BZ NF 20 (1976), S.95-111

M.le Glay, Villes, temples et sanctuaires de l'Orient romain, Paris 1986

R.Glover, The 'Didache's' Quotations and the Synoptic Gospels, in: NTS 5 (1958) S.12-29

J.Gnilka, Das Evangelium nach Markus, EKK II/1 (Mk 1-8,26), Zürich/Neukirchen-Vluyn 1978

J.Gnilka, Das Evangelium nach Markus, EKK II/2 (Mk 8,27-16,20), Zürich/Neukirchen-Vluyn 1979

E.Goffman, Stigma, Frankfurt a. M. [8]1988

J.Goggins, The Samaritans and Acts, in: NTS 28 (1982), S.423-434

K.Goldammer, Die Formenwelt des Religiösen. Grundriß der systematischen Religionswissenschaft, Stuttgart 1960

J.Goldstein, Jewish Acceptance and Rejection of Hellenism, in: A.I.Baumgarten/ A.Mendelson/E.P.Sanders (Hg), Jewish and Christian Self-Definition, Bd.II: Aspects of Judaism in the Greco-Roman Period, London 1981 S.64-87

G.Goossens, Hiérapolis de Syrie, Louvain 1943

L.Goppelt, Theologie des Neuen Testaments, hg.v. J.Roloff, Nachdr. d. 3.Aufl., Göttingen 1981

F.H.Gorman, When Law Becomes Gospel: Matthew's Transformed Torah, in: Listening 24 (1989), S.227-240

E.Gräßer, Die Apostelgeschichte in der Forschung der Gegenwart, in: ThR 26 (1960) S.93-167

E.Gräßer, Acta-Forschung seit 1960, in: ThR 41 (1976), S.141-191.259-290

E.Gräßer, Acta-Forschung seit 1960, in: ThR 42 (1977), S.1-68

F.W.Graf, Art. Ferdinand Christian Baur (1792-1860), in: H.Fries/G.Kretschmar (Hg.), Klassiker der Theologie Bd.2, München 1983

F.C.Grant, Hellenistic Religions. The Age of Synkretism, New York 1953

R.M.Grant, The Social Setting of Second-Century Christianity, in: E.P.Sanders (Hg.), Jewish and Christian Self-Definition, Bd.I: The Shaping of Christianity in the Second and Third Centuries, Philadelphia 1980 S.16-29

S.W.Gray, The Least of My Brothers. Matthew 25:31-46. A History of Interpretation, Atlanta (Georgia) 1989

H.Greßmann, Die Sage von der Taufe Jeus und die vorderasiatische Taubengöttin, in: Archiv für Religionswissenschaft 20 (1920/21) S.1ff.323ff

G.T.Griffith/W.W.Tarn, Hellenistic Civilization, London [3]1959

W.Grundmann, Die Apostel zwischen Jerusalem und Antiochia, in: ZNW 39 (1940), S.110-137

P.Guillemette, Un enseignement nouveau, plein d'autorité, in: NT 22 (1980), S.222-247

R.H.Gundry, The Use of the Old Testament in St.Matthew's Gospel. With Special Reference to the Messianic Hope, Leiden 1967

H.Gunkel, Die Wirkungen des heiligen Geistes nach der populären Anschauung der apostolischen Zeit und der Lehre des Apostels Paulus, Göttingen [3]1909

H.Gunkel, Zum religionsgeschichtlichen Verständnis des Neuen Testaments, Göttingen 1903

H.A.Guy, Son of God in Mk 15,39, in: The Expository Times 81 (1970) S.151

R.Gyllenberg, Die Anfänge der johanneischen Tradition, in: Neutestamentliche Studien für R.Bultmann (BZNW 21) 1954 S.144-147

K.Haacker, Gottesdienst ohne Gotteserkenntnis. Joh 4,22 vom dem Hintergrund der jüdisch-samaritanischen Auseinandersetzungen, in: B.Benzig/O.Böcher/ G.Mayer (Hg.), Wort und Wirklichkeit. Studien zur Afrikanistik und Orientalistik, Teil I, Meisenheim 1976, S.110-126

K.Haacker, Dibelius und Cornelius. Ein Beispiel formgeschichtlicher Überlieferungskritik, in: BZ 24 (1980), S.234-251

K.Haacker, Das Bekenntnis des Paulus zur Hoffnung Israels nach der Apostelgeschichte des Lukas, in: NTS 31 (1985) S.437-451

K.Haacker, "Sein Blut über uns". Erwägungen zu Matthäus 27,25, in: KuI 1 (1986) S.47-50

K.Haacker, Elemente des heidnischen Antijudaismus im Neuen Testament, in: EvTh 48 (1988), S.404-418

R.Haardt, Zur Methodologie der Gnosisforschung, in: K.-W.Tröger (Hg.), Gnosis und Neues Testament, Berlin 1973, S.183ff

M.Hadas, Hellenistic Culture. Fusion and Diffusion, New York ²1963

E.Haenchen, Die Apostelgeschichte, KEK 3, 14.Aufl (5.Aufl. der Neubearbeitung), Göttingen 1965

E.Haenchen, Tradition und Komposition in der Apostelgeschichte, in: ders., Gott und Mensch, Gesammelte Aufsätze, Tübingen 1965, S.206-226

E.Haenchen, Gab es eine vorchristliche Gnosis? ZThK 49 (1952) S.349ff = ders., Gott und Mensch, Gesammelte Aufsätze, Tübingen 1965, S.265-298

E.Haenchen, Johanneische Probleme, in: ders., Gott und Mensch, Gesammelte Aufsätze, Tübingen 1965, S.78-113

E.Haenchen, Die Apostelgeschichte als Quelle für die christliche Frühgeschichte, in: E.Haenchen, Die Bibel und Wir. Gesammelte Aufsätze Bd.2, Tübingen 1968 S.312-337

E.Haenchen, Judentum und Christentum in der Apostelgeschichte, in: ZNW 54 (1963) S.155-187 = E.Haenchen, Die Bibel und Wir. Gesammelte Aufsätze Bd.2, Tübingen 1968 S.338-374

F.Hahn, Das Verständnis der Mission im Neuen Testament, Neukirchen-Vluyn 1963

F.Hahn, Christologische Hoheitstitel. Ihre Geschichte im frühen Christentum, Göttingen ³1966

F.Hahn, Der urchristliche Gottesdienst, Stuttgart 1970

B.Hall, From John Hyrcanus to Baba Rabbah, in: A.D.Crown (Hg.), The Samaritans, Tübingen 1989 S.32-54

J.Hall, Lucian's Satire, New York 1981

W.R.Halliday, The Pagan background of Early Christianity, Liverpool 1925

A.(v.)Harnack, Lehre der zwölf Apostel nebst Untersuchungen zur ältesten Geschichte der Kirchenverfassung und des Kirchenrechts, TU 2,1.2, Leipzig 1893

A.(v.)Harnack, Die Mission und Ausbreitung des Christentums in den ersten drei Jahrhunderten, Leipzig 1902

A.v.Harnack, Die Terminologie der Wiedergeburt und verwandte Erlebnisse in der ältesten Kirche, TU 42,3 (1918), S.97-143

M.Hasitschka, Befreiung von Sünde nach dem Johannesevangelium. Eine bibeltheologische Untersuchung, Innsbruck/Wien 1989

G.Haufe, Hellenistische Volksfrömmigkeit, in: J.Leipold/W.Grundmann, Umwelt des Urchristentums, Bd.I Berlin ⁶1982

F.Heiler, Erscheinungsformen und Wesen der Religion, Stuttgart u.a. ²1979

R.Heiligenthal, Wer waren die "Nikolaiten"? Ein Beitrag zur Theologiegeschichte des frühen Christentums, in: ZNW 82 (1991) S.133-137

H.-G.Heimbrock, Religiöse Entwicklung und die rituelle Dimension, in: K.E.Nipkow/ F.Schweitzer/J.W.Fowler, Glaubensentwicklung und Erziehung, Gütersloh 1988 S.193-210

W.Heitmüller, Im Namen Jesu. Eine sprach- und religionsgeschichtliche Untersuchung zum Neuen Testament, Göttingen 1903

W.Heitmüller, Taufe und Abendmahl bei Paulus. Darstellung und religionsgeschichtliche Beleuchtung, Göttingen 1903

W.Heitmüller, Zum Problem Paulus und Jesus, in: ZNW 13 (1912), S.320-337

M.Hengel, Zum Thema "Die Religionsgeschichte und das Neue Testament", in: ThLZ 92 (1967), Sp.801-814

224

M.Hengel, Das Gleichnis von den Weingärtnern Mc 12,1-12 im Lichte der Zenonpapyri und der rabbinischen Gleichnisse, in: ZNW 59 (1968), S.1-39

M.Hengel, Proseuxe und Synagoge. Jüdische Gemeinde, Gotteshaus und Gottesdienst in der Diaspora und in Palästina, in: G.Jeremias/H.-W.Kuhn/H.Stegemann (Hg.), Tradition und Glaube. Das frühe Christentum in seiner Umwelt, FS K.G.Kuhn, Göttingen 1971 S.157-184

M.Hengel, Die Ursprünge der christlichen Mission, in: NTS 18 (1971/2), S.15-38

M.Hengel, Judentum und Hellenismus. Studien zu ihrer Begegnung unter besonderer Berücksichtigung Palästinas bis zur Mitte des 2. Jhs. v. Chr., Tübingen ²1973

M.Hengel/H.Merkel, Die Magier aus dem Osten und die Flucht nach Ägypten (Mt 2) im Rahmen der antiken Religionsgeschichte und der Theologie des Matthäus, in: P.Hoffmann (Hg.), Orientierung an Jesus. Zur Theologie der Synoptiker, FS J.Schmid, Freiburg 1973

M.Hengel, Der Sohn Gottes, 1975

M.Hengel, Zwischen Jesus und Paulus. Die "Hellenisten", die "Sieben" und Stephanus (Apg 6,1-15; 7,54-8,3), in: ZThK 72 (1975) S.151-206

M.Hengel, Juden, Griechen und Barbaren. Aspekte der Hellenisierung des Judentums in vorchristlicher Zeit, Stuttgart 1976

M.Hengel, Zur urchristlichen Geschichtsschreibung, Stuttgart 1979

M.Hengel, Entstehungszeit und Situation des Markusevangeliums, in: H.Cancik (Hg.), Markus-Philologie. Historische, literargeschichtliche und stilistische Untersuchungen zum zweiten Evangelium, WUNT 33, Tübingen 1984, S.1-46

M.Hengel, The Interpretation of the Wine Miracle at Cana. John 2:1-11, in: L.D.Hurst/N.T.Wright (Hg.), The Glory of Christ in the New Testament. Studies in Christology in Memory of G.B.Caird, Oxford 1987, S.83-112

M.Hengel/Chr.Markschies, The Hellenization of Judaea in the first Century after Christ, London/Philadelphia 1989

M.Hengel, The Johannine Question, London/Philadelphia 1989

M.Hengel, Der vorchristliche Paulus, in: M.Hengel/U.Heckel (Hg.), Paulus und das antike Judentum. Tübingen-Durham-Symposion im Gedenken an den 50. Todestag Adolf Schlatters, Tübingen 1991, S.177-293

A.Henrichs, Pagan Ritual and the Alleged Crimes of the Early Christians. A Reconsideration, in: Kyriakon Bd.I, FS J.Quasten, Münster 1970, S.18-35

W.Henss, Das Verhältnis zwischen Diatessaron, Christlicher Gnosis und "Western Text", BZNW 33, Berlin 1967

J.Hick/P.Knitter, The Myth of Christian Uniqueness. Toward a Pluralistic Theology of Religions, Maryknoll (N.Y.) 1987

E.Hilgert, Symbolismus und Heilsgeschichte in den Evangelien. Ein Beitrag zu den Seesturm- und Gerasenererzählungen, in: F.Christ (Hg.), Oikonomia. Heilsgeschichte als Thema der Theologie, FS O.Cullmann, Hamburg 1967 S.51-56

M.Hörig, Dea Syria, Studien zur religiösen Tradition der Fruchtbarkeitsgöttin in Vorderasien, Neukirchen 1979

M.Hörig, Dea Syria - Atargatis, in: ANRW II 17.3 (1984), S.1537ff

K.Holl, Die Missionsmethode der alten und die der mittelalterlichen Kirche, in: Allgemeine Missions-Zeitschrift 39 (1912), S.193-203, 241-249; abgedruckt in: H.Frohnes/U.W.Knorr (Hg.), Kirchengeschichte als Missionsgeschichte, Bd.I: Die Alte Kirche, München 1974

K.Holl, Urchristentum und Religionsgeschichte, Gütersloh 1925

C.Holsten, Das Evangelium des Paulus, Teil II, Berlin 1898

T.Holtz, Überlegungen zur Geschichte des Urchristentums, in: ThLZ 100 (1975), Sp.321-332 = ders., Geschichte und Theologie des Urchristentums, WUNT 57, Tübingen 1991 S.31-44

T.Holtz, Der Antiochenische Zwischenfall. Galater 2,11-14, in: NTS 32 (1986) S.344-361 = ders., Geschichte und Theologie des Urchristentums, WUNT 57, Tübingen 1991, S.171-188

L.M.Hopfe, Mithraism in Syria, in: ANRW II 18.4 (1990), S.2214-2235

L.M.Hopfe, Caesarea as a Religious Center, in: ANRW II 18,4 (1990) S.2380-2411

R.A.Horsley, Sociology and the Jesus Movement, New York 1989

P.W.van der Horst, Jews and Christians in Aphrodisias in the Light of Their Relations in Other Cities of Asia Minor, in: ders., Essays on the Jewish World of Early Christianity, Freiburg (Schweiz)/Göttingen 1990 S.166-181

J.L.Houlden, A Response to J.D.G.Dunn, in: JSNT 18 (1983), S.58-67

D.B.Howell, Matthew's inclusive Story, Sheffield 1990

H.G.Hubbeling, Theology, Philosophy and Science of Religion and their Logical and Empirical Presuppositions, in: Th.P.v.Baaren/H.J.W.Drijvers (Hg.), Religion, Culture and Methodology, Papers of the Groningen Working-Group for the Study of Fundamental Problems and Methods of Science of Religion, Den Haag/Paris 1973

W.Huber, Passa und Ostern. Untersuchungen zur Osterfeier der alten Kirche, Berlin 1969

H.Hübner, Mark VII,1-23 und das jüdisch-hellenistische Gesetzesverständnis, in: NTS 22 (1975/76), S.319-345

K.Hübner, Die Wahrheit des Mythos, München 1985

W.D.Hudson, Wittgenstein and Religious Belief, London 1975

K.Humann/O.Puchstein, Reisen in Kleinasien und Nordsyrien, Berlin 1890

N.Hyldahl, Philosophie und Christentum. Eine Interpretation der Einleitung zum Dialog Justins, Kopenhagen 1966

H.Ingholt, Un nouveau thiase à Palmyre, in: Syria 7 (1926), S.128-141

H.Ingholt/H.Seyrig/J.Starcky/A.Caquot (Hg.), Recueil des tessères de Palmyre, Bibliothèque archéologique et historique LVIII, Paris 1955

S.J.Isser, The Dositheans. A Samaritan Sect in Late Antiquity, SJLA 17, Leiden 1976

G.W.Ittel, Urchristentum und Fremdreligionen im Urteil der Religionsgeschichtlichen Schule. Diss. Erlangen 1956

G.W.Ittel, Die Hauptgedanken der "Religionsgeschichtlichen Schule", ZRGG 10 (1958) S.61-78

E.O.James, The History, Science and Comparative Study of Religion, in: Numen 1 (1954), S.91-105

W.James, Die Vielfalt religiöser Erfahrung. Eine Studie über die menschliche Natur, übersetzt und hg.v. E.Herms, Olten/Freiburg i.Br. 1979

C.N.Jefford, The Sayings of Jesus in the Teaching of the Twelve Apostles, Leiden 1989

J.Jeremias, Untersuchungen zum Quellenproblem der Apostelgeschichte, in: ZNW 36 (1937), S.205-221

J.Jeremias, Jesu Verheißung für die Völker, Göttingen 1956

J.Jeremias, Jerusalem zur Zeit Jesu, Göttingen ²1962

J.Jeremias, Das Lösegeld für Viele (Mk 10,45), in: Judaica 3 (1947/8) S.249-264 = ders., Abba. Studien zur neutestamentlichen Theologie und Zeitgeschichte, Göttingen 1966 S.216-232

J.Jeremias, Markus 14,9, in: ZNW 44 (1952/3) S.103-107; neu bearbeitet in: ders., Abba. Studien zur neutestamentlichen Theologie und Zeitgeschichte, Göttingen 1966 S.115-120

W.Jetter, Symbol und Ritual, Göttingen 1978

J.Jervell, Zur Frage der Traditionsgrundlage der Apostelgeschichte, in: StTh 16 (1962), S.25-41

J.Jervell, Das gespaltene Israel und die Heidenvölker. Zur Motivierung der Heidenmission in der Apostelgeschichte, in: StTh 19 (1965), S.68-96

J.Jervell, Art. "Apostelgeschichte", in: EKL Bd.1 (1986), Sp.225-229

R.Jewett, The Law and the Coexistence of Jews and Gentiles in Romans, in: Interpretation 39 (1985), S.341-356

N.Jidejian, Byblos through the Ages, Beirut 1968

N.Jidejian, Tyre through the Ages, Beirut 1969

N.Jidejian, Sidon through the Ages, Beirut 1971

N.Jidejian, Beirut through the Ages, Beirut 1973

N.Jidejian, Baalbek. Heliopolis "City of the Sun, Beirut 1975

H.O.Jones, Die Logik theologischer Perspektiven. Eine sprachanalytische Untersuchung, Göttingen 1985

E.A.Judge, Die frühen Christen als scholastische Gemeinschaft (1960), in: W.A.Meeks (Hg.), Zur Soziologie des Urchristentums, München 1979

E.A.Judge, Christliche Gruppen in nichtchristlicher Gesellschaft. Die Sozialstruktur christlicher Gruppen im ersten Jahrhundert, Wuppertal 1964

E.A.Judge, The Social Identity of the First Christians: A Question of Method in Religious History, in: Journal of Religious History 11 (1980), S.201-217

E.Käsemann, Die Johannesjünger in Ephesus, in: ders., Exegetische Versuche und Besinnungen, Bd.I, Göttingen 1960 S.158-168

E.Käsemann, Begründet der neutestamentliche Kanon die Einheit der Kirche? in: ders., Exegetische Versuche und Besinnungen, Bd.I, Göttingen 1960 S.214-223

U.Kahrstedt, Kulturgeschichte der römischen Kaiserzeit, München 1944

R.Kampling, Das Blut Christi und die Juden. Mt 27,25 bei den lateinischsprachigen christlichen Autoren bis zu Leo dem Großen, Münster 1984

M.Karrer, Der Gesalbte. Die Grundlagen des Christustitels, Göttingen 1991

R.J.Karris, Missionary Communities. A New Paradigm for the Study of Luke-Acts, in: The Catholic Biblical Quarterly 41 (1979), S.80-97

H.Kasting, Die Anfänge der urchristlichen Mission. Eine historische Untersuchung, Beiträge zur evangelischen Theologie Bd. 55, München 1969

Z.Kato, Die Völkermission im Markusevangelium, Bern/Frankfurt/New York 1986

H.C.Kee, "Becoming a child" in the Gospel of Thomas, in: JBL 82 (1963) S.307-314

H.C.Kee, The Function of Scriptural Quotations and Allusions in Mark 11-16, in: E.E.Ellis/E.Gräßer (Hg.), Jesus und Paulus, FS W.G.Kümmel, Göttingen 1975 S.165-188

H.C.Kee, Community of the New Age. Studies in Mark's Gospel, London 1977

H.C.Kee, Self-Definition in the Asclepius Cult, in: B.F.Meyer/E.P.Sanders (Hg.), Jewish and Christian Self-Definition, Bd.III: Self-Definition in the Graeco-Roman World, London 1982 S.118-136

H.C.Kee, Medicine, Miracle and Magic in New Testament Times, Cambridge 1986

W.H.Kelber, The Oral and the Written Gospel. The Hermeneutics of Speaking and Writing in the Synoptic Tradition, Mark, Paul, and Q, Philadelphia 1983

K.Kertelge, Die Epiphanie Jesu im Evangelium (Markus), in: J.Schreiner (Hg.), Gestalt und Anspruch des Neuen Testaments, Würzburg 1969 S.153-172 = R.Pesch (Hg.), Das Markus-Evangelium, WdF 161, Darmstadt 1979 S.259-282

M.Kiddle, The Death of Jesus and the Admission of the Gentiles in St.Mark, in: Journal of Theological Studies 35 (1934), S.45-50

G.D.Kilpatrick, The Origins of the Gospel according to St.Matthew, Oxford 1946

G.D.Kilpatrick, The Gentile Mission in Mark and Mark 13,9-11, in: D.E.Nineham (Hg.), Studies in the Gospels. Essays in Memory of R.H.Lightfoot, Oxford 1955

Kim Hee-Seong, Die Geisttaufe des Messias. Eine kompositionsgeschichtliche Untersuchung zu einem Leitmotiv des lukanischen Doppelwerkes. Ein Beitrag zur Theologie und Intention des Lukas, Dissertation Heidelberg 1992

H.G.Kippenberg, Garizim und Synagoge. Traditionsgeschichtliche Untersuchungen zur samaritanischen Religion der aramäischen Periode, RGVV 30, Berlin/New York 1971

H.G.Kippenberg, Diskursive Religionswissenschaft... in: B.Gladigow/H.G.Kippenberg (Hg.), Neue Ansätze in der Religionswissenschaft, München 1983

H.G.Kippenberg, "Dann wird der Orient herrschen und der Okzident dienen", in: Spiegel und Gleichnis, FS J.Taubes, Würzburg 1983, S.40ff

H.G.Kippenberg, Introduction: Symbols of Conflict, in: H.G.Kippenberg (Hg.), Struggles of Gods, Papers of the Groningen Work Group for the Study of the History of Religion, Berlin/New York/Amsterdam 1984

H.G.Kippenberg, Die vorderasiatischen Erlösungsreligionen in ihrem Zusammenhang mit der antiken Stadtherrschaft. Heidelberger Max-Weber-Vorlesungen 1988, Frankfurt a. M. 1991

G.Kittel, Die Religionsgeschichte und das Urchristentum, Gütersloh 1931

H.-J.Klauck, Hausgemeinde und Hauskirche im frühen Christentum, Stuttgart 1981

H.-J.Klauck, Herrenmahl und hellenistischer Kult. Eine religionsgeschichtliche Untersuchung zum ersten Korintherbrief, Münster ²1986

Th.Klausner, Taufet in lebendigem Wasser! Zum religions- und kulturgeschichtlichen Verständnis von Didache 7,1-3, in: Pisciculi. Studien zur Religion und Kultur des Altertums, FS F.J.Dölger, Münster 1939, S.157-164

G.Klein, Der Synkretismus als theologisches Problem in der ältesten christlichen Apologetik, ZThK 64 (1967), S.40ff

G.Klein, Gal 2,6-9 und die Geschichte der Jerusalemer Urgemeinde, in: Rekonstruktionen und Interpretationen, München 1969 S.99-128

H.Klein, Judenchristliche Frömmigkeit im Sondergut des Matthäus, in: NTS 35 (1989), S.466-474

A.F.J.Klijn, Stephen's Speech Acts 7,2-53, in: NTS 4 (1958), S.25-31

A.F.J.Klijn, Edessa, Die Stadt des Apostels Thomas. Das älteste Christentum in Syrien, Neukirchen-Vluyn 1965

H.-J.Klimkeit, Art. Religionswissenschaft, in: K.Müller/Th.Sundermeier (Hg.), Lexikon missionstheologischer Grundbegriffe, Berlin 1987 S.422-426

M.Klinghardt, Gesetz und Volk Gottes. Das lukanische Verständnis des Gesetzes nach Herkunft, Funktion und seinem Ort in der Geschichte des Urchristentums, Tübingen 1988

P.Knitter, Ein Gott - viele Religionen. Gegen den Absolutheitsanspruch des Christentums, München 1988

P.Knitter, Nochmals die Absolutheitsfrage. Gründe für eine pluralistische Theologie der Religionen, in: EvTh 49 (1989), S.505-515

R.Knopf, Die Lehre der zwölf Apostel, HNT Ergänzungsband: Die Apostolischen Väter I, Tübingen 1920

D.-A.Koch, Inhaltliche Gliederung und geographischer Aufriß im Markusevangelium, in: NTS 29 (1983), S.145-166

D.-A.Koch, Geistbesitz und Wundermacht. Erwägungen zur Tradition und zur lukanischen Redaktion in Act 8,5-25, in: ZNW 77 (1986) S.64-82

H.Köster, Einführung in das Neue Testament im Rahmen der Religionsgeschichte und Kulturgeschichte der hellenistischen und römischen Zeit, Berlin u.a. 1980

H.Köster/J.M.Robinson, Entwicklungslinien durch die Welt des frühen Christentums, Tübingen 1971

B.Kötting, Auseinandersetzung des Christentums mit der Umwelt, in: M.J.Vermaseren (Hg.), Die orientalischen Religionen im Römerreich, Leiden 1981

A.T.Kraabel, The Disappearance of the "God-Fearers", in: Numen 28 (1981), S.113-126

A.T.Kraabel, Synagoga Caeca: Systematic Distortion in Gentile Interpretations of Evidence for Judaism in the Early Christian Period, in: J.Neusner/E.S.Frerichs (Hg.), "To See Ourselves as Others See Us", Chico (California) 1985, S.219-246

H.Kraft, Die Entstehung des Christentums, Darmstadt 1981

W.Kramer, Christos, Kyrios, Gottessohn. Untersuchungen zu Gebrauch und Bedeutung der christologischen Bezeichnungen bei Paulus und den vorpaulinischen Gemeinden, Zürich 1963

L.Krappmann, Soziologische Dimensionen der Identität, Stuttgart ⁵1978

228

J.Kremer, Weltweites Zeugnis für Christus in der Kraft des Geistes. Zur lukanischen Sicht der Mission, in: K.Kertelge (Hg.), Mission im Neuen Testament (QD 93), Freiburg 1982 S.145-163

D.Krencker/W.Zschietzschmann, Römische Tempel in Syrien, Denkmäler antiker Architektur V, Berlin/Leipzig 1938

G.Kretschmar, Zur religionsgeschichtlichen Einordnung der Gnosis, EvTh 13 (1953) S.354ff

G.Kretschmar, Zur Frage nach dem Ursprung frühchristlicher Askese, in: ZThK 61 (1964) S.27-67 = K.S.Frank (Hg.), Askese und Mönchtum in der Alten Kirche, WdF 409, Darmstadt 1975 S.129-180

G.Kretschmar, Festkalender und Memorialstätten Jerusalems in altkirchlicher Zeit, in: H.Busse/G.Kretschmar, Jerusalemer Heiligtumstraditionen in altkirchlicher und frühislamischer Zeit, Wiesbaden 1987

G.Kretschmar, Anspruch auf Universalität in der Alten Kirche und Praxis ihrer Mission, in: Saeculum 38 (1987), S.150-177

A.Kretzer, Die Herrschaft der Himmel und die Söhne des Reiches. Eine redaktionsgeschichtliche Untersuchung zum Basileiabegriff und Basileiaverständnis im Matthäusevangelium, Stuttgart/Würzburg 1971

W.G.Kümmel, Das Urchristentum, in: ThR 14 (1942) S.81-95.155-173

W.G.Kümmel, Das Urchristentum, in: ThR 17 (1948/49) S.3-50.103-142

W.G.Kümmel, Das Urchristentum, in: ThR 18 (1950) S.1-53

W.G.Kümmel, Das Urchristentum, in: ThR 22 (1954) S.138-170.191-211

W.G.Kümmel, Jesus und Paulus, in: Heilsgeschehen und Geschichte. Gesammelte Aufsätze 1933-1964, Marburg 1965 S.439-456

W.G.Kümmel, Die Theologie des Neuen Testaments nach seinen Hauptzeugen. Jesus - Paulus - Johannes, Göttingen 51987

W.G.Kümmel, Äußere und innere Reinheit des Menschen bei Jesus, in: Heilsgeschehen und Geschichte, Bd.2, Gesammelte Aufsätze 1965-1977, Marburg 1978 S.117-129

W.G.Kümmel, Das Urchristentum, in: ThR 48 (1983) S.101-128

G.Künzel, Studien zum Gemeindeverständnis des Matthäus-Evangeliums, Stuttgart 1978

H.-W.Kuhn, Zum Problem des Verhältnisses der markinischen Redaktion zur israelitisch-jüdischen Tradition, in: G.Jeremias/H.-W.Kuhn/H.Stegemann (Hg.), Tradition und Glaube. Das frühe Christentum in seiner Umwelt, FS K.G.Kuhn, Göttingen 1971 S.299-309

P.Lampe/U.Luz, Nachpaulinisches Christentum und pagane Gesellschaft, in: J.Becker u.a., Die Anfänge des Christentums. Alte Welt und neue Hoffnung, Stuttgart 1987 S.185-216

G.Lanczkowski, Begegnung und Wandel der Religionen, Düsseldorf/Köln 1971

F.G.Lang: "Über Sidon mitten ins Gebiet der Dekapolis". Geographie und Theologie in Markus 7,31, in: ZDPV 94 (1978) S.145-160

S.K.Langer, Philosophie auf neuem Wege. Das Symbol im Denken, im Ritus und in der Kunst, 1965

E.Larsson, Die Hellenisten und die Urgemeinde, in: NTS 33 (1987), S.205-226

J.Lassus, La ville d'Antioche à l'époque romaine d'après l'archéologie, in: ANRW II,8 (1977) S.54-102

K.Latte, Art. Synkretismus, in: RGG Bd.V, 21931 Sp.952-959

R.Laufen, Die Doppelüberlieferungen der Logienquelle und des Markusevangeliums, Königstein/Bonn 1980

E.-A.Leemans, Studie over der Wijsgeer Numenius van Apamea met Uitgave der Fragmenten, Bruxelles 1937

G.van der Leeuw, Phänomenologie der Religion, Tübingen 21956

P.Lévêque: Essai de typologie des syncrétismes, in: Les Syncrétismes dans les religions grecque et romaine, Paris 1973

E.Lévinas, Die Spur des Anderen, Frankfurt a.M. 1983

R.Liechtenhan, Die urchristliche Mission. Voraussetzungen, Motive und Methoden, Basel 1946

H.Lietzmann, Geschichte der Alten Kirche, Bd.I Berlin/Leipzig 1932

H.Lietzmann, Die Umwelt des jungen Christentums, in: Kleine Schriften Bd.I, Studien zur spät-antiken Religionsgeschichte, Berlin 1958 S.63-83'

H.Lietzmann, Die Anfänge des Christentums in Syrien und in seinem Hinterland, in: Kleine Schriften Bd.I, Studien zur spätantiken Religionsgeschichte, Berlin 1958 S.94-96

B.Lifshitz, Der Kult des Zeus Akraios und des Zeus Bakchos in Beisan (Skythopolis), in: ZDPV 77 (1961) S.189

B.Lifshitz, Du nouveau sur les "Sympathisants", in: JSJ 1 (1970), S.77-84

B.Lifshitz, Scythopolis. L'histoire, les institutions et les cultes de la ville à l'époque hellenistique et imperiale, in: ANRW II,8 (1977), S.262-294

R.H.Lightfoot, Locality and Doctrine in the Gospels, London 1938

G.A.Lindbeck, The Nature of Doctrine. Religion and Theology in a Postliberal Age, Philadelphia 1984

E.Linnemann, Die Hochzeit zu Kana und Dionysos. oder das Unzureichende der Kategorien "Übertragung" und "Identifikation" zur Erfassung der religionsgeschichtlichen Beziehungen, in: NTS 20 (1974) S.408-418

P.Löffler, Art. Bekehrung, in: EKL Bd. 1 (1986), Sp.404ff

K.Löning, Der Stephanuskreis und seine Mission, in: J.Becker u.a., Die Anfänge des Christen-tums. Alte Welt und neue Hoffnung, Stuttgart 1987 S.80-101

E.Lohmeyer, Galiläa und Jerusalem, Göttingen 1936

E.Lohse, Taufe und Rechtfertigung bei Paulus, in: KuD 11 (1965) S.308-324

E.Lohse, Umwelt des Neuen Testaments, Göttingen 1978

A.Loisy, Les mystères païens et le mystère chrétien, Paris ²1930

F.Lovsky, Comment comprendre «son sang sur nous et nos enfants»?, in: ETR 62 (1987) S.343-362

G.Lüdemann, Untersuchungen zur simonianischen Gnosis, Göttingen 1975

G.Lüdemann, Zum Antipaulinismus im frühen Christentum, in: EvTh 40 (1980), S.437-455

G.Lüdemann, Paulus, der Heidenapostel, Bd.I Studien zur Chronologie, Göttingen 1980

G.Lüdemann, Paulus, der Heidenapostel, Bd.II Antipaulinismus im frühen Christentum, Göttin-gen 1983

G.Lüdemann, Das frühe Christentum nach den Traditionen der Apostelgeschichte. Ein Kommen-tar, Göttingen 1987

G.Lüdemann, The Acts of the Apostles and the Beginnings of Simonian Gnosis, in: NTS 33 (1987) S.420-426

D.Lührmann, Erwägungen zur Geschichte des Urchristentums, in: EvTh 32 (1972)

D.Lührmann, Superstitio - Die Beurteilung des frühen Christentums durch die Römer, in: ThZ 42 (1986), S.193-213

D.Lührmann, Die Pharisäer und die Schriftgelehrten im Markusevangelium, in: ZNW 78 (1987), S.169-185

D.Lührmann, Das Markusevangelium, HNT 3, Tübingen 1987

W.Lütgehetmann, Die Hochzeit von Kana (Joh 2,1-11). Zu Ursprung und Deutung einer Wun-dererzählung im Rahmen johanneischer Redaktionsgeschichte, Regensburg 1990

N.Luhmann, Religion als System. Thesen, in: K.W.Dahm/N.Luhmann/D.Stoodt, Religion - Sy-stem und Sozialisation, Darmstadt-Neuwied 1972

N.Luhmann, Funktion der Religion, Frankfurt 1977

N.Luhmann, Soziologische Aufklärung 4, Opladen 1987

N.Luhmann, Soziale Systeme. Grundriß einer allgemeinen Theorie, Frankfurt ²1988

M.Lurker, Die Botschaft der Symbole in Mythen, Kulturen und Religionen, 1990

U.Luz, Das Geheimnismotiv und die markinische Christologie, in: ZNW 56 (1965), S.9-30 = R.Pesch (Hg.), Das Markus-Evangelium, WdF 161, Darmstadt 1979 S.211-237

U.Luz, Die Erfüllung des Gesetzes bei Matthäus (Mt 5,17-20), in: ZThK 75 (1978), S.398-435

U.Luz, Das Evangelium nach Matthäus, EKK I/1 (Mt 1-7), Zürich/Neukirchen-Vluyn 1985

U.Luz, Das Evangelium nach Matthäus, EKK I/2 (Mt 8-17), Zürich/Neukirchen-Vluyn 1990

J.MacHugh, Galatians 2:11-14: Was Peter Right? in: M.Hengel/U.Heckel (Hg.), Paulus und das antike Judentum. Tübingen-Durham-Symposion im Gedenken an den 50. Todestag Adolf Schlatters, Tübingen 1991, S.319-330

G.W.MacRae, Why the Church Rejected Gnosticism, in: E.P.Sanders (Hg.), Jewish and Christian Self-Definition, Bd.I: The Shaping of Christianity in the Second and Third Centuries, Philadelphia 1980 S.126-133

R.Maddox, The Purpose of Luke-Acts, FRLANT 126, Göttingen 1982

A.J.Malherbe, Social Aspects of Early Christianity, Philadelphia [2]1983

A.J.Malherbe, Self-Definition among Epicureans and Cynics, in: B.F.Meyer/ E.P.Sanders (Hg.), Jewish and Christian Self-Definition, Bd.III: Self-Definition in the Graeco-Roman World, London 1982 S.46-59

T.W.Manson, The Problem of the Epistle to the Galatians (1940), in: ders., Studies in the Gospels and Epistles, Manchester 1962

D.Marguerat, Le Jugement dans l'Evangile de Matthieu, Genève 1981

R.A.Markus, The Problem of Self-Definition: From Sect to Church, in: E.P.Sanders (Hg.), Jewish and Christian Self-Definition, Bd.I: The Shaping of Christianity in the Second and Third Centuries, Philadelphia 1980 S.1-15

H.Marshall, Palestinian and Hellenistic Christianity, in: NTS 19 (1972/73), S.271-287

L.H.Martin, Why Cecropian Minerva? Hellenistic Religious Syncretism as System, in: Numen 30 (1983), S.131-145

W.A.Meeks, The Prophet-King. Moses Traditions and the Johannine Christology, NovTSup 14, Leiden 1967

W.A.Meeks, Moses as God and King, in: J.Neusner (Hg.), Religions in Antiquity. Essays in Memory of E.R.Goodenough, Leiden 1968, S.354-371

W.A.Meeks, The Divine Agent and His Counterfeit in Philo and the Fourth Gospel, in: E.Schüssler-Fiorenza (Hg.), Aspects of Religious Propaganda in Judaism and Early Christianity, Notre Dame (Indiana), 1976 S.43-67

W.A.Meeks/R.L.Wilken, Jews and Christians in Antioch in the first four centuries of the common era, Missoula, Montana 1978

W.A.Meeks, The First Urban Christians. The Social World of the Apostle Paul, New Haven/London 1983

J.-E.Menard, L'Évangile selon Thomas, Nag Hammadi Studies V, Leiden 1975

G.Mensching, Die Religion. Erscheinungsformen. Strukturtypen und Lebensgesetze, Stuttgart 1959

G.Mensching, Art. Synkretismus I., in: RGG Bd.VI [3]1962 Sp.563ff

H.Merkel, Art. Hellenismus, in: EKL Bd.2 (1990), Sp.477-481

Y.Meshorer, Jewish coins of the Second Temple Period, Tel Aviv 1967

Y.Meshorer, Ancient Jewish Coinage, Bd.II: Herod the Great through Bar Cochba, New York 1982

B.M.Metzger, Methodology in the Study of the Mystery Religions and Early Christianity, in: Historical and Literary Studies. Pagan, Jewish and Christian (NTTS 8), Leiden 1968 S.1-24

R.P.Meye, Messianic Secret and Messianic Didache in Mark's Gospel, in: F.Christ (Hg.), Oikonomia. Heilsgeschichte als Thema der Theologie, FS O.Cullmann, Hamburg 1967 S.57-68

O.Michel, Der Abschluß des Matthäusevangeliums. Ein Beitrag zur Geschichte der Osterbotschaft, in: EvTh 10 (1950), S.16-26 = J.Lange (Hg.), Das Matthäusevangelium, 1980 S.119-133

R.Mohrlang, Matthew and Paul. A Comparison of Ethical Perspectives, Cambridge 1984

E.Molland, Besaß die Alte Kirche ein Missionprogramm und bewußte Missionsmethoden? in: H.Frohnes/U.W.Knorr (Hg.), Kirchengeschichte als Missionsgeschichte, Bd.I: Die Alte Kirche, München 1974

A.Momigliano, Some Preliminary Remarks on the "Religious Opposition" to the Roman Empire, in: Entretiens sur l'antiquité Classique 33 (1986), S.103-129

C.Mondêsert, L'apport des Inscriptions greques pour l'histoire religieuse de la Syrie du Nord, in: Studia Patristica I, Berlin 1957, S.649-658

M.Mor, Samaritan History, in: A.D.Crown, The Samaritans, Tübingen 1989

G.Moran, Alternative Bilder der Entwicklung zur religiösen Lebensgeschichte des Individuums, in: K.E.Nipkow/F.Schweitzer/J.W.Fowler, Glaubensentwicklung und Erziehung, Gütersloh 1988 S.165-180

R.Morgan, Biblical Interpretation, Oxford 1988

C.F.D.Moule, On Defining the Messianic Secret in Mark, in: E.E.Ellis/E.Gräßer (Hg.), Jesus und Paulus, FS W.G.Kümmel, Göttingen 1975 S.239-252

K.Müller, Das Judentum in der religionsgeschichtlichen Arbeit am Neuen Testament. Eine kritische Rückschau auf die Entwicklung einer Methodik bis zu den Qumranfunden, Judentum und Umwelt 6, Frankfurt/Bern 1983

K.Müller, Die religionsgeschichtliche Methode. Erwägungen zu ihrem Verständnis und zur Praxis ihrer Vollzüge an neutestamentlichen Texten, in: BZ NF 29 (1985) S.161-192

U.B.Müller, Zur Rezeption Gesetzeskritischer Jesusüberlieferung im frühen Christentum, in: NTS 27 (1981), S.158-185

G.Münderlein, Die Verfluchung des Feigenbaums, in: NTS 10 (1963/4)

F.Mußner, Petrus und Paulus - Pole der Einheit, QD 76, Freiburg/Basel/Wien 1976

F.Mußner, Die Stellung zum Judentum in der "Redenquelle" und in ihrer Verarbeitung bei Matthäus, in: L.Schenke (Hg.), Studien zum Matthäusevangelium, FS W.Pesch, Stuttgart 1988 S.209-226

H.-W.Neudorfer, Der Stephanuskreis in der Forschungsgeschichte seit F.C.Baur, Gießen 1983

K.H.Neufeld, Art. Albrecht B.Ritschl, in: H.Fries/G.Kretschmar (Hg.), Klassiker der Theologie Bd.2, München 1983

W.Nicol, The Semeia in the Fourth Gospel. Tradition and Redaction, Leiden 1972

K.Niederwimmer, Johannes Markus und die Frage nach dem Verfasser des zweiten Evangeliums, in: ZNW 58 (1967) S.172-188

K.Niederwimmer, Die Didache, Kommentar zu den Apostolischen Vätern 1, KEK Ergänzungsreihe Bd.1, Göttingen 1989

M.P.Nilsson, Geschichte der griechischen Religion Bd.II (HAW V,II.2), München 21961

K.E.Nipkow/F.Schweitzer/J.W.Fowler (Hg.) Glaubensentwicklung und Erziehung, Gütersloh 1988

A.D.Nock, Conversion. The Old and the New in Religion from Alexander the Great to Augustine of Hippo, Oxford 1933, reprint 1952

A.D.Nock, Conversion and Adolescence. In: Pisciculi. Studien zur Religion und Kultur des Altertums, FS F.J.Dölger, Münster 1939 = ders., Essays on Religion and the Ancient World, hg.v. Z.Stewart, Bd.I, Oxford 1972, S.469-480

A.D.Nock, Paul and the Magus, in: ders., Essays on Religion and the Ancient World, hg.v. Z.Stewart, Bd.I, Oxford 1972, S.308-330

A.D.Nock, Early Gentile Christianity and its Hellenistic Background, New York 1964

H.Noetzel, Christus und Dionysos. Bemerkungen zum religionsgeschichtlichen Hintergrund von Joh 2,1-11 (Arbeiten zur Theologie), Stuttgart 1960

232

R.Nouailhat, Remarques méthodologiques à propos de la question de "l'hellénisation du christianisme", in: F.Durand/P.Lévêque, Les Syncrétismes dans les religions de l'antiquité, Leiden 1975

F.W.Norris, Antioch on-the-Orontes as a Religious Center I. Paganism before Constantine, in: ANRW II 18.4 (1990), S.2322-2379

R.A.Oden, Studies in Lucian's De Dea Syria, Montana 1977

R.A.Oden, Baalshamen and El, in: CBQ 39 (1977), S.457-473

W.Oehler, Das Johannesevangelium eine Missionsschrift für die Welt, Gütersloh 1936

W.Oehler, Zum Missionscharakter des Johannesevangeliums, BFchrTh 42,4, Gütersloh 1941

A.Oepke, Das missionarische Christuszeugnis des Johannesevangeliums, in: EMZ 2 (1941), S.4-26

T.Okure, The Johannine Approach to Mission. A Contextual Study of John 4:1-42, Tübingen 1988

T.Onuki, Gemeinde und Welt im Johannesevangelium. Ein Beitrag zur Frage nach der theologischen und pragmatischen Funktion des johanneischen "Dualismus", WMANT 56, Neukirchen-Vluyn 1984

F.Overbeck, Über die Anfänge der patristischen Literatur, Sonderausgabe Darmstadt 1954 = Historische Zeitschrift 48 (1882) S.417-472

W.Pannenberg, Erwägungen zu einer Theologie der Religionsgeschichte, in: W.Pannenberg, Grundfragen systematischer Theologie, Göttingen ³1979, S.252-295

K.Pantle-Schieber, Anmerkungen zur Auseinandersetzung von Ekklesia und Judentum im Matthäusevangelium, in: ZNW 80 (1989), S.145-162

H.Paulsen, Traditionsgeschichtliche Methode und religionsgeschichtliche Schule, in: ZThK 75 (1978) S.20-55

P.Perkins, Christologie and Mission. Matthew 28:16-20, in: Listening 24 (1989), S.302-309

R.Pesch, Der Besessene von Gerasa, Stuttgart 1972

R.Pesch/E.Gerhart/F.Schilling, "Hellenisten" und "Hebräer". Zu Apg 9,29 und 6,1, in: BZ 23 (1979), S.87-92

R.Pesch, Das Jerusalemer Abkommen und die Lösung des antiochenischen Konflikts. Ein Versuch über Gal 2; Apg 10,1-11,18; Apg 11,27-30; 12,25 und Apg 15,1-41, in: P.G.Müller/ W.Stenger (Hg.), Kontinuität und Einheit, FS F.Mußner, Freiburg u.a. 1981 S.105-122

R.Pesch, Voraussetzungen und Anfänge der urchristlichen Mission, in: K.Kertelge (Hg.), Mission im Neuen Testament (QD 93), Freiburg 1982 S.11-70

R.Pesch, Die Apostelgeschichte, EKK V/1 (Apg 1-12), Zürich/Neukirchen-Vluyn 1986

R.Pesch, Die Apostelgeschichte, EKK V/2 (Apg 13-28), Zürich/Neukirchen-Vluyn 1986

N.R.Petersen, Die "Perspektive" in der Erzählung des Markusevangeliums, in: F.Hahn (Hg.), Der Erzähler des Evangeliums. Methodische Neuansätze in der Markusforschung, Stuttgart 1985, S.67-92

N.R.Petersen, Die Zeitebenen im markinischen Erzählwerk: Vorgestellte und dargestellte Zeit, in: F.Hahn (Hg.), Der Erzähler des Evangeliums. Methodische Neuansätze in der Markusforschung, Stuttgart 1985, S.93-136

E.Peterson, Christianus, in: ders., Frühkirche, Judentum und Gnosis, Freiburg 1959

F.Pfister: Die Religion der Griechen und Römer, Leipzig 1930

O.Pfleiderer, Das Christusbild des urchristlichen Glaubens in religionsgeschichtlicher Beleuchtung, Berlin 1903

P.Pilhofer, Presbyteron Kreitton. Der Altersbeweis der jüdischen und christlichen Apologeten und seine Vorgeschichte, Tübingen 1990

E.Plümacher, Identitätsverlust und Identitätsgewinn. Studien zum Verhältnis von kaiserzeitlicher Stadt und frühem Christentum, Neukirchen-Vluyn 1987

P.Pokorny, Das Markus-Evangelium. Literarische und theologische Einleitung mit Forschungsbericht, in: ANRW II 25.3, S.1969-2035

W.Prentice, St.Paul's Journey to Damascus, in: ZNW 46 (1955), S.250-254

K.Prümm, Der christliche Glaube und die altheidnische Welt, Bd.1-2, Leipzig 1935

K.Prümm, Christentum als Neuheitserlebnis. Durchblick durch die christlich-antike Begegnung, Freiburg 1939

K.Prümm, Religionsgeschichtliches Handbuch für den Raum der altchristlichen Umwelt. Hellenistisch-römische Geistesströmungen und Kulte mit Beachtung des Eigenlebens der Provinzen, Rom ²1954

B.Przybylski, Righteousness in Matthew and his World of Thought, Cambridge 1980

H.Chr.Puech, Numénius d'Apamée et les théologies orientales au second siècle, in: Annuaire de l'Institut de philologie et d'histoire orientales (de Bruxelles), II (Mélanges J.Bidez), 1934 S.745-778

R.Pummer, Samaritan Material Remains and Archeology, in: A.D.Crown, The Samaritans, Tübingen 1989, S.135-177

J.D.Purvis, The Fourth Gospel and the Samaritans, in: NT 17 (1975), S.161-198

G.Quispel, The Gospel of Thomas and the New Testament, in: VigChr 11 (1957) S.189-207

G.Quispel, Some Remarks on the Gospel of Thomas, in: NTS 5 (1958/59), S.276-290

J.Radermakers, L'évangile de Marc. Structure et théologie, in: M.Sabbe u.a.(Hg.), L'Évangile selon Marc. Tradition et Rédaction. Nouvelle édition augmentée, Leuven 1988 S.221-239

H.Räisänen, Paul's Conversion and the Development of his View of the Law, in: NTS 33 (1987), S.404-419

F.Ragette, Baalbek, London 1980

G.Rau, Das Markus-Evangelium. Komposition und Intention der ersten Darstellung christlicher Mission, in: ANRW II 25.3 S.2036-2257

W.Rebell, Gehorsam und Unabhängigkeit, München 1986

G.Reim, Studien zum alttestamentlichen Hintergrund des Johannesevangeliums, MSSNTS 22, Cambridge 1974

Th.Reinach, Mon Nom est Légion, in: Revue des Etudes Juives 47 (1903), S.172-178

K.Reinhardt, Poseidonios über Ursprung und Entartung, Orient und Antike 6 (1928)

R.Reitzenstein, Die hellenistischen Mysterienreligionen nach ihren Grundgedanken und Wirkungen, Berlin ³1927

Religionen, Religiosität und christlicher Glaube. Eine Studie, Hg. im Auftrag der VELKD und der Arnoldshainer Konferenz, Gütersloh 1991

H.Remus, Pagan-Christian Conflict over Miracle in the Second Century, Patristic Monograph Series 10, Cambridge (Mass.) 1983

K.H.Rengstorf, Die Anfänge der Auseinandersetzung zwischen Christusglaube und Asklepiosfrömmigkeit, Münster 1953

J.Réville, Die Religion zu Rom unter den Severern, Leipzig 1888

J.-P.Rey-Coquais, Syrie Romaine de Pompée à Dioclétien, in: The Journal of Roman Studies 68 (1978) S.44-73

J.-P.Rey-Coquais, La Syrie de Pompée à Dioclétien. Histoire politique et administrative, in: J.-M.Dentzer/W.Orthmann (Hg.), Archeologie et histoire de la Syrie, Bd.II: La Syrie de l'époque achéménide à l'avènement de l'Islam, Saarbrücken 1989, S.45-62

J.Reynolds/R.Tannenbaum, Jews and God-Fearers at Aphrodisias, Cambridge 1987

E.Richards, Acts 7. An Investigation of the Samaritan Evidence, in: CBQ 39 (1977) S.190-208

G.le Rider/H.Seyrig (Hg.), Objects de la collection Louis de Clerq, 2.Teil, in: Revue numismatique 10 (1968) S.7-40; abgedruckt in: H.Seyrig, Scripta Numismatica, Paris 1986 S.347-388

H.Riesenfeld, Tradition und Redaktion im Markusevangelium, in: Neutestamentliche Studien für Rudolf Bultmann, ²1957 = R.Pesch (Hg.), Das Markus-Evangelium, WdF 161, Darmstadt 1979 S.103-112

234

R.Riesner, Bethany beyond the Jordan (John 1,28). Topography, Theology and History in the Fourth Gospel, TynNTL 1986, S.29-63

R.Riesner, Art. "Betesda", in: Das große Bibellexikon, Bd.1, Wuppertal/ Gießen 1987 S.194f

M.Rissi, Die Hochzeit in Kana, in: F.Christ (Hg.), Oikonomia. Heilsgeschichte als Thema der Theologie, FS O.Cullmann, Hamburg 1967 S.76-92

D.Ritschl, Die Erfahrung der Wahrheit. Die Steuerung von Denken und Handeln durch implizite Axiome, in: D.Ritschl, Konzepte, München 1986 S.147-166

D.Ritschl, Implizite Axiome. Weitere vorläufige Überlegungen, in: W.Huber/E.Petzold/ Th.Sundermeier (Hg.), Implizite Axiome. Tiefenstrukturen des Denkens und Handelns, München 1990, S.338-355

J.A.T.Robinson, The Priority of John, London 1985

J.M.Robinson, Das Geschichtsverständnis des Markusevangeliums, Zürich 1956; abgedruckt in: ders., Messiasgeheimnis und Geschichtsverständnis. Zur Gattungsgeschichte des Markusevangeliums, München 1989

J.M.Robinson, On Bridging the Gulf from Q to the Gospel of Thomas (or Vice Versa), in: Ch.W.Hedrick/R.Hodgson (Hg.), Nag Hammadi, Gnosticism & Early Christianity, Peabody (MA) 1986, S.127-175

J.M.Robinson, The Study of the Historical Jesus after Nag Hammadi, in: Semeia 44 (1988) S.45-55

J.Roloff, Das Markusevangelium als Geschichtsdarstellung, in: EvTh 29 (1969) S.73-93 = R.Pesch (Hg.), Das Markus-Evangelium, WdF 161, Darmstadt 1979 S.283-310

G.Rosen/F.Rosen/G.Bertram, Juden und Phönizier. Das antike Judentum als Missionsreligion und die Entstehung der jüdischen Diaspora, Tübingen ²1929

W.Rothfuchs, Die Erfüllungszitate des Matthäus-Evangeliums, Stuttgart 1969

K.Rudolph, Randerscheinungen des Judentums und das Problem der Entstehung des Gnostizismus, in: Kairos 9 (1967) S.105-122 = K.Rudolph (Hg.), Gnosis und Gnostizismus, WdF 262, Darmstadt 1975 S.768-797

K.Rudolph, Simon - Magus oder Gnosticus? Zum Stand der Debatte, in: ThR 42 (1977), S.279-358

K.Rudolph, Das frühe Christentum als religionsgeschichtliches Phänomen, in: J.Irmscher/K.Treu (Hg.), Das Korpus der Griechischen Christlichen Schriftsteller, TU 120, Berlin 1977

K.Rudolph, Synkretismus - vom theologischen Scheltwort zum religionswissenschaftlichen Begriff, in: Humanitas Religiosa, FS H.Biezais, Stockholm 1979, S.194-212

K.Rudolph, Die Gnosis. Wesen und Geschichte einer spätantiken Religion, Göttingen ³1990

K.Rudolph, Art. Mandäer/Mandäismus, in: TRE Bd. XXII (1992) S.19-25

S.Safrai, Relations between the Diaspora and the Land of Israel, in: S.Safrai/M.Stern, The Jewish People in the First Century. Historical Geography, Political History, Social, Cultural and Religious Life and Institutions, Compendia Rerum Iudaicarum ad Novum Testamentum, Section One, Assen Bd.I 1974, S.184-215

H.Sahlin, Die Perikope vom gerasenischen Besessenen und der Plan des Markusevangeliums, in: Studia Theologica 18 (1964), S.159-172

E.Salin, Jesus und die Wechsler, in: A.Ben-David, Jerusalem und Tyros. Ein Beitrag zur palästinensischen Münz- und Wirtschaftsgeschichte, Basel/ Tübingen 1969

A.Sand, Das Gesetz und die Propheten. Untersuchungen zur Theologie des Evangeliums nach Matthäus, Regensburg 1974

A.Sand, Die Gemeinde zwischen "jenen Tagen Jesu" und "dem Tag des Gerichts" - Zum Geschichtsverständnis des Matthäusevangeliums, in: Trierer Theologische Zeitschrift 99 (1990), S.49-71

E.P.Sanders, Paul, the Law, and the Jewish People, Philadelphia 1983

E.P.Sanders, Paulus und das palästinische Judentum. Ein Vergleich zweier Religionsstrukturen, Göttingen 1985

A.de Santos Otero, Jüngere Apostelakten, in: E.Hennecke (Begr.)/W.Schneemelcher (Hg.), Neutestamentliche Apokryphen in deutscher Übersetzung, Bd.II, ^{5}1989 S.381-438

W.Sargant, Der Kampf um die Seele. Eine Physiologie der Konversionen, München 1958

A.Schalit, Die Erhebung Vespasians nach Flavius Josephus, Talmud und Midrasch. Zur Geschichte einer messianischen Prophetie, in: ANRW II 2 (1975), S.208-327

B.Schaller, Art. Iosephos, in: Der kleine Pauly, Bd.2 (1979) Sp.1440ff

L.Scheffczyk, Tendenzen und Brennpunkte der neueren Problematik um die Hellenisierung des Christentums, Sitzungsberichte der bayerischen Akademie der Wissenschaften, philosophisch-historische Klasse, 1982 Heft 3

H.-M.Schenke, Hauptprobleme der Gnosis, in: Kairos 7 (1965) S.114-123 = K.Rudolph (Hg.), Gnosis und Gnostizismus, WdF 262, Darmstadt 1975 S.585-600

H.-M.Schenke, Gnosis. Zum Forschungsstand unter besonderer Berücksichtigung der religionsgeschichtlichen Problematik, in: C.Colpe/Th.Sundermeier (Hg.), Religionen, Mission, Ökumene, Verkündigung und Forschung 32/1 (1987) S.2-21

H.-M.Schenke, "Er muß wachsen, ich aber muß abnehmen" - Der Konflikt zwischen Jesusjüngern und Täufergemeinde im Spiegel des Johannes-Evangeliums, C.Elsas/H.G.Kippenberg (Hg.), Loyalitätskonflikte in der Religionsgeschichte, FS C.Colpe, Würzburg 1990 S.301-313

L.Schenke, Die Urgemeinde. Geschichtliche und theologische Entwicklung, Stuttgart 1990

L.H.Schiffman, At the Crossroad: Tannaitic Perspectives on the Jewish-Christian Schism, in: A.I.Baumgarten/A.Mendelson/E.P.Sanders (Hg.), Jewish and Christian Self-Definition, Bd.II: Aspects of Judaism in the Greco-Roman Period, London 1981 S.115-156

G.Schille, Anfänge der Kirche. Erwägungen zur apostolischen Frühgeschichte, München 1966

G.Schille, Die urchristliche Kollegialmission, Zürich 1967

G.Schille, Die urchristliche Wundertradition. Ein Beitrag zur Frage nach dem irdischen Jesus, Stuttgart 1967

G.Schille, Die Apostelgeschichte des Lukas, ThHK 5, Berlin 1983

H.Schlier, Die Entscheidung für die Heidenmission in der Urchristenheit. EMZ 3 (1942) S.166-182; 208-212 = H.Schlier, Die Zeit der Kirche, Freiburg u.a. ^{4}1966

D.Schlumberger, Les quatre tribus de Palmyre, in: Syria 48 (1971) S.121ff

Th.Schmeller, Brechungen. Urchristliche Wandercharismatiker im Prisma soziologisch orientierter Exegese, Stuttgart 1989

J.Schmidlin, Die missionsgeschichtliche Methode, in: ZM 2 (1912), S.101-114

J.Schmitt, Les discours missionaires des Actes et l'histoire des traditions prépauliennes, in: Recherches de Science Religieuse 69 (1981), S.165-180

R.Schnackenburg, Das Johannesevangelium, Teil I, Freiburg/Basel/Wien ^{5}1981

W.Schneemelcher, Das Urchristentum, Stuttgart 1981

G.Schneider, Der Missionsauftrag Jesu in der Darstellung der Evangelien, in: K.Kertelge (Hg.), Mission im Neuen Testament (QD 93), Freiburg 1982 S.71-92

W.R.Schoedel, Theological Norms and Social Perspectives in Ignatius of Antioch, in: E.P.Sanders (Hg.), Jewish and Christian Self-Definition, Bd.I: The Shaping of Christianity in the Second and Third Centuries, Philadelphia 1980 S.30-56

W.R.Schoedel, Die Briefe des Ignatius von Antiochien. Ein Kommentar, München 1990

G.Schöllgen, Die Didaché - ein frühes Zeugnis für Landgemeinde? in: ZNW 76 (1985) S.140-143

G.Schöllgen, Probleme der frühchristlichen Sozialgeschichte. Einwände gegen Peter Lampes Buch "Die stadtrömischen Christen in den ersten beiden Jahrhunderten, in: JbAC 32 (1989), S.23-40

G.Schöllgen, Einleitung zur Didache, in: G.Schöllgen/W.Geerlings (Übers. u. Hg.), Didache; Traditio Apostolica, Fontes Christiani Bd. 1, Freiburg u. a. 1991

H.Schoeps, Die jüdischen Prophetenmorde, in: ders., Aus frühchristlicher Zeit. Religionsgeschichtliche Untersuchungen, Tübingen 1950, S.126-143

H.J.Schoeps, Die Pseudoklementinen und das Urchristentum, in: ZRGG 10 (1958), S.1-15

W.Schrage, Der Erste Brief an die Korinther, EKK VII/1, Zürich/Neukirchen-Vluyn 1991

J.Schreiber, Die Christologie des Markusevangeliums, in: ZThK 58 (1961) S.154-183

H.Schürmann, Traditionsgeschichtliche Untersuchungen zu den synoptischen Evangelien, Düsseldorf 1968

A.Schütze, Mithras. Mysterien und Urchristentum, Stuttgart 1972

V.Schultze, Altchristliche Städte und Landschaften, Bd.III Antiocheia, Gütersloh 1930

S.Schulz, Maranatha und Kyrios Jesus, in: ZNW 53 (1962), S.125-144

S.Schulz, Die Bedeutung des Markus für die Theologiegeschichte des Urchristentums, in: Studia Evangelica II/1, Berlin 1964, S.135-145 = R.Pesch, Das Markus-Evangelium, WdF 161, Darmstadt 1979 S.151-162

S.Schulz, Der frühe und der späte Paulus, in: ThZ 41 (1985), S.228-236

S.Schulz, Neutestamentliche Ethik, Zürich 1987

E.Schwartz, Über den Tod der Söhne Zebedäi, in: K.H.Rengstorf (Hg.), Johannes und sein Evangelium, WdF 82, Darmstadt 1973, S.202-272

F.Schweitzer, Bekehrung und religiöse Entwicklung. Religionspsychologische Lebenslaufforschung zwischen autobiographischer und sozialwissenschaftlicher Konstruktion, in: W.Sparn (Hg.), Wer schreibt meine Lebensgeschichte? Biographie, Autobiographie, Hagiographie und ihre Entstehungszusammenhänge, Gütersloh 1990 S.296-314

E.Schweizer, Christianity of the Circumcised and Judaism of the Uncircumcised - The Background of Matthew and Colossians, in: R.Hamerton-Kelly/R.Scroggs (Hg.), Jews, Greeks and Christians. Religious Cultures in Late Antiquity, FS W.D.Davies, Leiden 1976 S.245-260

E.Schweizer, Matthäus 5,17-20. Anmerkungen zum Gesetzesverständnis des Matthäus, in: ThLZ 77 (1952), Sp.479-484 = J.Lange (Hg.), Das Matthäusevangelium, WdF 525, Darmstadt 1980 S.164-173

E.Schweizer, Die theologische Leistung des Markus, in: EvTh 24 (1964), S.337-355 = ders., Beiträge zur Theologie des Neuen Testaments, Zürich 1970, S.21-42 = R.Pesch (Hg.), Das Markus-Evangelium, WdF 161, Darmstadt 1979 S.163-189

E.Schweizer, Eschatologie im Evangelium nach Markus, in: ders., Beiträge zur Theologie des Neuen Testaments, Zürich 1970 S.43-48

E.Schweizer, Noch einmal Mt 5,17-20, in: H.Balz/S.Schulz (Hg.), Das Wort und die Wörter, FS G.Friedrich, Stuttgart u.a. 1973, S.69-73 = E.Schweizer, Matthäus und seine Gemeinde, Stuttgart 1974 S.78-85

E.Schweizer, Christus und Gemeinde im Mattäusevangelium, in: E.Schweizer, Matthäus und seine Gemeinde, Stuttgart 1974

E.Schweizer, Die Kirche des Matthäus, in: E.Schweizer, Matthäus und seine Gemeinde, Stuttgart 1974 S.138-170

E.Schweizer, Das Evangelium nach Matthäus, NTD 2, Göttingen ^{3}1981

H.Schwier, Tempel und Tempelzerstörung, NTOA 11, Freiburg (Schweiz)/Göttingen 1989

C.H.H.Scobie, The Origins and Development of Samaritan Christianity, in: NTS 19 (1972/73) S.390-414

H.Seyrig, Heliopolitana, in: Bulletin du Musée de Beyrouth 1 (1937), S.77-100, abgedruckt in: H.Seyrig, Scripta Varia, Paris 1985 S.65-89

H.Seyrig, Antiquités syriennes 81. Note sur les cultes de Scythopolis à l'époque romaine, in: Syria 39 (1962)

H.Seyrig, Antiquités syriennes 82. Une idole bétylique, in: Syria 40 (1963) S.17-19

H.Seyrig, Antiquités syriennes 83. Les grands dieux de Tyr à l'époque grecque et romaine, Syria 40 (1963), S.23f

H.Seyrig, Antiquités syriennes 93. Bel de Palmyre, in: Syria 48 (1971), S.85-114

H.Seyrig, Antiquités syriennes 95. Le culte du Soleil en Syrie à l'époque romaine, in: Syria 48 (1971), S.337-373

H.Seyrig, Antiquités syriennes 96. La resurrection d'Adonis et le texte de Lucien, in: Syria 49 (1972)

H.Seyrig, Le prétendu syncrétisme solaire syrien et le culte de sol invictus, in: Les Syncrétismes dans les religions grecque et romaine, Paris 1973

A.N.Sherwin-White, Roman Society and Roman Law in the New Testament, Oxford 1963

A.N.Sherwin-White, Racial Prejudice in Imperial Rome, Cambridge 1967

A.N.Sherwin-White, Roman Foreign Policy in the East, 168 B.C. to A.D. 1, London 1984

F.Siegert, Gottesfürchtige und Sympathisanten, in: Journal for the Study of Judaism 4 (1973) S.109-164

F.Siegert, Argumentation bei Paulus gezeigt an Röm 9-11, Tübingen 1985

H.P.Siller, Synkretismus. Bestandsaufnahme und Problemanzeigen, in: ders. (Hg.), Suchbewegungen. Synkretismus - kulturelle Identität und kirchliches Bekenntnis, Darmstadt 1991 S.1-17

M.Simon, Verus Israel. Étude sur les relations entre chrétiens et juifs dans l'Empire romain (135-425), Nachdruck Paris 1964

M.Simon, Les Dieux antiques dans la pensée chrétienne, in: ZRGG 6 (1954), S.97-114 = M.Simon, Le Christianisme antique et son contexte religieux. Scripta Varia Bd.1, Tübingen 1981, S.187-204

M.Simon, Christianisme antique et pensée païenne. Rencontres et Conflits, in: Bulletin de la Faculté des Lettres de Strasbourg 38 (1960), S.309-323 = M.Simon, Le Christianisme antique et son contexte religieux. Scripta Varia Bd.1, Tübingen 1981, S.245-259

M.Simon, Sur les Débuts du Prosélytisme Juif, in: Hommages à André Dupont-Sommer, Paris 1971 S.509-520 = M.Simon, Le Christianisme antique et son contexte religieux. Scripta Varia Bd.2, Tübingen 1981, S.465-476

M.Simon, Theos Hypsistos, in: Ex Orbe Religionum I, Festschrift Widengren, Leiden 1972 S.372-385 = M.Simon, Le Christianisme antique et son contexte religieux. Scripta Varia Bd.2, Tübingen 1981, S.495-508

M.Simon, The "Religionsgeschichtliche Schule" fifty years later, in: Religious Studies 11 (1975), S.135-144 = M.Simon, Le Christianisme antique et son contexte religieux. Scripta Varia Bd.2, Tübingen 1981, S.588-597

M.Simon, Jupiter-Yahvé. Sur un essai de Théologie pagano juive, in: Numen 23 (1976) S.40-66 = M.Simon, Le Christianisme antique et son contexte religieux. Scripta Varia Bd.2, Tübingen 1981, S.622-648

M.Simon, Art. Gottesfürchtiger, in: RAC Bd.11 (1981) Sp.1060-1070

H.D.Slingerland, The Transjordanian Origin of St.Matthew's Gospel, in: Journal for the Study of the New Testament 3 (1979) S.18-28

E.M.Smallwood, The Jews under Roman Rule. From Pompey to Diocletioan, Leiden 1976

H.v.Soden, Die christliche Mission in Altertum und Gegenwart, in: H.Frohnes/U.W.Knorr (Hg.), Kirchengeschichte als Missionsgeschichte, Bd.I: Die Alte Kirche, München 1974

Th.Söding, Glaube bei Markus. Glaube an das Evangelium, Gebetsglaube und Wunderglaube im Kontext der markinischen Basileiatheologie und Christologie, Stuttgart 1985

D.Sourdel, Les cultes du Hauran, à l'époque romaine, Paris 1952

H.F.D.Sparks, The Semitisms of the Acts, in: JThS 1 (1950), S.16-28

W.Speyer, Zu den Vorwürfen der Heiden gegen die Christen, in: JAC 6 (1963), S.129-135 = ders., Frühes Christentum im antiken Strahlungsfeld. Ausgewählte Aufsätze, Tübingen 1989 S.7-13

W.Speyer, Religiöse Betrüger. Falsche göttliche Menschen und Heilige in Antike und Christentum, in: ders., Frühes Christentum im antiken Strahlungsfeld. Ausgewählte Aufsätze, Tübingen 1989, S.440-462

238

F.Spitta, Die neutestamentliche Grundlage der Ansicht von E.Schwartz über den Tod der Söhne Zebedäi. in: K.H.Rengstorf (Hg.), Johannes und sein Evangelium, WdF 82, Darmstadt 1973, S.291-313

G.Stanton, The Origin and Purpose of Matthew's Gospel. Matthean Scholarship from 1945 to 1980, in: ANRW II 25.3 S.1889-1951

G.N.Stanton, 5 Ezra and Matthean Christianity in the second Century, in: JThS 28 (1977), S.67-83

G.N.Stanton, Aspects of Early Christian-Jewish Polemic and Apologetic, in: NTS 31 (1985), S.377-392

E.W.Stegemann, Zur Rolle von Petrus, Jakobus und Johannes im Markusevangelium, in: ThZ 42 (1986), S.366-374

W.Stegemann, Zwischen Synagoge und Obrigkeit. Ein Beitrag zur historischen Situation lukanischer Christen, Göttingen 1991

E.Stemplinger, Antiker Volksglaube, Stuttgart 1948

K.Stendahl, The School of St.Matthew and its use of the Old Testament, Uppsala 1954

K.Stendahl, The Apostle Paul and the Introspective Conscience of the West, in: Harvard Theological Review 56 (1963), S.199-215

M.Stern, The Jewish Diaspora, in: S.Safrai/M.Stern, The Jewish People in the First Century. Historical Geography, Political History, Social, Cultural and Religious Life and Institutions, Compendia Rerum Iudaicarum ad Novum Testamentum, Section One, Assen Bd.I 1974, S.117-183

M.Stern, The Reign of Herod and the Herodian Dynasty, in: S.Safrai/M.Stern, The Jewish People in the First Century. Historical Geography, Political History, Social, Cultural and Religious Life and Institutions, Compendia Rerum Iudaicarum ad Novum Testamentum, Section One, Assen Bd.I 1974, S.216-307

A.Stimpfle, Blinde sehen. Die Eschatologie im traditionsgeschichtlichen Prozeß des Johannesevangeliums, BZNW 57, Berlin/New York 1990

K.Stock SJ, Das Bekenntnis des Centurio Mk 15,39 im Rahmen des Markusevangeliums, in: ZKTh 100 (1978), S.289-301

K.Stock SJ, Theologie der Mission bei Markus, in: K.Kertelge (Hg.), Mission im Neuen Testament (QD 93), Freiburg 1982 S.130-144

P.Stockmeier, Christlicher Glaube und antike Religiosität, in: ANRW II 23.2 (1980), S.871-909

H.Stocks, Studien zu Lukians "De Syria Dea", Berytus 4 (1937), S.1-40

H.O.Stölten, Zur Philippuslegende, in: Jahrbücher für protestantische Theologie 17 (1891), S.149-160

F.Stolz, Grundzüge der Religionswissenschaft, Göttingen 1988

G.Strecker, Der Weg der Gerechtigkeit. Untersuchung zur Theologie des Matthäus, Göttingen ²1966

G.Strecker, Befreiung und Rechtfertigung. Zur Stellung der Rechtfertigungslehre in der Theologie des Paulus, in: J.Friedrich/W.Pöhlmann/P.Stuhlmacher (Hg.) Rechtfertigung, FS E.Käsemann, Tübingen 1976 S.479-508

G.Strecker, Zur Messiasgeheimnistheorie im Markusevangelium, in: R.Pesch (Hg.), Das Markus-Evangelium, WdF 161, Darmstadt 1979 S.190-210

G.Strecker, Das Geschichtsverständnis des Matthäus, in: EvTh 26 (1966), S.57-74 = J.Lange (Hg.), Das Matthäusevangelium, 1980 S.326-349

G.Strecker, Die Bergpredigt. Ein exegetischer Kommentar, Göttingen 1984

A.Strobel, Der Stern von Bethlehem, Fürth 1985

P.Stuhlmacher, Das paulinische Evangelium, I.Vorgeschichte, Göttingen 1968

A.Stuiber, "Das ganze Joch des Herrn" (Didache 6,2-3), in: Studia Patristica IV,2, TU 79, Berlin 1961

M.J.Suggs, The Christian Two Ways Tradition: Its Antiquity, Form and Function, in: D.E.Aune (Hg.), Studies in New Testament and Early Christian Literature, FS A.P.Wikgren, Leiden 1972 S.60-74

A.Suhl, Die Funktion der alttestamentlichen Zitate und Anspielungen im Markusevangelium, Gütersloh 1965

R.D.Sullivan, The Dynasty of Judaea in the First Century, in: ANRW II 8 (1973), S.296-354

Th.Sundermeier, Art: Theologie der Mission, In: K.Müller/Th.Sundermeier(Hg.), Lexikon Missionstheologischer Grundbegriffe, Berlin 1987, S.470-495

Th.Sundermeier, Implizite Axiome in der Religionsgeschichte. "Primäre und sekundäre Religionserfahrung, in: W.Huber/E.Petzold/Th.Sundermeier (Hg.), Implizite Axiome. Tiefenstrukturen des Denkens und Handelns, München 1990

Th.Sundermeier, Begegnung mit dem Fremden. Plädoyer für eine verstehende Missionswissenschaft, in: EvTh 50 (1990), S.390-400

Th.Sundermeier, Synkretismus und Religionsgeschichte, in: H.P.Siller (Hg.), Suchbewegungen. Synkretismus - kulturelle Identität und kirchliches Bekenntnis, Darmstadt 1991 S.95-105

J.-W.Taeger, Der Mensch und sein Heil. Studien zum Bild des Menschen und zur Sicht der Bekehrung bei Lukas (StNT 14), Gütersloh 1982

K.Tagawa, Miracles et Évangile. La pensée personelle de l'évangeliste de Marc, Paris 1966

K.Tagawa, People and Community in the Gospel of Matthew, in: NTS 16 (1970) S.149-162

J.Teixidor, The pagan God. Popular Religion in the Graeco-Roman Near East, Princeton 1977

J.Teixidor, The pantheon of Palmyra, Leiden 1979

J.Teixidor, Sur quelques aspects de la vie religieuse dans la Syrie à l'époque hellénistique et romaine, in: J.-M.Dentzer/W.Orthmann (Hg.), Archeologie et histoire de la Syrie, Bd.II: La Syrie de l'époque achéménide à l'avènement de l'Islam, Saarbrücken 1989, S.81-96

G.Theißen, Soziologie der Jesusbewegung. Ein Beitrag zur Entstehungsgeschichte des Urchristentums, München [5]1988

G.Theißen, Wanderradikalismus. Literatursoziologische Aspekte der Überlieferung von Worten Jesu im Urchristentum, in: ZThK 70 (1973), S.245-271 = ders., Studien zur Soziologie des Urchristentums, Tübingen [2]1983 S.79-105

G.Theißen, Urchristliche Wundergeschichten. Ein Beitrag zur formgeschichtlichen Erforschung der synoptischen Evangelien, Gütersloh [5]1987

G.Theißen, "Wir haben alles verlassen" (Mc. X,28). Nachfolge und soziale Entwurzelung in der jüdisch-palästinischen Gesellschaft des 1. Jahrhunderts n. Chr., in: Novum Testamentum 19 (1977), S.161-196 = ders., Studien zur Soziologie des Urchristentums, Tübingen [2]1983, S.106-141

G.Theißen, Die Tempelweissagung Jesu. Prophetie im Spannungsfeld von Stadt und Land, in: Theologische Zeitschrift 32 (1976), S.144-158 = ders., Studien zur Soziologie des Urchristentums, Tübingen [2]1983 S.142-159

G.Theißen, Zur Entstehung des Christentums aus dem Judentum. Bemerkungen zu D.Flussers Thesen, in: Kirche und Israel 3 (1988), S.179-189

G.Theißen, Vers une théorie de l'histoire sociale du christianisme primitif, in: ETR 63 (1988), S.199-225

G.Theißen, Autoritätskonflikte in den johanneischen Gemeinden. Zum "Sitz im Leben" des Johannesevangeliums, in: Diakonia, Gedenkschrift für B.Stogiannos, Thessaloniki 1988 S.243-258

G.Theißen, Sakrament und Entscheidung. Überlegungen zu Taufe und Abendmahl im frühen Christentum und in unserer Konfirmationspraxis, in: Freude am Gottesdienst, FS F.Schulz, Heidelberg 1988 S.376-387

G.Theißen, Lokalkolorit und Zeitgeschichte in den Evangelien, Fribourg/ Göttingen 1989

G.Theißen, Jesusbewegung als charismatische Wertrevolution, in: NTS 35 (1989), S.343-360

240

G.Theißen, Judentum und Christentum bei Paulus. Sozialgeschichtliche Überlegungen zu einem beginnenden Schisma, in: M.Hengel/U.Heckel (Hg.), Paulus und das antike Judentum. Tübingen-Durham-Symposion im Gedenken an den 50. Todestag Adolf Schlatters, Tübingen 1991, S.331-359

W.Thießen, Christen in Ephesus. Die historische und theologische Situation in vorpaulinischer und paulinischer Zeit und zur Zeit der Apostelgeschichte und der Pastoralbriefe, Dissertation Heidelberg 1990

H.Thomae, Konflikt, Entscheidung, Verantwortung. Ein Beitrag zur Psychologie der Entscheidung, Stuttgart 1974

K.Traede, Art. Exorzismus, in: RAC Bd. VII (1969)

H.Thyen, Studien zur Sündenvergebung im Neuen Testament und seinen alttestamentlichen und jüdischen Voraussetzungen, Göttingen 1970

H.Thyen, Art. Johannesevangelium, in: TRE Bd. 17 (1988) S.200-225

R.Thysman, Communauté et directives éthiques. La catéchèse de Matthieu, Gembloux 1974

S.van Tilborg, The Jewish Leaders in Matthew, Leiden 1972

W.Trilling, Das wahre Israel. Studien zur Theologie des Matthäusevangeliums, Leipzig 1959

E.Trocmé, La formation de l'évangile selon Marc, Paris 1963

E.Troeltsch, Die Absolutheit des Christentums und die Religionsgeschichte und zwei Schriften zur Theologie, Lizenzausgabe Gütersloh [2]1985

P.Tschackert, Art. Synkretismus, in: Realencyclopädie für protestantische Theologie und Kirche, [3]1907

R.Turcan, Mithras et le mithriacisme, Paris 1981

R.Turcan, Les cultes orientaux dans le monde romain, Paris 1989

J.Tyson, The Blindness of the Disciples, in: Journal of Biblical Literature 80 (1961), S.261-268

J.B.Tyson, The Gentile Mission and the Authority of Scripture in Acts, in: NTS 33 (1987), S.619-630

W.C.van Unnik, The Purpose of St.John's Gospel, in: TU 73 (1959) S.382-411

Ph.Vielhauer, Geschichte der urchristlichen Literatur. Einleitung in das Neue Testament, die Apokryphen und die Apostolischen Väter, Berlin u.a. 1975, Nachdr. 1981

R.Vincent, Le Culte d'Hélène à Samarie, in: Revue Biblique 45 (1936), S.221-232

W.A.Visser't Hooft, No other Name, The Choice between Syncretism and Christian Universalism, London 1963

A.Vööbus, A History of Ascetism in the Syrian Orient, Vol.I Louvain 1958; Vol.II, Louvain 1960

H.H.Voigt, Astronomie, Astrologie, Theologie, in: ThR 54 (1989), S.422-426

J.D.J.Waardenburg, Research on Meaning in Religion, in: Th.P.v.Baaren/H.J.W.Drijvers (Hg.), Religion, Culture and Methodology, Papers of the Groningen Working-Group for the Study of Fundamental Problems and Methods of Science of Religion, Den Haag/Paris 1973

J.D.J.Waardenburg, Religionen und Religion. Systematische Einführung in die Religionswissenschaft, Berlin/New York 1986

J.Wach, Types of Religious Experience. Christian and Non-Christian, Chicago 1957

B.Z.Wacholder, Nicolaus of Damascus, Berkeley 1962

G.Wagner, Das religionsgeschichtliche Problem von Röm 6,1-11, Zürich/Stuttgart 1962

H.Wagner, Art: Bekehrung, in: K.Müller/Th.Sundermeier, Lexikon missionstheologischer Grundbegriffe, Berlin 1987

M.Waibel, Die Auseinandersetzung mit der Fasten- und Sabbatpraxis Jesu in urchristlichen Gemeinden, in: G.Dautzenberg/H.Merklein/K.Müller (Hg.), Zur Geschichte des Urchristentums, QD 87, Freiburg 1979 S.63-96

H.Waldmann, Die kommagenischen Kultreformen unter König Mithradates I Kallinikos und seinem Sohne Antiochos I, Leiden 1973

R.Walker, Die Heilsgeschichte im ersten Evangelium, Göttingen 1967

H.v.Walter, Die Absolutheit des Christentums und die Mission, in: Neue kirchliche Zeitschrift 17 (1906)

N.Walter, Zur Analyse von Mc 10,17-31, in: ZNW 53 (1962) S.206-218

N.Walter, Christusglaube und heidnische Religiosität in paulinischen Gemeinden, NTS 25 (1978/79), S.422-442

N.Walter, Zum Kirchenverständnis des Matthäus, in: ThV 12 (1981), S.25-46

N.Walter, Apostelgeschichte 6,1 und die Anfänge der Urgemeinde in Jerusalem, in: NTS 29 (1983), S.370-393

G.Warneck, Missionsmotiv und Missionsaufgabe nach der modernen religionsgeschichtlichen Schule, Berlin 1907

D.J.Weaver, Matthew's Missionary Discourse. A Literary Critical Analysis, Sheffield 1990

Th.J.Weeden, Mark - Traditions in Conflict, Taschenbuchausgabe Philadelphia 1979

Th.J.Weeden, Die Häresie, die Markus zur Abfassung seines Evangeliums veranlaßt hat, in: R.Pesch (Hg.), Das Markus-Evangelium, WdF 161, Darmstadt 1979 S.238-258

A.J.M.Wedderburn, Baptism and Resurrection. Studies in Pauline Theology against its Graeco-Roman Background, Tübingen 1987

K.Wegenast, Art. Lukianos 1, in: Der kleine Pauly Bd.3 (1979) Sp.772f

L.Wehr, Arznei der Unsterblichkeit. Die Eucharistie bei Ignatius von Antiochia und im Johannesevangelium, Münster 1987

P.Weigandt, Der Doketismus im Urchristentum und in der theologischen Entwicklung des zweiten Jahrhunderts, Dissertation Heidelberg 1961

J.Weiß, Das Urchristentum, hg.v.R.Knopf, Göttingen 1917

W.Weiß, "Eine neue Lehre in Vollmacht". Die Streit- und Schulgespräche des Markus-Evangeliums, Berlin/New York 1989

C.Weizsäcker, Das Apostolische Zeitalter der christlichen Kirche, Tübingen/Leipzig ³1902

P.Welten, Bethlehem und die Klage um Adonis, in: ZDPV 99 (1983), S.189-203

P.Wendland, Die hellenistisch-römische Kultur in ihren Beziehungen zum Judentum und Christentum, HNT 1.2, Tübingen ³1912

P.Wendland, Die hellenistisch-römische Kultur in ihren Beziehungen zum Judentum und Christentum (hg.v.H.Dörrie) , HNT 1.2, Tübingen ⁴1972

K.Wengst, Bedrängte Gemeinde und verherrlichter Christus. Ein Versuch über das Johannesevangelium, München ³1990

K.Wengst, Die Darstellung "der Juden" im Johannesevangelium, in: D.Neuhaus (Hg.), Teufelskinder oder Heilsbringer. Die Juden im Johannes-Evangelium, Arnoldshainer Texte 64, Frankfurt a.M. 1990

H.Wenschkewitz, Die Spiritualisierung der Kultusbegriffe Tempel, Priester und Opfer im Neuen Testament (Angelos Beiheft 4), Leipzig 1932

Z.Werblowski, Synkretismus in der Religionsgeschichte, in: W.Heissig/H.J.Klimkeit (Hg.), Synkretismus in den Religionen Zentralasiens, Wiesbaden 1987 S.1-7

R.A.Whitacre, Johannine Polemic. The Role of Tradition and Theology, Chico (California) 1982

L.M.White, Building God's House in the Roman World. Architectural Adaption among Pagans, Jews and Christians, Baltimore/London 1990

G.Widengren, "Synkretismus" in der syrischen Christenheit, in: A.Dietrich (Hg.), Synkretismus im syrisch-persischen Kulturgebiet, Göttingen 1975

W.Wiefel, Erwägungen zur soziologischen Hermeneutik urchristlicher Gottesdienstformen, in: Kairos 14 (1972), S.36-51

D.H.Wiens, Mystery Concepts in Primitive Christianity and its Environments, in: ANRW II 23.2, S.1248-1284

242

G.Wießner (Hg.), Synkretismusforschung - Theorie und Praxis, Wiesbaden 1978

U.Wilckens, Weisheit und Torheit, Tübingen 1959

U.Wilckens, Die Bekehrung des Paulus als religionsgeschichtliches Problem, in: ZThK 56 (1959), S.273-293

U.Wilckens, Die Missionsreden der Apostelgeschichte. Form- und traditionsgeschichtliche Untersuchungen, Neukirchen-Vluyn [3]1974

U.Wilckens, Zur Entwicklung des paulinischen Gesetzesverständnisses, in: NTS 28 (1982), S.154-190

U.Wilckens, Der Brief an die Römer (Röm 1-5), EKK VI/1, Zürich/Neukirchen-Vluyn 1978

R.L.Wilken, The Christians as the Romans (and Greeks) Saw them, in: E.P.Sanders (Hg.), Jewish and Christian Self-Definition, Bd.I: The Shaping of Christianity in the Second and Third Centuries, Philadelphia 1980, S.100-125

R.L.Wilken, Die frühen Christen. Wie die Römer sie sahen, Graz/Wien/Köln 1986

W.Wilkens, Die Komposition des Matthäus-Evangeliums, in: NTS 31 (1985), S.24-38

R.McL.Wilson, Studies in the Gospel of Thomas, London 1960

R.McL.Wilson, Art. Gnosis/Gnostizismus II. in: TRE Bd. 13 (1984), S.535-550

S.G.Wilson, The Gentiles and the Gentile Mission in Luke-Acts (MSSNTS 23), Cambridge 1973

O.Wischmeyer, Der höchste Weg. Das 13. Kapitel des 1. Korintherbriefs, Gütersloh 1981

H.W.Wolff, Jesaja 53 im Urchristentum, Gießen [4]1984

D.B.Woll, Johannine Christianity in Conflict. Authority, Rank and Succession in the First Farewell Discourse, Chico (California) 1981

M.Wolter, Apollos und die ephesinischen Johannesjünger (Act 18,24-19,7), in: ZNW 78 (1987) S.49-73

E.K.Ch.Wong, Juden- und Heidenchristen im Matthäusevangelium. Die interkulturelle Theologie des Matthäusevangelisten und seine bikulturelle Gemeinde, Dissertation Heidelberg 1991

H.G.Wood, The Conversion of St.Paul. Its Nature, Antecedents and Consequences, in: NTS 1 (1954/5), S.276-282

W.Wrede, Über Aufgabe und Methode der sogenannten neutestamentlichen Theologie, 1897

W.Wrede, Paulus, Tübingen [2]1907

D.Zeller, Juden und Heiden in der Mission des Paulus. Studien zum Römerbrief, Stuttgart [2]1976

D.Zeller, Theologie der Mission bei Paulus, in: K.Kertelge (Hg.), Mission im Neuen Testament (QD 93), Freiburg 1982 S.164-189

D.Zeller, Kommentar zur Logienquelle, Stuttgart [2]1986

D.Zeller, Menschwerdung Gottes - Vergöttlichung von Menschen, Freiburg (Schweiz)/Göttingen 1988

D.Zeller, Jesus als vollmächtiger Lehrer (Mt 5-7) und der hellenistische Gesetzgeber, in: L.Schenke (Hg.), Studien zum Matthäusevangelium, FS W.Pesch, Stuttgart 1988 S.299-317

D.Zeller, Die Mysterienkulte und die paulinische Soteriologie, in: H.P.Siller (Hg.), Suchbewegungen. Synkretismus - kulturelle Identität und kirchliches Bekenntnis, Darmstadt 1991 S.42-61

J.Zumstein, Antioche sur l'Oronte et l'évangile selon Matthieu, in: Studien zum Neuen Testament und seiner Umwelt, Serie A Bd.5 (1980), S.122-138

G.Zuntz, Ein Heide las das Markusevangelium, in: H.Cancik (Hg.), Markus-Philologie. Historische, literargeschichtliche und stilistische Untersuchungen zum zweiten Evangelium, WUNT 33, Tübingen 1984, S.205-222

Register

1. Stellenregister

Altes Testament
Gen 1,2: 111
Gen 14,17-20: 107
Gen 15,6: 140, 172
Ex 18,25: 29
Ex 20,2: 134
Ex 21,2: 45
Ex 23,19: 146
Ex 23,20: 86
Ex 34,26: 146
Lev 11: 142, 146
Lev 11,32ff: 146
Lev 15,12: 146
Lev 17,8-18, 30: 131, 142
Lev 17,8f: 130
Lev 18,6ff: 186
Lev 18,8: 139
Lev 18,11: 186
Lev 19,18: 132
Lev 19,33f: 77
Lev 26,41: 85
Num 27,15-17: 29
Dtn 5,6.15: 134
Dtn 6,5: 132
Dtn 14: 142
Dtn 14,3-21: 146
Dtn 15,12: 45
Dtn 21,6f: 74
Dtn 23,2: 51
Dtn 32,17: 89
Jos 9,6 LXX: 29
Ri 16,17: 193
1 Sam 3,2ff: 74
1 Sam 10,10-13: 68
2 Kön 1,2.3.6: 105
2 Kön 2,11: 109
2 Kön 5: 68
Ps 22: 86
Ps 110,1: 88
Jes 6,9f: 187
Jes 28,16: 172
Jes 29,13: 101
Jes 40,3: 86, 88
Jes 44,9ff: 89
Jes 53: 63
Jes 56, 3b-5: 51
Jes 58,6: 50
Jes 61,1f: 50
Jes 65,1-5: 53
Jes 65,4: 79

Jer 4,4: 85
Jer 6,10: 85
Ez 34,5.23: 29
Ez 44,7.9 LXX: 85
Dan 7,13ff: 22
Dan 8,13: 108
Dan 9,27: 108
Dan 11,31: 108
Dan 12,11 LXX: 108
Hos 6,6: 70
Joel 3,5: 88, 168, 172
Hab 2,4: 140, 172
Sach 2,10: 86
Sach 9,9: 86
Sach 14,4: 86
Mal 3,1: 86
1 Makk 1,54f: 108

Neues Testament
Mt 1,20: 74
Mt 1,21: 23
Mt 2,1-12: 55, 77-79
Mt 2,1: 54
Mt 2,5f: 78
Mt 2,9: 78
Mt 2,12f.19.22: 74
Mt 3,11: 74
Mt 4,5: 73
Mt 4,8: 73
Mt 4,23: 72
Mt 4,24: 17, 103
Mt 5,1: 73
Mt 5,14: 26, 206
Mt 5,17-19: 129, 150
Mt 5,18: 70, 152
Mt 5,19: 73, 151
Mt 5,20: 70, 72, 128, 151
Mt 5,23: 73, 85
Mt 5,34ff: 73f
Mt 5,41: 17
Mt 5,43-48: 76f
Mt 6,2: 73
Mt 6,4.6: 159
Mt 6,5.9: 73
Mt 6,7: 76
Mt 6,16f: 73
Mt 6,18: 150
Mt 6,32: 76
Mt 7, 6: 23
Mt 7,12: 150

Mt 7,13f: 164
Mt 7,21: 149, 194
Mt 7,22: 76
Mt 7,23: 183
Mt 8,5-13: 67
Mt 8,5ff: 55, 109
Mt 8,9: 167
Mt 8,10: 167
Mt 8,11f: 161
Mt 8,19-22: 153
Mt 8,28-34: 54, 79
Mt 9,3: 161
Mt 9,9-17: 70
Mt 9,35: 72
Mt 10, 1: 75
Mt 10,5: 23, 26, 28, 55, 151
Mt 10,8: 75, 164
Mt 10,10: 161
Mt 10,14f: 160
Mt 10,17ff: 75
Mt 10,27: 42
Mt 10,32f: 165
Mt 10,37-39: 153
Mt 10,37: 154
Mt 10,39: 164
Mt 10,40: 160, 162
Mt 12,1-14: 70
Mt 12,9: 72
Mt 12,27: 119
Mt 12,27f: 106
Mt 12,28: 75
Mt 12,30: 164
Mt 13,11: 187
Mt 13,24-30: 125
Mt 13,33: 30
Mt 13,44: 53
Mt 13,45f: 53
Mt 13,52: 79, 176
Mt 13,54: 72
Mt 15,1-20: 70
Mt 15,22ff: 55
Mt 15,24: 23, 55
Mt 16,17-19: 149
Mt 16,18f: 151
Mt 17,17-24: 72
Mt 17,20: 165
Mt 17,26: 45, 72
Mt 18,17: 76
Mt 18,18: 151
Mt 19,4-9: 159

Mt 19,11f: 51, 77
Mt 21,31: 150
Mt 21,33-46: 71
Mt 22,37-40: 150
Mt 23,2: 73
Mt 23,5-7: 73
Mt 23,13: 72
Mt 23,16-22: 73
Mt 23,23: 71, 150
Mt 23,24: 73
Mt 23,25: 146
Mt 24,12: 150
Mt 24,20: 73
Mt 24,30: 78f
Mt 24,42-44: 42
Mt 25,31-46: 161, 173
Mt 25,35f: 83
Mt 27,19: 74
Mt 27,25: 71
Mt 28,15: 72
Mt 28,16: 73
Mt 28,18-20: 33, 55, 202, 206
Mt 28,19: 151
Mt 28,20: 150
Mk 1,2f: 86
Mk 1,13: 106
Mk 1,15: 40
Mk 1,21: 25
Mk 1,22: 101
Mk 1,24: 193
Mk 1,28: 24
Mk 1,39: 24f
Mk 1,44: 101
Mk 2,13-22: 70
Mk 2,13: 25, 27
Mk 2,15: 174
Mk 2,20: 82, 188
Mk 2,21f: 176
Mk 2,23-3,6: 70
Mk 2,27f: 176
Mk 3: 29
Mk 3,1: 25
Mk 3,5: 187
Mk 3,6: 101
Mk 3,7-12: 25
Mk 3,8: 19, 24, 103f
Mk 3,10: 27
Mk 3,20: 105
Mk 3,20f: 177
Mk 3,22: 105, 108, 119
Mk 3,22-27: 107
Mk 3,23: 105f
Mk 3,23ff: 106
Mk 3,31-35: 177
Mk 3,34f: 177
Mk 3,35: 150
Mk 4,1: 25

Mk 4,2: 27
Mk 4,11f: 187, 200
Mk 5: 29, 79
Mk 5,7: 27, 107
Mk 5,8: 27
Mk 5,9: 108
Mk 5,10: 108
Mk 5,15: 42, 53
Mk 5,17: 35, 109
Mk 5,34: 166
Mk 5,37: 193
Mk 6,7: 75
Mk 6,14-16: 109f
Mk 6,17ff: 110
Mk 6,30-44: 29
Mk 6,45-8,26: 28
Mk 6,52: 187
Mk 7: 28f, 101
Mk 7,1-23: 28, 70
Mk 7,3: 100
Mk 7,4: 146
Mk 7,5: 146, 148
Mk 7,6f: 101
Mk 7,11: 101
Mk 7,14: 106
Mk 7,19: 70
Mk 7,24.27: 27f
Mk 7,29f: 76
Mk 7,31-37: 46
Mk 7,37: 46
Mk 8,1-10: 29
Mk 8,3: 29
Mk 8,11: 29
Mk 8,14-21: 30
Mk 8,17f: 187
Mk 8,27f: 110, 207
Mk 8,28: 109
Mk 8,32: 177
Mk 8,33: 106
Mk 8,34-38: 174
Mk 8,34f: 49
Mk 8,34: 106
Mk 8,35: 125, 164
Mk 8,38: 165
Mk 9,2ff: 193
Mk 9,2-8: 176
Mk 9,11: 109
Mk 9,35: 177
Mk 9,38-40: 107
Mk 9,38: 165
Mk 9,38f: 171, 175, 200
Mk 9,40f: 36, 164
Mk 9,40: 175
Mk 9,41: 160, 164, 173f
Mk 10,5: 187
Mk 10,15: 158
Mk 10,17-20: 132, 200

Mk 10,19-27: 175
Mk 10,19: 174
Mk 10,21: 153, 165
Mk 10,31: 177
Mk 10,39: 193
Mk 10,42-45: 177
Mk 10,45: 63
Mk 10,47: 166
Mk 10,52: 166, 174
Mk 11,2-7: 86
Mk 11,17: 177
Mk 11,27-12, 34: 101
Mk 12,9: 71
Mk 12,10.24: 101
Mk 12,28-34: 132, 174, 200
Mk 12,34: 101
Mk 12,36: 86, 88
Mk 12,44: 174
Mk 13,6: 175
Mk 13,9ff: 75
Mk 13,9: 101
Mk 13,10: 25, 34
Mk 13,14: 86, 108
Mk 13,21f: 175
Mk 13,33-37: 42
Mk 14,9: 25, 33, 177
Mk 14,27: 86
Mk 14,33: 193
Mk 14,49: 86
Mk 14,58: 85
Mk 15,39: 109, 200
Mk 15,41: 174
Lk 3,14: 109
Lk 4,18: 50
Lk 4,23-27: 16, 50
Lk 4,34: 193
Lk 7,1-10: 67
Lk 7,2ff: 109
Lk 7,5: 36
Lk 7,6: 67
Lk 7,8: 167
Lk 8,3: 83
Lk 9,51ff: 160
Lk 9,54: 161
Lk 9,57-60: 153
Lk 10,5-7: 160
Lk 10,8: 83
Lk 10,9: 164
Lk 10,10-12: 160
Lk 10,13f: 161
Lk 11,19f: 106
Lk 11,19: 119
Lk 11,20: 75
Lk 11,23: 164
Lk 12,8f: 165
Lk 13,20: 30
Lk 13,23f: 164

Lk 13,26f: 36, 116, 153
Lk 14,26: 154
Lk 17,11-19: 51
Lk 17,13: 166
Lk 17,14f: 51
Lk 17,19: 166
Lk 17,33: 153, 164
Lk 22,69: 113
Lk 24,34: 194
Joh 1,7: 196
Joh 1,10: 102, 195
Joh 1,11: 102
Joh 1,12b: 190
Joh 1,14f: 196
Joh 1,14: 192
Joh 1,17: 85
Joh 1,28: 20
Joh 1,43: 195
Joh 1,45f: 195
Joh 1,51: 86
Joh 2,1-11: 96-98
Joh 2,11: 189
Joh 2,13: 69
Joh 2,17: 86
Joh 2,19.21: 85
Joh 2,22: 85f
Joh 2,23: 69, 102
Joh 3,2: 192
Joh 3,3-5: 49
Joh 3,3: 189
Joh 3,5: 189, 196
Joh 3,10: 195
Joh 3,11: 192
Joh 3,14: 86
Joh 3,15f: 190
Joh 3,16: 63
Joh 3,18: 190
Joh 3,36: 190
Joh 4,5: 20
Joh 4,19-23: 85
Joh 4,38: 20, 194f
Joh 4,54: 189
Joh 5f: 69
Joh 5: 97
Joh 5,1: 69
Joh 5,2-9: 95
Joh 5,4.6.9: 95
Joh 5,10: 98
Joh 5,14: 95, 98
Joh 5,16.18: 102
Joh 5,39f: 85
Joh 5,43: 102
Joh 6,4: 69
Joh 6,28f: 190
Joh 6,40: 190
Joh 6,47: 190
Joh 6,49ff.58: 190

Joh 6,52: 102
Joh 6,53-58: 190, 196
Joh 6,69: 193
Joh 7,2ff: 20
Joh 7,2: 69
Joh 7,14: 69
Joh 7,17: 150
Joh 7,19: 85
Joh 7,20: 119
Joh 7,23: 98
Joh 7,27: 195
Joh 7,31: 102
Joh 7,37: 69
Joh 7,38f: 85
Joh 7,40-43: 102
Joh 7,50f: 50
Joh 7,51: 85
Joh 8,12: 195
Joh 8,17: 85
Joh 8,24: 190f
Joh 8,27: 195
Joh 8,30-36: 196
Joh 8,30f: 102
Joh 8,52: 119
Joh 8,55: 195
Joh 9: 191, 195, 200
Joh 9,2f: 98
Joh 9,16: 102, 191
Joh 9,22: 192f
Joh 9,27f: 192
Joh 9,31: 142, 150, 192
Joh 9,32: 96, 193
Joh 9,34: 192
Joh 9,35.38: 193
Joh 9,39-41: 97
Joh 9,39: 41, 192
Joh 10,6: 195
Joh 10,9: 191
Joh 10,14f: 195
Joh 10,16: 31, 194
Joh 10,19: 102
Joh 10,20f: 119
Joh 10,21: 96, 192
Joh 10,22: 69
Joh 10,25f: 191
Joh 10,27: 195
Joh 10,34: 85
Joh 10,35: 86
Joh 10,40-42: 20
Joh 10,48: 119
Joh 11,41f: 96
Joh 11,45f: 102
Joh 11,50: 63
Joh 11,51f: 21
Joh 11,52: 31
Joh 11,55: 69
Joh 12,1: 69

Joh 12,5.8: 83
Joh 12,11: 102
Joh 12,14f: 86
Joh 12,21: 195
Joh 12,25f: 195
Joh 12,34: 85
Joh 12,36: 190
Joh 12,37.42: 102
Joh 12,38f.41: 86
Joh 12,42f: 196
Joh 12,46: 190
Joh 13,1: 69
Joh 13,7.12: 195
Joh 13,18: 86
Joh 13,20: 160, 162
Joh 13,23.25: 194
Joh 13,24: 193
Joh 13,29: 83
Joh 13,35: 191
Joh 13,37f: 194
Joh 14,6: 191
Joh 14,7.9: 193
Joh 14,12: 191
Joh 14,15-17: 191
Joh 14,21.23: 191
Joh 14,17.20: 195
Joh 15,5f: 191
Joh 15,10: 191
Joh 15,13: 196
Joh 15,18: 102
Joh 15,24f: 102
Joh 15,25: 85f
Joh 16,2: 21, 102
Joh 16,13.23: 195
Joh 16,17: 195
Joh 17,3: 195
Joh 17,7: 195
Joh 17,12: 86
Joh 17,20-23: 194
Joh 18,9: 86
Joh 18,12.14: 102
Joh 18,15-18: 194
Joh 18,15f: 193
Joh 18,20: 102
Joh 18,25-27: 194
Joh 18,31: 102
Joh 18,32: 86
Joh 18,36.38: 102
Joh 19,4.7: 102
Joh 19,11f.14: 102
Joh 19,14: 69
Joh 19,24.28: 86
Joh 19,31.38: 102
Joh 19,36: 86
Joh 19,39: 50
Joh 20,2-10: 193
Joh 20,3ff: 194

2. Sachregister

Korintherbriefe 50, 68, 129,
  140
kostspielig 84
Krankheit 161
Kreuz 152
Kreuzesgeschehen 86
Kreuzigung 26, 49, 63, 65, 69,
  86, 102, 193
Kriterien s. Heilskriterien
Kriteriendiskussion 124, 131,
  173, 180, 191, 207
Kriterienformulierung 125,
  145, 153, 164f, 179, 189-
  191, 201
Kritik 31
Kult 73, 83, , 93
- öffentlicher K. 8
Kultbild 15, 42, 47, 88f, 91
Kultbildverehrung 50, 89,
  125, 139, 181
Kultfeste 52
Kultgebäude 93
Kultgeräte 65, 91
kultisch 137
kultische Prostitution 35, 60
kultische Ausdrucksformen
  185
kultische Vorschriften 130,
  137, 139, 144, 146
Kultmahlzeiten 58
Kultordnung 197
Kultur 2, 7f, 14-16, 23, 25, 38,
  60, 64, 66, 75, 84, 87, 113,
  120, 202
- europäische K. 202
- religiöse K. 15, 173; s. reli-
  giös-kulturell
kulturgeschichtlich 25
Kulturgut 24, 61, 87
Kulturmacht 7
Kulturraum 23, 60, 84, 90,
  115, 120, 206
Kultzentrum 7
Kyniker 12, 46f
kynisch 37, 157
Kyrios 32, 41, 50, 180, 194,
  198, 205
Kyrios Jesus 137, 170, 172
Kyrios-Titel 88
Lagerordnung 29
Lasterkatalog 50, 139
Laubhüttenfest 69
Leben 125
Lebensordnung 197
Lebensform 155, 174
Lebensgrenze 48, 57f
Lebenshaltung 54

Lebenshorizont 21
Lebensordnung 40, 73, 176
Lebensphasen 12
Lebensunterhalt 152
Lebenswandel 136
Lebensweise 67, 157, 174, 198
- des Herrn 152
Legende 90
Legion 79, 108f
- X Fretensis 108
Legitimation 153
Lehre 27, 111, 181
Lehrer 17, 19, 44, 84 151, 155,
  159
Lehrgespräch 174
Lehrvortrag 73
Leiden Christi 176
Leidensankündigung 20, 177
Leidensbereitschaft 174
Leidensnachfolge 171, 176,
  188
Leidenstheologie 175, 177
Lepra 51
Lesung 75
liberale Theologie 3
Libertinismus 185
Liebe 136f, 156, 195f, 198
- Hohelied der L. 156, 183
Liebesgebot 131-133, 137,
  150, 157, 174, 198
Lieblingsjünger 193f, 196
Literalsinn 157
literargeschichtlich 17
Locke 44
Lösegeld 63f
Logion 18, 160, 164f
Logienquelle 17f, 67, 69, 74-
  76, 87, 106, 119, 133, 152-
  155, 160f, 164f, 189
Logientradition 176
Logik 125
Logos 88, 102
Lohn 36
Lokalisierung 17, 21, 52, 105
Lokalkolorit 96
Loskauf 45
Loyalität 72, 186
Lukasevangelium 16, 36
Magie 112, 168
Magier 54, 74, 77-79, 111f,
  205
magisch 89
Mahl 65, 92
Mahlfeier 87
Makkabäerkriege 77
makkabäisch 63f
mantisch 89

Markusapokalypse 78
Markusevangelium 18f, 24f,
  31, 33, 46, 53, 55, 70, 75,
  87, 101, 106, 174f, 187
Markusschluß 37
Märtyrer 63f
Martyrium 38, 85, 196
Martyriumsbereitschaft 152,
  156, 158, 165f, 198
Massebe 14f
Materialprinzip 202
Mathematiker 89
Matthäusevangelium 17, 22f,
  52, 54, 69-71, 76, 80, 82, 87,
  116, 121, 149f, 194, 199f,
  203, 206
Megale Dynamis 112, 115
Menschenfleisch 62
Menschenopfer 61-65
Menschensohn 63, 165, 193,
  198
Menschheitsreligion 3
Merkmale 201
Messianität Jesu 195
Messias 40, 50, 78, 85f, 193
Messiasgeheimnis 175
Metanoia 39
Metapher 188
Metaphorik 41
Mission 2, 4-8, 15, 17, 19-21,
  23, 25, 28-30, 32-35, 43, 46,
  59, 81, 99, 135, 141, 143,
  161, 174, 194, 203f
- weltweite M. 33, 56, 177
Missionar 30-32, 57, 59, 80f,
  121, 127, 131, 137, 155f,
  171, 180, 190, 203
missionarischer Auftrag 19
missionarische Eigenart des
  Christentums 5
Missionsanspruch 33
Missionsbefehl 22f, 33, 55, 79,
  202
Missionserfolg 17, 179, 198
Missionsgemeinden 145, 173,
  198
Missionsgeschichte 144, 197,
  206
Missionshorizont 33
Missionskonzept 55
Missionspredigt 104
Missionssphären 146
Missionsverständnis 197, 204
Missionswissenschaft 4, 121
Mittwoch 82
Mißverständnis-Motiv 196
Mond 88

3. Ortsregister

4. Namensregister

Autolykos 62
Baal 9, 105f
Baal Marcod 176
Baal Zaphon 90
Baalat Gebal 35
Baalshamin 7, 58, 105-108
Bacchus 8, 97
Balty, J. 104
Bar-Jesus 103
Barnabas 17, 67, 81, 104, 135f,
138, 142f, 145, 147, 155,
186
Barrett, C. K. 97f
Barth, G. 70, 74, 150
Barth, K. 4f, 207
Bartimäus 174
Bauer, K. 83
Bauer, D. R. 22
Baur, F. Chr. 2, 6, 127
Beavis, M. A. 187
Becker, J. 17, 63, 69, 136, 140
Beelzebul 104, 108, 119
Bel 7, 104f
Bel Shamin s. Baalshamin
Berger, K. 20, 77, 87, 112,
129f, 132, 150
Bergmeier, R. 113
Berner, U. 8f
Betz, O. 18, 42, 52, 157, 188
Beyschlag, K. 113
Bianchi, U. 114
Bickermann, E. 93, 113
Billerbeck, P. 186
Blatz, B. 18
Blinzler, J. 51, 69
Böcher, O. 78f
Bodhisattva Avalokiteśvara
163
Bornkamm, G. 72, 151
Böttger, P. Chr. 29
Bousset, W. 3f, 59f, 80, 88,
120
Breytenbach, C. 20, 100
Broer, I. 96
Brooks, S. H. 23, 72
Brown, S. 72, 132, 146f, 179,
185
Bruce, F. F. 99, 169, 185
Brunner, E. 5
Bultmann, R. 8, 17, 68, 88, 96,
118, 189, 202
- Bultmann-Schule 117
Burchard, Chr. 31, 40, 48
Burr, V. 47
Cangh, J. M. van 30
Christ, K. 45
Claudius 29

Clemens 19
Colpe, C. 13, 117
Conzelmann, H. 144, 172, 194
Cope, O. L. 71f
Cornelius 28, 31f, 36, 43, 127,
129, 146, 179, 187
Cullmann, O. 195
Cumont, F. 3
Dabelstein, R. 41
Danker, F. W. 29
David 184
Deissmann, A. 83
Delling, G. 186
Dibelius, M. 19, 43, 47, 87
Didymos Judas Thomas 18
Dieckmann, H. 84
Dieterich, A. 3
Diogenes 47
Dionysos 7f, 96, 98, 105
Dioskuren 105
Dörrie, H. 11
Downey, G. 83
Drijvers, H. J. W. 15, 104
Dunand, M. 13
Dunant, C. 13, 23
Dunn, J. D. G. 141, 147
Duprez, A. 95
Edwards, M. J. 111
El 64
Eleazar 75, 130
Elia 50, 109, 176
Elisa 50, 68
Elymas 103
Ephraem Syrus 18, 158
Euseb 111, 177
Faure, A. 189
Felix 37
Fieger, M. 188
Fitzmyer, J. A. 28
Foerster, W. 105
Frankemölle, H. 67
Freyne, S. 72
Friedrich, G. 29f
Fuchs, A. 106
Gager, J. G. 40, 111
Gaius Caligula 108
Gawlikowski, M. 15
Geffcken, J. 3, 15
Gerhardsson, B. 150
Ghandi, M. 207
Glay, S. M. le 97
Glover, R. 18
Gnilka, J. 30, 109, 176
Goffman 10
Goossens, G. 17
Gorman, F. H. 71
Graf, F. W. 2

Gunkel, H. 3f
Haacker, K. 71
Hadad 7
Haenchen, E. 19
Hagabos 68
Hahn, F. 5f, 23, 27, 66, 68, 88,
100, 165, 177
Hanania(s) 41, 100, 130, 168f
Hanna 158
Harnack, A. (v.) 2f, 5f, 17, 23,
133
Hegel 2
Heiligenthal, R. 185
Heitmüller, W. 66f
Helena 114, 116
Hengel, M. 19f, 24, 41, 66, 72,
79, 83, 88, 97, 99, 107f, 110,
112, 117, 126, 169, 191
Henrichs, A. 62
Hera 7
Herakles 14, 105
Hermes 104
Herodes Agrippa I. 29, 103
Herodes Antipas 30, 84, 110
Herodes d. Gr. 110
Hesekiel 85
Hillel 150
Holtz, T. 137, 141f
Hopfe, L. M. 8
Huber, W. 74f
Hyginus Mythographicus 91
Io 90
Ignatius von Antiochia 17, 73,
80f, 85, 93, 127, 148, 184,
203
Irenäus 112, 114f, 184f, 187
Isaak 161
Isis 7, 8
Izates 130
Jairus 29
Jakob 161
Jakobus (Herrenbruder) 18,
128, 141, 143-148, 162, 177,
186, 193, 197, 199
Jakobus (Zebedaide) 193
Jefford, C. N. 18
Jehuda HanNasi (Rabbi) 130
Jeremia 84
Jeremias, J. 5, 17, 23f, 63
Jesaja 43, 84, 187
Jesus 1, 4-6, 17, 19-30, 32, 35,
37, 39f, 42f, 45f, 48, 50-52,
54-56, 59, 63, 65, 68f, 71f,
75f, 78, 81f, 85, 88, 99,
101f, 104, 106, 110, 118,
121, 128, 132, 153, 157,
164, 167, 176-178, 187, 189,
190-196, 198, 203, 205, 207

Zum vorliegenden Buch

Dem Christentum wird gegenwärtig eine klare Identität im Rahmen der pluralisti-
schen Gesellschaft abgefordert und entsprechend zahlreich sind Versuche, das
Geheimnis der «ursprünglichen» Identität des Christentums zu lüften.
Andreas Feldtkeller entfaltet in diesem Buch die These, daß dem frühesten Christentum nicht schon eine vorgegebene Identität in die Wiege gelegt war, sondern daß
es sich seine Identität erst suchen mußte.
Das Auftreten Jesu löste Wirkungen aus bei Juden und Heiden der römischen Provinz
Syrien, schon bevor das Christentum sich zu gezielter Heidenmission entschloß.
Dadurch war ein Spektrum verschiedener Konzepte von Christentum eröffnet, das
von der flüchtigen Ergänzung jüdischer oder heidnischer Religiosität bis zu Formen
von Christentum reichte, wo die Taufe als radikale Lebensentscheidung großge-
schrieben wurde.
In detaillierter Auslegung neutestamentlicher Texte und religionsgeschichtlicher
Hintergründe werden sechs unterschiedliche christliche Identitätsbeschreibungen
vorgeführt, die fast von Anfang an miteinander in Diskussion standen.
Damit ist auch uns christliche Identität nicht in einer ursprünglichsten Fassung
vorgegeben, sondern als Verantwortung aufgegeben. Ein Buch, daß seinen LeserIn-
nen Raum läßt für eigene Konsequenzen.

ISBN 3-7278-0872-1 (Universitätsverlag)
ISBN 3-525-53927-4 (Vandenhoeck & Ruprecht)

NOVUM TESTAMENTUM ET ORBIS ANTIQUUS (NTOA)

Bd. 1   MAX KÜCHLER, *Schweigen, Schmuck und Schleier*. Drei neutestamentliche Vorschriften zur Verdrängung der Frauen auf dem Hintergrund einer frauenfeindlichen Exegese des Alten Testaments im antiken Judentum. XXII + 542 Seiten, 1 Abb. 1986. [vergriffen]

Bd. 2   MOSHE WEINFELD, *The Organizational Pattern and the Penal Code of the Qumran Sect*. A Comparison with Guilds and Religious Associations of the Hellenistic-Roman Period. 104 Seiten. 1986.

Bd. 3   ROBERT WENNING, *Die Nabatäer – Denkmäler und Geschichte*. Eine Bestandesaufnahme des archäologischen Befundes. 360 Seiten, 50 Abb., 19 Karten. 1986. [vergriffen]

Bd. 4   RITA EGGER, *Josephus Flavius und die Samaritaner*. Eine terminologische Untersuchung zur Identitätsklärung der Samaritaner. 4 + 416 Seiten. 1986.

Bd. 5   EUGEN RUCKSTUHL, *Die literarische Einheit des Johannesevangeliums*. Der gegenwärtige Stand der einschlägigen Forschungen. Mit einem Vorwort von Martin Hengel. XXX + 334 Seiten. 1987.

Bd. 6   MAX KÜCHLER/CHRISTOPH UEHLINGER (Hrsg.), *Jerusalem. Texte – Bilder – Steine*. Im Namen von Mitgliedern und Freunden des Biblischen Instituts der Universität Freiburg Schweiz herausgegeben ... zum 100. Geburtstag von Hildi + Othmar Keel-Leu. 238 S.; 62 Abb.; 4 Taf.; 2 Farbbilder. 1987.

Bd. 7   DIETER ZELLER (Hrsg.), *Menschwerdung Gottes – Vergöttlichung von Menschen*. 8 + 228 Seiten, 9 Abb., 1988.

Bd. 8   GERD THEISSEN, *Lokalkolorit und Zeitgeschichte in den Evangelien*. Ein Beitrag zur Geschichte der synoptischen Tradition. 10 + 338 Seiten. 1989.

Bd. 9   TAKASHI ONUKI, *Gnosis und Stoa*. Eine Untersuchung zum Apokryphon des Johannes. X + 198 Seiten. 1989.

Bd. 10   DAVID TROBISCH, *Die Entstehung der Paulusbriefsammlung*. Studien zu den Anfängen christlicher Publizistik. 10 + 166 Seiten. 1989.

Bd. 11   HELMUT SCHWIER, *Tempel und Tempelzerstörung*. Untersuchungen zu den theologischen und ideologischen Faktoren im ersten jüdisch-römischen Krieg (66–74 n.Chr.). XII + 432 Seiten. 1989.

Bd. 12   DANIEL KOSCH, *Die eschatologische Tora des Menschensohnes*. Untersuchungen zur Rezeption der Stellung Jesu zur Tora in Q. 514 Seiten. 1989.

Bd. 13   JEROME MURPHY-O'CONNOR, O.P., *The Ecole Biblique and the New Testament: A Century of Scholarship (1890-1990)*. With a Contribution by Justin Taylor, S.M. VIII + 210 Seiten. 1990.

Bd. 14   PIETER W. VAN DER HORST, *Essays on the Jewish World of Early Christianity*. 260 Seiten. 1990.

Bd. 15   CATHERINE HEZSER, *Lohnmetaphorik und Arbeitswelt in Mt 20, 1–16*. Das Gleichnis von den Arbeitern im Weinberg im Rahmen rabbinischer Lohngleichnisse. 346 Seiten. 1990.

Bd. 16   IRENE TAATZ, *Frühjüdische Briefe*. Die paulinischen Briefe im Rahmen der offiziellen religiösen Briefe des Frühjudentums. 132 Seiten. 1991.

Bd. 17   EUGEN RUCKSTUHL/PETER DSCHULNIGG, *Stilkritik und Verfasserfrage im Johannesevangelium*. Die johanneischen Sprachmerkmale auf dem Hintergrund des Neuen Testaments und des zeitgenössischen hellenistischen Schrifttums. 284 Seiten. 1991.

Bd. 18   PETRA VON GEMÜNDEN, *Vegetationsmetaphorik im Neuen Testament und in seiner Umwelt*. Eine Bildfelduntersuchung. Ca. 440 Seiten. [noch nicht erschienen]

Bd. 19   MICHAEL LATTKE, *Hymnus*. Materialien zu einer Geschichte der antiken Hymnologie. XIV + 510 Seiten. 1991.

Bd. 20   MAJELLA FRANZMANN, *The Odes of Solomon*. An Analysis of the Poetical Structure and Form. XXVIII + 460 Seiten. 1991.

Bd. 21   LARRY P. HOGAN, *Healing in the Second Temple Period*. 356 Seiten. 1992.

Bd. 22   KUN-CHUN WONG, *Interkulturelle Theologie und multikulturelle Gemeinde im Matthäusevangelium*. Zum Verhältnis von Juden- und Heidenchristen im ersten Evangelium. 236 Seiten. 1992.

Bd. 23   JOHANNES THOMAS, *Der jüdische Phokylides*. Formgeschichtliche Zugänge zu Pseudo-Phokylides und Vergleich mit der neutestamentlichen Paränese. XVIII + 538 Seiten. 1992.

Bd. 24   EBERHARD FAUST, *Pax Christi et Pax Caesaris*. Religionsgeschichtliche, traditionsgeschichtliche und sozialgeschichtliche Studien zum Epheserbrief. 536 Seiten. 1993.

Bd. 25   ANDREAS FELDTKELLER, *Identitätssuche des syrischen Urchristentums*. Mission, Inkulturation und Pluralität im ältesten Heidenchristentum. 284 Seiten. 1993.

DATE DUE

HIGHSMITH 45-220